Les essentiels du droit

Culture générale juridique

Grand Oral

CRFPA / PréCAPA

Ouvrage coordonné par
Ronan Bernard-Menoret

ellipses

ISBN 9782340-025264

32, rue Bargue 75740 Paris cedex 15

www.editions-ellipses.fr

Sommaire

Les éléments historiques

Delphine CONNES
Maître de conférences en histoire du droit
Université de La Réunion

Jalons prérévolutionnaires

Les monarchies franques

L'histoire institutionnelle française commence avec les monarchies franques mérovingiennes (481-751) et carolingiennes (751-888). Ces monarchies s'appuient sur un triple héritage romain, chrétien et germain.

L'élément majeur de l'époque mérovingienne est le règne de Clovis (481-511) et son baptême qui lui permet de s'appuyer sur l'Église chrétienne pour s'imposer vis-à-vis des autres royaumes francs. Il parvient, par le biais de conquêtes, à unifier presque toute la Gaulle.

L'élément majeur de l'époque carolingienne est le règne de Charlemagne (768-814) qui met en place la *renovatio imperii* par son couronnement impérial par le pape à Rome le 25 décembre 800. Il met en place une politique de centralisation grâce à l'envoi de représentants dans les provinces (les missi dominici), grâce à une législation uniforme (les capitulaires) et grâce à une réorganisation judiciaire.

En 843 a lieu le partage de Verdun entre les 3 petits-fils de Charlemagne. Ce partage est à l'origine de la France et de l'Allemagne.

La dynastie capétienne

La monarchie capétienne est le régime le plus long qu'ait connu la France (987-1789). Ce régime se construit peu à peu par l'affirmation progressive de l'autorité royale sur les seigneurs. Les règnes de Louis VI, Louis IX (Saint Louis) et Philippe IV sont fondamentaux dans la construction de l'État royal en France en affirmant le pouvoir royal vis-à-vis des pouvoirs concurrents (empereur et pape) et des justices concurrentes (Église et seigneurs).

La monarchie capétienne s'appuie sur une **Constitution coutumière**. Il s'agit des lois fondamentales du royaume qui régissent le statut de la couronne et du domaine, sa transmission (hérédité, primogéniture, proximité, masculinité, indisponibilité, catholicité, indisponibilité du domaine). Ces règles s'imposent à tous, y compris au roi.

Des textes fondamentaux sont adoptés sous la monarchie capétienne :

- ***L'ordonnance de Montils-lès-Tours*** de 1454 qui ordonne la mise par écrit des coutumes, principale source du droit privé.
- ***L'ordonnance de Villers-Cotterêts*** de 1539 impose l'usage du français (au lieu du latin) dans les textes officiels.
- ***L'édit de Nantes de 1598*** qui accorde la liberté religieuse aux protestants et instaure la coexistence religieuse pacifique dans le royaume. Cet édit sera révoqué par Louis XIV en 1685.
- ***Les ordonnances de codifications*** de Louis XIV, à l'initiative de Colbert, relatives à la procédure civile, à la procédure criminelle, à la marine… Ce mouvement est complété sous Louis XV pour certaines matières du droit privé, sous l'influence du chancelier D'Aguesseau.

De la Révolution au Second Empire

La période révolutionnaire

La Révolution n'est pas constituée d'un bloc unique. Elle débute par une révolution juridique conduite par les bourgeois, députés du tiers-état aux états généraux.

Devant le mode de fonctionnement des états généraux (vote par ordre et non par tête), les députés du tiers-état refusent de délibérer. **Les députés abandonnent le terme d'états généraux pour lui substituer celui d'Assemblée nationale.** Chassés de Versailles, le 20 juin, les députés se réunissent dans la salle du Jeu de Paume et font serment de ne pas se séparer jusqu'à ce que la constitution du royaume soit établie ; ils souhaitent une constitution écrite et non-absolutiste.

En se déclarant Assemblée nationale, le tiers-état termine la révolution juridique. En effet, contre la souveraineté monarchique, les députés viennent de poser l'idée de **souveraineté nationale** : la nation est souveraine à travers les députés. La théorie de la souveraineté nationale entraîne donc un principe représentatif. La nouvelle Assemblée s'arroge d'ailleurs immédiatement la souveraineté en se déclarant Assemblée nationale. Elle se déclare en effet seule apte à pouvoir « interpréter et représenter la volonté générale de la nation ». Conformément au serment du Jeu de Paume, L'assemblée est bien décidée à conférer au royaume une nouvelle constitution, une constitution écrite. Le 9 juillet, l'Assemblée nationale s'auto-proclame naturellement Assemblée nationale Constituante.

La révolution n'a été jusqu'ici que juridique et strictement localisée à Versailles. La maladresse royale va être en grande partie la cause de **l'insurrection populaire** qui touche d'abord Paris (et donnera lieu à la prise de la Bastille) puis les campagnes (et donnera lieu à la Grande Peur). Ces événements insurrectionnels donnent un tournant social à la révolution et obligent les députés à tenir compte des aspirations du peuple. **C'est dans cette optique que sont abolis les privilèges dans la nuit du 4 août 1789, pas important accompli en direction de l'égalité juridique, que consacrera la DDHC du 26 août 1789**.

– ***La Première constitution écrite française*** est adoptée le 3 septembre 1791. Elle met en place une monarchie parlementaire avec un roi et une assemblée élue selon un suffrage masculin censitaire à deux degrés. La distinction entre citoyens actifs et citoyens passifs est mise en place. Le Roi est roi des Français, et est, comme l'assemblée, représentant de la Nation.

  La situation dégénère rapidement, le roi perd la confiance du peuple. Le 20 septembre 1792, l'Assemblée législative cède la place à une nouvelle assemblée élue, la Convention. La période de la Convention est un régime d'assemblée. Elle marque également l'avènement de la République, et connaît l'épisode de la terreur, qui dure pendant un an.

– ***La deuxième constitution écrite, première constitution républicaine française*** est précédée d'une nouvelle DDHC, la DDHC de 1793. Le texte se veut à portée philosophique, il fait référence à l'être suprême. Le texte reprend les idées de 1789 : Le principe de la loi comme volonté supérieure. Le principe de liberté d'accès aux fonctions publiques ; la définition de la liberté comme le droit de faire ce qui ne nuit pas à autrui, et le principe de sûreté accordé à chaque citoyen. **Les droits de 1789 sont élargis** : on instaure la liberté du culte et la liberté de la presse. **Il y aussi de nouveaux droits** : égalité entre les individus au niveau civil, juridique (abolition de l'esclavage), social ; la garantie de ces droits est mieux assurée qu'en 1789, on affirme le droit à l'insurrection ; Le texte veut développer une solidarité entre les hommes. L'État doit assurer la protection des droits sociaux (droit à l'enseignement et au travail). Cette déclaration est beaucoup plus sociale, beaucoup plus ouverte. Elle a aussi une autre conception de la souveraineté qui réside dans le peuple. **La constitution pose le principe de souveraineté populaire qui repose sur le suffrage universel (masculin)**, ce n'est pas un suffrage secret mais à haute voix. Le Corps législatif est constitué d'une assemblée unique élue pour un an. Elle propose des lois et prend des décrets, mesures directement applicables. Les lois interviennent sur les questions fondamentales. Elles sont transmises aux assemblées locales qui peuvent se prononcer sur leur acceptation ou leur refus. Le Conseil exécutif est un organe collégial nombreux qui ne peut pas prendre de décisions rapides. Il n'a pas l'initiative des lois ni des décisions politiques. Il est très dépendant du pouvoir législatif qui l'élit. Les pouvoirs sont unis et concentrés, il n'y a pas de séparation des pouvoirs.

Autour de ce texte **naît la légende de la démocratie totale**. Cette constitution ne sera jamais appliquée car on décide d'en suspendre l'application jusqu'à ce que la tranquillité publique soit établie à l'intérieur et à l'extérieur. En effet, **À partir d'août 1792 un gouvernement révolutionnaire est organisé par la commune de Paris qui instaure la première Terreur**. Le régime qui se justifie par la patrie en danger, repose sur deux comités, **le comité de sûreté générale et le comité de salut public (Robespierre, Saint-Just, Couthon)**. Au cours de l'été 1794 la Convention et le comité de sûreté générale vont se liguer pour s'opposer au comité de salut public, c'est ce qu'on appelle la réaction thermidorienne. Le 27 juillet 1794, c'est la chute du comité de salut public.

– Il s'agit désormais d'installer la République sur des fondements solides, et de la protéger contre la terreur. ***La constitution de l'an III*** est un instrument de réaction contre le gouvernement de la terreur. Elle doit arrêter la marche vers la démocratie et empêcher une dictature quelle qu'elle soit. Elle permet à la bourgeoisie de profiter des avantages de la révolution. **C'est une constitution peu démocratique**. Le texte commence par une déclaration des droits et des devoirs du citoyen. Cette déclaration de 5 articles reprend l'ensemble des principes de 1789 dans un sens plus restrictif. Les droits sociaux ont disparu. La propriété est la base de la société, du régime politique lui-même. **La constitution instaure le bicaméralisme**. Pour la première fois en France, il y a deux chambres, un pouvoir législatif séparé en deux assemblées, le conseil des 500 et le Conseil des Anciens. Les deux conseils sont élus selon un **suffrage censitaire et capacitaire** (il faut savoir lire et écrire ou exercer un métier demandant un certain niveau d'instruction). Le scrutin est indirect, les citoyens élisent des électeurs qui vont choisir les députés. C'est un système très restrictif. Le pouvoir exécutif est confié à un collège de 5 membres (les directeurs) qui forme **le Directoire de la République**. Le pouvoir est collégial pour le diviser, donc l'affaiblir. Il est élu par les deux conseils, renouvelables par cinquième tous les cinq ans. La présidence est assurée pendant trois mois par chacun des membres, pour éviter que l'un des directeurs ne s'installe à la tête. Ce système à l'inconvénient de conduire à l'immobilisme, d'autant qu'il existe une stricte séparation des pouvoirs.

Le premier césarisme

Après son coup d'État du 9 novembre 1799, Napoléon Bonaparte met peu à peu en place son régime par le biais de 3 constitutions.

- ***La constitution de l'an VIII*** est rédigée selon 3 principes dégagés par Sieyès : Une constitution doit être courte et obscure. L'autorité vient d'en haut et la confiance d'en bas. Il faut diviser pour empêcher le despotisme mais centraliser pour empêcher l'anarchie.

  Il n'y a pas de déclaration des droits, pour se démarquer de la Révolution. Le suffrage universel s'impose mais le citoyen n'a pas d'autorité. Est électeur tout homme de 21 ans né et résidant de façon stable en France. Ces électeurs établissent des listes de notabilité communales qui regroupent un dixième d'entre eux. Puis, les membres de ces listes se réunissent dans le cadre du département et le processus se renouvelle. Au troisième échelon des listes de notabilités nationales sont établies. Le scrutin est donc à trois degrés, mais ce n'est pas une réelle élection. Les notables ne sont que des candidats sur lesquels le gouvernement exerce un droit de nomination. Le pouvoir législatif est divisé en 3 assemblées : Le **Sénat** conservateur qui doit veiller au maintien de la constitution. La nomination y est à vie, grâce à un système favorisant les candidats de Napoléon. Le pouvoir législatif réel est divisé entre **le Tribunat** et le **Corps Législatif**. Le Tribunat discute les projets dont l'initiative appartient au premier consul mais ne peut voter. Le Corps Législatif vote la loi sans discussion. Cette organisation réduit à néant l'opposition du pouvoir législatif. Le pouvoir exécutif est confié à trois consuls désignés dans la constitution. **Le Premier consul, Napoléon Bonaparte détient la réalité du pouvoir**. La constitution est approuvée par plébiscite.

- ***Par la constitution de l'an X***, Bonaparte se fait nommer **premier consul à vie** par plébiscite : un nouveau texte constitutionnel est établi par le sénat : Ce texte ne comporte toujours pas de déclaration des droits et instaure une véritable monarchie : le premier consul est nommé à vie et peut faire élire son successeur avant sa mort.

- ***Par celle de l'an XII,*** le gouvernement de la République est confié à **un Empereur**, Napoléon Bonaparte qui est l'empereur des Français. L'Empire est donc héréditaire par ordre de primogéniture avec dérogation : Napoléon n'a pas d'enfant et prévoit donc la possibilité d'adopter. Les règles de l'Ancien Régime sont modifiées sur ce point pour convenir à la situation particulière de l'Empereur.

Les monarchies parlementaires

La Restauration (1814-1830)

Louis XVIII établit une constitution qui le rend indépendant du peuple. **C'est la charte de 1814** qui cherche à renouer avec l'Ancien Régime. La charte est un texte où le Roi reconnaît des droits à ses sujets. La charte comporte un titre consacré au droit public des Français. Il reprend les principes de la DDHC de 1789. L'égalité devant la loi, devant l'impôt, devant l'accès aux charges publiques y est proclamée. La liberté individuelle est mise en avant, de même que la liberté de la presse, la liberté religieuse, même si le catholicisme est déclaré religion d'État. Les dispositions sur l'organisation des pouvoirs publics sont établies : l'exécutif est confié au roi inviolable et irresponsable. Il a seul l'initiative des lois. Il peut également faire des « règlements et ordonnances nécessaires à la sûreté de l'État ». Les ministres sont choisis par le Roi parmi les assemblées. Le pouvoir législatif est confié à deux chambres. La **Chambre des pairs**, les membres sont nommés par le Roi, et il peut en augmenter le nombre à volonté. **La Chambre des députés** est élue au suffrage censitaire très étroit. Ces deux chambres votent la loi. Les chambres n'ont pas le droit d'initiative mais peuvent supplier le Roi. Une certaine forme de droit d'initiative va s'instaurer progressivement.

Cette charte ouvre la première restauration, de juin 1814 à Mars 1815. Cette période est d'abord marquée par le retour des royalistes ultras, qui demandent le retour à l'Ancien Régime. Louis XVIII ne joue pas son rôle d'arbitre et prend des mesures maladroites. Le mécontentement général facilite le retour de Napoléon, qu'on appelle **les Cent-Jours qui durent de mars 1815 à juin 1815.**

Napoléon propose une nouvelle constitution pour rallier l'ensemble des notables sur lesquels il veut s'appuyer. **C'est l'Acte additionnel aux constitutions de l'Empire.** Une déclaration des droits est placée à la fin du texte. Comme la charte, le principe d'égalité y est repris, de même que la liberté du culte et de la presse. Napoléon introduit cependant certaines innovations par rapport à 1814 : les citoyens doivent prendre l'engagement de s'opposer au retour des Bourbons, au rétablissement de la noblesse d'Ancien Régime, au rétablissement de droits féodaux. Aucune religion n'est privilégiée. Le système des chambres mis en place est comparable à celui de la charte. Ce texte déçoit largement. Ceux qui s'opposaient à l'Empire ne voient qu'une continuité du régime napoléonien. Les fidèles de l'Empereur retrouvent trop largement la charte. **En juin 1815 c'est la défaite de Waterloo,** la seconde abdication de l'Empereur et la mise en place de la **Seconde Restauration** qui voit la succession de deux monarques, Louis XVIII de 1815 à 1824, et Charles X de 1824 à juillet 1830.

Les 27-28 et 29 juillet 1830 sont trois journées révolutionnaires, ce sont les trois glorieuses. Elles aboutissent à une victoire de la révolution populaire. L'idée d'une république est alors avancée, mais le courant qui s'impose finalement est une monarchie acceptant les conquêtes révolutionnaires. Louis-Philippe, duc d'Orléans, de la branche cadette des Bourbons, qui avait déjà participé à l'opposition sous Louis XVIII et Charles X, accepte le pouvoir.

La monarchie de Juillet (1830-1848)

La charte de 1830 se présente comme un contrat (par opposition à la charte octroyée par Louis XVIII) entre le roi et le peuple, par l'intermédiaire des chambres. La charte de 1830 marque **un retour à la souveraineté nationale**, ce qui traduit l'acceptation des principes de 1789. Le drapeau tricolore est également adopté, et Louis-Philippe et dit « roi des Français ». Le libéralisme se développe, La liberté de la presse est rétablie, le Roi n'a plus le droit de prendre des ordonnances, le parlementarisme se développe : Les assemblées ont l'initiative de la loi, partagée avec le Roi.

La Deuxième République

La deuxième république est un essai de démocratie politique sans lendemain. Elle emprunte aux régimes antérieurs l'idée même de république et s'appuie sur le peuple avec l'instauration du **suffrage universel**. Il faut avoir 21 ans pour être électeur, 25 pour être éligible. Le vote est secret. Les électeurs doivent élire 900 députés qualifiés de représentants du peuple.

Le préambule de la **constitution de 1848** est une énumération des devoirs de l'État, Le citoyen doit à la patrie adhésion et fidélité. **La souveraineté réside dans l'universalité des citoyens, elle est inaliénable et imprescriptible**. C'est un compromis de souveraineté nationale et populaire.

Les droits garantis par la constitution sont ceux des constitutions révolutionnaires, avec des nouveautés : **une conception sociale des droits de l'homme**, une conception collective des droits : la famille est prise en compte, de même que les associations, en contradiction avec l'individualisme. Les citoyens ont également le droit d'exiger certaines prestations de la part de l'État. Il doit procurer du travail à tout individu, à défaut, procurer des secours aux chômeurs. La liberté de l'enseignement et la gratuité de l'enseignement primaire sont proclamées.

L'assemblée nationale est unique, nombreuse comme sous la révolution. Elle doit s'imposer au pouvoir exécutif. Elle est désignée par le suffrage universel direct, les députés sont élus pour trois ans ce qui permet le contrôle des citoyens. Les représentants ont une indemnité qui leur permet d'effectuer cette mission. C'est une assemblée permanente qui se réunit d'elle-même. Elle a l'initiative législative. **Le pouvoir exécutif est incarné par le président, élu au suffrage universel**. Il n'a pas de droit de dissolution ni le droit d'interrompre les débats de l'assemblée.

En décembre 1848 a lieu l'élection présidentielle. C'est Louis Napoléon Bonaparte, neveu de Napoléon Bonaparte qui est élu. Après un coup d'état, Le 2 décembre 1851, jour anniversaire du sacre de Napoléon, de la victoire d'Austerlitz, le président va construire un nouveau régime, ce qui va aboutir au **rétablissement de l'Empire le 2 décembre 1852.**

Le Second Empire

La constitution promulguée en janvier 1852 établit des institutions impériales. Ce texte se veut fidèle au premier Empire mais aussi fidèle à la révolution. Le chef de l'État est expressément désigné comme étant le prince Louis-Napoléon Bonaparte. Il est nommé pour 10 ans et la constitution ne fixe pas les modalités d'une éventuelle réélection. En cas de décès du chef de l'État, le candidat à sa succession sera inscrit dans son testament. Il a de très larges compétences. **Le Sénat** n'est pas une seconde chambre législative mais un pouvoir modérateur. Il n'a pas l'initiative de la loi mais peut émettre des vœux. C'est le gardien du « pacte fondamental ». Il doit contrôler la constitutionnalité des lois. **Le corps législatif** ne dépend pas statutairement du chef de l'État. C'est la seule assemblée législative, élue au suffrage universel direct pour six ans. Elle n'a que peu de rapports avec le gouvernement car il n'y a aucun contact, aucun dialogue entre les ministres et l'assemblée. Les mécanismes du régime parlementaire sont exclus mais ils vont peu à peu se rétablir au cours du Second Empire. Le régime se caractérise par **le rétablissement du suffrage universel** et surtout par les élections législatives, qui doivent donner une assemblée attachée à Napoléon III. Il faut pour cela influencer le corps électoral grâce au système des **candidatures officielles**. Les candidats officiels sont soutenus par les préfets. Le pouvoir justifie cette candidature par le manque d'expérience du peuple. Les candidats de l'opposition sont en revanche empêchés.

En 1870 a lieu l'effondrement du régime au cours de la guerre contre la Prusse dont les Français ne voient pas l'utilité. C'est le désastre de Sedan. Napoléon est capturé et capitule et un gouvernement provisoire républicain est formé.

Jalons républicains

La Troisième république

La IIIe République va d'une défaite à une autre, du désastre de Sedan à 1940. Tout comme la Ire et la IIe Républiques, la IIIe République est née d'une émeute parisienne et elle a mis près de 10 ans à se faire admettre. Cette République a connu une tentative de restauration monarchique ; un troisième césarisme incarné par le boulangisme ; la montée en puissance d'un courant républicain ; l'affaire Dreyfus et ses conséquences ; la séparation des Églises et de l'État ; le 1er conflit mondial ; les effets économiques désastreux de la Grande Guerre ; les réformes sociales du Front populaire. Et tout cela avec des institutions politiques fragiles qui n'ont eu de cesse de faire de cette IIIe République un régime fragile et instable. Progressivement malgré tout, la IIIe République a pu acclimater en France une démocratie libérale, de forme parlementaire. Les éléments majeurs de cette période sont :

– ***La Commune Insurrectionnelle de Paris 8 mars-28 mai 1871 :*** c'est un soulèvement essentiellement parisien contre la capitulation et contre le gouvernement de Thiers. Pendant 54 jours, la Commune travaille à bâtir une **République démocratique et sociale**. Parmi ces différents vœux, on retrouve l'instruction gratuite, obligatoire et laïque ; la suppression du budget des cultes et des armées permanentes ; la séparation de l'Église et de l'État ; la création de bourses du travail ; la suppression des retenues sur salaire ; la généralisation des coopératives ouvrières de production ; la réquisition des logements vacants ; la mise à disposition de la nation des biens des congrégations religieuses. Le Conseil général de la Commune n'a pas eu le temps de procéder à des réformes importantes. La répression commence dès le 3 avril. La reconquête de Paris par les « Versaillais » se fait réellement au cours de la **« Semaine sanglante » (21-28 mai 1871),** quartier par quartier. On assiste alors à des combats de rue meurtriers, avec la mise en place de barricades, entre les forces gouvernementales et les communards. Le 28 mai, les derniers insurgés sont fusillés devant le mur du cimetière du Père Lachaise, appelé désormais « Mur des Fédérés ». La Commune a voulu incarner une sorte de gouvernement populaire fondé sur la démocratie directe, et se voulant aussi une forme nouvelle d'organisation politique et sociale, qui se substituerait à l'État. Ainsi, la « Commune de Paris » a servi d'exemple à de nombreux soulèvements semblables, notamment à l'étranger comme la révolution d'octobre 1917 en Russie. Cet épisode comporte un aspect positif pour les républicains. Depuis 1793, la République faisait peur et était assimilée au terrorisme d'un Robespierre, à la guillotine, aux émeutes. C'est donc l'écrasement de la Commune qui a permis d'enraciner la République en France ; Thiers, en se montrant impitoyable, a réconcilié beaucoup de modérés avec **une République d'ordre, ferme et rassurante**.

– ***Les Lois constitutionnelles de 1875*** : les monarchistes, pourtant au pouvoir, échouent à rétablir la monarchie en raison d'une impossibilité à rassembler les monarchistes légitimistes et les monarchistes orléanistes. La « Constitution » adoptée en 1875 n'a pas l'aspect d'une constitution classique. Elle ne dispose ni de préambule, ni de déclaration des droits, ni de rappels de principes fondamentaux. Il ne s'agit pas d'un texte unique mais **d'un ensemble de 3 lois constitutionnelles** : la loi du 24 février 1875 relative à l'organisation du Sénat ; la loi du 25 février 1875 relative à l'organisation des pouvoirs publics ; la loi du

16 juillet 1875 sur les rapports des pouvoirs publics. Le pouvoir législatif est confié à 2 assemblées. D'une part, **le Sénat** composé de 300 membres élus pour 9 ans et renouvelable par tiers tous les 3 ans. 225 sénateurs sont élus au scrutin universel indirect par les départements et 75 sont désignés à vie par l'Assemblée nationale et sont inamovibles. D'autre part, **La Chambre des Députés**, composée de 615 députés, élus pour 4 ans au suffrage universel direct. Les deux Chambres partagent l'initiative et le vote des lois mais le Sénat a un rôle prépondérant. **Le pouvoir exécutif appartient au président de la République**. Il est élu pour 7 ans par les deux Chambres réunies en Assemblée nationale, et il est rééligible. Si les pouvoirs du président sont théoriquement très étendus, les chambres ont déséquilibré le régime au point d'en faire un régime d'assemblée. Dans la pratique, tout au long de la IIIe République, le président aura surtout un rôle honorifique.

– ***La Colonisation*** : En 1870, la France possède déjà des colonies mais ne constitue pas réellement un empire colonial, dans le sens où les hésitations des différents régimes ont montré qu'il n'y avait pas de véritable politique coloniale. C'est alors la IIIe République qui va lui donner une cohérence par l'action de Jules Ferry.

La Troisième République se caractérise par l'adoption de textes majeurs : la loi de 1905 qui sépare les églises et l'État ; la loi de 1901 qui reconnaît la liberté d'association ; L'enseignement primaire public devient gratuit, laïque et obligatoire jusqu'à l'âge de 13 ans par 2 lois de 1881 et 1882 ; la loi Waldeck-Rousseau du 21 mars 1884 pose le principe de la liberté syndicale.

En 1936 le Front populaire, premier gouvernement socialiste de la troisième république, initie plusieurs réformes sociales importantes : les congés payés (15 jours), la réduction du temps de travail (semaine de quarante heures) et l'établissement des conventions collectives.

Les Quatrième et Cinquième républiques

La Quatrième République s'installe à la suite de la Seconde Guerre mondiale. La constitution du 27 octobre 1946 instaure **un régime parlementaire bicaméral. Le suffrage est universel, les femmes (qui ont obtenu le droit de vote en avril 1944) sont intégrées pour la première fois à ce scrutin**.

Ce régime d'assemblée souffre **d'une forte instabilité**. Le mode de scrutin (proportionnel) choisi pour l'élection des députés favorise l'existence de plusieurs blocs de partis dont les incessants revirements d'alliance entraînent de fréquentes chutes de gouvernement. Une nouvelle crise gouvernementale particulièrement grave a lieu le 15 avril 1958.

C'est la période de **L'État-providence** qui organise le système de protection sociale (Sécurité sociale ; SMIG, salaire minimum interprofessionnel garanti, 1950). Le plan HLM (habitation à loyer modéré) de 1954 résout la crise du logement. En 1956, le Front républicain de Guy Mollet accorde une 3e semaine de congés payés.

Les débuts de la construction européenne sont l'œuvre de la IVe République : le plan Schuman de 1950 débouche sur la fondation de la CECA (Communauté européenne du charbon et de l'acier, 1951). Les traités de Rome, en mars 1957, fondent la CEE (Communauté économique européenne), l'Europe des Six.

La Cinquième république est instaurée par la **constitution du 4 octobre 1958** qui marque une rupture par rapport aux régimes précédant dans la volonté de **renforcer le rôle du pouvoir exécutif et donc du président de la République. Le général de Gaulle,** chef de la France Libre pendant la guerre, en devient le premier président. Il restera au pouvoir jusqu'aux événements **de mai 1968, grande contestation sociale et de remise en cause des valeurs traditionnelles.**

La condition féminine, en constante évolution depuis le début du siècle, connaît une avancée décisive à partir des années 1970 (loi Veil de 1975…).

Ces deux républiques auront à affronter le **problème délicat de la décolonisation** avec notamment la guerre d'Indochine et la guerre d'Algérie.

Les courants de la philosophie du droit

Delphine CONNES
Maître de conférences en histoire du droit
Université de La Réunion

Le iusnaturalisme

La pensée iusnaturaliste distingue deux catégories de droits : le droit naturel qui est un ensemble de principes immuables et universels[1] et le droit positif qui est créé à un endroit et une époque donnée.

Thomas d'Aquin avait fait du droit naturel le reflet de la raison divine dans la nature raisonnable de l'homme. Au XVIIe siècle, les nouvelles théories développées sur la société et sur l'homme tendent à placer dans la seule nature humaine la source du droit naturel. On passe d'un droit naturel objectif inhérent à l'ordre du monde, à des droits naturels individuels, attachés à chaque personne. À chaque individu sont attachés des droits naturels qui lui sont essentiels, c'est-à-dire qui sont inscrits dans son être même. Ces doctrines s'expriment principalement dans les œuvres des deux grands représentants de l'École du droit naturel, le néerlandais Grotius et l'allemand Pufendorf.

Hugo de Groot, dit Grotius est l'auteur de deux ouvrages majeurs. Tout d'abord, le *Mare liberum*, traité de « la mer libre », publié en 1609, dans lequel Grotius s'attachait à défendre le principe de la libre circulation sur les mers et notamment la possibilité pour les Hollandais de naviguer dans les eaux indiennes, contre les prétentions hispano-portugaises d'un monopole du commerce avec les colonies. Ensuite, et surtout, le *De jure belli ac pacis* (Le droit de la guerre et de la paix) paru en 1625. Cet ouvrage qui le fit souvent considérer comme le « père du droit international » reposait sur une nouvelle vision, qui se voulait plus rationnelle, tant de la notion de droit naturel que de la notion de souveraineté.

1. Cicéron donne une première définition du droit naturel dans la République : « La loi vraie est la raison juste en accord avec la Nature ; elle est d'application universelle, invariable et éternelle (…) Une seule loi éternelle et invariable sera valide pour toutes les nations et en tout temps ».

Grotius affirme que le droit naturel résulte de la nature de l'homme qui le poussait à vivre en société, sans qu'aucun besoin justifie cette sociabilité. Fruit de la sociabilité naturelle de l'homme, ce droit naturel lui est suggéré par sa droite raison (qui lui fait connaitre si une action est moralement honnête ou non). Le droit naturel est de ce fait immuable, au point que Dieu lui-même, qui a voulu que de tels principes fussent en nous, n'y pouvait rien changer. « Comme donc, écrivait Grotius, il est impossible à Dieu même, de faire que deux fois deux ne soient pas quatre, il ne lui est pas non plus possible de faire que ce qui est mauvais en soi, ne soit pas tel ».

Sans nier l'existence d'un droit divin, Grotius propose un droit naturel indépendant, raisonnable, un droit naturel laïcisé, désacralisé. Le droit naturel reposant sur le principe de sociabilité, il rassemble donc les règles qui découlent de ce principe, comme le respect du bien d'autrui, de la parole donnée, la réparation du dommage causé par sa faute...

Poursuivant l'entreprise de Grotius, **Samuel Pufendorf** s'attache à construire un droit naturel purement laïque, détaché de ses racines théologiques. Refusant l'idée d'un droit naturel, pur reflet des volontés de Dieu et donc incompréhensible à l'homme, il affirme l'existence d'un droit trouvant son fondement autonome dans la raison naturelle de l'homme. Par la seule force de son entendement, par le bon usage de sa raison, l'homme est en mesure de découvrir les règles nécessaires qui s'imposent à lui.

Mais il y aurait un grave contresens à croire que de telles théories passent par la négation de Dieu. Pour Pufendorf, c'est bien la volonté divine qui règne sur la création et prescrit aux hommes d'obéir au droit naturel. C'est Dieu, disait-il, qui « a fait comprendre aux hommes que, sans l'établissement des sociétés civiles, l'ordre et la paix qui sont les buts du droit naturel ne pourraient pas se maintenir dans le monde ». D'ailleurs, en tant qu'auteur de la loi naturelle, Dieu doit être considéré comme auteur des sociétés politiques et par conséquent de la souveraineté.

Repris et développé par les Lumières, le droit naturel est consacré par la DDHC.

Les théories révolutionnaires

Les théories révolutionnaires, issues en partie des doctrines monarchomaques et des Lumières marquent un renouveau dans la pensée politique, l'avènement de la raison critique, avec un penseur devenu citoyen. Elles détruisent les fondements politiques de ce qui est devenu l'Ancien Régime ; et tentent, avec plus ou moins de réussite de fonder un ordre nouveau. Il n'existe pas de véritable unité au sein des théories révolutionnaires. Chaque penseur, chaque révolutionnaire a sa conception de la souveraineté, de la société. Malgré tout, au fil des événements, deux courants principaux peuvent être dégagés, celui à tendance libérale de l'abbé Sieyès, et celui, à tendance plus autoritaire de Robespierre.

L'abbé Sieyès (1748-1836), la révolution libérale

Sieyès attaque avec virulence la société d'ordres de l'Ancien Régime. Il est l'auteur de 3 brochures qui traitent des problèmes immédiats dans la perspective de la réunion des États généraux de 1789. L'accroche de la brochure intitulée « Qu'est-ce que le tiers-état ? » est célèbre : « Nous avons trois questions à traiter : Qu'est-ce que le tiers-état ? Tout. Qu'a-t-il été jusqu'à présent dans l'ordre politique ? Rien. Que demande-il ? À y devenir quelque chose ». Au-delà de cette critique sociale de la société d'ordres, Sieyès critique également les privilèges économiques. Les privilèges sont contraires à la libre concurrence, qui a des effets économiques et sociaux positifs, puisqu'elle permet la promotion au mérite d'une élite capable.

Sa position sur l'égalité est cependant nuancée. Sieyès est favorable au suffrage censitaire, à la distinction entre citoyens actifs et citoyens passifs que l'on retrouve dans tous les projets de constitutions élaborés par Sieyès (et évidemment dans la constitution de 1791).

Sieyès développe l'idée de la souveraineté nationale. Pour lui, la Nation est « un corps d'associés vivant sous une loi commune et représenté par le même législateur ». Il estime que « la nation existe avant tout. Elle est l'origine de tout. Sa volonté est toujours légale. Elle est la loi elle-même. Avant elle et au-dessus d'elle, il n'y a que le droit naturel… Le gouvernement au contraire ne peut appartenir qu'au droit positif ». La nation, pour Sieyès, est une et indivisible. Elle s'oppose à l'Ancien Régime, qui était formé de corps divers et multiples. La nation est formée d'individus égaux, d'atomes politiques. C'est un corps unique gouverné par une Assemblée unique, représentative de l'intérêt général. Elle est souveraine[1] et cette souveraineté s'exerce par représentation de l'assemblée. Il ne s'agit pas d'une aliénation car l'assemblée ne dispose pas d'un pouvoir total mais de ce qui est nécessaire pour maintenir le bon ordre. Les délégués ne peuvent pas outrepasser le pouvoir qui leur a été confié.

1. Sieyès fait adopter par l'Assemblée nationale le principe de la souveraineté nationale, lors de la discussion sur la DDHC qui déclare : «Le principe de toute souveraineté réside essentiellement dans la nation ; nul corps, nul individu ne peut exercer d'autorité qui n'en émane expressément » (art. 3).

Robespierre (1758-1794), la révolution autoritaire

Robespierre critique la vision libérale de 1789. Pour lui, la propriété est une institution sociale, et non pas naturelle, régie par la loi ; elle peut et doit être limitée pour des raisons de politique, de morale et d'utilité. Robespierre ne fut pas suivi par la Convention sur ce point ni sur l'impôt, qu'il voulait progressif selon l'étendue de la fortune, ni sur les devoirs de fraternité qui uniraient tous les hommes et toutes les nations. En revanche, il réussit à introduire dans la DDCH de 1793 plusieurs droits sociaux, notamment le droit au travail et le droit à l'assistance.

Il estime que la Constitution doit « donner au gouvernement la force nécessaire pour que les citoyens respectent toujours les droits des citoyens, et faire en sorte que le gouvernement ne puisse jamais les violer lui-même ». Il affirme que « le premier objet de toute constitution doit être de défendre la liberté publique et individuelle contre le gouvernement lui-même ». Il propose de fonder la Constitution sur cette maxime incontestable, selon lui : « le peuple est bon, et ses délégués sont corruptibles ; c'est dans la vertu et dans la souveraineté du peuple qu'il faut chercher un préservatif contre les vices et le despotisme du gouvernement ». Écartant l'équilibre des pouvoirs par une critique de l'exemple anglais, Robespierre reprend quelques principes des magistratures romaines : durée limitée des mandats, spécialité et division des fonctions, interdiction du cumul de celles-ci.

Robespierre est partisan d'une république démocratique, dont le principe serait la vertu. Il veut établir ce régime par la dictature et la terreur. Robespierre introduit une distinction entre l'ordre constitutionnel dans lequel le gouvernement est soumis à une constitution, et d'un autre côté l'ordre révolutionnaire qui doit défendre la patrie en danger et pour cela il peut instaurer une dictature dont le but est d'établir une république et de retourner dans l'ordre constitutionnel. La terreur doit donc être un régime transitoire.

La contre-révolution

L'école contre-révolutionnaire apparaît lorsqu'éclate la Révolution Française de 1789 sous l'impulsion de l'irlandais Edmund Burke. Elle n'est pas simplement une réaction autoritaire aux débordements de la Révolution, comme l'Empire, car l'Empire accepte l'idée de souveraineté populaire et se fonde, notamment, sur les plébiscites. La Contre-révolution est un refus total de la Révolution, c'est un conservatisme fondamental qui se développe en même temps que la Révolution, Pour les contre-révolutionnaires, l'ordre des choses en matière religieuse, politique ou social est un ordre immuable. C'est le temps qui est le garant et le révélateur des systèmes sociaux.

Edmund Burke (1729-1797), initiateur de la contre-révolution

En 1790, Burke publie ses *Considérations sur la Révolution Française* pour avertir la population du danger que fait courir la Révolution Française au peuple anglais. Selon lui, il n'y a eu dans l'histoire qu'une seule vraie et grande révolution, la révolution anglaise de 1688 (Bill of Rights 1689). Partant de là, et exagérant de beaucoup les apports de 1688, Burke instruit le procès de la « fausse révolution », celle de 1789.

Pour Burke, les hiérarchies sociales sont naturelles, la seule égalité qui puisse exister est l'égalité morale. Il faut conserver l'héritage reçu des générations antérieures grâce à la force de la tradition, à l'enracinement dans le passé et aux recours aux préjugés.

Burke est avant tout un ennemi de ce qui est abstrait ; ce sont les circonstances qui donnent à un principe politique son véritable caractère. Il est partisan de la nature et de l'histoire, de l'expérience de la coutume contre les constructions politiques rationnelles et abstraites. Or, la Révolution Française se veut universelle alors que chaque peuple a sa propre histoire et ne relève pas d'un moule unique. Elle est abstraite car elle ne raisonne pas sur des personnes mais sur des entités : l'Homme, les Droits de l'Homme, la Constitution, la Liberté ... notions qui ne proviennent pas de l'expérience mais des cerveaux révolutionnaires. Les révolutionnaires font table rase du passé et de la sagesse séculaire comme s'il était possible de partir de rien. Pour Burke, c'est le temps et lui seul, qui fait les États et leur régime politique et non la volonté humaine, car c'est la Providence, elle-même qui s'exprime sur un grand laps de temps et au travers d'une grande diversité d'accidents.

La Révolution Française, le mal absolu

Les thèses de Burke vont être reprises par deux penseurs, Joseph de Maistre et Louis de Bonald.

Joseph de Maistre se définit comme un métaphysicien de la politique. Il estime que la Révolution française heurte les lois éternelles de la nature en ce que la foule gouvernée peut se croire l'égale du petit nombre qui gouverne. Le principe démocratique est un sacrilège des droits de Dieu sur les hommes. Bien au contraire, l'inégalité est conforme à l'ordre providentiel. Tout mode particulier de gouvernement est œuvre divine comme la souveraineté en général puisque des circonstances historiques en déterminent la forme. Ces conditions sont indépendantes des volontés humaines qui ne peuvent que s'en accommoder. Si l'homme prétend constituer la société par sa libre détermination, il usurpe le gouvernement divin. La Révolution Française est donc pour Maistre satanique car elle met l'homme à la place de Dieu, mais elle n'en est pas moins l'œuvre de Dieu qui assure le gouvernement de l'humanité et la conduit vers un but connu de lui seul.

Louis de Bonald défend à la chambre des députés, puis à celle des pairs, des positions qualifiées de « rétrogradantes ». Il est le représentant le plus fidèle de l'ordre monarchique : la Révolution a commencé par la déclaration des droits de l'homme, elle ne finira que par la déclaration des droits de Dieu. Sa pensée peut se résumer en deux points : l'individu n'a aucun droit mais que des devoirs car il n'existe que pour la société et que par elle ; d'autre part, il n'y a de souveraineté que celle de Dieu. En 1794, il écrit *la théorie du pouvoir politique et religieux dans la société civile.* Il y décrit le pouvoir comme l'être qui veut et qui agit pour la conservation de la société. Sa volonté s'appelle loi, son action gouvernement. Le pouvoir préexiste à toute société puisque le pouvoir constitue la société et qu'une société sans pouvoir ni loi ne pourrait se constituer. Tout pouvoir bien constitué, fondé sur les lois naturelles, raisonnables, légitimes, divines, doit être indépendant des hommes, et par conséquent absolu.

Ces deux théoriciens condamnent la Révolution sur le plan des principes car elle prétend se dresser contre Dieu, l'homme devenant, de sa seule volonté, créateur du système politique. La Révolution ne peut être positive car elle n'est qu'une crise engendrée par plusieurs facteurs : elle ne commence rien, elle achève. Les contre-révolutionnaires sont également virulents à propos de la charte de 1814 octroyée par Louis XVIII, la jugeant trop libérale, faisant trop de concession à la Révolution Française, avec la mise en place d'un régime représentatif. Ce qu'ils veulent, c'est le retour de la monarchie, la monarchie des Bourbons, désignés par Dieu, qui ramènera paix et prospérité. Parce que la Révolution est une rupture de l'ordre naturel, il y aura donc une restauration spontanée de l'ordre naturel bafoué, sans nécessité d'un coup de force, sans même un débat démocratique ou une alternance. La révolution n'est qu'un accident, une parenthèse dans l'évolution historique. La restauration monarchique est inéluctable. Selon Maistre, l'établissement de la monarchie, qu'on appelle contre-révolution ne sera pas une révolution contraire mais le contraire d'une révolution.

Le positivisme

L'École positiviste critique à la fois les principes de 1789 et la pensée réactionnaire. Elle refuse les principes révolutionnaires de liberté et d'égalité des hommes, non pas au regard de la tradition et de la providence, comme les contre-révolutionnaires, mais au regard de la nature, de la science et de l'observation des faits. L'école positiviste regroupe ceux qui se placent sur le terrain de l'analyse expérimentale (« positive ») et qui prétendent tirer leurs conclusions de la seule observation, en excluant tout postulat théologique ou métaphysique. Le positivisme, qui apparaît au milieu du XIXe siècle, marque donc une rupture du traditionalisme avec le catholicisme et l'Église. Ce courant repose sur une idée centrale : le progrès humain ne peut exister que dans une société fondée sur des bases scientifiques.

Le positivisme est d'abord une méthode : s'en tenir uniquement aux faits. C'est aussi une théorie, un système philosophique et politique développé par Auguste Comte. Ses continuateurs ont jeté les bases de ce qu'on considère comme le néo-traditionalisme.

Auguste Comte (1798-1857) a été horrifié par la Révolution de 1789. Elle lui apparaît comme l'écroulement d'un monde ancien plutôt que comme l'avènement d'un monde nouveau. En exaltant l'individualisme, elle a pour lui provoqué le délitement du lien social et de la société. Le projet de Comte, c'est de **reconstruire la société en sacrifiant l'individu et sa liberté.** Pour lui, l'autonomie de l'homme empêche toute construction d'un projet politique collectif.

Le premier ressort de la pensée de Comte, c'est le **déterminisme**. Pour lui, le principe de causalité est au cœur de toute connaissance et de toute réalité. Tous les phénomènes, y compris les phénomènes sociaux et politiques, ont des causes et des lois. C'est au savant de les trouver, de les expérimenter et de les formuler. Pour ça, il a à sa disposition la parfaite connaissance du passé. Le présent est la conséquence du passé, la connaissance d'hier fournit les moyens de compréhension et de correction de la société actuelle.

Comte porte une attention particulière, pour comprendre les causes et les déterminismes, à une **discipline toute récente qui s'appelle à ce moment la physique sociale**. Il la rebaptise **sociologie** (il est l'inventeur du terme). Comte divise la sociologie en deux branches : la statique sociale, qui est l'étude de l'individu, de la famille, de la société, et la dynamique sociale, qui est l'étude du développement des sociétés.

En reprenant une analyse déjà opérée par Saint-Simon, il démontre que les sociétés passent successivement et nécessairement par trois phases : c'est la célèbre « **loi des trois états** ». Au cours de son histoire, l'humanité passe nécessairement par trois étapes, dans un ordre invariable :

- La première phase est l'état **théologique et guerrier**. C'est un état préparatoire, où les sociétés sont fondées sur des croyances religieuses, et les élites de la société sont formées par les hommes de Dieu. Les faits observés sont expliqués par des faits inventés. En politique, cela se caractérise par le droit divin.
- La seconde phase est l'état **métaphysique et juridique**. C'est un état transitoire, avec le développement de l'esprit critique qui détruit les hiérarchies, avec la prédilection pour la métaphysique, pour l'abstrait et le juridique. Dans cette société, les élites sont formées par les hommes de loi. Les faits sont expliqués par des abstractions. En politique, cela se caractérise par le contrat social.
- La troisième phase est l'état **positif et scientifique**. Il s'agit désormais d'une société organisée sur des bases scientifiques. Dans cette société, les élites sont formées par les hommes de science. On explique les faits par des lois générales. En politique, cela se caractérise par le positivisme.

Comte croit dans le progrès indéfini de l'humanité. À chaque étape de l'histoire, la société avance vers un ordre définitif, elle progresse (sans que le progrès soit nécessairement meilleur). Pour Comte, il existe des lois qui régissent l'évolution des sociétés.

Toute cette analyse débouche sur une conception politique très conservatrice. Comme les traditionalistes, Comte considère que l'individu est une abstraction et que la société est la seule vraie réalité. Il est farouchement anti-individualiste. Il faut selon lui lutter contre l'individualisme libéral et constituer les hommes en société. Sa pensée n'est pas égalitaire, il croit à la mission d'une élite, et il établit une distinction nette entre la masse, les techniciens et les gouvernants.

Il ne reconnaît pas l'existence de droits individuels. Il n'admet que des devoirs envers la société. Il récuse toute liberté individuelle, en particulier toute liberté de conscience. Dès lors qu'il existe une vérité scientifique sur le social et le politique, il ne peut pas y avoir d'opinion. Le pouvoir politique est pour lui nécessairement absolu : puisque la politique est définie scientifiquement, il ne peut pas y avoir de freins ou de contrôle.

L'idéologie comtiste a eu des continuateurs, les néo-traditionalistes dont les plus célèbres figures sont Taine et Renan.

Le libéralisme

Le libéralisme s'ancre dans les mentalités et dans la vie politique. Pendant les Cent-Jours, Napoléon, tout en tentant une restauration de l'Empire, demande à Benjamin Constant de rédiger un « Acte additionnel aux constitutions de l'Empire », qui établissait une monarchie constitutionnelle et libérale inspirée de la Charte que Louis XVIII avait octroyée aux Français. Le Second Empire connaît également, après une première phase autoritaire, une deuxième phase libérale. Les constitutions des autres régimes – monarchie de Juillet, Seconde et Troisième Républiques sont également d'inspiration libérale.

Il existe en France, pendant le XIXe siècle, un véritable parti libéral, qui réclame le respect des libertés reconnues par la Charte de 1814, puis un élargissement de celles-ci, et enfin le rétablissement de la République, définitivement acquis à la fin du siècle. Dans la première moitié du XIXe siècle, la doctrine libérale triomphe. Benjamin Constant et Alexis de Tocqueville, héritiers d'une longue tradition de pensée libérale, disciples de Montesquieu, sont ses représentants les plus illustres.

Benjamin Constant prône un libéralisme individualiste. La liberté est pour lui la valeur fondamentale, une valeur dont la protection est assurée par la limitation du pouvoir, son partage, et l'existence d'un pouvoir neutre, arbitre et régulateur, rempart contre l'arbitraire. La liberté est, pour Constant, « le premier des droits naturels ». Le citoyen possède des droits individuels indépendants de toute autorité sociale ou politique. Toute autorité qui viole ces droits devient illégitime.

Les droits des citoyens sont la liberté individuelle, la liberté religieuse, la liberté d'opinion, la jouissance du droit de propriété, la garantie contre tout arbitraire. Constant analyse la conception de la liberté qui, selon lui, prévaut à son époque. Il la qualifie de « libertés des modernes », qu'il oppose à la « liberté des anciens », la liberté de l'Antiquité qui ne consistait qu'en une liberté politique : pouvoir participer à la vie de la cité. La liberté des Modernes est une liberté individuelle, elle réside dans la garantie accordée aux jouissances privées.

La protection de la liberté nécessite une limitation du pouvoir exercé par l'État et, d'abord, la limitation du domaine dans lequel s'exerce le pouvoir de l'État. Constant est partisan d'un État minimaliste, qui n'intervient que dans une sphère limitée. Il propose des moyens pour assurer une limitation du pouvoir : la séparation des pouvoirs, l'établissement d'un « pouvoir neutre », qui soit l'arbitre des conflits entre les autres pouvoirs, le respect des formes et des procédures, la décentralisation.

Alexis de Tocqueville (1805-1859) est partisan d'un libéralisme démocratique. La rencontre avec la société américaine et l'observation du fonctionnement des institutions politiques lui fournirent la matière de l'ouvrage qui le rendit tout de suite célèbre : «De la démocratie en Amérique » (1835). La deuxième partie paraît en 1840. En Amérique, il est immédiatement convaincu que la démocratie et l'égalité des conditions sociales, qu'il y observe, sont des faits « providentiels », qui entraîneront la disparition des sociétés traditionnelles de la vieille Europe. Mais il craint que le goût de l'égalité ne porte les nouvelles démocraties, par un despotisme de la majorité, à brimer la liberté au nom de la volonté populaire.

Pour Benjamin Constant, comme pour Guizot, ministre de Louis-Philippe, le problème majeur est celui de l'implantation en France d'institutions politiques libérales, qui consolident les conquêtes de la Révolution, notamment l'égalité civile, et qui permettent une transaction entre l'ancienne France et la nouvelle. Ces institutions devraient également prendre modèle sur les institutions politiques britanniques. Aucun d'eux ne se pose le problème de la démocratie. L'égalité civile coexiste avec l'inégalité politique du système censitaire. La démocratie apparaît comme un débordement révolutionnaire qu'il faut canaliser pour établir un régime stable, qui ne peut être que censitaire.

Pour Alexis de Tocqueville, au contraire, l'intérêt se porte sur la démocratie elle-même. Il a vu une démocratie née dans un contexte exempt de tradition aristocratique ou d'une secousse révolutionnaire. L'Amérique n'a pas eu à détruire un Ancien Régime. Il voit dans l'égalité des conditions le fait générateur dont chaque fait particulier semble descendre. Il pense que cette égalité de conditions progresse en Europe, et que cette même démocratie qui règne sur les sociétés américaines s'avance rapidement vers le pouvoir en Europe. L'évolution qui conduit à l'égalité des conditions sociales est un phénomène inéluctable, qui présente un caractère providentiel.

Cette égalité est porteuse de dangers, et notamment celui de l'omnipotence de l'État et de la tyrannie de la majorité. Il faut s'en protéger par divers moyens tels que la liberté de la presse, l'indépendance des tribunaux, la décentralisation, l'institution de l'association (moyen de décentralisation, non plus politique, mais sociale), la puissance des professions juridiques, l'institution du jury populaire, la religion chrétienne.

Au-delà de ces deux auteurs, un autre courant libéral regroupe des auteurs qui ont tenté de sauvegarder certains aspects du passé. C'est le libéralisme réactionnaire incarné par Chateaubriand, Guizot ou encore Royer-Collard.

Le courant socialiste

Le XIXe siècle est celui où la pensée socialiste naît et s'épanouit. C'est pendant ce siècle qu'apparaissent l'idée, le mot et les divers courants du socialisme. Certes il ne naît pas « ex nihilo », car il puise ses origines intellectuelles dans diverses formes de communisme. Mais le socialisme se distingue nettement du communisme, pour répondre aux problèmes sociaux nouveaux générés par la révolution industrielle et l'opposition des classes sociales qui l'accompagne.

Les divers socialistes partagent un certain nombre d'idées et de préoccupations communes. D'abord ces courants peuvent se caractériser comme des réactions contre les abus et les excès du libéralisme et de l'industrialisme. Les socialistes partagent une condamnation de la propriété privée des moyens de production et d'échange. Ils veulent transformer profondément l'organisation sociale ; ils accordent à l'économie, à la production, au travail, et aux relations sociales, une importance plus grande qu'à la politique. Ils veulent soumettre l'économie à une direction, une organisation, une planification, et refusent les hasards et la tyrannie de « la main invisible » du marché. Le socialisme peut donc se définir comme une doctrine d'organisation de la société, qui prétend faire prévaloir le bien général sur les intérêts particuliers, par l'instauration d'un nouvel ordre, économique en premier lieu, établi de manière rationnelle, volontaire et concertée.

Quatre courants principaux se dégagent au sein du socialisme : le socialisme technocratique issu de la pensée de Saint-Simon, le socialisme dit utopique, associationnisme de petits groupes de producteurs, d'Owen et de Fourier, le socialisme scientifique de Marx et d'Engels, et le socialisme libertaire et anarchique de Proudhon et de Bakounine.

– Pour **Saint-Simon,** le monde et l'histoire peuvent s'expliquer par l'application des méthodes qui ont permis de comprendre le monde physique. Le monde, qui est un tout, est gouverné par le déterminisme, il est régi par une loi, celle de la « gravitation universelle ». Il explique que la Révolution française a marqué la fin du monde féodal, la fin d'une « période organique » stable, organisée et productive. Cette période organique avait commencé avec Jésus. Elle avait culminé avec la féodalité, au XIe siècle. Puis elle avait décliné, quand les communes et le roi, s'étaient alliés contre les nobles, et quand le pouvoir spirituel de l'Église avait été attaqué par la Réforme, puis par les philosophes et les savants. La Révolution s'inscrit dans une « période critique », instable et désorganisée. Cette période critique annonce la naissance d'un monde nouveau, qui sera dirigé par les ingénieurs et les savants, car le peuple, du fait de son ignorance, ne peut se gouverner démocratiquement. Une nouvelle période organique est en gestation, avec un nouveau pouvoir temporel et spirituel adapté à la société du temps. Saint-Simon expose une véritable philosophie de l'histoire. Il travaille à ce qu'advienne rapidement la nouvelle période organique, qui sera régie par la science de l'organisation sociale, science positive, qui s'imposera à l'esprit par l'expérience. La nouvelle période organique sera celle de l'industrie et de la science ; le pouvoir temporel sera confié aux ingénieurs, qui joueront le rôle, et prendront la place, des nobles ; le pouvoir spirituel sera confié aux savants, qui prendront la place des clercs, et seront les prêtres de la nouvelle religion.

Pour Saint-Simon, la politique est la science qui a pour but l'ordre des choses le plus favorable à la production. La science, alliée à l'industrie, forme la classe des industriels, classe des producteurs, qui est la classe fondamentale, la classe nourricière de la société. Les autres – les politiciens, le clergé, les propriétaires, les juges – sont des « oisifs », des inutiles.

- L'expression de « **socialisme utopique** » a été forgée par Engels, pour opposer la démarche qu'il partageait avec Marx, à celle des premiers socialistes qui n'auraient construit, comme solutions aux problèmes de la société, que des systèmes idéaux et chimériques sans rapport avec une analyse scientifique de la société et de l'économie. Robert Owen, un grand patron, et Charles Fourier, un petit commerçant, ont effectivement partagé l'idée que la société peut être réformée par l'exemple de communautés modèles procurant l'harmonie et le bonheur à l'homme. Ils ont aussi développé l'idée que la société pourrait être organisée par associationnisme : la solution des problèmes de l'homme et de la société passerait par l'association et la coopération volontaires de ces communautés de producteurs autogérées.

- **Le Marxisme** est un socialisme scientifique et matérialiste. Il prône un communisme nouveau fondé sur une analyse du fonctionnement du capitalisme, générateur de contradictions autodestructrices, et générateur du prolétariat, classe qui, par le biais de la lutte des classes, dépasserait les contradictions et libérerait l'Humanité de toutes les aliénations. C'est une pensée totale, qui mêle la philosophie, le droit, l'histoire, la politique et l'économie. Premiers théoriciens du socialisme scientifique, Marx et Engels sont les fondateurs du mouvement ouvrier international, au sein de la Ire puis de la IIe Internationale. Ils ont eu immédiatement des disciples et le Marxisme s'est coloré de réformisme, de bolchévisme, de Trotskisme, de « Pensée Mao Tsé Toung », *etc.*

- Enfin, **L'anarchisme** est le refus de toute autorité extérieure à l'homme et proclamation de sa liberté entière. C'est aussi un esprit de révolte qui, à certaines époques, prend une dimension politique, s'investit dans la destruction de l'État, et tente de reconstruire une société juste et ordonnée, sur la base de la liberté, de l'égalité et de la solidarité. Le XIXe siècle a été un siècle d'or pour l'anarchie. Dès la « Conjuration des Egaux », de Gracchus Babeuf, la revendication d'une abolition de la distinction des gouvernements et des gouvernés se fait entendre. Tout au long du XIXe siècle, l'anarchisme s'est exprimé chez des philosophes et des écrivains, au sein du mouvement ouvrier, et par des initiatives novatrices comme des écoles autogérées. Il s'est aussi manifesté par l'action terroriste, par des assassinats de chefs d'État surtout dans la première moitié du XXe siècle. L'histoire des idées politiques retient, comme penseurs majeurs de l'anarchisme, deux auteurs, l'un français, Pierre-Joseph Proudhon, l'autre russe, Mikhaïl Bakounine. **Le socialisme anarchiste est individualiste et réformiste, chez Proudhon, communiste et révolutionnaire, chez Bakounine**. Les deux hommes, qui ont été en relations suivies, partagent les mêmes convictions : socialisme, anarchisme, associationnisme.

Le courant nationaliste

Si durant la Restauration et la Monarchie de Juillet, le nationalisme est républicain et de gauche, sous la Troisième République, il devient antirépublicain et passe de la gauche à la droite. En s'inscrivant dans la durée, la République proclamée en 1870 crée la surprise. Cette Troisième République est héritière des lumières et de la Révolution Française du point de vue des valeurs ; elle prône notamment l'individualisme politique et économique : cette République est libérale. Mais cette République opportuniste suscite l'opposition de deux frustrations. À droite, les nationalistes ne supportent pas cette « République des vaincus » qui s'est arrogée le pouvoir en 1870 ; c'est la nation qui devient l'élément fédérateur de cette droite, nation qui véhicule des valeurs hostiles au démo-libéralisme. La gauche révolutionnaire combat l'ordre démo-libéral et ses valeurs bourgeoises : le socialisme est populaire alors que la République n'est que bourgeoise. Or il va y avoir sans cesse une alliance entre cette droite et cette gauche, notamment du fait de l'ennemi commun : la démocratie libérale et ses valeurs. Le nationalisme repose toujours sur le même fondement : c'est un système de pensée dans lequel la Nation occupe une place essentielle, la communauté nationale transcende les volontés particulières et l'individu doit se soumettre à l'intérêt national.

Le nationalisme intransigeant

Le nationalisme intransigeant qui se développe à la fin du XIXe siècle a été forgé essentiellement par deux auteurs : Maurice Barrès et Charles Maurras.

- **Barrès** voit dans le nationalisme une réponse à la question de l'identité. Sa pensée repose sur un présupposé pessimiste : l'homme ne peut se dominer par l'exercice de la raison, il ne peut pas maîtriser la nature où il évolue, et l'idée de progrès lui est tout à fait étrangère. L'homme est avant tout la proie de forces obscures et irrationnelles. La Nation est ce qui va lui permettre de structurer son être, son « moi ». En acceptant ses traditions, son histoire, ses coutumes, l'homme bénéficie d'un point d'appui face à la mort et à la décadence. Pour Barrès, le sentiment national, comme l'instinct, ne fait pas partie d'un acquis volontaire et rationnel, il est inscrit dans le domaine inconscient de l'inné. Dans *Les déracinés*, Barrès prône un déterminisme d'ordre culturel et biologique, dans la droite ligne de Taine. L'homme est entièrement déterminé par ce que

Barrès appelle la terre des morts, à savoir un sol, un sang et une culture. Le nationalisme barrésien nourrit un anti-intellectualisme très fort qui le fait se tourner vers le peuple « non contaminé par le poison rationaliste ». Il y a donc une dimension sociale dans ce nationalisme. Il faut dresser le peuple contre la minorité des politiciens Sur le plan politique, Barrès refuse le régime parlementaire. Cependant, il ne rejette pas la république. Son nationalisme est un nationalisme républicain. Il reconnaît dans la Révolution l'événement créateur de la Nation française.

– **Charles Maurras** veut opposer au modèle théorique de la République française ce qu'il dit être la réalité issue de l'histoire, à savoir la monarchie. Au sein de l'Action Française, il veut allier liberté et autorité monarchique. Ce royalisme ne repose pas sur le droit divin classique mais sur la nation. Le royalisme national de l'Action française se veut rationnel et déductif. La doctrine de l'Action française est une charge contre l'individualisme juridique et politique issu de la pensée du XVIIIe siècle. Pour Maurras et ses partisans, une société ne peut espérer survivre que si elle est capable d'unité : la société est un organisme indivisible, fruit d'un long processus historique ; et non d'un contrat théorique entre des individus isolés, individus isolés qui sont contre nature, n'ayant pas pour modèle une réalité de l'histoire. Cette société unitaire est inégalitaire, naturellement, car elle est hiérarchisée et cultive la vertu de l'obéissance. L'individualisme démocratique, c'est forcément l'anarchie : les hommes isolés qui ont le pouvoir de renverser par le vote les gouvernements rendent l'autorité de l'État débile, ils empêchent que le gouvernement soit tourné vers l'intérêt supérieur du bien commun. Seule la monarchie héréditaire est au-dessus des contingences électorales. Les rois ne s'identifient pas à des électeurs mais uniquement à l'intérêt général des sujets et du royaume, à l'intérêt des Français et de la nation. Le règne à vie des rois, contrairement à la démocratie issue d'élections qui divisent, permet d'entreprendre une politique à long terme. C'est la nation qui est le fondement de la politique ; car là où le peuple (des individus sans cohérence entre eux) est un artifice, la nation est une réalité. Le nationalisme de Maurras est foncièrement antiparlementaire, et même anti-démocratique.

Le nationalisme modéré

Le nationalisme modéré s'exprime sous des formes différentes chez Georges Sorel et chez Charles Péguy.

- **Georges Sorel** (1847-1922) ne s'intéresse pas à l'individu et à sa raison, mais à la collectivité et à ses motivations instinctives. En 1908, il publie son ouvrage majeur, *Réflexions sur la violence,* et place tous ses espoirs dans la capacité qu'a le prolétariat de renverser l'ordre établi. Pour Sorel, ce ne sont pas les déterminismes historiques qui provoquent la violence prolétarienne, mais une force instinctive et irrationnelle. Cette violence prolétarienne mue par le mythe de la grève générale est tournée contre la société démocratique et républicaine, que Sorel a en horreur.

- **Charles Péguy** cultive l'émotivité, l'inconscient. Son nationalisme est d'abord catholique. Pour lui, la France est un aboutissement, le lieu de rencontre des traditions antiques, des traditions chrétiennes et des traditions révolutionnaires. Son nationalisme est aussi mystique. Sa conception de la politique met toujours en avant le primat de l'émotionnel aux dépens des considérations touchant au fonctionnement des institutions. Plus qu'une attaque des institutions, la pensée de Péguy est une dénonciation des vices et des corruptions. Le monde détesté par Péguy, c'est la république démocratique et parlementaire, bourgeoise et décadente. Pour Péguy, c'est le suffrage universel qui est responsable de ce dépérissement de la politique. En 1905, il publie *Notre patrie*, qui va avoir un très grand écho. Il y fait l'apologie des forces inconscientes et irrationnelles de la nation et du peuple. Surtout, il y mélange race et nation. Pour lui, la nation est l'appartenance à un peuple qui serait une race (au sens raciste du terme). On est donc très loin des conceptions révolutionnaires de la nation. Pour Péguy, la nation est considérée comme un corps auquel on appartient malgré soi, l'appartenance à la nation repose sur une idée de détermination naturelle.

Les auteurs influents et œuvres à connaître

Delphine CONNES
Maître de conférences en histoire du droit
Université de La Réunion

Jérôme DORVIDAL
Docteur en histoire

Confucius (Kong Qin) (–551 à –479 av. J.-C.)

La doctrine de Confucius a certainement été déterminante dans la culture chinoise. Philosophie, politique, morale, éducation… son influence est perceptible dans l'ensemble des domaines de cette société antique du Ve siècle avant notre ère. Celui qui a occupé les fonctions de Ministre de la Justice s'est intéressé aux valeurs fondatrices de la morale et du droit en dédiant sa vie à en chercher l'esprit, ce que nous distinguons sous la formulation de « l'esprit du droit »[1]. En effet, le sens de la justice le préoccupe très tôt, naturellement en adéquation avec les conceptions de son temps. Dans la pensée suivante en relation avec la justice, nous retrouvons déjà toute l'importance de la parole donnée : « Quand on peut accomplir sa promesse sans manquer à la justice, il faut tenir sa parole » (*Les Entretiens*, – VIe siècle). Oui, la promesse a une grande valeur car elle forme un engagement moral, une dette, ce qui mérite une réflexion au préalable nous dit Confucius dans cette pensée : « Examine si ce que tu promets est juste et possible, car la promesse est une dette » (*Les Entretiens*). L'autre volet de la justice qui intéresse Confucius c'est la culpabilité attachée à la faute. La sagesse du maître l'amène à ériger en principe la reconnaissance de la faute par son auteur, en toutes circonstances, pour mieux la réparer, comme exprimée dans cette pensée : « Commettre une faute et ne pas s'en corriger, c'est là la vraie faute ! » (*Entretiens du maître avec ses disciples*). Pilier du maintien de l'ordre social, la discipline d'une société commence par soi-même si l'on en juge par cette pensée « On s'égare rarement en s'imposant soi-même des règles sévères » (*Entretiens du maître avec ses disciples*). De la sévérité, certes, mais de la justesse aussi, dans le jugement formulé à l'encontre d'une personne, dans une décision du quotidien comme le rappelle le maître :

1. X. LI, « L'esprit du droit chinois : perspectives comparatives », RIDC, v. 1, 1997, p. 7.

« Appliquez-vous à garder en toute chose le juste milieu » (*Entretiens*). À propos de la sanction et de la peine de mort, Confucius aurait répondu à une question précise d'un prince lui demandant « Ne ferais-je pas bien de mettre à mort les malfaiteurs afin de rendre le peuple vertueux ? ». Sa réponse, pleine de sagesse, a de quoi surprendre dans une époque prétendue archaïque : « Pour gouverner le peuple, Seigneur, avez-vous besoin de la peine de mort ? Vous-même veillez sérieusement à être vertueux, et votre peuple sera vertueux. La vertu du prince est comme le vent ; celle du peuple est comme l'herbe. Au souffle du vent, l'herbe se courbe toujours » (*Les Entretiens*, chap. 12). Ces dernières formules émanent d'un observateur avisé d'une société chinoise en pleine décomposition, une Chine déchirée entre les rivalités princières et qui devrait retrouver la voie de la vertu. Faire de la sagesse l'arme politique susceptible de mettre fin aux querelles interminables, tel est le leitmotiv de Confucius. Dans cette autre pensée, on retrouve les traces de ces rivalités politiques : « Ne pas se laisser imprégner par les calomnies, ni se laisser meurtrir par les accusations, cela peut s'appeler lucidité. Ne pas se laisser imprégner par les calomnies, ni se laisser meurtrir par les accusations, c'est la lucidité d'un homme qui voit loin. » L'injustice est un sujet sur lequel le philosophe a pu livrer des réflexions pertinentes notamment celle-ci, courte, sur la permanence dans le temps du goût amer qu'elle suscite « Une injustice n'est rien, si on parvient à l'oublier ». Confucius est aussi à la recherche du gouvernement idéal, du « bon gouvernement », celui qui sera le mieux capable d'incarner la légitimité aux yeux du peuple. Ce bon gouvernement doit générer le bonheur de son peule en respectant une morale parfaite, idéalisée, sacrée car sous les auspices des dieux. Cette morale est un complément indispensable des règlements et des lois car elle a une vertu éducative : « Si le prince conduit le peuple au moyen des lois et le retient dans l'unité au moyen des châtiments, le peuple s'abstient de mal faire ; mais il ne connaît aucune honte. Si le prince dirige le peuple par la Vertu et fait régner l'union grâce aux rites, le peuple a honte de mal faire, et devient vertueux. » (*Entretiens*, chap. 2). Face à la corruption, la cupidité ou à l'incompétence de ses dirigeants, le jugement moral d'une société est définitif et s'exprime sous la forme de la réprobation comme le souligne fort justement cette pensée : « Sous un bon gouvernement, la pauvreté est une honte ; sous un mauvais gouvernement, la richesse est aussi une honte ». Le droit des princes, les puissants, n'est pas sans limite et il s'accompagne de devoirs dont le premier est de soutenir les pauvres, les faibles. Soulignons enfin que l'ensemble de ces règles morales et principes juridiques ont formé un courant, le Confucianisme, qui traversa en Asie orientale les siècles jusqu'à nos jours.

Platon (Aristoclès, dit) (428-348)

Disciple de Socrate, philosophe considéré comme un des premiers philosophes occidentaux voire comme l'inventeur de la philosophie ; créateur de l'Académie, auteur de grands dialogues philosophiques (l'*Apologie*, *Phèdre*, le *Banquet*, *Phédon*, *Théétète*, *Parménide*, le *Sophiste*, *Timée*) et du célèbre mythe de la Caverne.

▸ **Œuvres majeures** : *Le Politique* (ou *De la Royauté*), *La République*, Les *Lois*.

Platon est un homme politique malheureux[1]. C'est parce qu'il ne parvint jamais à exercer d'action politique que Platon vint à la philosophie pour exprimer ses idées sur ce que devait être le bon gouvernement. Ces différents insuccès expliquent ses critiques des formes de gouvernement classiques : oligarchie, tyrannie, démocratie, ainsi que son choix, pour traiter des choses politiques, de la méthode de l'utopie.

Dans *Le Politique*, Platon définit la politique comme une connaissance théorique visant à éduquer les hommes, puis à conduire les sociétés humaines. Alors que le gouvernement par la force ne saurait être qu'une tyrannie, la politique est par excellence l'art de gouverner les hommes avec leur consentement.

Platon analyse dans *La République* les différentes formes de gouvernement ayant existé ou pu exister. Il développe, comme nombre de philosophes contemporains, sa conception du catastrophisme constitutionnel[2]. Celles-ci sont, pour lui, au nombre de quatre : la timocratie, l'oligarchie, la démocratie et la tyrannie :

- Dans la timocratie (timos : honneur, richesse), les citoyens entraînés par l'ambition, aspirent à se distinguer, ils sont dévorés d'ambition et recherchent la victoire et les honneurs.
- L'oligarchie est issue de la timocratie. Le goût des victoires et des honneurs se change progressivement en goût des richesses. Le stade final de ce régime est la ploutocratie, la primauté absolue de l'argent et le mépris des pauvres.
- La démocratie est issue de l'oligarchie. Vivant dans la richesse, les dirigeants ont laissé se multiplier les miséreux. Les pauvres découvrent leur puissance, se dressent contre les dirigeants et instaurent l'égalité, en introduisant le recours au tirage au sort pour les fonctions publiques.

---

1. Platon se croit fait pour l'action politique mais son ambition sera constamment déçue, à Athènes comme auprès du tyran de Syracuse.
2. J.-C. Ricci, *Histoire des idées politiques*, Dalloz, 2011, p. 35.

– La tyrannie découle de la démocratie. Les riches se rebellent contre la démocratie. Pour se protéger des riches, le peuple commence par se choisir un chef qui ne tarde pas à se changer en tyran. La logique du tyran est de détruire tout ce qui pourrait menacer son existence, ce n'est pas la sagesse qui domine la cité mais l'hubris, la démesure.

Le remède proposé par Platon est la cité idéale. Cet État parfait est décrit dans *La République* puis retouché dans *Les Lois*. Pour Platon, la cité doit obéir à une division tripartite liée aux exigences de son fonctionnement. De même que l'être humain est partagé entre la raison, le courage et les désirs matériels, la cité comprendra trois classes distinctes. Il s'agit des travailleurs qui nourrissent l'ensemble de la cité, des guerriers, gardiens de la cité et des philosophes qui gouvernent la cité. Tout membre de la cité doit occuper une situation conforme à ses aptitudes et à ses vertus. Cette conception hiérarchisée de la cité justifiait la primauté donnée à l'éducation. L'appartenance à une classe n'est pas dictée par la naissance, mais le fruit d'une sélection, permettant le cas échéant de passer d'une classe à l'autre. Ce système peut également s'appliquer aux femmes.

La Cité réglemente la vie commune en instaurant un communisme des biens, en supprimant le sentiment de la famille qui pousse à la propriété et par conséquent à l'amour des richesses. Les unions seront donc une affaire d'État et décidées par les dirigeants.

Cet idéal de justice totale et d'équilibre parfait développé par Platon, ne visait qu'à parvenir au bonheur de la cité, indépendamment de celui de ses membres. La Cité idéale est modifiée dans Les Lois. Dans cette œuvre, Platon décrit une petite cité indépendante[1], coupée du monde, sans commerce. La propriété privée sera tolérée ainsi que les inégalités de fortune ; toutefois, il n'y aura que quatre classes censitaires et la fortune du plus riche ne pourra dépasser plus de quatre fois celle du plus pauvre. Il leur sera interdit d'exercer un métier, on fera pour cela appel à des étrangers. La vie privée des citoyens sera très précisément réglée tout comme l'éducation, Platon en faisant l'une des fonctions majeures de la cité. Celle-ci devra viser la formation de l'élite à laquelle sera dévolu le gouvernement de la cité.

L'autorité des lois doit être absolue. Un corps de gardiens des lois est créé, chargé de la conservation des lois et de la surveillance des fortunes, ainsi qu'un Conseil nocturne ayant pour principale mission d'étudier la vertu – véritable fin de la cité – et d'examiner quelles sont les lois les plus susceptibles d'y mener.

1. Platon limitant a priori le nombre des citoyens à 5 040 (nombre obtenu par la multiplication entre eux des sept premiers chiffres).

C'est finalement à un régime que nous qualifierions aujourd'hui de totalitaire qu'aboutit le système imaginé par Platon, où plus aucune part n'était laissée à la liberté individuelle. En bon Grec, Platon n'a jamais eu en vue le soi-disant bonheur des individus, il ne visait que la vertu et le bonheur de la cité. Cet idéalisme suscitera les critiques de son plus célèbre disciple, Aristote.

Aristote (384-322)

Biologiste, anatomiste, médecin, philosophe, disciple de Platon, précepteur d'Alexandre le Grand, fondateur du Lycée, fondateur du droit constitutionnel comparé

- **Œuvres majeures** : l'*Éthique à Nicomaque*, la *Politique*, le fragment sur la *Constitution d'Athènes*
- **Citation célèbre** : « *L'homme est par nature un animal politique* ».

Les premières œuvres d'Aristote furent sans doute influencées par son maître Platon (elles ont été perdues pour l'essentiel). Après la mort de ce dernier, il développa une œuvre philosophique plus personnelle. Il exposa ses idées politiques vers 325 par la publication d'un vaste recueil rassemblant 158 constitutions existantes (de Cités grecques ou d'États barbares), dont ne subsistent plus que quelques fragments, dont l'un assez important traite des institutions athéniennes. Sa pensée politique est toutefois essentiellement contenue dans deux ouvrages : l'*Éthique à Nicomaque* et surtout la *Politique*.

Aristote propose une analyse de la notion de justice. Il s'agit d'une vertu qui relève du champ d'étude de l'éthique. Pour lui, il s'agit d'un partage, d'une répartition : rendre la justice c'est rendre à chacun le sien[1]. Il opère une distinction célèbre entre justice distributive et justice commutative. La justice distributive consiste à ce que chacun ait selon sa mesure (la mesure de ce qu'il est) ; la justice commutative repose sur l'égalité de tous les citoyens devant la justice (en tant qu'institution).

Aristote propose une typologie des gouvernements qui repose sur un critère général, composé de deux éléments, l'un objectif et l'autre subjectif.

L'élément objectif est quantitatif, puisqu'il est lié au nombre de gouvernants. L'élément subjectif est qualitatif, puisque lié à l'intention des gouvernants, à leur recherche ou non de l'intérêt général. Pour Aristote, il convient, en effet, d'opérer une distinction entre les gouvernements corrects qui agissent dans le sens de l'intérêt général et les gouvernements défectueux qui se caractérisent par l'exercice du pouvoir dans l'intérêt des seuls gouvernants.

1. *Dictionnaire des œuvres juridiques*, sous la direction de J. Halpérin et O. Cayla, Dalloz, 2008, p. 3.

Ces deux éléments, objectif et subjectif, permettent d'établir une typologie opposant les formes pures de gouvernement aux formes déviées ou dégradées :

– Les formes pures sont la royauté ou monarchie : gouvernement d'un seul au bénéfice de tous ; l'aristocratie : gouvernement du petit nombre qui est aussi le gouvernement des meilleurs ; la république : gouvernement du grand nombre dans l'intérêt général.
– Les formes déviées sont la tyrannie : gouvernement d'un seul à son profit ; l'oligarchie : gouvernement du petit nombre des riches dans son intérêt ; la démocratie : gouvernement du grand nombre des pauvres contre les riches.

Partant de cette classification, Aristote distingue un certain nombre de formes de gouvernements intermédiaires s'enchaînant les unes aux autres. C'est ainsi que par degrés successifs la royauté, forme pure de gouvernement lorsqu'elle se soumet à l'intérêt général, peut dégénérer en tyrannie où le chef gouverne dans son seul intérêt, sans consulter les gouvernés. De même l'aristocratie, au lieu de confier le pouvoir à des citoyens vertueux, peut abandonner le gouvernement aux assoiffés de richesse (ploutocratie) ou d'honneurs (timocratie). Quant à la république, régime réglé par les lois et soumis à l'intérêt général, elle peut insensiblement laisser place à la démocratie et à sa pire déviation, la démagogie, où le règne des lois est aboli et l'intérêt personnel du grand nombre substitué à l'intérêt général de la Cité. Aucune forme de gouvernement, si bonne soit-elle, n'échappe donc à la menace de corruption. La principale cause tient à une mauvaise conception de l'égalité et de la justice. Les citoyens étant à la fois égaux et inégaux, l'erreur sera de faire de l'égalité (dans le régime populaire) ou de l'inégalité (dans l'oligarchie) un principe général ou absolu.

Par sa recherche scientifique de la meilleure forme de gouvernement, Aristote est véritablement le père de la science politique et le premier auteur de droit constitutionnel. Contrairement à ses prédécesseurs, il ne croit pas à un système qui conviendrait partout. Il n'y a pas de bonne constitution en soi. Il considère qu'il y a plusieurs critères qui permettent de déterminer la meilleure des constitutions, critères éminemment relatifs. Quelle que soit la constitution adoptée, la partie de la cité qui veut maintenir la constitution doit être plus forte que celle qui ne le veut pas. Cette idée le conduit à prôner l'adoption de régimes politiques reposant sur la classe moyenne, qui non seulement est la classe la plus nombreuse dans la société, mais qui est surtout la classe du juste milieu. Il ne convient pas, selon lui, de donner le pouvoir aux deux autres classes sociales, c'est-à-dire aux riches (oligarchie) ou aux pauvres (démagogie), qui, aveuglés par leurs passions, ne travaillent pas pour l'intérêt commun.

Aristote voit dans le gouvernement de la classe moyenne un moyen de s'opposer au triomphe, toujours dangereux, de la volonté personnelle, tout comme la souveraineté de la loi permet de s'opposer au triomphe des intérêts particuliers. Le commandement devra être confié aux meilleurs qui se seront distingués par leurs vertus et leur éducation. L'éducation est, de ce fait, pour Aristote une affaire capitale qui doit relever, non des individus, mais de la collectivité entière. Il appartiendra aux hommes, ainsi éduqués à pratiquer la vertu, de régler les trois types de problèmes qui se posent dans toute société : la délibération sur les affaires communes, l'organisation des magistratures et l'exercice de la justice. Aristote est donc à l'origine de la fameuse division tripartite des pouvoirs vulgarisée au XVIIIe siècle par Montesquieu.

Justinien (c.482-565)

Empereur Romain d'Orient. Il conduit l'Empire romain d'Orient à son apogée.

- **Œuvre majeure** : la codification du droit romain par les *Compilations de Justinien.*

Les compilations de Justinien s'inscrivent dans un vaste mouvement de codification. Au IVe siècle, on dit que l'Empereur est la loi vivante, *lex animata* : ces lois impériales se multiplient, aussi bien en Orient qu'en Occident. Dans un contexte social profondément troublé par les menaces extérieures, la crise des anciennes valeurs, le repli économique, l'État réagit par une multiplication de règles. Pour tenter de mettre de l'ordre dans ce chaos, apparaissent à la fin du IIIe siècle les premières compilations, d'abord œuvres privées de juristes. Ainsi vers 292 apparaissent les codes Hermogénien et Grégorien.

Ce qui va permettre à l'Occident, et à la Gaule en particulier de connaître le droit romain sont les compilations officielles. La première est celle de l'Empereur d'Orient Théodose II, appelée code Théodosien. Décidée en 429, confiée à une commission de 16 membres ; elle est achevée en 438 et promulguée à la fois en Orient et en Occident. Il s'agit de rassembler toutes les constitutions impériales promulguées depuis Constantin (depuis l'an 300). Cette codification constituera pour l'Occident un élément majeur du legs juridique romain : c'est à partir du Code théodosien que sera composé en Gaule, vers 506, le bréviaire d'Alaric. Réalisée sur l'ordre du roi Wisigoth Alaric II, cette œuvre deviendra, au sein du futur royaume franc, le principal témoin du droit romain jusqu'au XIIe siècle.

Les compilations de Justinien sont réalisées entre 528 et 533 par l'Empereur d'Orient Justinien. L'entreprise s'inscrit dans un vaste mouvement de restauration de l'Empire. L'empereur entreprend la reconquête de l'Italie, du Sud de l'Espagne et de l'Afrique. Son œuvre juridique est une pièce essentielle dans son immense projet : elle doit réunir, adapter au présent et destiner pour l'avenir la somme de tout le droit depuis les origines. Elle est le résultat du travail d'une commission d'éminents juristes dirigés par un ancien professeur de droit : Tribonien. Elle nécessite un travail de sélection au sein d'une documentation immense, de mise en cohérence des textes retenus, d'élimination… L'ensemble ainsi réalisé est formé de quatre grands recueils :

- Le **Code** regroupe par matière des fragments de constitutions impériales, il est beaucoup plus complet que le code Théodosien.
- Le **Digeste** est la pièce maîtresse des compilations de Justinien par son ampleur, par les difficultés que soulevait sa préparation, par son intérêt historique et par sa valeur juridique[1]. Il s'agit d'une vaste compilation d'extraits des œuvres de la doctrine de l'époque classique (9142 fragments). Les œuvres de 38 jurisconsultes, représentant 1600 ouvrages, ont été mises à contribution.
- **Les institutes**. Il s'agit d'un manuel, destiné à exposer les principes premiers de la science de la loi aux élèves des écoles de droit. Cet ouvrage s'inspire des Institutes de Gaius qui sont parfois reproduites mot pour mot.
- **Les Novelles**. Il s'agit d'un recueil de constitutions de Justinien, qui règne encore 30 ans après la promulgation du code, postérieur à la publication du Code : il y en a 158. À la différence des trois autres, les novelles n'ont pas été composées sur ordre de Justinien ni publiées par lui. Plusieurs collections voient le jour, celle qualifiée d'« authentique » par les romanistes occidentaux est celle composée sous le règne de Tibère II (578-582).

L'œuvre de Justinien a été ignorée en Occident lorsqu'elle a été élaborée en raison de la séparation entre l'Orient et l'Occident. Elle n'y sera connue qu'à la fin du XIe siècle, lors de la renaissance du droit romain. Cette œuvre donne naissance au *Corpus iuris civilis* qui est un des deux piliers de l'enseignement juridique au Moyen Âge (l'autre étant le *Corpus iuris canonici*, le droit canonique).

Saint Thomas d'Aquin (1225-1274)

Thomas d'Aquin (Tommaso d'Aquino), né à proximité de Naples, est un pieux philosophe italien qui a une obsession : concilier au XIIIe siècle les bienfaits de la philosophie grecque avec la théologie catholique de son temps. Membre de l'ordre dominicain et proclamé docteur de l'Église à titre posthume, il devient une figure de philosophie scolastique de l'Occident Médiéval. Il est l'un des premiers à distinguer la théologie naturelle de la théologie révélée en s'appuyant sur une relecture de l'œuvre d'Aristote et de Platon afin de mieux interpréter la notion de bien : "Le bien et l'être sont identiques dans la réalité ; ils ne diffèrent que selon la raison". Son œuvre est riche, profonde, d'une lecture difficile pour celui qui désire lire *La Somme Théologique* qui comprend une cinquantaine de volumes. Délicate lecture que la sienne également en raison des

1. *Dictionnaire de la culture juridique*, sous la direction de D. Alland et S. Rials, PUF, 2003, p. 300.

polémiques théologiques incessantes sur le caractère immuable et universel de la loi naturelle ?[1] Outre ses réflexions sur la justice et l'équité, il laisse en héritage une classification des droits. Il y a selon lui un *Droit divin*, supérieur car appréhendé par la raison divine, un *Droit naturel*, inspiré par Dieu pour la raison humaine, un *Droit positif divin* ancré dans la Bible et un *Droit positif humain* qui a pour but l'accomplissement du « bien commun ».

Dans cette classification hiérarchique, toute chose doit être à sa place et au sommet, on retrouve naturellement le Tout-Puissant : il a créé la nature, un ordre naturel que l'homme doit respecter : « Ce qu'on retranche à la perfection des créatures, c'est à la perfection même de Dieu qu'on le retranche ». Mais l'Homme est libre d'agir selon son bon vouloir : « L'homme possède le libre arbitre, ou alors les conseils, les exhortations, les préceptes, les interdictions, les récompenses et les châtiments seraient vains ». Dès lors, il peut s'écarter de l'ordre naturel voulu par Dieu, d'où l'intérêt de lui montrer la voie, cette Raison divine qui guide le monde. Pour ses congénères, l'Homme doit comprendre l'utilité du Droit positif humain car il vit en société : « Mais la nature de l'homme veut qu'il soit un animal social et politique, vivant en collectivité ». Il reste à déterminer qui est susceptible d'incarner le droit naturel ? Chaque homme, non, car seul un monarque serait le dépositaire de la volonté divine, une logique inspirant bien des systèmes monarchiques de droit divin au Moyen-Âge. Relevons toutefois que le monarque pour être respecté par son peuple doit se fonder sur la justice : « On n'est tenu d'obéir aux princes séculiers que dans la mesure requise par un ordre fondé en justice. Et c'est pourquoi, si les chefs ont une autorité usurpée, donc injuste, ou si leurs préceptes sont injustes, leurs sujets ne sont pas tenus de leur obéir… ». Le juste doit toujours servir l'intérêt général, y compris l'usage de la force qui s'en trouve justifié en certaines occasions : "Une guerre est juste si sa cause est juste et qu'elle poursuit le Bien Commun". S'intéressant à la propriété, il ne la rejette pas, elle est juste à ses yeux et il s'explique en ces termes : «D'abord, parce que tout homme apporte plus de soin à obtenir ce qui est pour lui seul que ce qui est commun à un grand nombre ou à tous… ». En revanche, il revalorise le devoir de charité des possédants qui sont tenus de donner aux démunis afin qu'ils possèdent eux-aussi : « Dès lors, les biens que certains possèdent en surabondance sont destinés, par le droit naturel, à secourir les pauvres ». Il faut comprendre aussi que le propriétaire privé d'une chose croit pouvoir en disposer librement… mais que ce droit n'est pas absolu, il rencontre une limite naturelle voulue par Dieu. La liberté de chacun réside dans l'étendue de sa propre générosité : « Or le nombre de ceux qui sont dans le besoin est si grand qu'on ne peut pas les secourir tous avec les mêmes ressources, mais chacun a la libre disposition de ses biens pour secourir les malheureux ». L'Histoire retiendra de Saint Thomas la symbiose opérée bien avant la Renaissance entre la pensée d'Aristote et la tradition chrétienne occidentale.

1. P. Malaurie, *Anthologie de la pensée juridique*, Cujas, Paris, 1996, p. 84.

Machiavel, Nicolas (1469-1527)

Humaniste et penseur italien de la Renaissance, Nicolas Machiavel élabore une doctrine politique à un âge relativement troublé, celui des guerres d'Italie (1494-1527). Autodidacte, mais fort de sa connaissance de l'Antiquité (en particulier de la mythologie grecque et des empereurs romains) et de ses études en Droit, il est nommé Secrétaire de la Chancellerie de Florence en 1498, à l'âge de 29 ans. Après une expérience pratique de la politique, il écrit en 1513 *Le Prince*, son œuvre majeure, un ouvrage à l'intention des gouvernants dans la gestion des affaires de l'État. Ce « petit volume que j'envoie à votre magnificence » est ainsi introduit par une belle lettre de dédicace à Laurent de Médicis (le Jeune). L'art de gouverner doit reposer sur la perspicacité du dirigeant et l'adaptation aux circonstances, ce qui de manière implicite l'obligerait à s'éloigner de la morale pour se rapprocher du cynisme selon la formule connue sous le nom de « machiavélisme ». Il rejette aussi la simplicité du manichéisme dans la conduite des affaires politiques : « En politique le choix est rarement entre le bien et le mal, mais entre le pire et le moindre mal ». À ses yeux, il est vrai que la « fortune » tient une place prépondérante dans la prospérité du prince, détenteur de l'autorité politique ; il ne s'agit pas toujours d'argent (parfois si sur l'opportunité d'engager des mercenaires !), mais souvent d'une chance ou opportunité qu'il faut saisir… ou savoir attendre : "Le hasard gouverne un peu plus de la moitié de nos actions, et nous dirigeons le reste".

Sa pensée, lorsque l'on l'étudie, est certes centrée sur le pragmatisme mais elle n'est pas immorale ou dépourvue de morale. Ainsi, un prince doit tenir sa parole et doit combattre avec « les lois et la force », la première façon étant « le propre de l'homme, la seconde des bêtes ». En matière de justice, il écrit qu'un dirigeant doit « désiré être regardé comme clément non comme cruel », loin de l'image affichée *a posteriori* par ses détracteurs lui reprochant sa grande froideur dans les affaires humaines. Un autre extrait témoigne de son penchant pour la clémence dans l'énonciation d'une sentence : « Un acte de justice et de douceur a souvent plus de pouvoir sur le cœur des hommes que la violence et la barbarie ». Ennemi de l'exemplarité, le vice est le mal pour lui lorsqu'il peut faire perdre le pouvoir au monarque : « Ce qui plus que tout le rend odieux, c'est, comme je l'ai dit, d'être rapace et usurpateur des biens et des femmes de ses sujets ; de cela il doit s'abstenir » ; ceci écrit, Machiavel ne rejette pas la ruse, le subterfuge, le mensonge ou la manipulation en s'appuyant sur les stratagèmes des grands hommes qui ont pu réussir en recourant à ces moyens (Alexandre, César, Cyrus, Darius…). Gouverner et se maintenir au pouvoir grâce à une lecture continuelle de l'Histoire, c'est ce que propose Machiavel, lui qui a été emprisonné, torturé, sur le point d'être exécuté en février 1513[1]. Relevons le fait qu'il ne repousse pas l'idée d'un gouvernement par le peuple, formulant peut-être ici un avertissement à des monarques certains de

1. J. Risset, P. Boucheron, *Le Prince*, Nouveau monde éditons, Paris, 2012, p. 12.

leur toute-puissance : « Un peuple qui commande, sous l'empire d'une bonne constitution, sera aussi stable, aussi prudent, aussi reconnaissant qu'un prince ; que dis-je ? Il le sera plus encore que le prince le plus estimé pour sa sagesse ». Un autre intérêt de l'œuvre, peu commenté, réside dans la présentation des personnages gravitant autour du prince à la cour, les conseillers, les diplomates et les hommes de l'ombre pour les affaires secrètes. Dans son guide pratique de l'exercice du pouvoir, il nous apprend à nous méfier d'eux, la plupart étant des « flatteurs » selon lui, et surtout des « mauvais conseillers » qui amèneront la principauté à sa perte. Si l'interprétation de l'œuvre de Machiavel a pu susciter des commentaires aussi nombreux que divers, c'est qu'elle contient un message difficile à déchiffrer car lié à un contexte précis : l'Italie n'était pas une, menacée par les étrangers, submergée par les divisions internes. Cette leçon précisément, « La meilleure forteresse qui soit est de ne pas être haï par le peuple », devait en définitive guider le souverain dans sa politique intérieure pour mieux se protéger de la menace extérieure. Publié sous la forme d'un livre en 1532, après la mort de son auteur, remarquons que *Le Prince* deviendra le livre de chevet des grands hommes politiques des XIXe et XXe siècles, un ouvrage incontournable sur la nature des hommes et l'équilibre des bons gouvernements.

Grotius (Hugo De Groot, dit) (1583-1645)

Grand juriste hollandais, ambassadeur de Suède en France, avocat, érudit, initiateur du droit international, Grotius se mêla de la politique très tôt avec le titre de conseiller de la Compagnie des Indes Orientales. De ses voyages et de ses lectures, il prend des notes et compare les systèmes juridiques, se proposant de formuler une doctrine juridique qui dépasse les clivages religieux et les limites géographiques en s'appuyant sur l'universalisme et l'humanisme. Par là même, il se forge une riche culture juridique qui l'amène à réétudier la méthodologie du droit, à réexaminer les fondements de la puissance civile et de la puissance étatique. Il s'intéresse aussi de près au droit maritime en s'opposant aux thériens anglais qui n'admettent pas qu'on conteste la légitimité de la suprématie de la flotte du Roi d'Angleterre sur les océans. Dans la continuité de saint Thomas d'Aquin, il propose d'enrichir la conception du droit naturel qui ne serait plus seulement « l'expression » de la puissance divine mais une conception fondée sur le raisonnement de l'homme, l'observation de la nature (certains de ces successeurs le considérant comme le père de l'École du Droit naturel) et le respect de règles sociales sous le commandement de Dieu.

Pacifiste et tolérant à une époque qui ne l'était guère, Grotius envisage la paix comme un moyen incontournable pour le règlement des conflits. Il propose dans son œuvre *Droit de la guerre et de la paix* (1625) de placer l'État face à ses responsabilités, face au droit international dont il dessine les prémisses. Selon lui, la guerre est possible si elle juste, si elle est défensive et non la marque d'une agression d'un monarque : ce droit de faire la guerre doit être encadré par des règles destinées à protéger les royaumes et les peuples des conflits sans fin. L'ouvrage écrit en latin se compose en trois livres, le premier portant la délimitation du champ de la guerre et sa légalité, le second sur les causes de la guerre, en référence à l'héritage de l'historien grec Thucydide et le troisième, sur la limitation de ce droit à faire la guerre pour favoriser le retour de la paix. Le temps de la féodalité est achevé : la volonté de l'État n'est plus absolue dans l'exercice de la guerre et doit prendre en considération le « droit des gens ». Cette dernière notion ne doit pas être modernisée à outrance, perçue par le prisme de notre temps avec notre rapport étroit au droit de la personne humaine mais simplement ramené dans son contexte. Grotius nous dit que l'homme est destiné à la vie sociale et qu'il a le devoir moral de rendre possible sa coexistence ses semblables[1] : la paix est le meilleur de ces moyens. Lui qui a dédicacé son ouvrage à Louis XIII et a quitté son pays natal en raison des guerres de religion s'adresse aussi à ceux qui prennent des prétextes comme la ferveur religieuse pour mener bataille : « Mais pour que la guerre soit juste, il ne faut pas l'exercer avec moins de religion qu'on a coutume d'en apporter dans la distribution de la justice *(Prolégomènes*, XXV) ». L'autre apport de cet ouvrage majeur dans l'histoire de l'humanité réside dans la distinction juridique entre les combattants et les non-combattants puisqu'il est interdit de s'en prendre aux enfants, aux femmes, aux vaincus blessés (qui ne peuvent combattre), aux terres de l'ennemi, aux prisonniers qui ne doivent devenir des esclaves, aux ecclésiastiques… préfigurant ainsi un Droit humanitaire qui lui sera postérieur dans sa codification.

Hobbes, Thomas (1588-1679)

Homme de lettres, philosophe politique partisan de l'absolutisme.

- **Œuvres majeures** : *De Cive* (1642), le *Léviathan* (1651)
- **Citation célèbre** : « *L'homme est un loup pour l'homme* ».

Hobbes écrit dans un contexte troublé, celui de la chute du roi d'Angleterre Charles Ier et de la prise de pouvoir de Cromwell.

Il part de l'idée d'un état de nature très sombre (à la différence de Rousseau et de Locke notamment). Tous les hommes ont un droit sur toutes choses en vue de la satisfaction de leurs propres désirs. Ayant tous un droit égal, chacun trouve donc dans autrui un concurrent. « L'homme est un loup pour l'homme ». C'est la guerre de tous contre tous.

1. M. Villey, *Philosophie du Droit*, Dalloz, Paris, 2001, p. 224.

L'État est uniquement constitué en vue de posséder la paix. Les hommes, unis par la crainte et leur instinct de conservation, en viennent donc à passer entre eux un contrat. Les hommes étant dans un état d'égalité naturelle, il faut donc créer artificiellement un pouvoir dont la domination soit telle qu'elle commande de fait comme de droit la soumission. Les égaux se rassemblent et conviennent entre eux, chacun expressément, de se déposséder également d'une partie de leurs droits et de céder leurs pouvoirs à un tiers qui n'est pas partie prenante au contrat[1]. C'est ce dessaisissement librement consenti qui est à la base du pacte social.

La conception de l'autorité chez Hobbes est donc éminemment utilitaire. Ce n'est ni la foi chrétienne, ni l'attachement à un monarque, ni même la volonté générale dont parlera plus tard Rousseau, qui fonde le pacte social, mais bel et bien la volonté des individus. Ce contrat est individualiste. C'est l'individu qui, par un dessaisissement volontaire et utilitaire, est à la base du pacte social. D'où la conception de l'État, présenté comme un monstre artificiel créé de toutes pièces par l'addition des individus. Ce monstre auquel Hobbes donne le nom de Léviathan (du nom d'un monstre marin mentionné dans le livre de Job), est d'ailleurs représenté symboliquement dans le frontispice de son ouvrage sous la forme d'un géant dont le corps était composé d'une multitude de minuscules individus.

Chez Hobbes, le pacte social est conclu par les hommes naturels entre eux, en vue de substituer à la multitude des vouloirs individuels, le vouloir unique et absolu de Léviathan. Ce transfert était analysé par Hobbes, comme total et irrévocable. Hobbes écarte toute espèce de pacte de gouvernement qui lierait le souverain. Les hommes naturels contractent entre eux, mais, du fait de leur multitude, n'ont pu ensuite contracter avec le souverain. L'analyse de Hobbes récuse l'idée que les volontés individuelles aient pu se fondre en une volonté générale, que la multitude ait pu donner naissance à un peuple. Il n'y a, pour lui, que des individus ayant contracté entre eux, mais point de peuple avec qui le souverain ait pu se lier par des engagements réciproques.

Il appartient au souverain de procurer à ses sujets la paix, en vue de laquelle ceux-ci lui ont transféré de manière totale et irrévocable leur droit de se gouverner eux-mêmes. Pour cela, le souverain dispose, comme chez Bodin, du pouvoir de donner et de casser la loi, ce pouvoir étant la principale marque de la souveraineté. La loi ne doit toutefois pas être placée au-dessus du souverain. Pour Hobbes, il ne peut y avoir de droit sans souverain. Le droit n'existe que par lui. Le souverain possède le droit de rendre justice. C'est également lui qui juge ce qui est nécessaire pour la paix et la défense de ses sujets. Il est aussi juge des doctrines qu'il convient de leur enseigner.

Enfin, pour Hobbes, les chrétiens de l'état de nature avaient conféré au souverain le monopole des lois civiles, dans lesquelles étaient « aussi contenues toutes les lois de nature, c'est-à-dire toutes les lois de Dieu ». En se fondant sur ce transfert, Hobbes en

1. *Dictionnaire de philosophie politique*, sous la direction de P. Raynaud et S. Rials, PUF, 1996, p. 278.

déduit que le souverain Léviathan, représenté en géant couronné brandissant dans sa main gauche une crosse épiscopale, devait être le chef de l'Église dans son Empire, l'État et l'Église étant composés des mêmes hommes. Nul pouvoir prétendu spirituel ne peut donc s'ériger en puissance concurrente du souverain, pas même le pape.

L'État-Léviathan a un certain nombre de devoirs à l'égard de ses membres, le premier étant d'assurer la sûreté du peuple. Il doit lui donner de bonnes lois, à la fois nécessaires et claires. Il doit veiller à la bonne administration des châtiments et des récompenses, choisir de bons conseillers. Enfin, l'État doit garantir les libertés des sujets : liberté de se défendre, liberté de ne pas se faire de mal. Pour les autres libertés, précise Hobbes, elles dépendent du silence de la loi. Dans les cas où le souverain n'a pas prescrit de règle, le sujet a la liberté de faire ou de s'abstenir, selon qu'il juge bon.

Ceci permet de souligner l'extrême individualisme de Hobbes, un individualisme que l'on a pu qualifier d'autoritaire. De fait, ce qui fait sans doute la plus grande originalité de Hobbes est d'être parvenu à fonder l'absolutisme politique sur la seule volonté de l'individu.

Locke, John (1632-1704)

Médecin et philosophe politique libéral, précurseur des Lumières.

- **Œuvres majeures** : les *Deux traités sur le gouvernement civil.*

Locke écrit dans le contexte troublé de la révolution anglaise de 1688.

Comme Hobbes, il part de l'état de nature, mais sa vision est différente. Locke est un héritier des théoriciens du droit naturel. Alors que l'état de nature était regardé par Hobbes comme un état de guerre, à l'inverse Locke pense que c'était un état de liberté et d'égalité, régi par le droit naturel. Malgré tout, dans l'état de nature, la liberté et la propriété naturelles de chacun restaient précaires, c'est pourquoi les hommes s'associent dans des républiques et se soumettent à des gouvernements ; ils renoncent à leur pouvoir d'exécuter la loi naturelle pour le céder à la collectivité. La loi de nature n'est pas abolie, elle est simplement encadrée, renforcée par la sanction des lois positives.

Cette abdication n'a nullement chez Locke un caractère illimité. L'homme entre dans la société, non pas par un abandon total mais par abandon du minimum nécessaire, à savoir le bien-être des personnes et la conservation des biens. Nul gouvernement absolu ne peut donc être légitime pour Locke.

Une fois associés, les hommes peuvent établir la forme de gouvernement qu'ils souhaitent selon le principe majoritaire. Mais entre les gouvernants et les gouvernés, Locke écarte l'idée d'un pacte de soumission. Locke fait du pouvoir un dépôt confié aux gouvernants par la société civile. Celui-ci ne reposait pas sur un contrat, mais sur une relation de confiance, sur un trust. Le peuple n'est donc pas contractuellement obligé envers ses gouvernants. Le trust crée pour les gouvernants une véritable obligation juridique, ils peuvent être renvoyés s'ils faillissent à leur mission[1].

Ce pouvoir, fondé sur la notion de trust, trouve comme limite la fin du gouvernement, c'est-à-dire le bien public, la liberté des individus. Pour sauvegarder celle-ci, Locke prône la séparation du législatif et de l'exécutif. Législatif et exécutif doivent être placés dans des mains différentes pour éviter que les gouvernants, cumulant les deux pouvoirs, ne tentent d'abuser de leur puissance.

Le législatif étant le pouvoir suprême, de son attribution dépend la forme du gouvernement. Il a pour mission d'élaborer les règles générales. Son pouvoir ne s'exerce, de ce fait, que par intermittence, ce qui en faisait un pouvoir discontinu. Tel n'est pas le cas, en revanche, du pouvoir exécutif qui a pour mission de faire exécuter les lois et qui doit, de ce fait, être un pouvoir continu. D'autant, qu'il a également « le pouvoir d'agir discrétionnairement en vue du bien public, sans que la loi l'ait prescrit, ou parfois même à son encontre ». Il n'en reste pas moins subordonné au pouvoir législatif.

Au titre du trust, les législateurs, comme l'exécutif, doivent toujours gouverner en ayant pour fin le bien de l'humanité. En cas d'infidélité à leur mission, les responsables se rendaient coupables de rébellion (au sens propre de rétablir la guerre). Le peuple, qui n'a pas aliéné son droit initial (à l'inverse de la vision de Hobbes), peut donc, en tant que trustor, mandant, résister, prononcer la dissolution du gouvernement issu du trust.

Alors que Hobbes exige, pour prix de la paix civile, le sacrifice complet par les individus de leurs droits naturels à l'État-Léviathan, Locke fait du consentement conditionnel du peuple, jamais donné une fois pour toutes, mais subordonné à la bonne conduite des gouvernants, la clef de voûte de son système. Ces principes de gouvernement inspirèrent la monarchie anglaise de 1688.

1. *Dictionnaire de philosophie politique*, sous la direction de P. Raynaud et S. Rials, PUF, 1996, p. 353.

Montesquieu, Charles-Louis de Secondat, baron de La Brède (1689-1755)

Juriste, académicien, homme de lettres ; auteur des *Lettres persanes* qui lui apportent le succès.

- **Œuvre majeure** : l'*Esprit des Lois* (1748)
- **Citation célèbre** : « *C'est une expérience éternelle que tout homme qui a du pouvoir est porté à en abuser... Pour qu'on ne puisse abuser du pouvoir, il faut, que par la disposition des choses, le pouvoir arrête le pouvoir* ».

Montesquieu veut embrasser l'ensemble des systèmes juridiques, passés et présents dont il cherche à dévoiler la logique interne[1]. Il estime que les lois doivent être conformes à l'esprit général de ses habitants (formé par la religion, le climat, les lois, les maximes du gouvernement, les exemples des choses passées, les mœurs, les manières).

Montesquieu propose une théorie des gouvernements. Depuis Aristote, la classification traditionnelle des gouvernements opposait monarchie, aristocratie et démocratie. L'Esprit des lois en propose une autre qui distingue quatre types de gouvernement : la république qui peut être démocratique ou aristocratique selon que le peuple entier ou une partie du peuple a la souveraineté, la monarchie où un seul gouverne par des lois fixes et établies et enfin le despotisme où un seul, sans loi et sans règle, entraîne tout par sa volonté et par ses caprices.

Il ne distingue pas les gouvernements uniquement selon leur nature, mais aussi selon leur principe, c'est-à-dire ce qui les faisait agir. De la nature du gouvernement procèdent les lois politiques, c'est-à-dire le droit constitutionnel, alors que des principes de gouvernement découlent les lois civiles et les lois sociales.

Le principe de la démocratie est la vertu, c'est-à-dire le civisme, un esprit de constant sacrifice de soi-même au profit de l'État, du bien public. Celui de l'État aristocratique est un principe de modération dans l'usage de l'inégalité. Le principe du gouvernement monarchique est l'honneur, les distinctions accordées aux différents corps, aux différentes catégories sociales, qui en croyant ne travailler que pour eux, travaillaient en réalité pour le bien commun. Enfin, le principe du despotisme est la crainte. Conformément à la nature de ce régime, un seul gouvernait à sa volonté, sans lois et sans bornes.

1. *Dictionnaires historiques des juristes français*, sous la direction de P. Arabeyre, J.-L. Halpérin et J. Krynen, PUF, 2007, p. 573.

Ayant distingué les différents principes propres à chaque régime, Montesquieu montre que la corruption des gouvernements commence presque toujours par celle de leurs principes. Dès que le principe d'un régime s'affaiblit, le régime court nécessairement à sa perte et tend au despotisme.

Montesquieu présente la Constitution anglaise comme un chef-d'œuvre de législation. Celle-ci présente, en effet, pour caractéristique unique d'avoir pour objet direct la liberté politique. La liberté est, selon lui, le droit de faire tout ce que les lois permettent ; et si un citoyen pouvait faire ce qu'elles défendent, il n'y aurait plus de liberté, parce que les autres auraient eux-aussi ce pouvoir. La liberté politique n'est donc pas liée à l'indépendance, mais elle tient à un agencement adéquat des institutions, de telle sorte qu'un citoyen ne puisse pas craindre un autre citoyen. La liberté politique se trouve dans les gouvernements modérés indépendamment de leur forme.

Il n'y a pas de véritable liberté si les trois pouvoirs, législatif, exécutif et judiciaire, sont concentrés dans les mêmes mains. D'où la nécessité d'effectuer une distribution des différents pouvoirs, à l'exemple de l'Angleterre où le pouvoir exécutif était confié au roi et le pouvoir législatif réparti entre la noblesse (Chambre des Lords) et le peuple (Chambre des Communes). La nécessité d'une distribution du pouvoir conduit Montesquieu à prôner le jeu, dans le cadre de la monarchie de toute une série de contrepoids qui font d'elle un gouvernement modéré, comme la noblesse, les parlements qui avaient le dépôt des lois fondamentales, le clergé organisé en corps indépendant, ou bien encore les villes avec leurs privilèges.

Le succès de l'Esprit des lois fut considérable, malgré sa mise à l'index en 1751. L'individualisme libéral de Montesquieu devait d'ailleurs exercer une très grande influence sur nombre de penseurs de la seconde moitié du XVIIIe siècle et ses théories devaient inspirer les travaux des législateurs de 1789.

Voltaire, (François Arouet, dit) (1694-1778)

Homme de lettres, polémiste, auteur de contes philosophiques.

- **Œuvres majeures** : *Œdipe* (1718), *Lettres Philosophiques* (1734), *Zadig* (1748), *Candide* (1759)
- **Citation célèbre** : « *Le meilleur gouvernement est celui où il y a le moins d'hommes inutiles* ».

Voltaire, poète, historien ou critique, grand penseur négligé dans les ouvrages récents de philosophie, il reste dans l'histoire comme l'écrivain « engagé » du XVIIIe contre l'injustice politique ou l'intolérance du clergé. Populaire, Voltaire l'était assurément, lui qui n'a pas hésité à braver l'autorité du régent Philipe II d'Orléans et qui passa onze mois à la prison de la Bastille en 1717 pour « offenses ». Sa connaissance des institutions judiciaires lui inspire de nombreuses réflexions critiques sur l'arbitraire des procédures ou l'injustice des peines accablantes[1]. Partisan de l'autorité de l'état, il est plus hostile à l'égard du clergé dont il redoute le fanatisme religieux ; ainsi, il reconnaît à Henri IV le bien-fondé de sa politique étatique menant à la fin des guerres de religion. Fin connaisseur de la politique de l'État, Voltaire n'hésite pas à en parler avec ironie, dans la pure tradition française, un style contribuant aussi à sa popularité comme dans cette citation : « *L'art de gouverner consiste à prendre le plus d'argent possible à une catégorie de citoyens afin de le donner à une autre* ».

Observateur avisé des sociétés étrangères et sous l'influence du libéralisme anglais, Voltaire croit en la force des libertés civiles, comme le droit à la propriété, et en ce sens, il est plus attaché à la liberté de l'individu, si chère aux révolutionnaires français après lui, qu'à l'égalité qualifiée de « chimérique »[2]. Voltaire a beau aimé la démocratie et reconnaître ses vertus, il n'a pas été insensible aux sollicitations des grands monarques de son temps comme Pierre le Grand de Russie ou Frédéric II de Prusse. De la monarchie anglaise, Voltaire la reconnaît comme admirable dans *Les Lettres Philosophiques* (1734) avant tout parce qu'elle favorise le progrès économique et respecte la liberté de l'individu, en particulier la liberté d'opinion grâce à la presse florissante. Partisan de la liberté d'opinion à une époque où elle est bafouée, il s'illustre comme l'un de ses rares défenseurs à travers cette célèbre citation : « *Je ne suis pas d'accord avec ce que vous dites, mais je me battrai jusqu'à la mort pour que vous ayez le droit de le dire* ». La politique ne se réduit pas pour lui à un système… mais plutôt aux droits et libertés qu'il permet d'assurer : la Monarchie n'est pas le mal si elle autorise

1. « Ce fut surtout à l'occasion de l'affaire Calas qu'il dénonça a cruauté abominable et l'odieuse injustice de la procédure pénale et le droit pénal de son temps. », P. Malaurie, *Anthologie de la pensée juridique*, Cujas, 1996, p. 100.
2. « Voltaire estime que la hiérarchie des classes sociales est bienfaisante ; il faut se garder de développer l'enseignement des classes populaires. », J. Touchard, *Histoire des idées politiques*, t. 2, PUF, 1991, p. 404.

les réformes administratives, accepte de mettre fin aux privilèges de toutes sortes et assure un « bon gouvernent » du peuple, uniquement dédié à son bonheur[1]. Apprécions l'apport de Voltaire à la civilisation et à la culture juridique à travers son épitaphe au Panthéon : « *Il combattit les athées et les fanatiques. Il inspira la tolérance, il réclama les droits de l'homme contre la servitude de la féodalité. Poète, historien, philosophe, il agrandit l'esprit humain, et lui apprit à être libre* ».

Voltaire et la guerre

Voltaire dédie une partie de son œuvre à la guerre, plus précisément au droit de mener la guerre, l'arme absolue des tyrans. Les lois du droit public sont bafouées pendant les combats au détriment des populations comme il l'exprime justement dans son œuvre majeure, *Candide* (1759), où dans le chapitre troisième, il dénonce toute l'horreur des exactions commises pendant le Guerre de Sept Ans (1756-1763). Dans cet extrait du *Dictionnaire Philosophique* (1764), Voltaire dénonce avec subtilité la guerre, toujours arbitraire et injuste, la prérogative de son déclenchement étant abusivement placée dans les mains des souverains : « *Un généalogiste prouve à un prince qu'il descend en droite ligne d'un comte dont les parents avaient fait un pacte de famille, il y a trois ou quatre cents ans, avec une maison dont la mémoire même ne subsiste plus. Cette maison avait des prétentions éloignées sur une province dont le denier possesseur est mort d'apoplexie : le prince et son conseil concluent sans difficulté que cette province lui appartient de droit divin. Cette province, qui est à quelques centaines de lieues de lui, a beau protester qu'elle ne le connaît pas, qu'elle n'a nulle envie d'être gouvernée par lui, que, pour donner des lois aux gens, il faut au moins avoir leur consentement ; ces discours ne parviennent pas seulement aux oreilles du prince dont le droit est incontestable.* » Cet extrait exprime le sens critique de Voltaire et la finesse d'une plume qui sait trouver les mots justes pour dénoncer le despotisme et la nature infondée des passions militaires.

1. « Au fond, pour Voltaire, le pouvoir à sa place dans les mains les plus propres à conduire la société vers le bonheur. Ces mains doivent donc être celles d'un monarque, seul le prince à a force qui porte l'État au but assigné et accomplit les réformes désirables. », M. Prebot, G. Lescuyer, *Histoire des idées politiques*, 13e édition, Dalloz, 1997, p. 297.

Rousseau, Jean-Jacques (1712-1778)

Philosophe des Lumières, auteur du Discours sur les Arts, du Discours sur l'origine et le fondement des inégalités parmi les hommes, de La Nouvelle Héloïse, de l'Émile…

- **Œuvres majeures** : *Le contrat social*
- **Citation célèbre** : « *L'homme est né libre et partout il est dans les fers* »

Contrairement à Hobbes, Rousseau pense que l'état de nature était un état parfait. L'homme est naturellement bon, il n'a nul besoin de ses semblables. L'invention de la métallurgie et de l'agriculture a malheureusement introduit la propriété individuelle. La première conséquence fut de créer la distinction entre les riches et les pauvres. Pour éviter la lutte entre riches et pauvres furent alors institués les gouvernements qui devaient consacrer une nouvelle distinction, celle des gouvernants et des gouvernés, qui fit finalement surgir, lorsque les gouvernants furent poussés à se conduire en despote, celle des maîtres et des esclaves. S'il est impossible de revenir à l'âge d'or, à l'état de nature, il convient toutefois d'établir une société enfin juste, fondée sur le consentement des individus.

Pour Rousseau, il ne saurait être question de fonder la société sur la force. En effet, la force est une puissance physique dont aucun effet moral ne peut être tiré. Il faut donc faire reposer l'autorité légitime sur un contrat. Ce ne devait pas être un contrat entre individus isolés comme chez Hobbes, ni entre les individus et le souverain comme chez Pufendorf, mais un contrat de chacun avec tous. En aliénant ses droits à la communauté tout entière, chacun évitait, en effet, de se placer dans la dépendance d'un autre. Cette aliénation totale de sa liberté naturelle au profit du corps politique fait que l'individu n'obéit, en fait, qu'à lui-même, puisqu'il est membre de ce corps. « Chacun de nous met en commun sa personne et toute sa puissance sous la suprême direction de la volonté générale ; et nous recevons en corps chaque membre comme partie indivisible du tout ».

La conséquence de ce contrat est donc l'égalité pour tous, puisque chacun acquiert sur les autres le même droit que celui qu'il abandonne. En n'obéissant à personne en particulier, mais à la volonté générale, chacun reste également aussi libre qu'il l'était auparavant, sa liberté s'analysant désormais comme une participation à la volonté générale. Donc, lorsqu'un citoyen préfère obéir à sa propre volonté, à sa volonté particulière, plutôt qu'à la volonté générale, il agit contre sa liberté, puisque la volonté générale est la sienne autant que celle de tout autre. On est donc fondé à le ramener à l'obéissance, car c'est le forcer à être libre. Ce qui revient finalement à définir la liberté comme l'obéissance à la loi qu'on s'est soi-même donné puisque chacun est auteur de la loi[1].

1. *Dictionnaires des grandes œuvres juridiques*, sous la direction d'O. Cayla et J.-L. Halpérin, p. 500.

En raison de sa nature propre, cette volonté générale – à condition de pouvoir véritablement se dégager (ce qui passe pour Rousseau par la suppression des corps intermédiaires) –, est donc toujours droite. Elle est le souverain et ne peut vouloir que l'intérêt général, le meilleur pour tous et chacun. La souveraineté, pour Rousseau est infaillible et absolue.

La souveraineté est également inaliénable : la souveraineté ne se délègue pas et le peuple doit l'exercer lui-même. Rousseau s'oppose donc à tout système représentatif. La souveraineté, n'étant que l'exercice de la volonté générale, ne peut jamais s'aliéner ; le souverain, qui n'est qu'un être collectif ne peut être représenté que par lui-même : « Les députés du peuple ne sont donc ni ne peuvent être ses représentants, ils ne sont que ses commissaires ; ils ne peuvent rien conclure définitivement ». Cet aspect, pourtant essentiel, de la pensée de Rousseau, sera écarté par les Constituants à la Révolution[1].

Enfin, la souveraineté est indivisible, c'est-à-dire qu'elle est la souveraineté de tout le peuple où toutes les voix comptent. Indivisible dans son principe, elle n'est pas davantage divisible dans son objet. Et c'est ainsi que le monopole de faire les lois devait être réservé, sans partage, au peuple. C'est par là même condamner toute forme de séparation des pouvoirs.

Kant, Emmanuel (1724-1804)

Dit le « philosophe de Königsberg ». Philosophe, auteur d'un *Projet de paix perpétuelle* (1795), il est un des grands représentants des Lumières Allemandes.

- **Œuvres majeures** : *Critique de la raison pure* (1781, remaniée en 1787), *Critique de la raison pratique* (1788), *Doctrine du droit* (première partie de la *Métaphysique des mœurs*, 1795)

Kant est l'inventeur de la philosophie critique dont l'ambition est d'arbitrer le conflit qui oppose le dogmatisme au scepticisme. Il examine les pouvoirs et les limites de la raison en s'interrogeant sur les conditions de possibilité de la connaissance et de l'action. Sa philosophie propose une distinction fondamentale entre la morale, qui relève de la conscience, et le droit qui est un ensemble de règles permettant de faire coexister pacifiquement les libertés individuelles[2].

1. *Histoire des idées politiques*, sous la direction d'E. Pisier, PUF 1982, P ; 80.
2. *Dictionnaire de la pensée politique*, O, Nay, J. Michel, A. Roger, Armand Colin, 2005, p. 98.

Le problème de l'État, de la constitution du droit et des éléments fondamentaux de la politique sont au cœur de la réflexion kantienne.

Kant reprend l'idée de contrat social mais il précise qu'il ne s'agit pas d'un événement réel, seulement d'une idée nécessaire pour comprendre et critiquer le droit existant. Dans une législation rationnelle, les lois prescrivent les devoirs nécessaires à l'existence de la société composée d'individus égaux. Pour Kant, le droit est l'ensemble des règles qui permettent à chacun de jouir de sa liberté en respectant celle d'autrui (et de faire respecter sa liberté par la force publique si autrui ne respecte pas cette règle)[1]. La liberté de chacun doit respecter et être protégée par la liberté de tous. C'est un devoir pour l'homme, non de vivre en société, mais s'il vit au contact d'autres hommes (ce qui est presque inévitable), d'entrer dans un état qui permet de protéger ce qui est sien. Kant cherche un équilibre entre la thèse selon laquelle les droits préexistent à l'état civil et celle selon laquelle l'état civil crée les droits individuels. Pour lui, l'idée de communauté politique est inhérente à celle de droit individuel mais inversement si les membres de cette communauté n'étaient pas des hommes libres, dotés de droits individuels, elle n'aurait rien de juridique[2].

L'État comprend un pouvoir législatif selon lequel chacun décide la même chose sur tous et tous sur chacun, un pouvoir exécutif, confié à un individu ou à une personne morale et un pouvoir judiciaire.

Le *ius gentium*, le droit des gens, complète le droit politique. Kant développe ses idées sur la guerre qui ne peut être décidée que par le peuple, chaque peuple est juge de sa propre cause puisqu'il n'y a pas de tiers pour départager les États. Kant est favorable à une fédération des peuples sous l'égide d'un Congrès permanent apte à traiter judiciairement les différents entre États.

Kant est également l'auteur d'un *Projet de paix perpétuelle* publié dans l'hiver 1795 à la suite du traité de Bâle qui semble alors annoncer une période de paix en Europe[3]. Il part de l'idée que la paix n'est pas un fait naturel mais provient de la seule volonté humaine. La paix entre les nations est, pour lui, conforme à la raison et à la morale puisque chez Kant raison et morale vont de pair. Deux séries de conditions sont nécessaires pour obtenir cette paix perpétuelle.

La première série de conditions concerne l'homme. L'homme est au centre de toute construction étatique car l'État est une société d'hommes libres, qui résulte d'un contrat entre hommes libres et égaux. Pour obtenir cette paix, les hommes doivent être animés

---

1. *Dictionnaires des grandes œuvres juridiques*, sous la direction d'O Cayla et J.-L. Halpérin, Dalloz, 2008, p. 306.
2. *Ibid.*, p. 308.
3. Les monarchies européennes acceptent la Révolution Française et ne cherchent plus à rétablir la monarchie en France.

d'une grande honnêteté et véritablement rechercher la paix. Enfin, Kant reprend la vieille idée du cosmopolitisme selon laquelle les hommes doivent avoir conscience de ne former qu'un seul peuple, au-delà des États et des Nations.

La seconde série de condition concerne l'État qui ne peut être qu'un État de droit, fondé sur le respect des autres États et la volonté réelle d'éviter la guerre[1]. Ce respect des autres États suppose l'interdiction d'empiéter sur leur souveraineté, Kant rejette les idées d'ingérence dans les affaires intérieures des autres États (sauf nécessité absolue). Enfin, pour Kant, le meilleur garant d'un État pacifique est une constitution représentative, républicaine, fondée sur la liberté et l'égalité, mettant en place la démocratie et la séparation des pouvoirs.

Hegel, Georg, Willhelm, Friedrich (1770-1831)

Philosophe et professeur de philosophie à l'université de Berlin.

- **Œuvres majeures** : la *Phénoménologie de l'esprit* (1807), la *Science de la logique* (1821-1816).

La philosophie de Hegel constitue l'apogée de l'idéalisme allemand. Hegel entend résoudre les contradictions fondamentales entre l'un et le multiple, le particulier et l'universel, le citoyen et l'État, l'individu et la société, en les dépassant dans un système philosophique global.

Au lieu de ne voir dans l'évolution des sociétés qu'un enchaînement d'événements, Hegel cherche à comprendre les lois générales qui guident le mouvement historique et assurent le progrès universel de la raison, de la liberté et de la vérité[2].

Hegel cherche à exprimer des jugements de valeur sur le droit positif tout en niant (à l'inverse des jusnaturalistes), l'existence d'une sphère religieuse, naturelle ou morale autonome, d'où partiraient les jugements de valeurs. Pour lui, l'individu, avec sa rationalité et sa liberté, n'existe pas de toute éternité ; au contraire la conscience de l'égale dignité des individus est le fruit d'une prise de conscience progressive. Il n'oppose donc pas droit naturel et droit positif mais considère que le droit naturel est déjà présent dans les principes directeurs du droit positif, cette présence se renforçant au cours de l'histoire.

1. Kant rejette l'adage « Si vis pacem para bellum », J.-C. Ricci, *Histoire des idées politiques*, Dalloz, 2011, p. 267.
2. *Dictionnaire de la pensée politique*, O, Nay, J. Michel, A. Roger, Armand Colin, 2005, p. 80-81.

Hegel fait du peuple le sujet concret de l'organisation étatique. L'État n'est qu'une manifestation de la vie d'un peuple, parmi d'autres ; la technique, l'économie, l'art, la religion… Tous ces éléments formant un tout : la culture de ce peuple[1].

Les individus sont libres et égaux, c'est le principe et l'œuvre de l'État moderne. C'est l'État qui permet à la liberté son exercice effectif. Il n'est pas nécessaire d'affirmer ces droits dans une Déclaration des droits qui est trop individualiste alors que c'est l'universel qui est digne de respect. En revanche, ces droits doivent être le fil conducteur de la législation qui doit garantir la liberté de conscience et la liberté religieuse, la liberté de la presse, la liberté du travail et la propriété, le droit de vote. Plus l'État est bien organisé, solide, fort, plus ces libertés seront garanties.

Pour Hegel, l'histoire de l'humanité est dominée par un double échec, celui de l'Antiquité, qui ne parvient pas à trouver un équilibre entre l'individu et la communauté, et celui du christianisme qui a échoué à instaurer le royaume chrétien dans le monde. Désormais, c'est l'État qui doit réaliser une humanité totalement conforme à la vision chrétienne. Pour cela l'État doit s'appuyer sur l'ordre et le pouvoir constitutionnel, sur les individus et sur les groupes sociaux[2].

L'État lui-même doit être dominé par un principe unificateur des volontés : un monarque héréditaire, même si Hegel propose un régime mixte dans lequel le principe de la décision finale revient à un individu, l'administration à plusieurs et la loi à tous. Le monarque hégélien est bien l'organe de la décision pure mais il s'agit moins d'un pouvoir qu'un passage dans l'effectivité. En définitive, la souveraineté hégélienne est organique, globale.

Le pouvoir législatif doit être préservé des caprices, des mauvais choix des individus. Pour cela il faut lier la liberté politique à la compétence[3]. C'est pourquoi Hegel propose un système bicaméral, propre à réfréner les décisions hâtives, comprenant des délégués de la classe agricole pour la première chambre, et de la classe industrielle ainsi que des communes pour la seconde. Ce corps législatif n'a pas pour objet de règlementer l'ensemble de la vie sociale, une grande partie de règles juridiques émanant des corporations ou des communes, ni de préparer des lois, qui le sont par les fonctionnaires. Ces derniers, par leur connaissance des affaires publiques préparent les lois, votées par le Parlement et promulguées par le monarque et les appliquent dans un cadre constitutionnel. L'État hégélien est donc une monarchie dans laquelle le monarque est soumis aux mêmes lois que les autres citoyens et dans laquelle le gouvernement de fait

1. *Dictionnaire de philosophie politique*, sous la direction de P. Raynaud et S. Rials, PUF, 1998, p. 268.
2. J.-C. Ricci, *Histoire des idées politiques*, Dalloz, 2011, p. 301.
3. *Dictionnaires des grandes œuvres juridiques*, sous la direction d'O Cayla et J.-L. Halpérin, Dalloz, 2008, p. 262-263.

appartient à une administration rationaliste et technicienne compétente et dévouée à la collectivité. La mise en œuvre de ce régime permettrait à chacun de se réaliser comme citoyen libre sans être absorbé par la totalité[1].

Enfin, Hegel s'interroge sur les relations internationales et l'histoire mondiale, Contre Kant, il affirme que la paix perpétuelle est un idéal contradictoire, puisqu'il suppose que l'État abandonne une souveraineté qui le définit et dont la perte l'affaiblirait. L'histoire étant cyclique, la guerre se justifie par le mouvement de l'Esprit du monde dont le progrès coïncide avec l'apparition d'un peuple dominant pour une époque de l'histoire mondiale. Après une série de conflits internationaux d'une extrême violence, émergera un État mondial, qui est la fin de l'Histoire, le dépassement de toutes les contradictions et le règne de la transparence.

La philosophie de Hegel aura une influence déterminante sur le courant socialiste au XIXe siècle.

Marx, Karl (1818-1883)

Karl Marx, né en Allemagne (Trêves) en 1818, est difficile à appréhender tant son existence a pu emprunter des chemins parallèles, tour à tour avocat, théoricien en économie, philosophe avec une thèse de doctorat portant sur l'atomisme (opérant la symbiose entre la théorie de l'atome et la philosophie), journaliste, historien, et surtout s'illustrant en son temps comme le penseur de la révolution. Cette notion de « révolution » apparaît complexe et profonde puisqu'elle ambitionne non pas de changer tel ou tel régime politique mais de changer la nature de l'homme. Pour changer l'homme, il faut travailler sur la condition sociale, comme il l'exprime ici : « Ce n'est pas la conscience des hommes qui déterminent leur existence, c'est au contraire leur existence sociale qui détermine leur conscience ». Par le matérialisme, la matière devient première, non l'esprit, une réflexion qui l'éloigne clairement de Hegel et des idéalistes allemands. Adulé autant que détesté au XXe siècle, Marx a été la source d'inspiration des déçus de la politique, les ouvriers, les pauvres et les jeunes, aujourd'hui, celle de certains hommes politiques en Asie orientale ou en Amérique Latine. Placée au cœur de sa pensée, la lutte des classes est pour lui un besoin vital, une nécessité impérieuse. La force du prolétariat transpire selon lui à travers les siècles, de Rome à la Révolution française pour prendre les exemples qu'il puise dans le passé : « L'histoire de toute société jusqu'à nos jours n'a été que l'histoire de luttes de classes ». En apparence, le sujet traité paraît assez simple puisqu'il n'y a que deux classes : « l'opprimé », l'artisan, l'ouvrier, celui qui use des outils de production… et « l'oppresseur », la bourgeoisie, l'aristocratie, la classe dominante qui profite réellement des richesses matérielles.

1. *Histoire des idées politiques*, sous la direction de E. Pisier, PUF, 1982, p. 90.

Dans cette lutte ultime, l'issue est connue d'avance : « La bourgeoisie est incapable de dominer, parce qu'elle est incapable d'assurer à son esclave l'existence, même au sein de son esclavage » (*Manifeste du Parti Communiste*). En somme, à l'image de la révolution d'une planète dans l'espace, rien ne saurait arrêter la révolution du prolétariat : le marché va disparaître, le capitalisme avec, puis ce sera le tour des institutions, l'État suivra, puis enfin les règles codifiées, la fin du Droit. Par ailleurs, le dépérissement de l'État est une notion qui a été emprunté à Engels qui le premier l'évoquait évoqué dans *Origines de l'État, de la propriété et de l'État.*

En dénonciateur du capitalisme dans son œuvre majeure, *Le Capital* (publié en 1867), l'économie tient naturellement une grande place dans sa pensée : les ressources, les outils de production, l'industrie, le commerce… tout est en rapport avec les fruits du travail de l'homme. Mais au milieu du XIXe siècle, l'industrialisation de l'occident se poursuit à une grande vitesse grâce aux machines, ce qui n'est pas sans inquiéter Marx : « Une conséquence immédiate du fait que l'homme est rendu étranger au produit de son travail : l'homme est rendu étranger à l'homme ». Le constat est simple et efficace : plus de production, plus de productivité, plus de revenus dans un monde où l'argent devient l'obsession, y compris au sein de la famille nous dit-il : « La bourgeoisie a déchiré le voile de sentimentalité touchante qui recouvrait les rapports familiaux et les a réduits à de simples rapports d'argent ». Il existerait bien un moyen de rendre le profit moins attractif, la taxation écrit-il : « Il n'y a qu'une seule façon de tuer le capitalisme : des impôts, des impôts et toujours plus d'impôts ». Il s'oppose à Proudhon sur la propriété en particulier, laquelle serait pour Marx un abus de pouvoir autorisé par le droit : « *le droit de propriété privée est donc le droit de jouir et de disposer de sa fortune arbitrairement, sans tenir compte d'autrui, indépendamment de la société, c'est le droit de l'égoïsme* ». Il faudrait supprimer la propriété privée, une idée maîtresse que l'on retrouvera dans l'émergence du communisme en Russie : « *En un mot, vous nous reprochez de vouloir abolir votre propriété à vous. Certes, c'est bien ce que nous voulons* ». Vers la fin de sa vie, alors que ses idées se diffusent et deviennent vulgarisées par les révolutionnaires, surtout après la Commune de Paris (1871), il s'éloigne de ceux qui pourtant se réclament de sa pensée : « Si c'est cela le marxisme, ce qui est certain c'est que moi je ne suis pas marxiste[1] ! »

1. M. Angenot, *Le marxisme dans les grands récits : essai d'analyse du discours*, Presses de l'Université Laval, 2005, page 3.

Huxley, Aldous (1894-1963)

Écrivain britannique, journaliste, critique d'art, grand voyageur, Aldous Huxley a échappé à la Première Guerre mondiale en raison de cécité qui a été traitée par la suite, lui permettant ainsi de faire des études à Oxford et d'écrire son premier roman à 17 ans[1]. Après plusieurs essais où il s'illustre en maître de l'ironie, et lors de son séjour en France, à Sanary-sur-Mer (Var), il achève en quatre mois en 1931 son œuvre la plus connue, *Le Meilleur des mondes*, dont le titre est une référence explicite à *Candide* de Voltaire. Il s'agit d'un ouvrage d'anticipation dont le thème principal est le bonheur et l'eugénisme : par le fruit d'une sélection des fœtus, certains d'entre eux, les « Alphas », reçoivent plus d'oxygène et sont promis à un avenir brillant tandis que d'autres, les « Epsilons », des travailleurs, n'ont pas besoin de penser et donc n'ont pas besoin des mêmes facultés intellectuelles. Comme la plupart des fictions, son auteur tire une sonnette d'alarme par la vision prophétique d'un double péril qui menace nos sociétés humaines, l'élitisme et la manipulation des masses. À une époque où la méritocratie émerge dans le champ de l'éducation, Huxley la rend impossible dans son roman : savoir et excellence sont programmés pour les uns, refusés aux autres au nom d'un bonheur artificiel, universel, obligatoire. Sur la thématique du bonheur, celui-ci apparaît parfait, trop parfait, représentant une forme d'impuissance dans une ère nouvelle : « Les gens sont heureux, ils obtiennent ce qu'ils veulent, et ils ne veulent pas, jamais ce qu'ils ne peuvent obtenir ». Comme dans *1984* écrit une génération plus tard, le désir, la passion de l'homme, son esprit créatif et tout ce qui fait son originalité ont cessé d'être… seul subsiste encore l'espoir de faire enrayer tout un système. Il doit être noté que certains passages sur l'émancipation des classes laborieuses semblent emprunter la vision de Karl Marx sur la révolution de nature à changer l'homme, notamment cet extrait : « La révolution véritablement révolutionnaire se réalisera, non pas dans le monde extérieur, mais dans l'âme et la chair des êtres humains ». Sinon, la thématique de la manipulation mentale est récurrente dans le roman mais il est vrai que la propagande avait connu un essor considérable pendant la Grande Guerre et l'émergence des mouvements fascistes au début des années 20 ; le plus grand danger, c'est l'affaiblissement considérable du sens critique dans la société d'aujourd'hui et de demain, comme il l'exprime dans cette citation : « La philosophie nous enseigne à douter de ce qui nous paraît évident. La propagande, au contraire, nous enseigne à accepter pour évident ce dont il serait raisonnable de douter ». Autre forme de manipulation, la manipulation génétique des fœtus qui place directement le roman dans le domaine de l'eugénisme, relevant de la bioéthique : en effet, on assiste à l'intervention de l'homme dans le processus de procréation au nom d'un meilleur rendement, une thématique qui sera largement reprise dans les films de science-fiction de la seconde moitié du XXe siècle (*Bienvenue à Gattaca, Matrix*).

1. N. Murray, *Aldous Huxley : an English intellectual*, Londres, Abacus, 2003.

Orwell, George (1903-1950)

George Orwell, de son vrai nom Éric Arthur Blair, est un écrivain né aux Indes Britanniques dans une famille bourgeoise au tout début du XXe siècle. « Big Brother is watching you ! ». Qui n'a jamais entendu cette phrase extraite de *1984*, le roman de fiction de George Orwell écrit en 1948 (l'inverse de 1984), lequel demeure l'un des 100 ouvrages de référence en langue anglaise selon le magazine *Time*. L'anticipation était en genre en vogue à la fin des années 50, mais au lieu de mettre en avant des créatures monstrueuses ou des extra-terrestres, Orwell prend comme matière principale de son roman un régime politique manipulateur comme un épitomé de la société de surveillance qui dirige le monde. De l'inspiration, Orwell n'en a pas manqué en puisant dans les épisodes de sa vie et de l'humanité : on y retrouve en filigrane l'atmosphère chaleureuse du camp républicain à Barcelone pendant la guerre d'Espagne, l'essor des totalitarismes en Europe avec l'accession de Staline et d'Hitler dans les années 30, Londres ravagé par les fusées allemandes V2 et les tickets de rationnement pendant la Seconde Guerre mondiale… Oui, celui qui entra dans la résistance en 1940 fut un adversaire farouche du totalitarisme, sous toutes ses variantes. Attaché à l'égalité et à la liberté d'expression, *1984* est un ouvrage sombre, un avertissement aux peuples libres d'une société future où tout est sous contrôle, où la vie prive et la vie publique ne font qu'un, où la délation est encouragée, où le désir est réprimé et où l'obéissance aveugle devient une norme en collectivité. Même l'Histoire n'existe plus puisqu'elle est réécrite en permanence par le Parti, « unique »… un peu à l'image de ce qui était pratiqué en URSS lorsqu'on ôtait progressivement les visages des dissidents sur les photos officielles. Cette vision d'une société où règne la « Police de la pensée » et le « Ministère de la vérité » est plus que troublante et *1984* forme le miroir déformant d'une société contemporaine de plus en plus centrée sur les écrans, chose admise aujourd'hui qui n'est plus sans vraiment nous inquiéter. En ce domaine, Orwell est un prophète qui prédit un avenir bien lugubre pour la liberté et la condition humaine, un temps futuriste où la manipulation est omniprésente, le virtuel aussi selon cet extrait : « Le langage politique est destiné à rendre vraisemblable les mensonges, respectables les meurtres et à donner l'apparence de la solidité à ce qui n'est que vent ». La passion de l'homme aurait cédé sous le joug de l'ordre établi qui décide pour tout, comme dans cette citation : « La liberté, c'est la liberté de dire que deux et deux font quatre. Lorsque cela est accordé, le reste suit ».

Autre œuvre majeure, *La Ferme des Animaux*, une fable enfantine écrite en 1945 est assurément plus politique qu'il n'y paraît. On y découvre un nouvel ordre à la ferme où l'autorité de l'homme a été renversée pour céder sa place à celle des animaux au nom de l'égalité. Cette « petite révolution » dans la ferme dévoile au fur et à mesure de son déroulement les ambitions véritables des meneurs, les cochons et ceci, au détriment du bien commun. Remarquons que les cochons sont des penseurs et que d'après une citation d'Orwell, « les intellectuels sont portés au totalitarisme bien plus que les gens ordinaires ». On retrouve dans ce livre un intérêt sincère pour le sort des malheureux animaux de la ferme de la part d'un auteur qui plus jeune s'était converti au socialisme en découvrant les conditions de vie des mineurs britanniques. Cruelle désillusion pour de sincères initiateurs que peut former une révolution d'où émerge un ordre nouveau tout aussi inique que l'ancien : « Tous les animaux sont égaux, mais il y a des animaux plus égaux que d'autres ». Ce conte moderne n'est pas sans rappeler les destinées de la Révolution française ou de la Révolution russe. Il faut relire en tant qu'adulte *La Ferme des Animaux* pour retrouver toute la mécanique de la conquête du pouvoir par les uns au détriment de l'exploitation des autres, ceux qui servent si bien justement la cause.

Des institutions à connaître

Ronan BERNARD-MENORET
Maître de conférences – HDR
Directeur de l'IEJ
Université de La Réunion

Les institutions sont nombreuses et il n'est évidemment pas question de toutes les détailler ici. Il a été souhaité de mettre l'accent sur certaines d'entre elles qui jouent un rôle dans la protection des droits sans qu'il soit forcément possible de les étudier lors du cursus universitaire. Aussi, nous avons sélectionné trois institutions dont les missions conduisent à ce que l'on s'y intéresse en vue des questions pouvant être posées lors du grand oral. Il s'agit de la CNIL, du Conseil supérieur de la magistrature et du défenseur des droits.

La CNIL

La commission nationale informatique et libertés est composée de 18 membres élus ou désignés (magistrats, membres des assemblées, du conseil économique et social, Cour des comptes, universitaires et chercheurs).

Elle participe à la réflexion sur la mise en œuvre des dispositifs technologiques pouvant impacter la vie privée. Elle participe à l'élaboration de la réglementation et conseille les pouvoirs publics comme les professionnels.

Afin de protéger les données personnelles, la CNIL a une mission d'information à l'égard des particuliers comme des professionnels. Elle mène des actions de documentation et de formation. Elle émet des avis sur les projets de loi et de décret et certifie la confidentialité des processus d'anonymisation. Elle contrôle aussi le respect de la loi.

Afin de contrôler la mise en œuvre de la loi, la CNIL peut effectuer des contrôles sur place, sur pièces, sur audition ou en ligne.

Lors d'un contrôle sur place, la CNIL peut :

– Accéder à tous les locaux professionnels ;
– Demander communication de tout document nécessaire et d'en prendre copie ;
– Recueillir tout renseignement utile et entendre toute personne ;
– Accéder aux programmes informatiques et aux données.

La CNIL organise, chaque année, une répartition de ses actions de contrôle et de vérification entre ses différentes fonctions. Ainsi, elle élabore une répartition de son travail en fonction des thèmes d'actualité, des grandes problématiques identifiées, des plaintes et des signalements dont elle est saisie ainsi qu'au contrôle des dispositifs de vidéosurveillance et de vidéo-protection.

La CNIL est, également, compétente pour contrôler les systèmes de vidéo-protection autorisés par les préfectures.

À l'issue des contrôles, la Présidente de la CNIL peut décider des mises en demeure. La formation restreinte de la CNIL, composée de 5 membres et d'un Président distinct du Président de la CNIL, peut prononcer diverses sanctions à l'issue d'une procédure contradictoire : une sanction pécuniaire (sauf pour les traitements de l'État) d'un montant maximal de 3 millions d'euros, mais également ordonner l'insertion de sa décision dans la presse, ou ordonner que les organismes sanctionnés informent individuellement les personnes concernées aux frais de l'organisme sanctionné. Elle peut enjoindre la cessation d'un traitement de données ou encore retirer une autorisation qu'elle aurait accordée.

La sanction pécuniaire peut être rendue publique.

Le montant des amendes est perçu par le Trésor Public.

En cas d'atteinte grave et immédiate aux droits et libertés, le président de la CNIL peut demander, par référé, à la juridiction compétente, d'ordonner toute mesure nécessaire. Il peut également dénoncer au Procureur de la République les infractions à la législation dont il a connaissance.

Le Conseil supérieur de la magistrature

Sa composition

Le CSM se compose différemment qu'il s'agisse de traiter de la nomination des magistrats du siège ou du parquet.

La formation compétente à l'égard des magistrats du siège est présidée par le premier président de la Cour de cassation. Elle comprend, en outre, cinq magistrats du siège et un magistrat du parquet.

La formation compétente à l'égard des magistrats du parquet est présidée par le procureur général près la Cour de cassation. Elle comprend, en outre, cinq magistrats du parquet et un magistrat du siège.

À chacune de ces formations, s'ajoute des membres extérieurs : un conseiller d'État désigné par le Conseil d'État, un avocat ainsi que six personnalités qualifiées qui n'appartiennent ni au Parlement, ni à l'ordre judiciaire, ni à l'ordre administratif. Le Président de la République, le Président de l'Assemblée nationale et le Président du Sénat désignent chacun deux personnalités qualifiées.

Une formation plénière répond aux missions d'assistance en matière de déontologie et de fonctionnement de la justice. La formation plénière comprend trois des cinq magistrats du siège de la formation destinée aux magistrats du siège, trois des cinq magistrats du parquet de la formation compétente pour le parquet et du conseiller d'État, de l'avocat et des six personnes extérieures.

Elle est présidée par le premier président de la Cour de cassation.

Ses missions

Le CSM donne un avis sur toutes les nominations de magistrats. Pour les magistrats du siège, il a un pouvoir de proposition qui s'impose en Président de la République.

Il traite les poursuites disciplinaires émanant du garde sceaux. Mais il peut également être saisi par les présidents de cours d'appel ou par les procureurs généraux. Surtout, il peut, depuis 2008, être saisi par les justiciables.

À l'égard des magistrats du siège, il a un pouvoir juridictionnel. Concernant les magistrats du parquet, il émet un avis, la décision étant prise par le garde des sceaux.

Il assiste le Président de la République dans son rôle de garant du respect de l'indépendance de l'autorité judiciaire prévu à l'article 64 de la constitution. Il se prononce et rend des avis sur toutes les questions de déontologie des magistrats et sur l'organisation de la justice.

Le défenseur des droits

Cette institution indépendante est née, en 2011, de la réunion de quatre institutions : le Médiateur de la République, le Défenseur des enfants, la Haute Autorité de Lutte contre les Discriminations et pour l'Égalité (HALDE) et la Commission Nationale de Déontologie de la Sécurité (CNDS). (Loi constitutionnelle du 23 juillet 2008, article 71-1 de la Constitution)

- Elle a deux missions :
  - Défendre les personnes dont les droits ne sont pas respectés ;
  - Permettre l'égalité de tous et toutes dans l'accès aux droits.
- Elle peut être saisie gratuitement par toute personne (personne physique ou morale).
- Les cas de saisine :
  - Pense qu'elle est discriminée ;
  - Constate qu'un représentant de l'ordre public (police, gendarmerie, douane...) ou privé (un agent de sécurité...) n'a pas respecté les règles de bonne conduite ;
  - A des difficultés dans ses relations avec un service public (CPAM, Caisse d'Allocations Familiales, Pôle Emploi, administration de l'État ou territoriale, hôpital, *etc.*) ;
  - Estime que les droits d'un enfant ne sont pas respectés ;
- Concernant les discriminations, les domaines de ses interventions visent les comportements discriminants fondés sur :
  - L'âge ;
  - Le sexe ;
  - L'origine réelle ou supposée à une ethnie, une nation ou une prétendue race ;
  - La situation de famille,
  - Le patronyme ;
  - L'apparence physique ;
  - L'état de santé, le handicap ou la grossesse ;
  - Les caractéristiques génétiques ;

- L'orientation sexuelle ;
- L'identité de genre ;
- Les opinions politiques, philosophiques ou syndicales ;
- Les croyances religieuses.

– À l'égard des autorités, son action peut viser diverses situations :
  - Un usage disproportionné de la force ;
  - Un comportement indigne (gestes ou propos déplacés, insultes, menaces, tutoiement...) ;
  - Une fouille corporelle abusive ;
  - Un contrôle d'identité qui se déroule dans des conditions anormales ;
  - Des difficultés pour déposer plainte.

– Il apporte son aide lorsque pour toutes les démarches afin de régler le problème auprès de l'organisme concerné lorsqu'aucune solution n'a été trouvée. Ceci comprend, par exemple, d'une incompréhension, d'une absence de réponse, d'un manque d'information de la part d'un service public, d'une erreur de décision...

– Au regard des droits de l'enfant, le Défenseur des droits peut intervenir dans les domaines suivants :
  - Protection de l'enfance
  - Santé et handicap
  - Justice pénale
  - Adoption
  - Scolarisation
  - Mineurs étrangers

– Enfin, il apporte assistance et protection aux lanceurs d'alerte depuis la loi du 9 décembre 2016, applicable au 1er janvier 2017.

Le droit comparé

Élise RALSER
Professeur à l'Université de La Réunion

Au XVIIIe siècle, déjà, Montesquieu soulignait que les lois étaient propres à un peuple et que celles faites pour une nation ne pouvaient que rarement convenir à une autre (*De l'Esprit des lois*, I, 3). Ses fameuses *Lettres persanes* ont également révélé l'existence de systèmes différents et, par le jeu subtil de la comparaison, ont permis de révéler les défauts du nôtre. Même si les lois n'étaient ici pas seules en cause, la démarche adoptée n'est pas étrangère à celle du droit comparé.

Objet et fonction du droit comparé

Le **droit comparé** a pour objet la comparaison des différents droits nationaux. Il s'agit en particulier de comparer le mode de production des normes et le fondement des systèmes considérés. Ainsi les systèmes juridiques peuvent ignorer certaines des sources du droit reconnues en France ou consacrer un équilibre différent entre les mêmes sources. Les différences peuvent porter par ailleurs sur le fondement même du système juridique. Le droit musulman est par exemple fondé sur l'origine divine des règles de droit, d'autres systèmes ont une conception positiviste du droit, ou « jusnaturaliste ».

La démarche comparatiste tend autant à éclairer les différences entre les systèmes qu'à en révéler les convergences. Par celle-ci, les objectifs traditionnellement assignés au droit comparé sont (de manière non exhaustive) : une meilleure connaissance du droit national ; l'amélioration du droit national par l'importation de modèles inspirés du droit étranger ; la contribution au développement des relations internationales (not. par l'élaboration de conventions internationales et la construction de règles communes).

Les « familles » de droit et les systèmes juridiques

Ubi societas, ibi jus. Dès qu'une société se forme et s'organise, elle se donne un droit. Les règles de droit s'ordonnent ainsi méthodiquement selon un système pour apporter des solutions aux problèmes que peut connaître le groupe social. Fatalement, comme il existe plusieurs sociétés, il existe alors plusieurs droits et donc plusieurs « **systèmes**

juridiques ». On utilise cette notion pour évoquer les traits marquants qui caractérisent le droit d'un pays relativement aux autres, dans ses principes, ses sources, ses modes d'interprétation, ses tendances, sa conception même du droit (ex : entre les pays de *Common law* et les droits codifiés, entre les divers droits continentaux, entre les pays d'Orient et d'Extrême-Orient et les droits occidentaux, *etc.*).

L'un des comparatistes (français) les plus célèbres, René David, retenait deux critères de distinction : la technique juridique (hiérarchie des sources, méthodes) et le fondement de l'organisation sociale (conception politique, économique ou religieuse de l'ordre social). C'est ainsi qu'il distingua quatre **familles de droit** : la famille romano-germanique, la famille de *Common law*, la famille socialiste, les systèmes philosophiques et religieux. On y ajoutera (en sus de la proposition de René David) les systèmes traditionnels (d'Afrique, d'Asie et d'Orient).

Le système juridique romano-germanique ou « civiliste »

La **famille romano-germanique :** forgée sur le continent européen sous l'influence du droit romain et du droit canonique, elle sera exportée par les colonisateurs européens en Amérique latine, en Afrique et même en Asie. La tradition juridique civiliste ou « continentale » est alors la plus représentée dans le monde (avec la concurrence, selon les cas, du droit musulman ou du droit coutumier traditionnel autochtone). À cette famille romano-germanique appartient le droit français.

La tradition civiliste est marquée par la place que l'individu occupe au cœur du système en lui reconnaissant des droits subjectifs et par l'omniprésence idéalisée de la loi, expression de la volonté générale, qui constitue la source principale du droit. Les sources du droit sont principalement écrites et généralement codifiées. Une place limitée (bien que grandissante à l'époque contemporaine) est historiquement accordée à la jurisprudence et le contrôle de constitutionnalité des lois y est d'apparition assez récente. La tradition civiliste est également dominée par l'idée que l'administration obéit à des règles différentes de celles qui régissent les relations privées : la *summa divisio* droit public/droit privé est l'une des plus fondamentales des systèmes continentaux.

Le système juridique de Common law

La **tradition de *Common law*** est l'autre grande tradition juridique du monde occidental. Au *Common law*, on oppose généralement le concept de « droit continental » (appelé aussi par les Anglais « droit civil » ou *civil law*). L'expression *Common law* vient de « *comune ley* », le jargon normand qui était la langue parlée des juristes anglais jusqu'au XVIIe siècle *(law french)*. D'ailleurs, l'expression « *Common law* » désigne historiquement la tradition juridique issue du système juridique anglais, lequel est également le berceau constitutionnel du régime représentatif moderne et du régime parlementaire démocratique.

Construite sur les règles élaborées par le passé par les tribunaux britanniques, cette tradition juridique se caractérise par la règle du précédent (*rule of precedent*), qui oblige les juges à s'en tenir aux règles posées par leurs prédécesseurs, et qui constitue la clé de voûte du système jurisprudentiel. Elle est aussi marquée par la place secondaire de la loi, la prédominance de la casuistique et l'imbrication des règles de fond et de procédure. Ces règles n'ont pas non plus subi l'influence du droit romain, n'ont pas été soumises à une quelconque codification et ne se sont pas calquées sur les théories continentales de droit naturel. Les systèmes juridiques appartenant à cette famille juridique ont cependant développé le concept d'*Equity*, corps de règles distinct de celui du *Common law*, destiné à l'assouplir. Le *trust*, par exemple, est une création de l'*Equity* et non du *Common law*.

On retrouve la tradition de *Common law* dans les pays qui ont été soumis à la domination de l'Empire britannique. Aujourd'hui, un tiers des pays du globe partage à titre principal (Australie, Canada, États-Unis, Nouvelle-Zélande, Royaume-Uni...) ou secondaire (Afrique du Sud, Inde, Israël, Kenya, Nigeria, Pakistan, Philippines...) cette tradition juridique.

La vigueur de cette tradition est à n'en pas douter renforcée par l'appartenance de nombreux pays au *Commonwealth*. La reine d'Angleterre est officiellement le chef de l'État d'autres pays (Canada, Australie, Nouvelle-Zélande) et de nombreux États du *Commonwealth* ont conservé par exemple un droit de recours ultime auprès du Conseil privé de la reine (Brunei, Jamaïque, Maurice, Singapour...).

Le modèle constitutionnaliste

La tradition constitutionnaliste est plus récente et en même temps très répandue aujourd'hui. Elle s'est constituée progressivement à partir de la fin du XVIIIe siècle, principalement aux États-Unis. Le constitutionnalisme affirme la suprématie de la Constitution au sein du système politico-juridique et considère la Constitution comme la meilleure garantie contre l'arbitraire du pouvoir politique. La Constitution, en tant que norme fondamentale qu'un peuple libre se donne, irradie l'ensemble du système juridique et soumet à son autorité formelle et substantielle toutes les branches du droit. Elle s'appuie sur un système de contrôle de constitutionnalité qui lui assure la primauté effective au sein du système juridique.

Par ailleurs, à certains égards, le constitutionnalisme se présente comme le fruit d'une hybridation de la tradition civiliste et de la tradition de *Common law.* À l'instar du système civiliste, il repose sur le primat de la loi écrite qui organise et structure de manière rationnelle le système juridique. En même temps, il exacerbe la puissance du juge (en l'espèce le juge constitutionnel) qui est chargé non seulement d'interpréter, mais également de développer les principes constitutionnels.

À l'heure actuelle, le constitutionnalisme transcende les traditions juridiques classiques : des systèmes juridiques aussi différents que le Brésil et l'Allemagne (tradition civiliste), les États-Unis (tradition de *Common law*), l'Inde (traditions hindoue et de *Common law*) intègrent, à des degrés divers, le constitutionnalisme.

Les systèmes juridiques traditionnels

Les systèmes juridiques occidentaux ne sont pas les seuls modèles possibles, ni les plus anciens. Il existe des systèmes juridiques aussi anciens, voire davantage, qui se sont développés de façon autonome pendant plusieurs siècles, avant de subir l'influence « occidentale » (souvent par le biais de la colonisation), ce qui les a conduits à se transformer. Sans pouvoir les aborder tous, on pourra présenter brièvement :

- Le droit musulman : c'est le droit qui régit les adeptes de la religion islamique et qui s'applique à ceux qui forment la communauté des musulmans. La tradition juridique islamique est une tradition de la révélation. La Loi islamique (la « voie à suivre » ou *charia),* entendue comme un corps de règles juridico-religieuses, repose sur un texte fondamental, le Coran, sur la *sunna,* la tradition du prophète, ainsi que sur *l'idjmâ,* développé par l'unanimité des juristes et, en dernier lieu, sur le principe de l'analogie. Foi et comportement guident et forgent alors l'ensemble des principes de droit.

- Les droits coutumiers africains sont fondés sur la solidarité et sont caractérisés par un régime des terres particulier (not. l'absence de propriété individuelle) et des règles d'organisation familiale originales. L'individu n'a pas généralement de droits subjectifs qui sont seulement reconnus au groupe (la famille, le village, la tribu).
- Le droit hindou est marqué par le devoir de chacun d'agir pour le bien de sa famille et de respecter sa place dans la société (d'où l'existence de règles propres à chaque caste).
- Le droit confucéen, inspiré de la doctrine de Confucius, qui enseigne de ne pas troubler l'harmonie du monde, en évitant les excès, en recherchant la conciliation, et en acceptant l'autorité hiérarchique du chef de famille ou d'un supérieur. Le respect de cette doctrine dans la vie sociale permet en principe de ne convoquer les autorités que dans les cas les plus extrêmes.

L'hybridation des systèmes juridiques

En s'attachant aux origines (notamment historiques) de chaque système et à ses institutions (régime politique, constitutionnel, judiciaire), on parvient à isoler certains traits dominants. Cependant, si les trois grandes traditions occidentales (civiliste, constitutionnaliste et de *Common law)* irradient la quasi-totalité des autres systèmes juridiques, il y a le plus souvent, à l'heure actuelle, interaction ou superposition de plusieurs systèmes (surtout dans les systèmes dits « traditionnels » ou orientaux). En Inde, par exemple, la tradition de *Common law* doit être conciliée d'une part avec le droit hindou, qui est le droit historique de la majorité des Indiens, et d'autre part avec le constitutionnalisme d'inspration américaine. Encore, le droit mauricien est un droit « mixte » entre *civil law* et *common law.*

Les normes supérieures

- Droit constitutionnel
- Droit international public
- Droit communautaire

Le droit constitutionnel

Rémi BARRUÉ-BELOU
Maître de conférences en droit public
Université de La Réunion

Théorie générale

L'État

L'État s'est construit dans le cadre européen sur la base d'une origine divine du pouvoir et d'un pacte conclu entre le monarque et ses sujets consistant à accepter l'obéissance en échange d'une protection et de la garantie des libertés. C'est l'idée reprise par Hobbes dans le *Léviathan* (1651) et qui va faire éclore l'idée d'un contrat social, développée ensuite par Locke dans le *Traité du gouvernement civil* (1690) puis par Rousseau dans le *Contrat social* (1762). Toutefois, ce dernier pense le contrat social comme un pacte passé entre les individus et non avec le souverain. Celui-ci permet de construire une démocratie dans laquelle chacun s'engage à respecter la loi qui est l'expression de la volonté générale.

Malgré les diverses approches de l'État, une définition a été dégagée. Elle se compose de trois éléments constitutifs : un territoire, une population (à distinguer de la nation qui est une entité abstraite) et un gouvernement (entendu ici largement puisque cela désigne les pouvoirs législatif, exécutif et judiciaire) bénéficiant du monopole de la contrainte légitime (Max Weber). Quant à ses caractéristiques juridiques, l'État doit être compris comme un sujet de droit (une personne morale), souverain tant du point de vue interne (compétences exclusives régaliennes, détenteur de la puissance publique et pouvant choisir le mode d'organisation politique souhaité) que du point de vue externe (aucun rapport de subordination à une autre autorité, choix de passer des conventions et des traités internationaux).

La notion d'***État de droit*** va apparaître dans la continuité des réflexions sur l'État et le pacte social. L'État de droit est ainsi défini comme un État envisageant une autolimitation du pouvoir et garantissant les libertés individuelles. Cette idée est déjà présente à l'article 16 de la Déclaration des droits de l'Homme et du citoyen. Cela suppose une séparation des pouvoirs, une hiérarchie des normes au sommet de laquelle se trouve la

Constitution et un contrôle de constitutionnalité permettant d'assurer cette hiérarchie. Enfin, l'État de droit implique une indépendance de l'autorité juridictionnelle vis-à-vis du pouvoir.

L'État unitaire

Il implique qu'une seule organisation politique et qu'un seul ordre juridique soit reconnu. Ainsi, il existe un seul centre de décision et les mêmes normes s'appliquent de manière identique sur l'ensemble du territoire. Malgré le caractère centralisé du pouvoir, un certain degré de décentralisation peut être mis en place, impliquant également une déconcentration.

- **Déconcentration** : transfert de compétences administratives à des représentants de l'État au niveau local.

- **Décentralisation** : transfert de compétences à des collectivités territoriales bénéficiant d'une certaine autonomie (personnalité morale, budget propre). Ses compétences peuvent être administratives (dans un État unitaire) ou parfois législatives (dans un État de forme fédérative). On parle de décentralisation territoriale pour désigner le transfert de compétences d'exécution à des collectivités et de décentralisation fonctionnelle quand ce transfert est réalisé vers des services. La décentralisation politique, quant à elle, correspond à un degré plus poussé puisqu'elle désigne le transfert d'un réel pouvoir normatif (pouvoir législatif limité) aux collectivités territoriales.

- **Ve République :** instaure un régime parlementaire (responsabilité du gouvernement devant le Parlement) à tendance présidentialiste (avec un exécutif bicéphale fort, notamment depuis l'élection du Président de la république au suffrage universel direct en 1962 et un parlement rationalisé), hors cohabitations où la lettre de la Constitution est réellement respectée. L'organisation de l'État est unitaire et décentralisée : les collectivités territoriales jouissent d'une autonomie financière et du principe de libre-administration[1]

Le contrôle de constitutionnalité

Afin de garantir la suprématie de la Constitution au sommet de la hiérarchie des normes, un contrôle de la conformité des normes vis-à-vis de la Constitution est nécessaire. Élément constitutif de l'État de droit, le contrôle de constitutionnalité peut prendre deux formes différentes.

1. Consacré par la décision 104 DC du 23 mai 1979, *Territoire de la Nouvelle-Calédonie.*

On trouve d'abord le modèle européen qui désigne un contrôle concentré, c'est-à-dire attribué à une seule juridiction, jouissant d'un monopole. Ce contrôle est ensuite préventif et abstrait. Il n'a pas lieu à l'occasion d'un litige et consiste en un contrôle de la loi vis-à-vis de la Constitution et non pas de son application. Il se réalise par voie d'action, par des autorités politiques. Il ne peut être réalisé qu'*a priori* (avant l'entrée en vigueur de la loi). Aujourd'hui, les exigences de l'État de droit conduisent à envisager de plus en plus un contrôle *a posteriori* et la France a été l'une des démocraties ayant permis ce type de contrôle le plus tardivement (depuis la décision du 25 janvier 1985, n° 85-187 DC, *Loi relative à l'état d'urgence en Nouvelle-Calédonie*). Par la suite, le mécanisme de question prioritaire de constitutionnalité sera introduit dans la Constitution à l'article 61-1 par une révision constitutionnelle du 23 juillet 2008. Les décisions rendues ont un effet *erga omnes* et ne sont susceptibles d'aucun recours (article 62 §3 de la Constitution de 1958).

Le modèle américain se distingue du modèle européen en ce qu'il est réalisé par toutes les juridictions ordinaires (contrôle diffus), il est possible pour tout justiciable, *a posteriori*. En raison du caractère concret du contrôle, la décision revêt un effet relatif de la chose jugée (*inter partes*).

En France, le Conseil constitutionnel est chargé du contrôle de constitutionnalité. Il concerne principalement les lois, qu'elles soient ordinaires (article 61 de la Constitution)[1], ou spéciales comme les lois de pays (adoptées par l'assemblée délibérante de Nouvelle-Calédonie en vertu de l'article 77 de la Constitution). Il contrôle également de manière obligatoire les normes autres que les lois ordinaires comme les lois organiques, les règlements des assemblées et les propositions de référendum[2]. De plus, le Conseil peut être saisi par le Premier ministre ou les Présidents des assemblées dans le cadre des projets de loi prévu par l'article 39 de la Constitution. Enfin, le Conseil opère un contrôle de constitutionnalité des engagements internationaux et vérifie que ceux, signés par la France mais non encore ratifiés, ne comportent pas de clauses contraires à la Constitution (article 54)[3]. Cependant, les missions du Conseil constitutionnel ne se limitent pas à ces missions de contrôle de la régularité puisqu'il se prononce également sur le contentieux de la répartition des compétences. En application de l'article 41 de la Constitution, il exerce un contrôle de l'irrecevabilité des amendements et des propositions de loi *a priori*, alors qu'en vertu de l'article 37 §2, il contrôle la procédure de délégalisation des normes législatives *a posteriori*. Un tel contrôle est aussi réalisé à l'égard des normes à valeur législative des collectivités d'outre-mer et le domaine législatif si une demande est faite par l'assemblée délibérante d'une collectivité d'outre-mer.

1. contrôle *a priori* sur saisine du Président de la République, du Premier ministre, du Président du Sénat, du Président de l'Assemblée nationale et, depuis la révision constitutionnelle du 29 octobre 1974, par 60 députés ou 60 sénateurs et contrôle *a posteriori* sur saisine d'un justiciable dans une instance en cours et sur renvoi du Conseil d'État ou de la Cour de cassation.
2. article 61 alinéa 1 de la Constitution et article 11 de la Constitution.
3. Saisine ouverte aux mêmes autorités que pour le contrôle *a priori* des lois ordinaires.

Le Conseil exerce des compétences consultatives : il donne son avis sur la mise en place des pouvoirs exceptionnels du Président de la République, sur la vacance et l'empêchement de ce dernier et sur l'organisation d'un référendum.

Enfin, il est compétent en matière de contentieux des élections politiques nationales et des référendums. Il contrôle la régularité des élections politiques nationales, parlementaires, présidentielles et des référendums nationaux. Ce contrôle s'exerce notamment sur la liste des candidats à l'élection présidentielle et tout électeur peut le saisir pour demander un tel contrôle. Le Conseil peut également être saisi par la Commission nationale des comptes de campagne et des financements politiques dans le cadre du contrôle des comptes de campagne. Concernant les élections électorales, le Conseil prononce la déchéance des parlementaires ou leur inéligibilité et se prononce sur la compatibilité de fonctions avec un mandat parlementaire. Pour finir, le Conseil proclame les résultats de l'élection présidentielle et des référendums nationaux.

La question prioritaire de constitutionnalité

Instaurée par la loi constitutionnelle 2008-724 du 23 juillet 2008 et prévue à l'article 61-1 de la Constitution, la QPC permet un contrôle de lois après leur promulgation lors d'un procès. Toutefois, on ne peut considérer qu'il s'agit d'une exception d'illégalité car les justiciables ne peuvent saisir directement le Conseil constitutionnel. Seules les parties à un litige ont la possibilité de demander au juge ordinaire de soumettre à sa juridiction suprême une QPC.

Procédure de la QPC

Trois temps constituent la procédure de QPC[1] :

– En premier lieu, la QPC peut être soulevée par les parties à un litige en raison du doute sur la régularité d'une disposition vis-à-vis des droit et libertés que la Constitution garantit et des engagements internationaux dont la France est partie. Elle peut être soulevée devant toute juridiction ordinaire (sauf devant la Cour d'assises). Plusieurs conditions de forme et de fond doivent être respectées. Concernant les conditions de forme, la QPC doit être rédigée dans un écrit (un mémoire) distinct de celui relatif à l'affaire en question. Il doit être motivé et préciser les droit et libertés soulevant un doute sur la régularité. La QPC peut être soulevée également en appel ou devant le Conseil d'État ou la Cour de cassation. En ce qui se rapporte aux conditions de fond, trois conditions doivent être respectées : la disposition contestée doit être applicable au litige, elle ne doit pas avoir été préalablement reconnue conforme à la Constitution dans une décision antérieure (dans le dispositif ou dans les motifs) sauf si

1. Même si la QPC peut être soulevée directement devant le Conseil d'État ou la Cour de cassation.

un changement de circonstance le justifie et la disposition doit recouvrir un caractère sérieux. Il appartient au juge saisi de cette demande de vérifier si ces conditions sont bien respectées et présentées dans le mémoire. En cas de refus de transmettre, il sera possible de contester à l'occasion d'un recours contre la décision réglant l'affaire (et pas la décision de refus de transmettre) sauf pour les mesures conservatoires. Si le juge décide de transmettre, il devra surseoir à statuer en attendant la décision du Conseil d'État, de la Cour de cassation ou du Conseil constitutionnel[1].

- En second lieu, lorsque le Conseil d'État ou la Cour de cassation est saisi de la QPC, celui-ci doit statuer dans un délai de trois mois par décision motivée. Une nouvelle vérification des conditions est opérée et selon l'appréciation de la juridiction concernée, un renvoi aura lieu devant le Conseil constitutionnel. Le premier juge saisi sera informé de la décision de la juridiction suprême. Si aucune décision n'est donnée dans le délai imparti, alors la QPC sera transmise au Conseil.
- En dernier lieu, si la QPC est transmise au Conseil constitutionnel, celui-ci devra se prononcer dans un délai de trois mois (à compter de sa saisine). Les parties peuvent présenter oralement leurs mémoires, selon une procédure contradictoire.

La décision vaut *erga omnes* et quand le Conseil abroge une disposition législative du fait de son inconstitutionnalité, cela vaut dès la publication de la décision du Conseil ou à la date fixée par la décision. La QPC ne peut porter que sur une disposition législative ayant été adoptée suivant la procédure législative ordinaire ou spéciale (lois organiques, ordonnances ratifiées suivant les articles 38 et 74-1 de la Constitution, les lois de pays de Nouvelle-Calédonie ou les lois antérieures ou postérieures à la Ve République).

Bloc de constitutionnalité

Il constitue l'ensemble des normes de référence du Conseil constitutionnel. Il se compose de la Constitution du 4 octobre 1958, la Déclaration des droits de l'homme et du citoyen de 1789, du Préambule de la Constitution du 27 octobre 1946, des Principes fondamentaux reconnus par les lois de la République et des objectifs à valeur constitutionnelle.

- La *Constitution* se rapporte principalement à la nature de l'État français et à ses bases fondamentales comme l'indivisibilité de la République (article 1), les caractéristiques de la République (*art. 2*), la souveraineté nationale (*art. 3)* ou la libre administration des collectivités territoriales (article 72), *etc.*

1. Sauf en cas d'urgence : lorsque la juridiction doit statuer en urgence ou lorsqu'une personne est privée de liberté du fait de l'instance.

- La *Déclaration de 1789* concerne principalement des droits individuels dits de « première génération » comme le droit de propriété, la liberté d'opinion, la liberté d'expression, l'égalité devant la loi, la liberté de manifestation, *etc.* Certains de ces droits résultent d'une interprétation du Conseil constitutionnel comme la liberté d'entreprendre, la liberté contractuelle, le droit au respect de la vie privée, la liberté d'aller et de venir, *etc.* La Déclaration établit également l'organisation des rapports entre les individus et le pouvoir (souveraineté nationale, séparation des pouvoirs, procédures de contrôle).
- Le *Préambule de la Constitution de 1946* protège les Principes économiques et sociaux particulièrement nécessaires à notre temps. Ceux-ci ont une portée sociale et économique. Ils concernent, par exemple, l'égalité entre hommes et femmes, l'interdiction de la discrimination ethnique ou religieuse, le droit de grève, le droit d'être syndiqué, d'avoir accès à l'emploi, la dignité de la personne humaine, le droit à la santé, aux loisirs, *etc.*
- Les *Principes fondamentaux reconnus par les lois de la République* sont également envisagés dans le Préambule de 1946 mais aucune liste n'est dressée les concernant. Toutefois, le Conseil constitutionnel depuis sa décision du 16 juillet 1971 en a dégagé dix. Ils correspondent à des principes de nature essentielle, jouissant d'une application continue et ayant été inscrits dans une loi adoptée avant 1946. Les principaux sont la liberté d'association, le respect des droits de la défense, la liberté de conscience, l'interdiction d'extrader dans un but politique.
- *La Charte de l'environnement* est intégrée au Préambule de la Constitution de 1958 depuis 2005. Elle permet, notamment, le droit à l'information sur des sujets dont les conséquences sur la santé et l'environnement sont importantes, le droit de participer à l'élaboration des décisions y afférente et elle reconnaît le droit de vivre dans un environnement « équilibré et respectueux de la santé ».

Définitions

- **Cour suprême :** organe juridictionnel ayant pour fonction de trancher les litiges relatifs à la répartition des compétences dans un système juridique dans lequel plusieurs ordres juridiques coexistent. Elle est généralement aussi compétente pour faire appliquer et interpréter le droit national (généralement fédéral).
- **Cour constitutionnelle :** organe de résolution des litiges présentant une dimension politique liée à l'application de la constitution.
- **Juridiction constitutionnelle :** organe de résolution des litiges se prononçant sur la conformité des lois au texte constitutionnel.

La responsabilité du Chef de l'État en France

Le statut du Président de la République est prévu aux articles 67 et 68 de la Constitution.

L'article 67 concerne la responsabilité politique et pénale.

La règle générale est celle d'une irresponsabilité politique du Chef de l'État du fait de son rôle de gardien du respect de la Constitution, du fonctionnement des pouvoirs publics et de la continuité de l'État. Il est à signaler quelques exceptions puisque sa responsabilité politique peut être engagée par des parlementaires. Réunis en Haute Cour, ceux-ci ont la possibilité de destituer le Président de la République si des manquements à ses devoirs manifestement incompatibles avec l'exercice de son mandat ont été établis par celle-ci (ex : violation de la Constitution, recours abusif à l'article 16 de la Constitution, *etc.*). Dans ce cas, l'une des deux chambres du Parlement doit voter à la majorité des deux tiers la volonté de réunir la Haute Cour en cas de violation des obligations afférentes à la fonction présidentielle. La seconde chambre doit se prononcer, dans les quinze jours, également en faveur suivant les mêmes conditions. Dans ce cas, tous les parlementaires vont constituer la Haute Cour qui sera présidée par le Président de l'Assemblée nationale et devront voter à la majorité qualifiée des deux tiers pour décider d'une destitution. La responsabilité politique du Chef de l'État peut également être engagée de son propre fait par l'organisation d'un référendum manifestement plébiscitaire dans lequel celui-ci met en jeu son mandat en cas de vote négatif. C'est par exemple le cas du référendum d'avril 1969 qui a vu la démission du Président de Gaulle en raison des résultats négatifs.

En matière pénale, depuis la loi constitutionnelle 2007-238, le Chef de l'État est soumis à une responsabilité limitée. En effet, s'il est pénalement responsable devant la Cour pénale internationale en cas de crimes contre l'humanité (article 53-2 de la Constitution), il existe une immunité pénale pour les actes commis dans l'exercice de ses fonctions et ayant un lien direct avec celles-ci. Pour tous les autres actes, il reste irresponsable durant son mandat. Mais il ne s'agit que d'une suspension de délai puisqu'il pourra faire l'objet de poursuites pour les actes sans lien avec l'exercice de ses fonctions trois mois après la fin de ses fonctions.

Le droit international public

Rémi BARRUÉ-BELOU
Maître de conférences en droit public
Université de La Réunion

Le droit international réglemente les relations entre sujets de droit international, comme les États, les organisations internationales et les organisations non gouvernementales. Plus récemment les individus sont apparus dans le champ du droit international mais ne bénéficient pas d'un statut d'acteur ni de sujet du droit international. Le droit international s'organise autour du principe de souveraineté des États, ce qui signifie qu'aucun pouvoir n'est supérieur à eux sans leur consentement.

Le droit international repose sur **plusieurs sources**[1]. Hormis le *jus cogens* qui représente une source normative universellement acceptée et à laquelle on ne peut déroger, la hiérarchie et le contenu du droit international sont relativement contingents.

- La première est bien évidemment **les traités et conventions**. Après la phase de négociation, suit celle de l'adoption. Elle consiste en l'arrêt définitif du texte par une signature. Pour que l'État devienne partie au traité ou à la convention, il doit faire l'objet d'une ratification qui consiste, pour l'autorité constitutionnellement compétente, à s'engager à exécuter et donc à respecter le traité. En France, le Président dispose de cette compétence en vertu de l'article 52 de la Constitution mais un certain nombre de cas nécessitent la ratification par une loi ou par référendum (article 53 de la Constitution). La procédure d'adhésion permet à un État qui n'aurait pas signé un traité de manifester son engagement à le respecter et à la même valeur qu'une signature et une ratification. La dernière étape est alors l'entrée en vigueur qui dépend, dans sa forme, de la volonté et de la législation des États.
- La deuxième source est **le droit non conventionnel**, appelé « coutume ». Elle se définit comme une règle opposable aux États si elle répond à deux exigences nécessaires : sa pratique générale, constante et uniforme (on parle également de « répétition ») et l'acceptation de cette pratique (la Cour internationale de justice a précisé que les sujets du droit international devaient avoir « la conviction que cette pratique est rendue obligatoire par l'existence d'une règle de droit », *Affaire du Plateau continental de la Mer du Nord*, 1969).

1. Envisagées en partie par l'article 38 du Statut de la Cour internationale de justice.

– La troisième source est composée de **principes généraux du droit** (ou principes du droit international). Il s'agit de principes régulièrement cités dans la jurisprudence internationale et qui constituent l'ossature du droit international. Si l'article 38 du Statut de la CIJ fait référence aux principes généraux de droit, ceux-ci ne doivent pas être confondus avec les principes généraux *du* droit international, catégorie identifiée par la doctrine. Sans qu'une définition précise ne puisse être établie, on peut citer parmi ces principes généraux de droit, l'impossibilité d'être juge et partie, l'autorité de la chose jugée ou la bonne foi. Si le contenu des principes généraux du droit est tout aussi imprécis voire flou, on peut malgré tout y intégrer le principe *pacta sunt servanda,* le concept juridique fondamental de la souveraineté des États ou les principes généraux de base du droit humanitaire (voir CIJ, *Affaire des activités militaires et paramilitaires au Nicaragua,* 1986).

– Une quatrième source comprend les **actes unilatéraux des États ou des organisations internationales**. Ils créent des droits et des obligations au plan international. Pour ce qui concerne les États, les actes unilatéraux peuvent être soit des actes autonomes et manifestent une réaction par rapport à une situation juridique. La reconnaissance permet ainsi de reconnaître un acte ou un comportement comme lui étant opposable (reconnaissance d'un nouvel État). On trouve aussi les promesses unilatérales par lesquelles un État s'engage à suivre un comportement ou les actes découlant des normes internationales comme l'adhésion à un traité ou la délimitation des zones maritimes. Les actes unilatéraux des organisations internationales portent des dénominations variées (résolutions, décisions, recommandations, règlements, directives *etc.*) et sont généralement prévus par les traités constitutifs des organisations. Cependant, la CIJ se réserve le droit de donner la valeur juridique qu'elle estime juste à chaque type d'acte pris par une organisation internationale.

Enfin, les règlements juridictionnels (intégrant les décisions judiciaires et sentences arbitrales) sont une source importante du droit international.

La place du droit international dans le droit français

L'article 55 de la Constitution précise que « les traités ou accords régulièrement ratifiés ou approuvés ont, dès leur publication, une autorité supérieure à celle des lois, sous réserve, pour chaque accord ou traité de son application par l'autre partie ». Toutefois, dans une décision *IVG* du 15 janvier 1975, le Conseil constitutionnel a exclu les traités du bloc de constitutionnalité et indiqué que le droit international avait une valeur inférieure à la Constitution. La Cour de cassation a cependant fait prévaloir un traité sur une loi nationale postérieure (24 mais 1975, *Société des cafés Jacques Vabre*). Le Conseil d'État en a fait de même dans un arrêt *Nicolo* du 20 octobre 1989.

La coutume internationale ne bénéficie pas d'une position plus claire : le Conseil constitutionnel a accepté la règle *pacta sunt servanda* (décision du 22 janvier 1999 relative à la ratification du statut de la Cour pénale internationale) et fait référence aux principes généraux du droit public international ou aux principes généraux du droit des gens issus des droits de l'Homme. Le Conseil d'État a, lui, donné une valeur inférieure à cette dernière, vis-à-vis de la loi (6 juin 1997, *Aquarone*) alors que la Cour de cassation, si elle n'intègre pas la coutume internationale comme une source du droit, a fait référence aux principes du droit international dans un arrêt *Aussaresses* du 17 juin 2003.

Les acteurs du droit international

L'État

Un État est composé d'un territoire, d'une population et d'une autorité politique.

Le territoire peut comprendre jusqu'à trois zones :

- **terrestre** (ensemble des terres émergées, délimité par les côtes et les frontières, les eaux intérieures et les voies d'eau internationales),
- **aérienne**[1] (zone atmosphérique au-dessus du territoire terrestre et maritime)
- **et maritime**[2] (la mer territoriale mais aussi le plateau continental et la zone économique exclusive[3]).

La population est composée des nationaux et des étrangers.

Les organisations internationales

Elles se définissent comme des entités jouissant de la personnalité morale de droit public, regroupant des États ou des organisations autour d'un traité ayant un but commun.

1. Convention de Chicago du 7 décembre 1944 relative à l'aviation civile internationale.
2. Les espaces maritimes font l'objet de 4 Conventions de Genève du 29 avril 1958 et de la Convention des Nations Unies sur le droit de la mer du 10 décembre 1982, dite « Convention de Montego Bay ».
3. La mer territoriale est la zone adjacente aux côtes de l'État sur une distance de 12 milles nautiques, elle est suivie par la zone contigüe de 12 milles, également. La zone économique exclusive s'étend ensuite jusqu'à 200 milles nautiques. La mer territoriale comprend enfin le plateau continental qui est défini comme l'ensemble constitué par « *les fonds marins et leur sous-sol [...] sur toute l'étendue du prolongement naturel du territoire terrestre de l'État* » (Convention de 1982, article 76§1).

Les individus

On distingue les nationaux des étrangers et parmi les étrangers, on distingue les étrangers en situation « normale », des réfugiés (protégés par la Convention de Genève du 28 juillet 1951) et des apatrides (Convention de New York du 18 septembre 1954). Diverses conventions protègent les individus parmi lesquelles la *Déclaration universelle des droits de l'Homme* adoptée par l'Assemblée générale des Nations Unies le 10 décembre 1948 (sans valeur juridique en droit interne mais à valeur impérative en droit international), la *Convention contre la torture* de 1984, la *Convention des droits de l'enfant* de 1989, *etc.* Citons également la *Convention européenne de sauvegarde des droits de l'Homme* de 1950 mais dont la portée est plus restreinte, géographiquement.

Les organisations non gouvernementales

Elles ont connu un développement au XXe siècle mais existaient auparavant (Ordre de Malte, par exemple, existe depuis le XIe siècle). Elles se définissent comme des associations internationales, créées par initiative privée, composées de personnes privées ou publiques (sauf d'États) ayant une activité à but non lucratif. On citera « Médecins sans frontières », « Amnesty International », « Greenpeace », *etc.*

La responsabilité en droit international

Les conditions d'engagement de la responsabilité

Dans le cadre du droit international, la responsabilité peut être engagée si un sujet du droit international cause un dommage à un autre sujet. Il existe ainsi une obligation de réparer (CPJI, 13 septembre 1928, *Usine de Chorsow*).

Il faut, d'abord, un fait imputable à un sujet de droit international. Il peut s'agir d'un État ou d'un organe étatique (détenant des prérogatives de puissance publique) qui sera responsable des actes législatifs, administratifs ou juridictionnels adoptés, d'une organisation internationale ou d'un individu. Dans ce dernier cas, afin que l'État dont l'individu est ressortissant ne soit pas responsable, il doit avoir rempli son obligation de prévention et de répression de dommages causés par ses ressortissants, ou toute personne vivant sur son territoire.

Ce fait doit ensuite être assimilé à une violation d'une obligation internationale. Cela ne dépend donc pas de la nature du fait (acte, norme interne, coutume, *etc.*) ni de la conformité de ce fait avec le droit interne (CPJI, 17 août 1923, *Wimbledon*). Cela peut donc être un fait, une action ou une inaction. L'illicéité de l'acte ne doit concerner un cas entrant dans les exceptions : force majeure, état de nécessité, état de légitime défense, consentement de la victime (sauf s'il s'agit du *jus cogens*), emploi proportionné de contre-mesures.

Enfin, cette violation doit avoir eu pour conséquence un dommage. Celui-ci peut être matériel (douleur, souffrance, perte d'êtres chers, affronts pour l'honneur, la dignité ou le prestige) ou non (offense), immatériel ou moral. Un lien de causalité doit être établi entre le fait, la violation d'une obligation internationale et le dommage. La victime ne peut être qu'un sujet de droit international. Ainsi, lorsque l'auteur est un individu, celui-ci n'étant pas un sujet de droit international, la responsabilité d'un État ne peut être mise en cause. Il appartient donc à l'État dont il est ressortissant d'endosser le préjudice et d'éventuellement lui accorder une protection diplomatique.

➲ La réparation

L'État responsable d'un fait illicite a l'obligation de cesser cet acte et d'offrir les garanties appropriées de non répétition, le cas échéant. La cessation peut être la restitution d'un objet. En plus de mettre fin au fait illicite, le responsable doit réparer les conséquences du préjudice. Il existe une obligation de réparation intégrale qui se matérialise, en droit international, par une restitution, une compensation ou une satisfaction (avantage d'ordre moral qu'obtient un État, comme les regrets, le salut au Drapeau, l'excuse, la punition des agents responsables, *etc.*). Ces trois types de réparation ne sont pas exclusifs mais doivent être proportionnels.

La restitution signifie que l'État responsable doit rétablir la situation qui existait avant le dommage si elle n'est pas matériellement impossible ou ne représente pas quelque chose de disproportionné par rapport à l'avantage découlant de la restitution au lieu d'une compensation.

La compensation est également nommée « indemnisation » et constitue la façon la plus courante de réparer. Elle doit parfois être complétée d'une autre forme de réparation car elle peut ne pas suffire voire ne pas convenir[1].

La satisfaction vient généralement en complément d'une restitution ou d'une compensation. La satisfaction doit être proportionnée à la blessure. En conséquence, un État lésé ne peut pas insister sur la satisfaction si la réparation peut être faite par d'autres moyens. En général, le dommage moral peut être réparé par une compensation et seul un préjudice qui ne peut être évalué financièrement peut être effectué par satisfaction.

1. Dans l'affaire du génocide entre la Bosnie et la Serbie avec le Monténégro de 2007, la CIJ considère que l'indemnisation n'est pas une forme appropriée de réparation pour la violation de l'obligation de prévenir un génocide.

Les contre-mesures

Lorsqu'un État est victime d'un dommage et que ses droits ne sont pas respectés, il lui est possible de prendre des contre-mesures pour répondre. Cela peut constituer un intérêt pour éviter le passage par une procédure pacifique de contestation, souvent très longue.

Les contre-mesures consistent à ne pas s'acquitter de certaines de ses obligations internationales à l'égard d'un État responsable d'un dommage. Néanmoins, les contre-mesures ne peuvent être prises que pour le préjudice en relation avec le dommage. L'idée est de prendre des mesures pour arrêter le dommage pour obtenir une forme de réparation. Lorsqu'elles respectent le droit international et qu'elles sont proportionnées (limitées dans leur objet, leur cadre et leur utilisation), les contre-mesures sont donc licites. Toutefois, elles ne peuvent concerner l'utilisation d'une menace ou de la force, violer les droits fondamentaux de l'Homme, ne pas respecter l'interdiction de représailles, ne pas respecter le *jus cogens*.

Les modes de résolution des différends interétatiques

Lorsqu'un différend survient entre États, plusieurs modes de résolution s'offrent à eux. Le mode le plus fréquent n'est pas la voie juridictionnelle. Il est prévu dans les conventions signées par les États et se fait généralement à la suite de concertations entre les parties afin soit de trouver une solution, soit de déterminer un mode de résolution. L'utilisation de la force est interdite en ce qui concerne les relations internationales[1]. Il existe même une « *obligation de règlement pacifique* » des différends[2]. Il s'agit alors de tenter de trouver un accord tout en étant libre de choisir l'issue qui leur conviendrait le mieux. Plusieurs modalités s'offrent aux parties : la négociation, l'enquête, la médiation, la conciliation, l'arbitrage, le règlement judiciaire, le « *recours aux organismes ou accords régionaux* » ou les bons offices. Un tiers peut intervenir sur volonté des parties afin de proposer une solution. Le Conseil de sécurité de l'ONU peut également recommander des procédures de règlement des différends appropriées sans pour autant que les États ne soient liés par la solution proposée. Si une solution diplomatique est trouvée, elle pourra être intégrée à la convention qui lie les parties par le biais d'un avenant ou d'un amendement qui aura ensuite valeur normative.

1. Article 2§4 de la Charte des Nations unies.
2. Article 2§3.

Le règlement pacifique des différends

La Charte des Nations Unies prévoit que tous les membres doivent régler leurs différends internationaux de manière pacifique. Les modes sont soit diplomatiques et excluent le recours à un tribunal soit contraignants et donc juridictionnels.

Parmi les **modes diplomatiques**, on distingue des procédures informelles comme la *négociation* ou la *conciliation* qui sont des rencontres bi- ou multilatérales permettant de poser les pierres d'un accord voire de le conclure. On trouve également la *médiation* qui est une méthode *ad hoc* exigeant l'intervention convenue d'une tierce personne afin d'essayer de trouver une solution entre les revendications des parties. Elle est plus un processus politique et non une bonne solution pour un différend légal. Les *bons offices* représentent une procédure très semblable puisqu'elle fait également intervenir un tiers mais ils s'en distinguent car ils sous-entendent des relations suffisamment conflictuelles pour qu'un contact direct ne soit envisageable (ex : rupture des relations diplomatiques).

Enfin, la *conciliation* est un procédé davantage formel et encadré par le droit. Des conventions ou des traités envisagent ce type de mode règlement des différends en prévoyant la création d'une commission *ad hoc,* sa composition et les règles à respecter selon la règle du contradictoire. Généralement, une Commission de conciliation est composée de 3 à 5 membres. L'un est un membre national désigné par chaque partie et les autres membres sont neutres et sont choisis par les membres nationaux. Le président est neutre. Dans le cas où il y a des difficultés à obtenir un accord pour la nomination des membres de la Commission, le traité prévoit en général une personne indépendante éminente, comme le Président de la CIJ. Les résultats de la conciliation ne sont pas contraignants. La conciliation se situe souvent en marge de la négociation et pourra l'interrompre.

On trouve ensuite des **modes juridictionnels** de règlement des différends. Dans ces cas, un organe tiers intervient dont la fonction est de déterminer une solution fondée sur une base juridique, dont la valeur sera obligatoire et contraignante. En effet, l'organe se verra attribuer l'autorité de la chose jugée. C'est le cas, par exemple, du Tribunal arbitral des Nations Unies. Un consentement préalable des parties est donc nécessaire. Il sera formalisé dans le traité ou la convention entre les parties, dès l'origine ou bien par un nouvel accord prévoyant le règlement des différends ou enfin par un accord *ad hoc.* Ce mode de règlement des différends ne s'appuie toutefois pas seulement sur des bases légales et des éléments extra-juridiques sont pris en considération. Deux types de modes juridictionnels existent : l'arbitrage et le judiciaire. Le règlement arbitral provient d'un organe institué et composé par les parties dans le but de régler un différend ou une série de différends ayant un lien et dont l'existence est antérieure à la création de l'organe arbitral. Le règlement judiciaire a la particularité d'avoir une existence permanente et son organisation, sa composition et son fonctionnement sont totalement extérieurs aux parties[1].

L'arbitrage international est défini comme « *une procédure de règlement des différends entre États par une sentence exécutoire fondée sur la loi et à la suite d'une entreprise volontairement acceptée* ». Il implique la nomination de juges qui sont appelés « arbitres ». Ils sont au nombre de trois dans le cadre d'un tribunal *ad hoc* (deux sont choisis par les parties et le Président est choisi par les deux juges ou par un tiers) sinon, il n'y a qu'un seul juge ou 5. Ils rendent une « sentence » qui est juridiquement contraignante pour les parties. Les États décident ensemble de la base normative sur laquelle se reposera le tribunal arbitral pour prendre sa décision.

Les organes judiciaires sont des tribunaux ou des cours et sont généralement institués par un traité ou une convention, antérieurs au différend. L'organisation, la composition et le fonctionnement ne sont donc pas déterminés par les parties, sauf si elles décident d'adopter une convention qui prévoirait d'écarter certaines règles statutaires. Les tribunaux et les cours sont composés de juges ayant un poste fixe et la décision rendue bénéficie de l'autorité de la chose jugée. Lorsque le différend n'est plus actuel, le tribunal ne peut juger. Deux actions permettent cela :

- le désistement d'action, qui équivaut à une renonciation définitive du demandeur, mettant fin au différend ;
- le désistement d'instance, qui laisse perdurer l'action et permet un règlement amiable ou de réintroduire une nouvelle instance en cas d'échec (ex : *Barcelona Traction,* 24 juillet 1964, CIJ Rec. 1964, 6).

Deuxièmement, il faut que les conditions formelles, propres à chaque tribunal, soient respectées comme celles concernant les délais et la forme de la saisine, la qualité pour agir de l'État (qui représente un individu, ou pas d'épuisement des voies de recours internes). Enfin, il est nécessaire qu'existe un intérêt pour agir.

Le droit applicable à la procédure devant les tribunaux et cours internationaux peut être divisé en deux catégories : il existe d'abord un droit issu des conventions qui s'applique automatiquement par les juges mais également un droit venant en complément, généralement venant des parties et/ou de la juridiction elle-même. La saisine se réalise soit par le dépôt conjoint d'un compromis de la part des parties soit par le dépôt unilatéral d'une requête. En cas de saisine par requête unilatérale, le ou les défendeurs peuvent manifester leur objection à la compétence du tribunal et au jugement de l'affaire (incompétence, irrecevabilité, pouvoir de juger). On parle alors

1. Le premier cas de tribunal judiciaire est apparu avec la Cour permanente de Justice internationale créée en 1920 par la SDN, remplacée par la Cour internationale de justice. Existe également le Tribunal international du droit de la mer, institué par la Convention des Nations Unies du 10 décembre 1982, la Cour européenne des Droits de l'Homme crée par le Conseil de l'Europe et par la CESDH du 4 novembre 1950.

d'une exception préliminaire. Elle doit se faire en début d'instance. Il appartient au tribunal de décider de la recevabilité de ses objections, c'est un principe général. Le dépôt suspend le jugement de l'affaire au fond. C'est assez fréquent pour ce qui concerne la Cour internationale de justice (CIJ). Enfin, un État tiers peut faire une demande d'intervention afin de se joindre à la procédure arbitrale ou judiciaire. Il faut, pour cela, qu'un intérêt juridique existe.

La CIJ : organe juridictionnel principal de l'ONU, composé de 15 juges élus par l'Assemblée générale et le Conseil de sécurité. Sa compétence ne peut s'exercer que si les parties y ont consenti. Ses jugements n'ont une force contraignante qu'à l'égard des parties et ne peuvent faire l'objet d'un recours. La CIJ remplit également une fonction consultative concernant toute question juridique qui lui serait soumise par un organe de l'ONU ou par tout organisme autorisé par l'ONU. Ces avis ne sont pas contraignants mais sont souvent suivis. Ils concernent l'interprétation des traités, des questions sur le droit international, *etc.*

À côté, existent des tribunaux spécifiques, compétents dans des cas de contentieux particuliers comme le Tribunal administratif des Nations Unies (qui règle les différends internes à l'ONU et se compose du Tribunal du contentieux administratif des Nations Unies qui juge en première instance et du Tribunal d'appel des Nations Unies).

Il en va de même concernant des contentieux qui opposent individus et États ou entreprises et États. Le contentieux arbitral transétatique oppose individus et États. L'organe arbitral est généralement institué par une convention et repose sur le droit international. La convention doit alors reconnaître aux individus le statut de victime. C'est par ce mode de règlement que furent indemnisés les particuliers ayant été victimes de dépossessions durant la Première guerre mondiale ou durant la Seconde guerre mondiale (avec la Commission arbitrale sur les biens, droits et intérêts en Allemagne ainsi que la Commission mixte sur la dette extérieure de l'Allemagne).

Existe enfin, mais de façon très limitée, un règlement judiciaire pour les contentieux concernant États et individus. La Convention européenne de sauvegarde des droits de l'Homme est pour cela particulière puisqu'elle permet aux particuliers de saisir la Cour EDH après épuisement des voies de recours internes. La Cour est saisie directement par le requérant et se prononce d'abord sur la recevabilité de la requête. Si celle-ci est recevable, une des chambres statuera sur le fond sauf si la question est jugée particulièrement importante et dans ce cas, la Grande chambre sera compétente.

Le droit de l'Union Européenne

Rémi BARRUÉ-BELOU
Maître de conférences en droit public
Université de La Réunion

Les institutions

Le Conseil européen

Il réunit les Chefs d'État ou de gouvernement des États membres de l'Union européenne, ainsi que le Président et le Vice-Président de la Commission européenne, le Haut représentant de l'Union pour les affaires étrangères et la politique de sécurité et le Président de ce même Conseil européen (qui remplace le Chef d'État ou de gouvernement du pays qui présidait l'Union pendant 6 mois et qui dirigeait le Conseil européen). Il se réunit au moins deux fois par semestre de manière ordinaire mais des réunions extraordinaires peuvent également être organisées lorsque des conditions importantes le justifient. En application de l'article 15§1 du Traité sur l'Union européenne (TUE), son rôle est de donner « à l'Union les impulsions nécessaires à son développement » et à en définir les orientations et priorités politiques générales. Ses décisions ne sont généralement pas créatrices de droit mais purement politiques et nécessiteront d'être mises en œuvre par les autres institutions. Ses champs d'intervention sont l'action extérieure de l'UE (la politique étrangère et de sécurité commune, les relations économiques externes, *etc.*) ainsi que dans les cas de violation grave et persistante des valeurs de l'UE par un État membre. Dans ce cas, il a le pouvoir de décider de suspendre le droit de vote de l'État, il participe au processus de révision des traités en cas du retrait d'un État membre ou dans le cadre de révision des traités (procédures normale et simplifiée).

La Commission européenne

Le statut de la Commission est fixé aux articles 17 et 18 du TUE et 244 à 250 du Traité sur le fonctionnement de l'Union Européenne (TFUE). Son rôle est « *de promouvoir l'intérêt général de l'Union et prendre les initiatives appropriées à cette fin* ». Pour cela, la Commission bénéficie d'un statut indépendant vis-à-vis des États membres. Ses membres sont désignés en accord avec les États et le Parlement européen pour 5 ans. Les décisions sont prises à la majorité simple des membres. Ses attributions s'organisent autour de trois axes principaux. D'abord, elle contrôle le respect du droit de l'Union. Elle est en cela la « gardienne des traités » ; elle peut formuler des recommandations, introduire un recours en carence, ou en annulation ou même exercer son pouvoir de décision propre. Ce pouvoir de surveillance peut être exercé sur les institutions, sur les entreprises pour veiller au respect de la concurrence en pouvant prendre des sanctions pécuniaires. Ce pouvoir s'exerce également sur les États membres auprès de qui elle peut formuler des avis, des recommandations, des décisions ou déposer un recours en manquement devant la CJUE. Ensuite, la Commission bénéficie du pouvoir d'initiative qui peut prendre deux formes : la formulation de recommandations ou d'avis et de propositions d'actes de droit dérivé dans des domaines comme le marché intérieur, la concurrence, l'environnement, la PAC, *etc.* La Commission détient également un pouvoir d'exécution, de coordination et de gestion. Enfin, la Commission a une compétence d'exécution des traités et des actes européens dans un certain nombre de domaines, même si ce pouvoir appartient normalement aux États. Elle gère les fonds structurels et exerce des responsabilités en matière de relations extérieures (négocie les traités bi- et multilatéraux).

Le Conseils des ministres (dénommé aussi Conseil de l'Union ou Conseil)

Il représente les intérêts des États et est pour cela l'instance décisionnelle de l'Union. Il se réunit en formations variables en fonction des sujets traités[1]. Toutefois, deux formations principales se dégagent : le Conseil « Affaires générales » qui coordonne les travaux des différentes formations du Conseil et le Conseil « Affaires étrangères », présidé par le Haut Représentant, qui détermine l'action extérieure de l'Union en fonction des grandes lignes établies par le Conseil européen. Deux instances ont pour fonction de préparer les décisions du Conseil des ministres : le COREPER (Comité des représentants permanents des États membres qui regroupe les hauts fonctionnaires des administrations nationales) et le Secrétariat national du Conseil (composé de fonctionnaires qui organisent le fonctionnement administratif du Conseil). Le Conseil est l'une des deux institutions exerçant le pouvoir législatif et budgétaire avec le Parlement.

1. Affaires économiques et financières ; compétitivité ; transports, télécommunications et énergie ; emploi, politique sociale et consommateurs ; environnement ; agriculture et pêche ; éducation, jeunesse et culture ; justice et affaires intérieures.

➔ Le Parlement européen

Le Parlement est élu au suffrage universel direct. Le nombre de députés est limité à 751. Le mode d'élection se fait par scrutin proportionnel de liste ou par vote unique. Les parlementaires sont élus pour un mandat de 5 ans, renouvelable. Le mandat est incompatible avec la qualité de membre d'une autre institution de l'Union, du gouvernement d'un État membre et avec le mandat de parlementaire national. Ils détiennent un mandat représentatif des citoyens de l'Union. Le Parlement est dirigé par un Président (élu pour 2 ans et demi), de 14 vice-présidents. Il est composé de commissions parlementaires (des commissions permanentes chargées d'examiner les textes qui seront soumis à discussion, des commissions d'enquête pouvant être créées sur demande d'un quart des membres et des commissions temporaires pour une période de 12 mois). Les commissions préparent les travaux des séances plénières qu'il s'agisse d'avis et d'amendements dans le cadre des procédures législatives ou de propositions et d'amendements dans le cadre de la procédure budgétaire ou de résolutions prises à l'initiative du Parlement lui-même. L'article 14 TUE précise qu'il exerce des fonctions législatives et budgétaires, conjointement avec le Conseil et des fonctions de contrôle politiques et consultatives. Il peut prendre des résolutions. Il statue pour cela à la majorité relative mais la majorité absolue est généralement demandée (cadre de la codécision). L'article 294 TFUE prévoit la procédure législative ordinaire (dénommée dans la pratique « codécision »). L'article 225 TFUE lui permet de demander à la Commission de soumettre toute proposition appropriée (rarement utilisé). Il a un droit de dernier mot sur une partie des dépenses (dépenses non obligatoires qui ne découlent pas des traités et des actes pris pour leur application) et d'un droit de rejet global du budget. Le Parlement est consulté pour tous les accords internationaux (sauf pour les accords prévus à l'article 133 TCE). Il donne un avis conforme à tous les accords soumis à la procédure de codécision ou pour lesquels l'approbation du Parlement est demandée. Le Parlement participe également à la nomination des membres des institutions. Concernant la Commission, le Parlement élit le Président à la majorité absolue sur proposition du Conseil européen. Les commissaires sont choisis par les gouvernements des États membres et le Parlement vote pour donner son accord. Les commissaires sont auditionnés par le Parlement avant le vote global. Concernant les membres de la Cour des comptes, les membres sont nommés par le Conseil après avis du Parlement (et après audition). Enfin, le Parlement exerce un pouvoir de contrôle sur la Commission qui consiste à poser des questions, constituer des commissions d'enquête et censurer la Commission. Sur ce dernier point, il peut voter une motion de censure sur la gestion de la Commission (article 234 TFUE) si 1/10 des membres le souhaite.

La typologie des sources du droit de l'UE

Le droit de l'Union européenne repose sur plusieurs sources. Il se compose du droit primaire ou originaire, du droit dérivé, du droit conventionnel, de la jurisprudence et des principes généraux du droit.

- ***Le droit primaire*** désigne les fondements du droit de l'UE. Il se compose des divers traités qui ont bâti la construction européenne, qu'ils soient constitutifs - comme le Traité de Paris instituant la CECA, le Traité de Rome instituant la Communauté européenne de l'énergie atomique (ou Euratom), le Traité de Rome instituant la Communauté économique européenne - ou modificatifs comme l'Acte unique européen, le Traité de Maastricht, le Traité d'Amsterdam, le Traité de Nice et le Traité de Lisbonne. Ce dernier est composé du Traité sur l'Union européenne (TUE), du Traité sur le fonctionnement de l'Union européenne (TFUE) et du Traité Euratom. Il faut ajouter la Charte des droits fondamentaux qui, depuis 2007, a la même valeur que les traités.
- ***Le droit dérivé*** se rapporte aux actes pris par les institutions européennes en application des traités. Cela inclut donc les règlements, les directives, les décisions (acte administratif individuel), les recommandations, les avis ainsi que tous les autres actes qualifiés de « hors nomenclature » comme les règlements relatifs à l'organisation et au fonctionnement des institutions, les résolutions, les programmes d'action, les communications (Livres vert ou blanc) ou les accords institutionnels. Il faut préciser que parmi ces actes, certains sont qualifiés d'« actes législatifs » (règlements, directives, décisions adoptés suivant la procédure législative) et d'autres d'« actes non législatifs » (règlements, directives, décisions adoptés par la Commission). Enfin, ajoutons les actes spécifiques à la PESC-PESD (politique étrangère de sécurité commune et politique européenne de sécurité et de défense).
- ***Le droit conventionnel*** désigne, lui, les accords passés par l'UE avec des États tiers ou des organisations internationales et les accords passés par les États membres entre eux ou avec des États tiers.
- Enfin, concernant les sources non écrites, on doit faire référence à ***la jurisprudence*** dégagée par la Cour de justice (ex-CJCE, CJUE composée de la Cour de justice et du Tribunal) et aux principes généraux du droit qui sont des normes énoncées par le juge, s'imposant au droit dérivé.

Les effets du droit de l'UE

– ***Applicabilité immédiate (ou directe)*** : en vertu de la décision de la CJCE *Costa c/ Enel* de 1964, la norme européenne s'applique sans délai ni procédure de réception en droit interne. Ainsi, le droit de l'UE dans son ensemble est directement applicable (traités, droit dérivé, principes généraux et accords externes). Cela signifie que les juges nationaux ont l'obligation d'appliquer le droit de l'Union européenne.

– ***Effet direct :*** depuis l'arrêt *Van Gend en Loos* de 1963, la Cour a reconnu un effet direct aux traités européens. Il signifie que le droit de l'Union crée directement des droits et des obligations envers les particuliers qui peuvent être invoqués devant le juge national. Trois conditions doivent être respectées afin qu'une norme bénéficie de l'effet direct : elle doit être suffisamment précise, claire et inconditionnelle.

– ***Primauté du droit de l'UE :*** en l'absence de reconnaissance par les traités européens d'une supériorité du droit de l'UE sur les droits nationaux, il est revenu au juge de l'Union, dans son arrêt *Costa c/ Enel,* de poser le principe selon lequel le droit de l'Union l'emporte sur les droits nationaux en cas de conflit. En cela, l'ensemble du droit de l'Union (primaire, dérivé, principes généraux et accords externes) ne peut souffrir d'une remise en cause par un droit national d'un État membre (à l'exception de la PESC).

Le juge de l'UE (architecture juridictionnelle, procédures)

Le système juridictionnel de l'UE est représenté par la Cour de justice de l'Union européenne. Cette expression désigne les juridictions que sont la Cour, le Tribunal et les tribunaux spécialisés. Ces juridictions sont composées de juges et d'avocats généraux[1] (sauf au sein du Tribunal qui est composé d'un juge unique) et sont compétentes pour l'ensemble du droit de l'UE hormis la PESC.

– ***La Cour*** est compétente pour connaître des recours en manquement contre les États membres, des renvois préjudiciels soumis par les juges nationaux, des litiges entre institutions (recours en annulation et en carence) ou par un État membre contre le Parlement européen ou contre le Conseil. Elle connaît également des recours contre les arrêts du Tribunal. Enfin, des contentieux particuliers la concernent également issus d'une saisine pour avis (compétence consultative mais l'avis rendu est obligatoire) relative à la compatibilité d'un accord avec un État tiers ou une organisation internationale avec les traités. Elle peut aussi être saisie pour juger de la légalité

1. Équivalents des rapporteurs publics dans les juridictions administratives françaises.

d'un acte pris par le Conseil européen ou le Conseil, de la violation des principes de subsidiarité et de proportionnalité ou pour statuer sur tout différend entre États membres en lien avec les traités.

- ***Le Tribunal*** détient une compétence très large. Il peut connaître des recours en annulation et en carence contre les institutions, qu'ils soient introduits par des personnes physiques ou morales ou par des États membres (contre le Conseil). Il est également compétent en matière de responsabilité extracontractuelle pour les dommages causés par les institutions ou ceux résultant d'une clause compromissoire présente dans un contrat passé par l'Union européenne. Il statue aussi en matière de propriété intellectuelle pour les recours contre les chambres de recours de l'Union.

La procédure contentieuse de l'Union est contradictoire, ce qui implique que les informations données par une partie doivent être transmises des autres. Elle est inquisitoire, permettant au juge d'ordonner des mesures d'instruction sous diverses formes[1], gratuite et publique.

Les décisions de la Cour de justice ne peuvent faire l'objet d'appel ou de pourvoi à la différence des arrêts du Tribunal.

Les principales voies de recours

- Le ***recours en manquement***, prévu aux articles 258 à 260 du TFUE, a pour but de faire constater un manquement par un État membre aux obligations issues du droit de l'UE ou par une institution. Il est donc une procédure de contrôle de la légalité des mesures nationales vis-à-vis du droit de l'Union. Il peut être utilisé par une État à l'égard d'un autre. Il est généralement précédé d'une plainte devant la Commission, plus discrète. Une constatation sera alors établie, assortie de sanctions pécuniaires.
- Le ***recours en annulation*** est envisagé aux articles 263, 264, 266 et 271 TFUE. Il s'inspire fortement du recours pour excès de pouvoir français et a pour but l'annulation d'un acte européen (acte législatif, acte du Conseil, de la Commission, de la BCE sauf les avis et recommandations, acte du Parlement ou du Conseil européen ayant des effets juridiques). Il peut être introduit par les institutions, les organes de l'Union, par des personnes physiques ou morales (inclus les collectivités infra-étatiques ou des États tiers) ou par un État membre. Seul ce dernier n'a pas à prouver d'intérêt à agir. Un délai de deux mois pour agir encadre le recours en annulation. Ce délai débute à compter de la publication de l'acte, de sa notification au requérant ou au jour où il en a eu connaissance.

1. expertises, témoignages, déplacements sur place, *etc.*

- *L'exception d'illégalité*, telle que prévue à l'article 277 TFUE est une procédure incidente devant accompagner une action principale (généralement le recours en annulation). Cela permet donc de remettre en cause l'illégalité d'un acte de portée générale dont l'acte attaqué fait application. Cette procédure peut être intentée contre tout acte à portée générale par une partie à l'occasion d'un litige. Si l'exception est reconnue par le juge, il en résultera une inapplicabilité de l'acte aux parties. L'acte reste donc en vigueur mais l'auteur devra remédier à l'illégalité en modifiant l'acte ou en l'abrogeant. En cas de préjudice, le recours en responsabilité contre l'Union est envisageable.

- Le *recours en carence* est envisagé aux articles 265 et 266 TFUE. Il conduit à faire constater par le juge de l'UE une absence d'action de la part d'une institution, d'un organe ou d'un organisme de l'UE. Toute institution, tout État membre a la possibilité de saisir le juge afin de faire constater une carence, sans qu'un intérêt à agir ne soit demandé. Celui-ci sera toutefois nécessaire si une personne (physique ou morale) est à l'origine de la saisine. Dans ce cas, l'absence d'acte doit affecter sa situation juridique. La reconnaissance de la carence ne pourra se faire que si deux conditions sont constatées : la violation d'un droit de l'Union du fait d'une obligation d'agir non respectée et le caractère identifiable de mesures à prendre (la mesure à prendre doit pouvoir être clairement déterminée). En cas de constatation de carence par la juge, le responsable devra prendre les mesures nécessaires afin de remédier à cette situation. Sinon, un nouveau recours en carence pourra être déposé puis un recours en annulation. Mais le juge n'a ni le pouvoir de se substituer à lui, ni de prononcer une injonction.

Le renvoi préjudiciel

Le renvoi préjudiciel ou question préjudicielle est un outil permettant à un juge national d'interpeller le juge de l'Union, sur une interprétation ou une appréciation de validité du droit dérivé, lors d'un litige tout en sursoyant à statuer. Sa procédure est prévue aux articles 19§3 b) TUE et 267 TFUE. Il a ainsi pour fonction d'assurer une application cohérente et uniforme du droit de l'Union. De plus, il permet à tout particulier, de manière indirecte et lors d'un litige, de contester la validité d'un acte de l'Union si celui-ci, par le biais d'une question préjudicielle, est considéré par le juge de l'UE comme non conforme au droit de l'UE. Le juge de l'UE ne peut toutefois pas se prononcer sur l'ensemble du droit de l'UE puisqu'il ne peut se prononcer sur des dispositions relatives à la PESC (sauf en ce qui concerne la frontière entre la PESC et les autres politiques de l'UE).

Les disciplines de droit privé

- Droit civil
  - Les personnes
  - La famille
  - Le droit patrimonial de la famille
  - Les biens
  - Les obligations
- Droit commercial
- Droit du travail
- Droit international privé
- Droit pénal

Le droit civil : les personnes

Céline KUHN
Maître de conférences – HDR
Université de La Réunion

La Summa divisio

La distinction entre les personnes et les choses constitue la distinction fondamentale du Droit civil, sa *Summa Divisio*. Cette distinction permet de différencier les acteurs, les sujets de Droit, des éléments passifs, des objets de Droit. Les personnes en Droit agissent, elles influent sur l'univers juridique grâce à leur personnalité juridique, c'est-à-dire, leur aptitude à être titulaire de droits et d'obligations. La personne a la personnalité juridique : elle dispose de tous les moyens lui permettant d'être acteur, elle a donc vocation à être propriétaire, responsable, créancier, débiteur, *etc.*, pouvant endosser une multitude de rôles et cela simultanément.

Les personnes

La matière s'intitule le Droit des personnes et non le Droit de la personne car il existe deux catégories de personne, les personnes physiques et les personnes morales.

Les personnes physiques

Les personnes physiques ont un corps humain : elles sont faites de chair et d'os, c'est leur caractéristique essentielle. Comme leur nom l'indique, elles ont une existence matérielle.

Dignité humaine

Le point commun des personnes physiques est leur appartenance à l'Humanité : les personnes physiques sont des personnes humaines. À ce titre, le Droit se doit de les protéger et fait référence à la notion de Dignité humaine, notion juridique à part entière, notamment en Droit français depuis la décision du Conseil constitutionnel du 27 juillet 1994 qui reconnaît que « la sauvegarde de la dignité de la personne humaine contre toute forme d'asservissement ou de dégradation est un principe à valeur constitutionnelle ». La loi du 29 juillet 1994 relative au corps humain a introduit ce principe à l'article 16 du Code civil : « La loi assure la primauté de la personne, interdit toute atteinte à la dignité de celle-ci et garantit le respect de l'être humain dès le commencement de sa vie ».

La notion de Dignité humaine défend l'égalité entre les Hommes et lutte contre toute discrimination, ces idées sont déjà présentes dans la Déclaration des droits de l'Homme et du Citoyen de 1789 (art. 1er) et reprises par la Convention européenne de sauvegarde des droits de l'Homme de 1950 (art. 14).

La Cour de cassation ou le Conseil d'État n'hésitent pas à utiliser la notion de dignité humaine. L'arrêt Morsang-sur-Orge rendu par la Conseil d'État du 27 octobre 1995 dans l'affaire dite des lancers de nain en témoigne. La décision retient que « *le respect de la dignité de la personne humaine est une des composantes de l'ordre public* » et à ce titre, constitue une limite à l'exercice des libertés individuelles.

Existence

Le début de l'existence des personnes physiques est marqué par leur naissance. Pour exister juridiquement, il faut être né, vivant et viable. Même si ces conditions ne sont pas précisées dans le Code civil, elles sont liées à la délivrance de l'acte de naissance. L'acte de naissance (art. 55 C.civ.) est dressé par un officier d'état-civil sur déclaration intervenue dans les 5 jours de la naissance. L'officier de l'état-civil recueille différentes informations relatives à l'identification de l'enfant (nom, prénom et sexe, par exemple) et demande au déclarant de lui fournir un certificat d'accouchement. Ce document atteste notamment que l'enfant est bien né vivant et viable.

Lorsque l'enfant est né et décède avant qu'un acte de naissance ait été établi, l'officier d'État dressera un acte de naissance et un acte de décès.

Pour avoir un acte de décès, il faut avoir été une personne au sens juridique du terme : être né vivant et viable. Aussi, les enfants morts nés ne peuvent obtenir ni un acte de naissance ni un acte de décès. Afin de répondre à la souffrance des parents, le législateur a créé l'acte d'enfant sans vie (art. 79-1) qui permet d'inscrire l'enfant sur le livret de famille, de lui donner un prénom (mais il n'aura pas de nom) et d'organiser ses funérailles. En effet, même si cet enfant n'est pas juridiquement une personne car ne répondant pas aux critères (être né vivant et viable), il ne sera pas considéré comme un déchet hospitalier et son corps sera remis à ses parents.

La viabilité est une notion médicale : elle correspond à un degré de maturité des organes de l'enfant qui présume sa possibilité de vivre en dehors du corps de sa mère. L'Organisation Mondiale de la Santé (OMS), en 1975, a dégagé des critères de la viabilité – une aménorrhée de 22 semaines (une absence de règles chez la mère) et/ou un poids de 500 grammes – mais ils n'ont jamais été repris par notre Législateur qui a laissé cette question au pouvoir réglementaire, ce qui a été condamné par la Cour de cassation dans trois arrêts de sa Première chambre civile en date du 6 février 2008.

La mort constitue le terme de l'existence d'une personne physique, elle est constatée dans un acte de décès (art. 78 du C.civ.). La mort ne connaît pas de définition juridique dans le Code civil, le Code de la Santé publique l'envisage dans le cadre des prélèvements d'organes sur donneurs décédés et fait alors référence à la mort cérébrale (art. R1232-1 et suivants). Pendant longtemps, la mort en Droit a été liée à l'arrêt de la circulation sanguine et du cœur. La détermination de la mort est une question de fait qui relève de l'appréciation souveraine des juges du fond qui retiennent de plus en plus souvent aujourd'hui la mort cérébrale comme critère permettant de constater juridiquement le décès de la personne.

Il convient de relever l'existence en Droit français de textes consacrés au traitement de la fin de vie : loi Léonetti du 22 avril 2005 et loi Clayes-Léonetti du 2 février 2016. L'arrêt des traitements, le soulagement de la souffrance et le droit à une sédation profonde et continue ont été reconnus au patient en fin de vie ; l'euthanasie (le fait pour un médecin en intention première de provoquer le décès de l'un de ses patients en fin de vie) n'a pas été légalisée et demeure sanctionnée pénalement.

La situation est parfois difficile à cerner et le Droit est venu apporter des réponses aux hypothèses dans lesquelles on ne sait pas si la personne est vivante ou morte. C'est le cas par exemple de l'absence. L'absence est traitée aux articles 112 et suivants du Code civil : une personne a cessé de paraître à son domicile ou à sa résidence et nul n'a de ses nouvelles. Deux moments sont alors à distinguer, la présomption d'absence et la déclaration d'absence. Le juge des tutelles peut dans un premier temps constater qu'il y a présomption d'absence. La personne présumée absente est alors présumée vivante et le juge des tutelles organise la gestion de ses biens. Dans un second temps, soit 10 ans après un jugement de présomption d'absence, soit 20 ans depuis que la personne n'a plus donné de ses nouvelles, le Tribunal de Grande Instance peut être saisi. Après qu'une publicité de la procédure ait été organisée afin de permettre à la personne d'être informée, de se manifester voire à des tiers d'apporter des informations la concernant, le TGI doit attendre un an avant de statuer. Passé ce délai, si aucune preuve de vie n'a été rapportée, il pourra rendre un jugement déclaratif d'absence : la personne est alors considérée comme décédée, sa succession est ouverte et si elle était mariée, son union est dissoute. La date du décès est la date du jour de la transcription du jugement déclaratif d'absence sur les registres de l'état-civil.

La disparition traite également d'une situation de doute : une personne a cessé de donner de ses nouvelles et on sait qu'elle se trouvait dans un lieu où un événement de nature à mettre sa vie en danger est intervenu (catastrophe naturelle, attentat, accident… *etc.*)

mais son corps n'a pas été découvert. Le TGI peut rendre un jugement déclaratif de décès dans lequel la date du décès de la personne est fixée au jour de survenance de l'événement en question. Sa succession est ouverte et son mariage dissous.

État des personnes physiques

L'état des personnes se définit comme étant l'ensemble des caractéristiques biologiques et sociales qui permettent d'identifier une personne physique. Cette problématique d'identification se pose également pour les personnes morales.

Les éléments d'identification utilisés par le Droit sont : le nom, le prénom, le sexe et le domicile. Ce sont les informations que l'on retrouve systématiquement dans tous les actes de l'état-civil (actes qui marquent les grands événements de l'existence juridique d'une personne physique, naissance, mariage ou décès par exemple). Le registre de l'état-civil est tenu en Mairie, le Ministère public en est le « gardien » ce qui explique sa compétence en matière d'État des personnes.

L'état des personnes présente classiquement certains caractères :

- il est d'ordre public car toute personne a un état, c'est obligatoire ;
- il est opposable aux tiers qui sont tenus de respecter les informations qui sont contenues dans les registres de l'état-civil ;
- il est indisponible puisque la volonté de la personne ne devrait pas avoir d'emprise dessus ;
- et il est immuable, afin que l'état-civil puisse remplir sa fonction d'individualisation des personnes, il est important que les informations ne soient pas modifiées, que ces éléments d'identification soient stables.

Mais ces critères classiques sont de plus en plus malmenés.

Le nom

La loi de référence en la matière est la loi du 4 mars 2002 relative au nom de famille. La détermination du nom de famille est principalement liée à la filiation. Tout dépend si l'enfant a une filiation établie à l'égard de ses deux parents ou d'un seul. Si l'enfant a été reconnu par ses deux parents ou s'il est né de parents mariés, ce sont ses parents, les titulaires de l'Autorité parentale qui choisiront le nom de famille de l'enfant qui vaudra pour tous les futurs membres de la fratrie : le nom du père, le nom de la mère, les deux noms dans l'ordre qu'ils choisissent (la règle est la même en cas d'adoption plénière). Si l'enfant n'a de filiation établie qu'avec un seul de ses parents, il prendra son nom de famille mais si la filiation à l'égard de l'autre est par la suite établie, il pourra changer de nom de famille et son consentement à un tel changement est nécessaire s'il a 13 ans.

S'agissant des adoptés simples, ils garderont le nom qu'ils ont reçu à leur naissance et le nom de famille choisi par les adoptants sera accolé avec un tiret.

La détermination du nom de famille peut également être liée à la volonté individuelle. La Jurisprudence admet la possibilité d'acquérir un nom de famille par un mécanisme de prescription acquisitive qui ne dit pas son nom : c'est l'usage prolongé d'un nom de famille par une personne dont ce n'est pas le nom de naissance et qui souhaiterait l'acquérir. Il n'y a pas de condition de durée, c'est une question de fait laissée à l'appréciation souveraine des juges du fond.

À noter que la femme mariée peut porter le nom de son mari, c'est un choix, ce n'est pas une obligation légale : c'est ce qu'on appelle un nom d'usage.

La personne pourrait souhaiter modifier son nom de famille : l'article 61 du Code civil dispose que « Toute personne qui justifie d'un intérêt légitime peut demander à changer de nom », le texte vise par exemple, la volonté d'éviter l'extinction d'un nom porté par un ascendant. Le changement sera effectué par décret du Ministre de la Justice.

Le Droit organise également la protection du nom de famille. Cette thématique rejoint celle de l'utilisation par un tiers du nom d'un autre. Il faut distinguer l'usurpation, des autres situations d'utilisation du nom d'autrui. L'usurpation est l'utilisation non autorisée du nom d'un autre en vue de son acquisition. Le juge ordonnera au tiers d'arrêter de porter le nom de famille en question et le cas échéant, pourra si le demandeur a subi un préjudice même simplement moral, condamner l'usurpateur à des dommages et intérêts.

Une personne peut souhaiter uniquement utiliser le nom d'autrui sans vouloir l'acquérir, sans qu'il devienne son nom de famille. Les contextes peuvent être très différents mais que ce soit dans le cadre d'une activité commerciale (utiliser un nom de famille pour dénommer une société, appeler une marque ou un magasin) ou d'une activité artistique (utiliser un nom de famille pour appeler un personnage de roman, de chanson, de film… *etc.*), le Droit retient le principe de liberté. Toute personne peut choisir d'utiliser un nom de famille, le sien ou non, la limite réside dans le risque de confusion.

En outre, l'utilisation d'un nom de famille peut être monnayée et faire l'objet d'un contrat. Il ne s'agit pas pour le porteur légitime du nom de le céder car la personne conservera toujours son nom de famille mais l'engagement qu'elle signe, lui interdit par exemple l'utilisation de son nom dans un secteur d'activité particulier, déterminé par le contrat : Affaire Bordas (Cass. com., 12 mars 1985).

Le prénom

Le prénom individualise la personne au sein d'une famille. Il est choisi par les titulaires de l'Autorité parentale, c'est-à-dire, les parents avec lequel l'enfant a un lien de filiation établi. Après un système assez restrictif, la loi du 8 janvier 1993 a opté pour le principe de la liberté de choix : « les prénoms de l'enfant sont choisis par ses père et mère », les parents attribuent le prénom qu'ils veulent, le ou les prénoms ainsi que leur association (al.2 art. 57 C.civ.). L'officier de l'état-civil est tenu d'inscrire sur le registre les prénoms choisis. S'il estime que ces prénoms sont contraires à l'intérêt de l'enfant, il en avise le Procureur de la République qui en fonction de son appréciation de la situation, pourra saisir le Juge aux affaires familiales. Ce dernier statuera sur la conformité du ou des prénoms à l'intérêt de l'enfant (al. 3 et 4 art. 57 C.civ.).

Le prénom peut être modifié. L'article 60 du Code civil dans sa nouvelle version issue de la loi du 18 novembre 2016 précise que « Toute personne peut demander à l'officier de l'état civil à changer de prénom. La demande est remise à l'officier de l'état civil du lieu de résidence ou du lieu où l'acte de naissance a été dressé. S'il s'agit d'un mineur ou d'un majeur en tutelle, la demande est remise par son représentant légal. L'adjonction, la suppression ou la modification de l'ordre des prénoms peut également être demandée. Si l'enfant est âgé de plus de treize ans, son consentement personnel est requis. La décision de changement de prénom est inscrite sur le registre de l'état civil. S'il estime que la demande ne revêt pas un intérêt légitime, en particulier lorsqu'elle est contraire à l'intérêt de l'enfant ou aux droits des tiers à voir protéger leur nom de famille, l'officier de l'état civil saisit sans délai le procureur de la République. Il en informe le demandeur. Si le procureur de la République s'oppose à ce changement, le demandeur, ou son représentant légal, peut alors saisir le juge aux affaires familiales ». La procédure de changement de prénom est désormais facilitée.

À noter qu'il existe d'autres accessoires du nom :

- Le surnom est une appellation que l'entourage donne à une personne, de manière constante et publique. Il n'est en principe pas choisi par la personne et ne présente pas de valeur juridique sauf comme signature.
- Le pseudonyme est un nom choisi par une personne pour exercer une activité (artistique, militaire ou religieuse). Il n'apparaît pas sur les documents officiels (à la différence du surnom) car on ne saurait choisir son nom. Toutefois, le Droit s'y intéresse en permettant au porteur légitime du pseudonyme de s'opposer à l'utilisation qu'un tiers pourrait en faire (hypothèse d'usurpation ou de simple utilisation non autorisée pouvant créer une confusion).
- Les particules « de », « du » font partie du nom à la différence des titres nobiliaires qui sont donnés à une personne puis transmis d'héritier mâle en héritier mâle. Même si le titre est attribué à une personne en particulier, tous les membres de sa famille peuvent agir pour protéger ce titre de noblesse de toute usurpation notamment.

Le sexe

Le sexe est un facteur élémentaire de distinction entre les individus : sexe masculin ou sexe féminin. Le sexe chromosomique étant immuable, le Droit considère cette information comme un élément important de l'identification des personnes physiques. Toutefois, les choses ne sont pas si simples.

S'agissant des personnes hermaphrodites ou dites intersexuées, il faut absolument mentionner un sexe de référence car cette information est obligatoire dans les actes de l'état-civil. De plus, la catégorie « sexe neutre » n'existe pas en droit français (Cass. 1re civ., 4 mai 2017).

Pour les personnes transsexuelles qui pensent que leur corps n'est pas en adéquation avec leur sexe « psychologique » et qui estiment appartenir au sexe opposé, la question de la modification sur l'acte de naissance de la mention relative à leur sexe s'est posée. Le Droit français après avoir opposé un refus catégorique, a changé de position suite à la condamnation de la France par la Cour européenne des Droits de l'Homme dans une décision B. c/ France du 25 mars 1992. La Cour de cassation s'est alignée sur cette jurisprudence européenne et au nom du droit au respect de la vie privée, a accordé une telle modification (Ass.plen., 31 décembre 1992). Le débat s'est alors positionné sur les conditions permettant à une personne transsexuelle d'obtenir cette rectification sur son acte de naissance et notamment sur l'exigence ou non d'une opération chirurgicale rendant irréversible le processus de changement de sexe (pour une telle exigence, Cass. 1re civ., 7 juin 2012). La loi du 18 novembre 2016 a créé dans le Code civil une section consacrée à la modification de la mention du sexe à l'état-civil aux articles 61-5 à 61-8. La demande est adressée au TGI qui examine les preuves apportées par la personne. Ces preuves doivent démontrer que « la mention relative à son sexe dans les actes de l'état civil ne correspond pas à celui dans lequel elle se présente et dans lequel elle est connue ». À noter que le refus du Tribunal ne saurait être fondé sur « le fait de ne pas avoir subi des traitements médicaux, une opération chirurgicale ou une stérilisation (al. 3 art. 61-6 C.civ.) ».

Le domicile

Le domicile est une information qui permet de localiser une personne et participe donc à son individualisation. Il est important de pouvoir localiser un individu mais là encore, ce n'est pas simple de connaître le lieu où la personne est susceptible de se trouver.

Le principe est celui de la libre détermination du domicile par la personne physique : l'individu choisit le « lieu où il a son principal établissement » (art. 102 C.civ.). Bien que les personnes n'y soient pas obligées, elles peuvent exprimer leur choix dans une déclaration expresse de volonté (information donnée à l'occasion d'un déménagement art. 104 du Code civil ou dans un acte comme un contrat de vente art. 111 C.civ.).

À défaut d'une telle déclaration, la détermination du domicile est liée à l'appréciation des faits : il est fait référence au *corpus* (éléments objectifs qui montrent que la personne fréquente un lieu) et à l'*animus* (sa volonté d'en faire le lieu où sont centralisés ses intérêts). La détermination du domicile étant une question de fait, elle relève de l'appréciation souveraine des juges du fond.

Même si le principe est celui de la liberté, pour certaines catégories de personnes, le Législateur a choisi de fixer lui-même le lieu de leur domicile. C'est le cas notamment du mineur dont le domicile est celui de ses père et mère (al. 1er art. 108-2 C.civ.) et si les parents n'ont pas le même domicile, « il est domicilié chez celui [...] avec lequel il réside ». Attention : le domicile et la résidence sont deux notions différentes. Le domicile est le lieu qui centralise les intérêts de la personne, la résidence est le lieu où elle se trouve habituellement.

Le régime juridique du domicile s'intéresse en particulier à trois points :

- **La nécessité du domicile** : toute personne physique a nécessairement un domicile. Aussi, le domicile des personnes non sédentarisées comme les bateliers ou les personnes vivant à bord de bateaux, est prévu par l'article 102 du C.civ. qui leur permet de choisir une commune de rattachement. Les personnes sans domicile fixe peuvent également « élire domicile soit auprès d'un centre communal ou intercommunal d'action sociale, soit auprès d'un organisme agréé à cet effet (art. L264-1 du Code de l'action sociale et des familles) ».
- **L'unicité du domicile** : toute personne n'a qu'un seul domicile et on le comprend eu égard à sa fonction de localisation de l'individu. Or, ce principe est relatif : certes il n'existe qu'un seul domicile pour le droit civil répondant à la définition de l'article 102 du C.civ. mais le Droit français comporte plusieurs définitions de la notion de domicile. Ainsi, il existe le domicile électoral (art. L11 du Code électoral), le domicile de secours (art. L 122-2 du Code de l'action sociale et des familles), le domicile fiscal (art. 4B du Code général des impôts), le domicile du droit pénal (art. 226-4 du Code pénal), chacun ayant sa propre définition.
- **La fixité du domicile** : pour être fiable et repris par le Droit comme élément d'identification de la personne, le domicile ne devrait jamais être modifié afin de constituer une information des plus fiables. Or, sur ce point, on ne peut que constater que la mobilité des personnes physiques est la marque de notre époque. En outre, empêcher les individus de changer de domicile constituerait une atteinte à la liberté individuelle. Ce constat pose ouvertement la question de la pertinence du maintien de cette information en tant qu'élément d'identification de l'individu relevant de l'État des personnes. Ce débat peut également concerner le nom, le prénom et le sexe dont la modification est permise par la Loi.

Droits de la personne physique

La personne physique est conçue d'un point de vue fonctionnel dans l'univers juridique : c'est un acteur, un sujet de droit, apte à être titulaire de droits et d'obligations. Toutefois, ces personnes physiques sont des êtres humains, cette dimension humaine doit être prise en compte par le Droit qui doit en assurer la protection. On assiste au développement de la protection juridique de la personne envisagée comme personne humaine, être vivant et sensible.

Les Droits de la personnalité : la protection de la vie privée

Dès 1950, la Convention européenne de sauvegarde des droits de l'Homme consacre en son article 8 le respect à la vie privée et à la vie familiale. Il a fallu attendre la loi du 17 juillet 1990 pour que notre Code civil comporte un texte spécifique : l'alinéa 1er de l'article 9 du Code civil dispose que « Chacun a droit au respect de sa vie privée ». Le Législateur ne définit pas la notion de vie privée laissant aux juges du fond le soin de le faire. Il s'agit de protéger ce qui est de l'ordre de l'intime, tout ce qui n'a pas à être connu des tiers car vie privée rime avec secret.

Relèveraient de la vie privée, toutes les informations et renseignements sur les mœurs, la vie sentimentale, les pratiques sexuelles des individus mais également la santé. Le contenu du patrimoine quant à lui n'est pas considéré par la Jurisprudence comme une information relative à la vie privée (Cass. 1re civ., 28 mai 1991).

La question de la délimitation entre vie privée et vie professionnelle est cruciale : un salarié a une vie privée qui ne concerne pas son employeur. Ainsi, l'employeur ne peut pas lire les mails reçus sur l'ordinateur de bureau de son salarié même s'il en avait interdit une utilisation personnelle au nom du droit au secret de la correspondance électronique (Cass. Soc., 2 octobre 2001). En outre, il ne saurait sanctionner un salarié sur la base de messages privés reçus à son travail (Ch. Mixte, 18 mai 2007). Mais cette stricte délimitation peut céder. Lorsque la vie privée du salarié crée un trouble caractérisé à l'entreprise comme le comportement violent d'un salarié à l'égard de sa concubine, salariée de la même entreprise (Cass. soc., 9 juillet 2002), le licenciement du salarié pourrait être justifié.

Dans les structures de tendance (établissements religieux par exemple), la vie privée des salariés peut motiver leur licenciement. Ainsi, une institutrice dans une école catholique a été licenciée suite à son divorce car la tradition catholique reste très attachée à l'indissolubilité du mariage. La Jurisprudence a estimé que ce licenciement n'était pas abusif (Ass. Plen., 9 mai 1978).

Le domaine de la vie privée apparaît très vaste. Comment en organiser sa protection ?

Le système retenu par le Droit français se veut rapide, réactif. Dès lors qu'il y a une divulgation sans autorisation d'informations relatives à la vie privée d'une personne vivante, la protection juridique se met en œuvre. Le dispositif fonctionne sans faire référence à la notion de faute puisque le simple constat d'une divulgation non autorisée suffit. L'autorisation est au cœur du dispositif : il n'y a pas d'atteinte à la vie privée si la divulgation a été autorisée moyennant le plus souvent une somme d'argent. On assiste à une véritable commercialisation de la vie privée.

L'alinéa 2 de l'article 9 du C.civ. précise les sanctions applicables. Tout d'abord, le texte prévoit le recours au juge des référés qui dans l'urgence peut faire cesser très rapidement l'atteinte par une saisie des exemplaires du journal par exemple. Mais ces mesures urgentes sont provisoires. Les juges du fond prendront le relais afin de les confirmer et de les rendre définitives, et ils pourront condamner l'auteur de cette divulgation non autorisée au paiement à la victime de dommages et intérêts. Il appartient aux juges du fond de trouver l'équilibre avec la liberté de la presse : où se situe la frontière entre l'information légitime et la curiosité mal placée ? C'est une question de fait qui relève de leur appréciation souveraine.

Les Droits de la personnalité : la protection de l'image et de la voix

L'image et la voix d'une personne physique sont des éléments qui sont protégés par le Droit en tant que tel et non pas au titre du droit au respect de la vie privée. Le régime de l'image et de la voix sont proches car la voix constitue l'image sonore de la personne.

Le Droit fixe des conditions à la protection de l'image ou de la voix d'une personne : il faut que la personne soit reconnaissable sur l'image ou que sa voix soit reconnaissable et que la captation et la fixation sur support n'aient pas été autorisées.

Par exemple, la reproduction de l'image d'une personne sans son autorisation est illicite sauf si la personne se trouve dans une manifestation ou un lieu public. Par contre, ce n'est pas le cas lorsque la photo a été prise dans un lieu privé sans autorisation, cela constitue même une infraction pénale (art. 226-1 du C.pén.).

L'autorisation est là encore au cœur du dispositif : cette autorisation peut être tacite ou expresse, c'est le cas lorsque des personnes connues monnayent la prise de photos et leur publication.

L'atteinte au droit à l'image est traitée juridiquement sur le modèle de l'atteinte au droit à la vie privée. Il n'existe pas de dispositions spécifiques et ce sont les sanctions de l'article 9 du Code civil qui sont appliquées par les juges (mesures provisoires et urgentes prises par le juge des référés afin de faire cesser rapidement l'atteinte puis mesures définitives décidées par les juges du fond avec l'éventuelle attribution de dommages et intérêts à la victime). Il appartient aux juges de fixer le point d'équilibre notamment du droit à l'image avec la liberté de la presse car le droit à l'image n'est pas absolu. En effet, lorsqu'une personne est impliquée dans un événement ou que son image peut éclairer un fait de société, même sans son autorisation son image pourra être captée, fixée et diffusée et l'organe de presse ne sera pas inquiété au nom de la liberté de la presse (« la publication de cette photographie de M. Y..., même prise dans des circonstances de sa vie étrangères à ses activités professionnelles, dès lors qu'elle n'avait pour objet que d'illustrer un article concernant un événement d'actualité dans lequel il était impliqué, était licite », Cass. 1re civ., 30 juin 2004).

Le corps humain

Le Droit protège le corps de la personne physique. Cette protection est assurée grâce à deux principes qui ont été introduits dans le Code civil par la loi du 29 juillet 1994 relative au respect du corps humain : le principe de l'inviolabilité du corps humain et la prohibition du prix.

Le principe d'inviolabilité présenté aux articles 16-1 et 16-3 du Code civil énonce que le corps d'autrui doit être respecté par les tiers qui ne peuvent y porter atteinte. Toute atteinte au corps d'autrui est illicite et sanctionnée par le système juridique, notamment par le Droit pénal. Attention, il existe une disposition spécifique concernant l'activité médicale, dans ce contexte, si le patient a consenti à l'acte qui présente un intérêt thérapeutique pour lui, l'atteinte au corps est licite.

La prohibition du prix est exprimée à l'article 16-3 du Code civil et les articles 16-5 et 16-7 en précisent la portée. Par principe, les opérations juridiques ayant pour objet le corps sont licites si elles sont conclues à titre gratuit, sans contrepartie pécuniaire ce qui confère un cadre juridique aux dons d'organes, de sang ou au legs de son corps à la science. Le prix est interdit : le corps n'est pas à vendre et les opérations à titre onéreux sont ainsi prohibées.

À noter qu'il existe des exceptions. L'article R1211-49 du Code de la Santé publique prévoit qu'il est possible de vendre ses dents, poils, cheveux et ongles. À l'opposé, l'article 16-7 du Code civil interdit toute convention de gestation pour autrui (autrement appelée contrat de mère porteuse ou location d'utérus) que ce soit à titre onéreux ou à titre gratuit.

Les personnes morales

Existence et État des personnes morales

Les personnes morales sont marquées par leur diversité, leur seul point commun étant leur absence de matérialité. Ce sont des groupements de biens et de personnes qui présentent une existence autonome de celle de leurs membres et auxquels le Droit reconnaît la qualité de personne juridique. Le Droit romain comme l'Ancien droit admettaient la personnalité juridique de certains groupements comme de communautés religieuses. La période révolutionnaire a été bien plus hostile comme en témoigne la loi Le Chapelier du 17 juin 1791 qui a interdit tout groupement ou association à caractère professionnel. Il a fallu attendre les grandes Lois de la IIIe République pour que les groupements aient de nouveau Droit de cité : loi Waldeck-Rousseau du 21 mars 1884 relative à la création des syndicats professionnels et loi du 1er juillet 1901 consacrant la liberté d'association.

La fin du XIXe siècle et le début du XXe siècle ont été marqués par l'expansion des personnes morales dans le paysage juridique français et en particulier des sociétés civiles et commerciales.

Attention, tout groupement n'est pas une personne morale : la famille, l'indivision ou la succession ne sont pas des personnes morales.

Les manifestations de personnes morales étant nombreuses, le Droit a essayé de les classer en différentes catégories et la distinction la plus importante est celle entre les personnes morales de droit public et celles de droit privé.

Si les personnes morales de droit public sont régies par le droit public et poursuivent un but lié à l'Intérêt général (l'État, les collectivités territoriales ou les établissements publics comme les universités ou les hôpitaux), les personnes morales de droit privé sont soumises au droit privé et se soucient de préserver des intérêts privés (les sociétés civiles et sociétés commerciales, les associations, les groupements d'intérêt économique (GIE) ou les syndicats). Il existe également des personnes morales mixtes mi-privées mi-publiques comme les sociétés d'économie mixte ou certains établissements publics.

Au sein des personnes morales de droit privé, il convient de distinguer entre les groupements de personnes et les groupements de biens. Les groupements de personnes juridiques procèdent de la volonté de personnes (physiques et/ou morales) d'être ensemble (société ou association) alors que les groupements de biens comme la fondation (loi du 23 juillet 1987), ont la personnalité morale car l'exploitation de ces biens poursuit un but que l'attribution de la personnalité juridique permet de pérenniser.

Une autre distinction au sein des personnes morales de droit privé est également utilisée, celle entre personnes morales à but lucratif (l'article 1832 du Code civil le précise expressément en matière de sociétés puisque les associés s'associent en vue notamment « de partager le bénéfice ou de profiter de l'économie qui pourra en résulter [...] ».) et personnes morales à but non lucratif (comme les associations, art. 1er de la loi du 1er juillet 1901 « L'association est la convention par laquelle deux ou plusieurs personnes mettent en commun, d'une façon permanente, leurs connaissances ou leur activité dans un but autre que de partager des bénéfices [...] ».).

Les associations ne pouvant plus compter uniquement sur les subventions pour *vivre*, développent une activité commerciale afin de s'autofinancer. Par conséquent, quand une association a également ce type d'activité peut-elle être encore qualifiée d'association ? Oui, à partir du moment où les bénéfices ne sont pas partagés entre ses membres mais sont affectés au financement de ses missions, il n'y aurait pas de risque de requalification en société.

La personnalité morale

La personnalité morale est une déclinaison de la notion de personnalité juridique : les personnes morales sont aptes à être titulaires de droits et d'obligations. Leur absence de matérialité n'interdit pas leur accès à la catégorie des acteurs, des sujets de droits. Deux thèses opposées ont été présentées afin de cerner la notion de personnalité morale : la première considère que la personnalité morale est une fiction juridique que seule la loi peut consacrer, la seconde retient que la personnalité morale est une réalité juridique qui n'a pas besoin du Législateur pour exister dans l'univers juridique. C'est cette dernière thèse, la thèse de la réalité, que la Cour de cassation a consacrée dans un arrêt rendu par sa Deuxième chambre civile le 28 janvier 1954.

Existence

La personnalité juridique est accordée à un groupement de personnes ou de biens dont la création a fait l'objet d'une mesure de publicité pour en informer les tiers. La personnalité morale est donc soumise à deux conditions : la création d'un groupement et l'accomplissement de formalités de publicité.

En principe, la création d'un groupement procède de la manifestation de volonté d'une ou plusieurs personnes qui est matérialisée dans les statuts. Les statuts attestent de la constitution d'une personne morale et en contiennent tous les éléments d'identification : son nom (dénomination sociale ou raison sociale), son objet social (ce qui fonde la création de cette nouvelle entité dans l'univers juridique et qui explique les missions et les buts à atteindre), son domicile ou siège social et sa nationalité qui est une conséquence de la localisation du siège social puisque cet élément détermine le droit applicable. Le siège social est le lieu où s'exerce la direction du groupement, en principe la personne morale à l'instar de la personne physique n'a qu'un seul domicile. Cependant, la Jurisprudence a admis la théorie des gares principales qui permet de reconnaître une pluralité de domiciles à la personne morale (Req., 19 juin 1876) en qualifiant de domicile tout lieu où elle dispose d'un centre administratif de gestion.

L'octroi de la personnalité juridique est subordonné à l'accomplissement de formalités de publicité destinées à informer les tiers de l'existence du groupement. La simple rédaction de statuts ne suffit pas, il faut respecter certaines formalités qui dépendent du type de personne morale créée : immatriculation sur le registre du commerce et des sociétés pour les sociétés (al. 2 art. 1842 C.civ.), déclaration à la Préfecture pour les associations et déclaration en mairie pour les syndicats.

La personne morale a besoin des personnes physiques pour fonctionner qu'elles soient ses représentants ou les représentants d'une personne morale qui a la qualité d'associé.

Au minimum, deux fonctions doivent être exercées : il faut un organe exécutif et une assemblée. Ainsi, une ou plusieurs personnes au sein d'un organe exécutif auront la charge de mettre en œuvre les décisions prises par l'assemblée des personnes associées. Cet organe exécutif (gérant, directeur ou président) s'occupe des questions relatives à la gestion courante de la personne morale. L'assemblée comprend les personnes (physiques ou morales) qui ont participé financièrement à la constitution du groupement et qui ont un droit de vote sur les grandes questions relatives à la gestion et à l'organisation de la personne morale : associés, actionnaires, membres. Cette assemblée contrôle l'organe exécutif même si parfois il existe dans les grandes structures un organe de contrôle spécifique (le conseil de surveillance dans les sociétés anonymes par exemple).

De façon anthropomorphique, l'existence des personnes morales est inscrite dans le temps. On ne parle pas de décès mais de dissolution. Les causes de dissolution sont multiples, la première est l'arrivée du terme. Par principe, la durée de vie d'une personne morale est limitée dans le temps. La plupart des groupements qui accèdent à la personnalité morale sont créés pour une durée précisée dans leurs statuts. Si aucune durée n'est indiquée, le législateur l'a fixée notamment à 99 ans maximum pour les sociétés (art. 1838 C.civ.).

À noter par exception, les fondations ne comportent pas de terme, elles sont considérées comme perpétuelles mais leur dissolution pourra toutefois intervenir car d'autres causes de dissolution existent pour les personnes morales comme : la nullité de l'acte constitutif (nullité des statuts) ; la dissolution anticipée votée par l'assemblée ; la réalisation ou l'impossible réalisation de l'objet social. Des causes de dissolution spécifiques à certaines personnes morales sont prévues par la loi comme par exemple le décès d'un associé d'une société en nom collectif (art.L221-15 C.com.).

La survenance d'une cause de dissolution n'entraîne pas immédiatement la disparition de la personnalité morale qui survit le temps de la période de liquidation. La liquidation permet de faire les comptes : on détermine l'actif, le passif, et le paiement des créanciers est effectué. Une fois la liquidation achevée, le reliquat d'actif s'il existe, peut être partagé entre les membres (personne morale à but lucratif) ou être transmis à une personne morale à but similaire (personne morale à but non lucratif). Si au contraire, un reliquat de passif est constaté, le règlement des dettes impayées dépendra de la forme juridique de la personne morale.

Les acteurs juridiques

Le principe : la capacité juridique, l'exception : l'incapacité juridique

Les personnes juridiques ont vocation à agir dans l'univers juridique : par leur manifestation de volonté, elles créent des droits et des obligations. Ce principe est exprimé à l'article 8 du Code civil, « Tout Français jouira des droits civils ».

À noter que les personnes morales connaissent une capacité juridique restreinte, définie à l'article 1245 du Code civil (texte issu de l'ordonnance du 10 février 2016) : « La capacité des personnes morales est limitée aux actes utiles à la réalisation de leur objet tel que défini par leurs statuts et aux actes qui leur sont accessoires, dans le respect des règles applicables à chacune d'entre elles ». L'exercice de la personnalité morale est encadré et doit s'inscrire dans la poursuite de l'objet social qui a fondé la création de la société, de l'association,...*etc.* dans l'univers juridique. La personne morale a une activité juridique propre grâce au mécanisme de la représentation, une activité juridique dont elle est responsable civilement et pénalement.

L'activité juridique peut également être limitée s'agissant des personnes physiques. C'est la question des incapacités. Il convient techniquement de distinguer les incapacités de jouissance, des incapacités d'exercice.

Les incapacités de jouissance

C'est l'impossibilité d'acquérir des droits.

Ce type d'incapacité est toujours spécial car une incapacité de jouissance générale priverait la personne de sa personnalité juridique si sa faculté d'acquérir des droits était complétement neutralisée. Lorsque le Législateur a recours à l'incapacité de jouissance, il le fait dans l'idée de protéger des personnes dont l'état de vulnérabilité expliquerait que certaines opérations juridiques soient prohibées. Ainsi, les articles 909 et 910 du Code civil présentent ces incapacités de jouissance spéciale qui consistent en des interdictions d'acquérir à titre gratuit pour certaines catégories de personnes comme par exemple : « Les membres des professions médicales et de la pharmacie, ainsi que les auxiliaires médicaux qui ont prodigué des soins à une personne pendant la maladie dont elle meurt ne peuvent profiter des dispositions entre vifs ou testamentaires qu'elle aurait faites en leur faveur pendant le cours de celle-ci (al. 1er art. 909 C.civ.) ».

Les incapacités d'exercice

Comme leur nom l'indique, ce sont des restrictions à la possibilité d'exercer librement un droit. Comment justifier une telle atteinte à la liberté individuelle ? Les personnes physiques concernées présentent une fragilité qui fonde l'intervention du Législateur. Cette fragilité de la personne est liée à un défaut de maturité et l'on pense alors aux mineurs (personnes de moins de 18 ans) ou à « une altération, médicalement constatée, soit de ses facultés mentales, soit de ses facultés corporelles de nature à empêcher l'expression de sa volonté (art. 425 C.civ.) », c'est le cas des majeurs protégés.

Pour les personnes physiques mineures

La protection des mineurs est assurée par deux séries de mesure :

- L'Autorité parentale : devoirs de garde, de surveillance et d'éducation de l'enfant confiés en principe à ses parents (art. 371-1 et ss. C.civ.).
- L'Administration des biens du mineur (Ordonnance du 15 octobre 2015, art. 382 à 387-6 C.civ.) : les représentants légaux que sont normalement ses père et mère ont la mission de gérer, d'administrer les biens du mineur pour son compte et dans son intérêt. Ils bénéficient d'un droit de jouissance légale qui leur permet de conserver les revenus des biens de leur enfant en principe jusqu'à ses seize ans (art. 386-1 et ss. C.civ.).

La règle en matière d'administration légale des biens du mineur est la suivante : chacun des représentants légaux (père et mère en général) est libre de gérer les biens du mineur et peut seul passer des actes conservatoires ou d'administration. S'agissant des actes de disposition, des actes réputés graves patrimonialement, l'accord des deux est exigé (cogestion) sauf si l'Autorité parentale n'appartient qu'à un seul parent qui peut alors décider seul. Toutefois, pour certains actes de disposition, l'autorisation du juge des tutelles est nécessaire (vente de gré à gré d'un immeuble ou apport d'un immeuble en société art. 387-1 C.civ.). En outre, des actes sont interdits (aliéner à titre gratuit un bien du mineur ou transférer dans un patrimoine fiduciaire ses biens art. 387-2 C.civ.). Le Juge des tutelles assure un contrôle judiciaire de la gestion des parents et peut désigner un administrateur *ad hoc* en cas de conflits d'intérêts (art. 388-2 C.civ.).

En l'absence de parents, titulaires de l'Autorité parentale, une tutelle est mise en place avec la désignation d'un tuteur et l'application des règles contraignantes de la tutelle.

À noter qu'avant 18 ans :

- un mineur de 13 ans doit consentir à son changement de nom ou de prénom.
- un mineur de 16 ans peut faire un testament (art. 904 C.civ.).
- un mineur peut seul réaliser des actes pour lesquels la loi ou l'usage l'autorise à agir seul (art. 388-1-1 C.civ.).

En outre, l'émancipation permet d'anticiper la majorité d'un mineur à partir du moment où il a 16 ans révolus (art. 388-1-2 C.civ.). Elle doit être demandée expressément par les titulaires de l'Autorité parentale au Juge des tutelles qui a un pouvoir d'appréciation (art. 413-2 C.civ.). Toutefois, le mineur émancipé ne saurait bénéficier exactement de la même capacité que celle d'un majeur car certaines activités lui demeurent encore interdites comme les activités commerciales (art. L. 121-2 C.com.).

Si à l'âge de 18 ans, la personne présente des difficultés du fait d'altérations physiques ou mentales, elle peut être maintenue dans son état d'incapable et devenir un majeur protégé.

Pour les personnes physiques majeures : les majeurs protégés (Loi du 3 janvier 1968, réf. Loi 5 mars 2007)

En fonction de la gravité de l'altération de ses facultés (constatée par un certificat médical art. 431 C.civ.), le Juge des tutelles prononcera le placement du majeur en sauvegarde de justice, sous curatelle ou sous tutelle.

- La mesure la plus *légère* est la sauvegarde de justice (art. 433-439 C.civ.) puisque la personne demeure libre de pouvoir exercer seule ses droits mais ses opérations pourront être plus facilement remises en question grâce à l'action en rescision pour lésion. Cette action en justice permet de réparer un déséquilibre économique en défaveur du majeur protégé. Ainsi, si l'acte a été conclu dans des conditions normales (prix du marché), il sera maintenu mais si au contraire, l'opération se révèle économiquement en sa défaveur, l'acte pourra être annulé ou rééquilibré par le rachat de la lésion par le cocontractant du majeur protégé qui devra alors rétablir l'équilibre pécuniaire de cette opération (versement d'un complément de prix).

- La seconde mesure de protection est la curatelle. Dans cette situation, le majeur est assisté par un curateur qui intervient pour les actes graves d'un point de vue patrimonial (art. 467-472 C.civ.) que sont les actes de disposition (actes d'aliénation, constitutifs de droits réels, …*etc.*). Les actes conservatoires et d'administration peuvent toujours être conclus par la personne protégée seule.

- Le troisième et dernier mode de protection est la tutelle : « Le tuteur représente la personne protégée dans les actes nécessaires à la gestion de son patrimoine (al. 1er de l'art. 496 C.civ.) ». Le tuteur conclut seul les actes de gestion courante (actes conservatoires et d'administration) mais doit être autorisé pour les actes graves (actes de disposition comme la conclusion d'une vente d'un bien immobilier du majeur) par le Juge des tutelles ou le conseil de famille s'il a été constitué.

Les pouvoirs du curateur et du tuteur sont déterminés par la Loi et font référence à la distinction entre acte d'administration et acte de disposition, distinction que le décret du 22 décembre 2008 essaie de clarifier en listant d'une part, les actes d'administration et d'autre part, les actes de disposition.

Quid des actes conclus en méconnaissance de ces règles de protection des biens du majeur protégé ? L'article 465 du Code civil précise :

« À compter de la publicité du jugement d'ouverture, l'irrégularité des actes accomplis par la personne protégée ou par la personne chargée de la protection est sanctionnée dans les conditions suivantes :

1° Si la personne protégée a accompli seule un acte qu'elle pouvait faire sans l'assistance ou la représentation de la personne chargée de sa protection, l'acte reste sujet aux actions en rescision ou en réduction prévues à l'article 435 comme s'il avait été accompli par une personne placée sous sauvegarde de justice, à moins qu'il ait été expressément autorisé par le juge ou par le conseil de famille s'il a été constitué ;

2° Si la personne protégée a accompli seule un acte pour lequel elle aurait dû être assistée, l'acte ne peut être annulé que s'il est établi que la personne protégée a subi un préjudice ;

3° Si la personne protégée a accompli seule un acte pour lequel elle aurait dû être représentée, l'acte est nul de plein droit sans qu'il soit nécessaire de justifier d'un préjudice ;

4° Si le tuteur ou le curateur a accompli seul un acte qui aurait dû être fait par la personne protégée soit seule, soit avec son assistance ou qui ne pouvait être accompli qu'avec l'autorisation du juge ou du conseil de famille s'il a été constitué, l'acte est nul de plein droit sans qu'il soit nécessaire de justifier d'un préjudice.

Le curateur ou le tuteur peut, avec l'autorisation du juge ou du conseil de famille s'il a été constitué, engager seul l'action en nullité, en rescision ou en réduction des actes prévus aux 1°, 2° et 3°.

Dans tous les cas, l'action s'éteint par le délai de cinq ans prévu à l'article 2224.

Pendant ce délai et tant que la mesure de protection est ouverte, l'acte prévu au 4° peut être confirmé avec l'autorisation du juge ou du conseil de famille s'il a été constitué ».

À noter que la nullité est une nullité relative.

Enfin s'agissant de la protection de la personne du majeur protégé placé en curatelle ou en tutelle même si son curateur ou son tuteur peut intervenir (art. 457-1 C.civ.), le Droit reconnaît à l'article 458 du Code civil l'existence d'« actes dont la nature implique un consentement strictement personnel [dont l'accomplissement] ne peut jamais donner lieu à assistance ou représentation de la personne protégée. Sont réputés strictement personnels la déclaration de naissance d'un enfant, sa reconnaissance, les actes de l'autorité parentale relatifs à la personne d'un enfant, la déclaration du choix ou du changement du nom d'un enfant et le consentement donné à sa propre adoption ou à celle de son enfant ».

Pour terminer, il faut préciser que le mandat de protection future (anticipation conventionnelle des conséquences d'une altération de ses facultés art. 477 à 494 C.civ.) et l'habilitation familiale (situation d'une personne hors d'état de manifester sa volonté, mission de représentation confiée par le juge qui détermine l'étendue des pouvoirs du représentant Ord. 15 octobre 2015, art. 494-1 à 494-12 C.civ.) constituent également des modes de protection des majeurs protégés.

Le droit civil : la famille

Céline KUHN
Maître de conférences – HDR
Université de La Réunion

La Famille constitue avec le Contrat et la Propriété, un pilier du Droit selon le Doyen Carbonnier. La Famille, c'est le couple et les enfants, une réalité sociale avant d'être saisie par le Droit. Le Législateur essaie en Droit de la famille encore plus que dans toute autre branche du Droit d'être à l'écoute des aspirations de la société, en témoigne la loi du 17 mai 2013 instituant la possibilité de se marier pour les couples homosexuels. Cette matière évolue et les réformes en Droit de la famille ont marqué le début du XXIe siècle : loi du 9 novembre 1999 qui crée le PACS, loi du 4 mars 2002 de réforme de l'Autorité parentale, loi du 26 mai 2004 relative au divorce, ordonnance du 4 juillet 2005 portant réforme de la filiation, loi du 23 juin 2006 de réforme des successions et des libéralités.

Les couples

La notion est conçue au pluriel car il existe plusieurs modes de conjugalité en Droit français : le couple marié, le couple pacsé et le couple en concubinage (ou union libre).

Le mariage

Le mariage constitue historiquement le premier mode de conjugalité juridique (art. 143 à 227 C.civ.). À la fois institution et contrat, le mariage est l'union de deux personnes, c'est un acte juridique solennel qui crée des droits et des obligations.

Avant le mariage, des fiançailles sont parfois organisées. Cette promesse réciproque de mariage ne constitue pas un engagement juridique *stricto sensu* puisque seule la rupture fautive est sanctionnée (versement de dommages et intérêts sur le fondement de la responsabilité civile délictuelle art. 1240 C.civ.). À noter, les cadeaux de fiançailles en cas de rupture de la promesse devront être restitués en principe sauf les présents d'usage du fait de leur caractère modique.

La formation du mariage

Les conditions de fond du mariage

▸ Sexe

Avant la loi du 17 mai 2013, implicitement, seules des personnes de sexe différent pouvaient se marier (principe d'union hétérosexuelle) : le caractère opposé du sexe des futurs époux était une condition de fond. Cette condition de fond n'existe plus depuis la loi du 17 mai 2013 ouvrant le mariage aux couples de personne de même sexe, « le mariage est contracté par deux personnes de sexe différent ou de même sexe (art. 143 C.civ.) ».

▸ Âge

Il existe un âge minimum pour se marier : l'article 144 du Code civil est clair sur le sujet « le mariage ne peut être contracté avant dix-huit ans révolus ». Toutefois, une exception est prévue à l'article 145 du Code civil qui permet au Procureur de la république « d'accorder des dispenses d'âge pour motifs graves ».

▸ Consentement – Capacité et Objet licite

Le mariage étant un contrat, il est soumis aux conditions de validité des contrats : consentement, capacité et objet licite (art. 1128 C.civ.).

Le consentement doit exister, « Il n'y a pas de mariage lorsqu'il n'y a point de consentement (art. 146 C.civ.) ». Les parties doivent consentir à se marier, l'existence du consentement rejoint la question de la capacité de la personne. Le Droit s'intéresse à la situation du mineur (en principe, il faut l'accord des parents) ainsi qu'à celle des majeurs protégés (la personne sous sauvegarde de justice décide seule ; la personne sous curatelle a besoin de l'autorisation du curateur ou, à défaut de celle du juge ; la personne sous tutelle a besoin de l'autorisation du Juge des tutelles ou du conseil de famille s'il a été constitué, qui décide « après audition des futurs conjoints et recueil, le cas échéant, de l'avis des parents et de l'entourage (al. 2 art. 460 C.civ.) ».).

Le mariage posthume est exceptionnellement permis (art. 171 C.civ.) : c'est une fiction juridique car l'époux décédé n'a pas pu y consentir. Cette union ne produit pas d'effets patrimoniaux (absence de régime matrimonial et absence de vocation successorale du conjoint survivant). Il est autorisé par le Président de la République pour motifs graves.

En cas de mariage simulé, le consentement n'existe pas puisque le ou les conjoints se sont mariés uniquement dans le but d'obtenir les réalisations d'effets juridiques associés au mariage (acquisition de la nationalité, captation des biens de l'autre). Le mariage simulé est nul, d'une nullité absolue pour défaut de consentement.

Le consentement doit être libre et éclairé, il doit être exempt de vices. Les vices du consentement sont classiquement l'erreur, le dol et la violence (art. 1130 C.civ.). L'adage « en mariage il trompe qui peut » (Loysel) ne permet pas d'utiliser le dol, l'erreur provoquée, il reste par conséquent l'erreur sur la personne et la violence (art. 180 C.civ.).

L'*objet* du mariage doit être licite. Cette condition vise à interdire des unions que les codes sociaux réprouvent : interdiction de la polygamie (art. 147 C.civ.) qui est une infraction pénale à laquelle peut être condamné l'époux polygame mais également l'officier d'état-civil qui a célébré l'union (art. 433-20 C.pén.) et interdiction des unions incestueuses (art. 161 et ss. C.civ.), les personnes ayant des liens de sang ou d'alliance ne peuvent pas de se marier sous réserve de la possibilité reconnue au Président de la République de lever la prohibition pour causes graves (art. 164 C.civ.).

Les conditions de forme du mariage

Le mariage est un contrat solennel, ses conditions de forme doivent être respectées sous peine de nullité de l'acte.

Ainsi, avant la célébration du mariage, les futurs époux sont tenus d'apporter des documents à l'officier d'état-civil (par exemple, un extrait d'acte de naissance) afin qu'il vérifie si les conditions de fond sont bien remplies (art. 63, 70 et 71 C.civ. relatifs à l'acte de mariage). L'officier d'état-civil peut même procéder à l'audition des futurs époux.

L'annonce de la célébration du mariage fait l'objet d'une publication qui intervient 10 jours avant la date prévue pour le mariage (art. 64 C.civ.). Cette mesure de publicité est réalisée pour permettre aux tiers de se manifester et d'informer l'officier d'état-civil d'un éventuel empêchement ou de faire opposition.

La célébration du mariage a lieu « au choix des époux, dans la commune où l'un d'eux, ou l'un de leurs parents, aura son domicile ou sa résidence établie par un mois au moins d'habitation continue à la date de la publication prévue par la loi (art. 74 C.civ.) ».

« Le mariage sera célébré publiquement lors d'une cérémonie républicaine (art. 165 C.civ.) ». La présence de l'officier d'état-civil, de deux témoins (au maximum quatre) est requise ainsi que celle bien sûr des futurs époux sauf empêchements graves ou péril imminent de mort de l'un d'entre eux (art. 75 C.civ.).

L'acte de mariage établi par l'officier d'état-civil prouve l'existence du mariage et la qualité de conjoint des membres du couple marié alors que la possession d'état de personnes mariées ne permet pas de rapporter la preuve de l'union (art. 195 C.civ.).

En cas d'irrégularités dans la formation du mariage, deux séries de sanction civiles sont prévues : l'opposition (*a priori*) et la nullité (*a posteriori*)

L'article 172 du Code civil dispose que « le droit de former opposition à la célébration du mariage appartient à la personne engagée par mariage avec l'une des deux parties contractantes ». D'autres personnes peuvent également former opposition comme les père et mère par exemple (art. 173 et ss C.civ.). L'article 66 du Code civil en prévoit les formes, elle doit être signifiée « à la personne ou au domicile des parties, et à l'officier de l'état civil ». L'opposition lui interdit de célébrer le mariage « avant qu'on lui en ait remis la mainlevée, sous peine de 3 000 euros d'amende et de tous dommages-intérêts (art. 68 C.civ.) ».

La nullité du mariage permet d'anéantir rétroactivement l'union car les conditions exigées pour sa formation n'ont été respectées. Les éléments qui permettent d'obtenir la nullité du mariage sont appelés empêchements dirimants, à la différence des empêchements prohibitifs qui constituent des violations de règles de formation du mariage pour lesquelles le Droit n'a pas prévu de sanction (défaut de publication des bans par exemple).

Il existe deux cas de nullité relative (nullité qui ne peut être invoquée que par certaines personnes légalement déterminées dans un délai de 5 ans) : les vices du consentement (invoqués par l'époux victime ou le Ministère public art. 180 C.civ.) et l'absence de consentement des personnes devant consentir au mariage d'un mineur (invoqué par les parents par exemple, art. 182 C.civ.).

Il existe plusieurs cas de nullité absolue (nullité qui peut être invoquée en principe par toute personne ayant intérêt dans un délai de 30 ans) : l'impuberté, l'absence de consentement, l'absence d'un époux lors de la célébration du mariage, la polygamie, l'inceste, l'absence de publicité du mariage, l'incompétence de l'officier d'état-civil et la fraude à la loi.

L'annulation du mariage est rétroactive mais il existe une dérogation à l'effet rétroactif de l'anéantissement de l'union : le mariage putatif. L'article 201 du Code civil précise que « le mariage qui a été déclaré nul produit, néanmoins, ses effets à l'égard des époux, lorsqu'il a été contracté de bonne foi. Si la bonne foi n'existe que de la part de l'un des époux, le mariage ne produit ses effets qu'en faveur de cet époux ». Ainsi, la liquidation de leur régime matrimonial peut être organisée comme si leur union avait pu produire des effets patrimoniaux.

Les effets du mariage

Le mariage est une union de personnes mais également une union de biens. Par conséquent, les effets du mariage se développent sur le terrain personnel (extrapatrimonial) et sur le terrain patrimonial.

Les effets personnels du mariage

Le Régime primaire présenté aux articles 212 et suivants du Code civil fixe les grands principes directeurs des relations entre époux. Ces textes constituent l'Ordre public matrimonial, ils s'imposent par principe à tous les couples mariés. L'officier d'état-civil fait la lecture de certains articles lors de la célébration du mariage afin d'insister sur les droits et devoirs de chacun.

L'article 212 du Code civil dispose que « Les époux se doivent mutuellement respect, fidélité, secours, assistance ». Le respect est pour le Droit français le premier devoir entre époux. Cette notion a été introduite à l'article 212 par la loi du 4 avril 2006 renforçant la prévention et la répression des violences au sein d'un couple ou commises contre les mineurs. Les violences domestiques constituent un fléau social, le Législateur a essayé d'y apporter une réponse rapide avec la loi du 9 juillet 2010 qui permet notamment au Juge aux affaires familiales de prendre une ordonnance de protection afin de sécuriser les victimes (art. 515-9 et ss C.civ.), (voir *Le Droit patrimonial de la famille,* p. 141 et suivants).

Le devoir de fidélité condamne l'adultère qui peut être une cause de divorce (art. 242 C.civ.) et engager la responsabilité civile délictuelle de l'époux fautif. Ce devoir de fidélité est maintenu jusqu'à ce que la décision prononçant le divorce ait force de chose jugée.

Le devoir d'assistance a un caractère moral, les époux par principe doivent s'entraider et se soutenir moralement.

L'alinéa 1er de l'article 215 du Code civil instaure un devoir de cohabitation, les époux « s'obligent mutuellement à une communauté de vie ». Les conjoints sont tenus d'habiter ensemble, d'avoir la même résidence (sous réserve de l'article 108 C.civ.).

À noter que le fameux devoir conjugal (obligation d'entretenir des relations sexuelles avec son conjoint) relève du devoir de cohabitation, le non-respect de ce devoir conjugal peut permettre de fonder une demande de divorce pour faute.

L'article 213 du Code civil complète le dispositif en précisant que « les époux assurent ensemble la direction morale et matérielle de la famille. Ils pourvoient à l'éducation des enfants et préparent leur avenir ». Ce texte fait la jonction entre le volet personnel et le volet patrimonial des effets du mariage.

Les effets patrimoniaux du mariage

L'article 212 du Code civil crée un devoir de secours entre les époux. Le devoir de secours est une manifestation du devoir d'entraide matérielle qui existe entre conjoints. Ainsi, un époux dans le besoin peut demander à l'autre de lui apporter un soutien financier qui prendra la forme le plus souvent d'une pension alimentaire. En effet, l'exécution de ce devoir de secours intervient particulièrement en cas de séparation de corps ou de séparation de fait des membres du couple, situation qui peut conduire l'un d'entre eux à être dans le besoin.

Le mariage comprend de nombreux effets patrimoniaux : contribution aux charges du mariage (art. 214 C.civ), cogestion du logement de famille et des meubles meublants qui le garnissent (al. 3 art. 215 C.civ.), solidarité légale des dettes ménagères (art. 220 C.civ.) pour ne citer que les plus importants. L'étude des effets patrimoniaux du mariage relève précisément de la matière des Régimes matrimoniaux (voir *Le Droit patrimonial de la famille*, p. 138 et suivants).

La dissolution du mariage

Le mariage prend fin par le décès de l'un des membres du couple ou par le divorce légalement prononcé (art. 227 C.civ).

Le divorce est parfois la dernière étape d'un processus de délitement du lien marital : les époux ont commencé par une séparation de fait puis une séparation de corps est prononcée et enfin leur divorce intervient.

La séparation de fait amorce la demande de **séparation de corps**. « La séparation de corps ne dissout pas le mariage mais met fin au devoir de cohabitation (art. 299 C.civ.) ». La demande en est faite au Juge aux affaires familiales qui en fonction de son appréciation souveraine, peut décider de prononcer une séparation de corps « dans les mêmes cas et aux mêmes conditions que le divorce judiciaire (art. 296 C.civ.) ». La séparation de corps entraine l'application du régime matrimonial de la séparation de biens et le cas échéant a pour conséquence la liquidation de la Communauté si les époux étaient régis par le régime légal (art. 302 C.civ.). La séparation de corps prend fin par la reprise volontaire de la vie commune (la réconciliation des époux art. 305 C.civ), par la conversion du jugement de séparation de corps en jugement de divorce (art. 306 et ss. C.civ.) ou par le décès d'un des époux.

Le divorce est une cause de dissolution du mariage. La société française marquée par le principe catholique de l'indissolubilité du mariage ne pouvait pas admettre le divorce. Il a fallu attendre la période révolutionnaire pour que le divorce ait Droit de cité dans notre paysage juridique. Maintenu dans le Code civil en 1804, il en sort en 1816 et c'est la loi Naquet du 27 juillet 1884 qui l'inscrit définitivement dans notre Droit de la famille. La grande réforme du divorce initiée par la loi du 11 juillet 1975 a étoffé les cas de divorce possibles et par la suite les lois du 26 mai 2004 et du 18 novembre 2016 ont essayé d'adapter cette institution à l'évolution de la société française.

Les cas de divorce sont présentés à l'article 229 du Code civil : « Les époux peuvent consentir mutuellement à leur divorce par acte sous signature privée contresigné par avocats, déposé au rang des minutes d'un notaire.

Le divorce peut être prononcé en cas :

- soit de consentement mutuel, dans le cas prévu au 1° de l'article 229-2 ;
- soit d'acceptation du principe de la rupture du mariage ;
- soit d'altération définitive du lien conjugal ;
- soit de faute ».

Le divorce par consentement mutuel est un divorce marqué par l'accord des époux, « Lorsque les époux s'entendent sur la rupture du mariage et ses effets, ils constatent, assistés chacun par un avocat, leur accord dans une convention prenant la forme d'un acte sous signature privée contresigné par leurs avocats et établi dans les conditions prévues à l'article 1374. Cette convention est déposée au rang des minutes d'un notaire, qui contrôle le respect des exigences formelles prévues aux 1° à 6° de l'article 229-3. Il s'assure également que le projet de convention n'a pas été signé avant l'expiration du délai de réflexion prévu à l'article 229-4. Ce dépôt donne ses effets à la convention en lui conférant date certaine et force exécutoire ». Ce divorce est par principe sans juge. Ce caractère extrajudiciaire constitue l'innovation majeure de la loi du 18 novembre 2016 de modernisation de la Justice du XXIe siècle. La convention doit comporter un certain nombre de mentions sous peine de nullité comme « 3° La mention de l'accord des époux sur la rupture du mariage et sur ses effets dans les termes énoncés par la convention (art. 229-3 C.civ.) ».

Les époux ne peuvent pas recourir à ce divorce sans juge dans deux cas présentés à l'article 229-2 du Code civil : « Les époux ne peuvent consentir mutuellement à leur divorce par acte sous signature privée contresigné par avocats lorsque :

1° Le mineur, informé par ses parents de son droit à être entendu par le juge dans les conditions prévues à l'article 388-1, demande son audition par le juge ;

2° L'un des époux se trouve placé sous l'un des régimes de protection prévus au chapitre II du titre XI du présent livre ».

L'homologation de la convention par le Juge aux affaires familiales est alors exigée. Ce divorce par consentement mutuel judiciaire est une exception au dispositif qui se veut extrajudiciaire (art. 230 et ss. C.civ.).

Le divorce accepté est défini à l'article 233 du Code civil : « Le divorce peut être demandé par l'un ou l'autre des époux ou par les deux lorsqu'ils acceptent le principe de la rupture du mariage sans considération des faits à l'origine de celle-ci. Cette acceptation n'est pas susceptible de rétractation, même par la voie de l'appel ». Ce divorce est également marqué par l'accord des époux : l'article 234 énonce « S'il a acquis la conviction que chacun des époux a donné librement son accord, le juge prononce le divorce et statue sur ses conséquences ».

Le divorce pour altération définitive du lien conjugal est présenté à l'article 237 du Code civil. L'alinéa 1er de l'article 238 vient préciser la signification de l'expression « altération définitive du lien conjugal » : « L'altération définitive du lien conjugal résulte de la cessation de la communauté de vie entre les époux, lorsqu'ils vivent séparés depuis deux ans lors de l'assignation en divorce ».

Le divorce pour faute constitue le dernier cas de divorce en Droit français. L'article 242 du Code civil dispose que « Le divorce peut être demandé par l'un des époux lorsque des faits constitutifs d'une violation grave ou renouvelée des devoirs et obligations du mariage sont imputables à son conjoint et rendent intolérable le maintien de la vie commune ». Ainsi, la faute dans le divorce pour faute est constituée lorsque deux conditions sont remplies : une violation grave et renouvelée des obligations du mariage et une violation rendant impossible le maintien de la vie commune. L'adultère, des violences physiques ou verbales, l'abandon du domicile conjugal constituent des exemples de faute au sens de l'article 242 du Code civil. La preuve de la faute est possible par tout moyen (art. 259 C.civ.).

La réconciliation des parties rend irrecevable la demande de divorce pour faute (art. 244 C.civ.) mais il faut une *vraie* réconciliation caractérisée par la reprise de la vie commune (élément objectif) et la volonté d'être à nouveau ensemble (élément subjectif, « Le maintien ou la reprise temporaire de la vie commune ne sont pas considérés comme une réconciliation s'ils ne résultent que de la nécessité ou d'un effort de conciliation ou des besoins de l'éducation des enfants (al. 3 art. 244 C.civ.) »).

À noter que les époux peuvent modifier le fondement d'une demande en divorce. « À tout moment de la procédure », ce changement peut intervenir. Des passerelles entre les cas de divorce existent : par exemple, les époux peuvent choisir d'avoir recours à un divorce par consentement mutuel extrajudiciaire (art. 247 1° C.civ) ou « lorsque le divorce aura été demandé pour altération définitive du lien conjugal ou pour faute, demander au juge de constater leur accord pour voir prononcer le divorce pour acceptation du principe de la rupture du mariage (art. 247-1 C.civ.) ».

S'agissant de la procédure en matière de divorce prononcé par le juge, il existe des règles communes applicables à tous les cas de divorce.

L'article L213-3 du Code de l'Organisation Judiciaire dispose que « dans chaque tribunal de grande instance, un ou plusieurs magistrats du siège sont délégués dans les fonctions de juge aux affaires familiales. Le Juge aux affaires familiales connaît : [...] 2° Du divorce, de la séparation de corps et de leurs conséquences, de la liquidation et du partage des intérêts patrimoniaux des époux, des personnes liées par un pacte civil de solidarité et des concubins, sauf en cas de décès ou de déclaration d'absence ; [...] ».

Le Juge aux affaires familiales (JAF) est le juge du divorce qui va notamment organiser la vie des époux pendant l'instance, jusqu'à ce que la décision de divorce passe en force de chose jugée. Il pourra prendre des mesures provisoires comme l'attribution à l'un d'eux de la jouissance du logement ou la fixation de la pension alimentaire (art. 254 et ss. C.civ.).

Pour les divorces autres que le divorce par consentement mutuel judiciaire (divorce accepté, divorce pour altération définitive du lien conjugal et divorce pour faute), la demande ne présente pas les motifs du divorce (art. 251 C.civ.) afin que la tentative obligatoire de conciliation puisse se dérouler dans les meilleures conditions. Le juge essaie de trouver une solution au divorce et à ses conséquences. « Lorsque le juge constate que le demandeur maintient sa demande, il incite les époux à régler les conséquences du divorce à l'amiable. Il leur demande de présenter pour l'audience de jugement un projet de règlement des effets du divorce. À cet effet, il peut prendre les mesures provisoires prévues à l'article 255 (art. 252-2 C.civ.) ». L'ordonnance de non-conciliation (ONC) que prend le JAF autorise les époux à introduire une instance en divorce (art. 257-2 C.civ).

Le JAF prononce la décision de divorce, son jugement est susceptible de voies de recours (appel voire pourvoi en cassation).

Pour le divorce par consentement mutuel judiciaire (lorsqu'un enfant mineur a demandé à être entendu par le juge), le juge est saisi aux fins d'homologation de la convention de divorce dans le cadre d'une procédure gracieuse. « Le juge homologue la convention et prononce le divorce s'il a acquis la conviction que la volonté de chacun des époux est réelle et que leur consentement est libre et éclairé. Il peut refuser l'homologation et ne pas prononcer le divorce s'il constate que la convention préserve insuffisamment les intérêts des enfants ou de l'un des époux (art. 232 C.civ.) ». L'article 250-2 du Code civil vient préciser qu'« en cas de refus d'homologation de la convention, le juge peut cependant homologuer les mesures provisoires au sens des articles 254 et 255 que les parties s'accordent à prendre jusqu'à la date à laquelle le jugement de divorce passe en force de chose jugée, sous réserve qu'elles soient conformes à l'intérêt du ou des enfants. Une nouvelle convention peut alors être présentée par les époux dans un délai maximum de six mois ». L'article 250-3 du Code civil conclut : « À défaut de présentation d'une nouvelle convention dans le délai fixé à l'article 250-2 ou si le juge refuse une nouvelle fois l'homologation, la demande en divorce est caduque ».

Les effets du divorce

« Le mariage est dissous :

1° Par la convention de divorce conclue par acte sous signature privée contresigné par avocats, à la date à laquelle elle acquiert force exécutoire ;

2° Par la décision qui prononce le divorce, à la date à laquelle elle prend force de chose jugée (art. 260 C.civ.) »

Le divorce met fin à l'union, les personnes ne sont plus mariées : elles ne sont tenues de respecter les obligations du Régime primaire.

À noter qu'en principe le divorce n'a pas d'impact sur l'Autorité parentale qui demeure exercée conjointement par les parents. Le juge tranchera la question de la résidence de l'enfant.

Le divorce développe de nombreux effets patrimoniaux.

S'agissant des conséquences patrimoniales du divorce entre les époux, la date des effets du divorce varie en fonction du cas de divorce : c'est la date à laquelle la convention acquiert force exécutoire dans le cadre d'un divorce par consentement mutuel extra-judiciaire, c'est la date de l'homologation de la convention dans le cadre d'un divorce par consentement mutuel judiciaire et c'est la date de l'ordonnance de non conciliation pour tous les autres cas de divorce (sauf si les époux ont demandé la fixation à la date où ils ont cessé de cohabiter et de collaborer art. 262-1 C.civ.).

S'agissant des conséquences patrimoniales du divorce vis-à-vis des tiers, le divorce leur est opposable à la date de sa transcription en marge de l'acte de mariage et des actes de naissance des époux.

Le divorce met fin à la vocation successorale des ex-époux qui ne sont plus héritiers l'un de l'autre. S'agissant du sort des donations entre époux et des avantages matrimoniaux, il convient de distinguer : « Le divorce est sans incidence sur les avantages matrimoniaux qui prennent effet au cours du mariage et sur les donations de biens présents quelle que soit leur forme.

Le divorce emporte révocation de plein droit des avantages matrimoniaux qui ne prennent effet qu'à la dissolution du régime matrimonial ou au décès de l'un des époux et des dispositions à cause de mort, accordés par un époux envers son conjoint par contrat de mariage ou pendant l'union, sauf volonté contraire de l'époux qui les a consentis. Cette volonté est constatée dans la convention signée par les époux et contresignée par les avocats ou par le juge au moment du prononcé du divorce et rend irrévocables l'avantage ou la disposition maintenus (art. 265 C.civ.) ».

Il existe des dispositions spécifiques relatives à l'attribution de la jouissance ou de la pleine propriété du logement de famille.

Le divorce entraîne par voie de conséquence la liquidation du régime matrimonial, les époux demeurent relativement libres de s'accorder sur cette question, le législateur essayant d'encourager la résolution amiable de cette question (art. 265-2 C.civ.). L'article 267 du Code civil précise qu'« à défaut d'un règlement conventionnel par les époux, le juge statue sur leurs demandes de maintien dans l'indivision, d'attribution préférentielle et d'avance sur part de communauté ou de biens indivis. Il statue sur les demandes de liquidation et de partage des intérêts patrimoniaux, dans les conditions fixées aux articles 1361 à 1378 du code de procédure civile, s'il est justifié par tous moyens des désaccords subsistant entre les parties, notamment en produisant :

- une déclaration commune d'acceptation d'un partage judiciaire, indiquant les points de désaccord entre les époux ;
- le projet établi par le notaire désigné sur le fondement du 10° de l'article 255.

Il peut, même d'office, statuer sur la détermination du régime matrimonial applicable aux époux ».

La prestation compensatoire est également un effet patrimonial du divorce, c'est une conséquence de la fin du devoir de secours entre époux du Régime primaire. Ainsi, « l'un des époux peut être tenu de verser à l'autre une prestation destinée à compenser, autant qu'il est possible, la disparité que la rupture du mariage crée dans les conditions de vie respectives. Cette prestation a un caractère forfaitaire. Elle prend la forme d'un capital dont le montant est fixé par le juge. Toutefois, le juge peut refuser d'accorder une telle prestation si l'équité le commande, soit en considération des critères prévus à l'article 271, soit lorsque le divorce est prononcé aux torts exclusifs de l'époux qui demande le bénéfice de cette prestation, au regard des circonstances particulières de la rupture (art. 270 C.civ.) ». La prestation compensatoire présente une double nature : indemnitaire et alimentaire.

À défaut d'accord entre les époux, le juge détermine son montant et sa forme. Son évaluation dépend de la consistance du patrimoine de chacun des époux et de leurs besoins actuels et à venir (art. 271 C.civ.). Elle prend en principe la forme d'un capital (art. 274 C.civ.) et par exception, celle d'une rente (art. 276 C.civ.).

À noter que si le divorce a des conséquences d'une particulière gravité, l'article 266 du Code civil prévoit que des dommages et intérêts pourront être alloués à l'époux victime (dans le cadre d'un divorce pour faute prononcée aux torts exclusifs de l'autre, par exemple).

Le PACS

Introduit dans le Code civil par la loi du 15 novembre 1999 et réformé par la loi du 23 juin 2006 et celle du 18 novembre 2016, le Pacte civil de solidarité (PACS) constitue le 2e mode de conjugalité en Droit français. L'article 515-1 en donne la définition : « Un pacte civil de solidarité est un contrat conclu par deux personnes physiques majeures, de sexe différent ou de même sexe, pour organiser leur vie commune ».

La formation

Les conditions de fond

Le PACS est un contrat, il est donc soumis aux conditions de fond classiques de validité des contrats : consentement, objet certain et licite et capacité. Le Code civil détaille la condition de capacité des parties. Seul un majeur peut souscrire un Pacs, le mineur même émancipé ne saurait le faire. S'agissant des majeurs protégés, l'article 461 du Code civil s'intéresse à la personne sous curatelle qui « ne peut, sans l'assistance du curateur, signer la convention par laquelle elle conclut un pacte civil de solidarité ». La situation de la personne sous tutelle est traitée à l'article 462, « la conclusion d'un pacte civil de solidarité par une personne en tutelle est soumise à l'autorisation du juge ou du conseil de famille s'il a été constitué, après audition des futurs partenaires et recueil, le cas échéant, de l'avis des parents et de l'entourage. L'intéressé est assisté de son tuteur lors de la signature de la convention ».

Le Pacs ne peut pas être conclu entre parents ou entre alliés (art. 515-2 C.civ.). Cette interdiction rappelle la prohibition de l'inceste dans le cadre du mariage, sanctionnée de la même manière par la nullité absolue du contrat mais sans dérogation possible.

Le Pacs semble construit sur le modèle du mariage et l'interdiction de la polygamie en est une nouvelle illustration (art. 515-2 C.civ.).

Les conditions de forme

L'article 515-3 du Code civil explique que les partenaires peuvent choisir la forme de la convention de Pacs : acte notarié ou acte sous seing privé. Son enregistrement et les formalités de publicité sont confiés à l'officier d'état-civil ou au notaire si la convention est notariée.

« Il est fait mention, en marge de l'acte de naissance de chaque partenaire, de la déclaration de pacte civil de solidarité, avec indication de l'identité de l'autre partenaire. [...] Le pacte civil de solidarité ne prend effet entre les parties qu'à compter de son enregistrement, qui lui confère date certaine. Il n'est opposable aux tiers qu'à compter du jour où les formalités de publicité sont accomplies. Il en va de même des conventions modificatives (art. 515-3-1 C.civ.) ».

Les effets

Le Pacs développe des effets personnels et des effets patrimoniaux.

S'agissant des effets personnels, le Pacs à l'instar du mariage crée une obligation de vie commune et un devoir d'assistance réciproque.

S'agissant des effets patrimoniaux, la référence au Régime primaire des couples mariés est indéniable. Ainsi, les partenaires pacsés sont tenus d'une aide matérielle réciproque « proportionnelle à leurs facultés respectives » qui rappelle la contribution aux charges du mariage de l'article 214 du Code civil. La solidarité légale pour dettes ménagères de l'article 220 du Code civil se retrouve à l'alinéa 2 de l'article 515-4, elle concerne « les dettes contractées par l'un d'eux pour les besoins de la vie courante. Toutefois, cette solidarité n'a pas lieu pour les dépenses manifestement excessives. Elle n'a pas lieu non plus, s'ils n'ont été conclus du consentement des deux partenaires, pour les achats à tempérament ni pour les emprunts à moins que ces derniers ne portent sur des sommes modestes nécessaires aux besoins de la vie courante et que le montant cumulé de ces sommes, en cas de pluralité d'emprunts, ne soit pas manifestement excessif eu égard au train de vie du ménage ».

Les partenaires peuvent choisir entre deux organisations patrimoniales : un modèle séparatiste et un modèle qui fonctionne sur la base de l'indivision. Le modèle séparatiste constitue le régime légal supplétif depuis la loi du 23 juin 2006 puisqu'à défaut de manifestation de volonté dans la convention, ce mode d'organisation patrimoniale sera appliqué aux biens des partenaires et déterminera notamment les règles de gestion (art. 515-5 C.civ.).

La dissolution

L'article 515-7 du Code civil présente les causes de dissolution d'un Pacs : le décès d'un partenaire, le mariage d'un partenaire (pas forcément avec l'autre partenaire pacsé), la rupture unilatérale et la déclaration de rupture conjointe. En cas de décès ou de mariage, la dissolution prend effet au jour de l'événement en question, en cas de dissolution par rupture (unilatérale ou conjointe), elle « prend effet, dans les rapports entre les partenaires, à la date de son enregistrement. [...] Elle est opposable aux tiers à partir du jour où les formalités de publicité ont été accomplies (art. 515-7 C.civ.) ».

Le cas échéant, il faudra partager les indivisions existantes en fonction de la convention de Pacs ou des règles légales de l'indivision.

Le partenaire, victime d'une rupture préjudiciable pourra en obtenir réparation auprès du Juge (al. 9 art. 515-7 C.civ.).

Enfin en cas de décès, le partenaire survivant n'a pas de vocation successorale mais un droit temporaire au logement d'un an (al. 3 art. 515-6 C.civ.) qui à la différence de celui du conjoint survivant n'est pas d'Ordre public.

Le concubinage

Défini à l'article 515-8 du Code civil, l'union libre ou « le concubinage est une union de fait, caractérisée par une vie commune présentant un caractère de stabilité et de continuité, entre deux personnes, de sexe différent ou de même sexe, qui vivent en couple ». Cette situation factuelle se prouve par tout moyen, la preuve est libre (certificat de concubinage délivré en Mairie, témoignages, déclarations sur l'honneur, *etc.*).

Le concubinage ne produit pas d'effets patrimoniaux : les concubins n'ont pas de régime matrimonial et le Régime primaire ne leur est pas applicable (pas de protection du logement, de solidarité légale des dettes ménagères, de contribution aux charges du mariage, *etc.*).

Ils peuvent toutefois décider d'acquérir des biens ensemble et constituer des indivisions conventionnelles.

La rupture du concubinage est libre mais pourrait engager la responsabilité civile délictuelle de son auteur si elle apparaît fautive.

La rupture n'entraîne pas de liquidation sauf s'il existe des indivisions à partager.

La Jurisprudence dans le cas d'un concubin qui a collaboré sans rémunération à l'activité professionnelle de l'autre, essaie de trouver une solution lui permettant de rééquilibre patrimonialement cette situation. Les juges utilisent soit l'enrichissement sans cause (le concubin en n'étant pas payé s'est appauvri au profit de l'autre) soit la société créée de fait (le concubin en travaillant a fait un apport en industrie à une société créée de fait constituée avec l'autre dans le respect des conditions de l'article 1832 du Code civil, leur rupture entraînera la liquidation de leur société et répartition de ses actifs).

Le concubin n'a pas de vocation successorale : au décès de l'autre, il n'est pas héritier *ab intestat*. Les libéralités permettent de pallier cette absence de droit dans les limites de l'Ordre public successoral (respect de la Réserve notamment). En effet, les libéralités entre concubins sont licites même lorsqu'elles ont été consenties « à l'occasion d'une relation adultère (Ass.Plen., 29 octobre 2004) ».

Les enfants

La filiation

La filiation constitue juridiquement le lien existant entre un enfant et ses parents. Ce lien de filiation établit la qualité de parents et de descendants pour le Droit.

« Tous les enfants dont la filiation est légalement établie ont les mêmes droits et les mêmes devoirs dans leurs rapports avec leur père et mère. Ils entrent dans la famille de chacun d'eux (art. 310 C.civ.) ».

Ce principe d'égalité entre les filiations retenues dès la loi 3 janvier 1972, n'a cessé d'être réaffirmé et précisé comme en témoigne l'ordonnance du 4 juillet 2005.

Il existe un principe général de liberté d'établissement de la filiation qui n'est cependant pas applicable aux enfants nés sous X ou aux enfants incestueux (leur filiation ne pouvant être établie qu'à l'égard d'un seul des deux parents).

La preuve de la filiation

Différents modes de preuve permettent d'établir la filiation :

- la double présomption de la date et de la période de conception énoncée à l'article 311 du Code civil, « la loi présume que l'enfant a été conçu pendant la période qui s'étend du trois centième au cent quatre-vingtième jour, inclusivement, avant la date de la naissance. La conception est présumée avoir eu lieu à un moment quelconque de cette période, suivant ce qui est demandé dans l'intérêt de l'enfant. La preuve contraire est recevable pour combattre ces présomptions ».
- la possession d'état de l'article 311-1 du Code civil : la possession d'état est composée du *tractatus* (la façon d'être traité comme l'enfant d'une personne), de la *fama* (le fait d'être connu comme l'enfant de telle personne) et du *nomen* (le fait de porter le nom de la personne dont on a l'apparence d'être l'enfant). Cette possession doit être utile, sans vices (« La possession d'état doit être continue, paisible, publique et non équivoque (art. 311-2 C.civ.) » et s'être prolongée dans le temps (la loi ne fixe pas de durée).
- l'admission de tout moyen par principe car la preuve en la matière est libre (art. al. 2 art. 310-3 C.civ.).

Le Droit français connaît plusieurs modes d'établissement de la filiation. Ces modes correspondent au contexte juridique de la naissance de l'enfant.

L'enfant né de parents mariés

La filiation pour les enfants nés d'un couple marié est établie par l'effet de loi. Cet établissement par l'effet de la loi vaut aussi bien pour la mère que pour le père.

S'agissant de la mère, l'article 311-25 du Code civil prévoit que « la filiation est établie, à l'égard de la mère, par la désignation de celle-ci dans l'acte de naissance de l'enfant ». Par conséquent, si la mère ne la souhaite pas, elle pourra accoucher sous X afin que le lien de filiation ne puisse pas s'établir entre elle et l'enfant.

S'agissant du père, sa filiation est présumée par la loi, c'est la fameuse présomption de paternité de l'article 312 du Code civil : « L'enfant conçu ou né pendant le mariage a pour père le mari ». Toutefois, cette présomption est parfois écartée (art. 313 C.civ.).

L'enfant né de parents qui ne sont pas mariés

La filiation de l'enfant s'établit par reconnaissance de maternité et de paternité (art. 316 C.civ.). Cet acte de reconnaissance crée un lien de filiation à l'égard de son auteur (divisibilité de la filiation) et l'inscrit dans sa famille. Cette déclaration peut intervenir à tout moment car le droit de reconnaître un enfant est imprescriptible (sauf si l'enfant connaît déjà un lien de filiation avec une autre personne). À noter qu'elle peut être réalisée avant la naissance (reconnaissance prénatale ou anténatale).

Comme l'alinéa 3 de l'article 316 du Code civil le précise, la reconnaissance « est faite dans l'acte de naissance, par acte reçu par l'officier de l'état civil ou par tout autre acte authentique ».

La filiation ainsi établie a un effet déclaratif (le lien est rétroactivement créé depuis le jour de la naissance de l'enfant), elle est irrévocable (sous réserve de l'issue d'une action en justice la contestant).

Dans les deux situations, enfant né d'un couple marié ou enfant né de parents non mariés, la filiation pourra, si elle ne l'a pas été par les autres modes d'établissement précités, être établie par la possession d'état (art. 317 C.civ.). Le tribunal à la demande de l'enfant ou des parents délivrera si les conditions de la possession d'état sont remplies, un acte de notoriété. Cet acte de notoriété constate la filiation de l'enfant qui sera alors mentionnée en marge de son acte de naissance.

Les modes d'établissement de la filiation qui viennent d'être présentés, sont non contentieux. Par contre, il existe des modes d'établissement contentieux de la filiation car intervenant dans le cadre d'une action en recherche de filiation.

Les actions en recherche de filiation sont de la compétence du Tribunal de Grande Instance. Elles ont pour caractéristiques d'être : indisponibles (pas être l'objet d'une renonciation conventionnelle), transmissibles sous conditions aux héritiers (art. 322

C.civ.) et chronologiques (« Tant qu'elle n'a pas été contestée en justice, la filiation légalement établie fait obstacle à l'établissement d'une autre filiation qui la contredirait (art. 320 C.civ.) »).

Le délai pour agir est de 10 ans (art. 321 C.civ.), il est suspendu par la minorité de l'enfant.

Le jugement est déclaratif (il produit donc des effets qui rétroagissent au jour de la naissance de l'enfant), il est opposable à tous.

Il existe trois actions en recherche de filiation :

- l'action en recherche de maternité (art. 325 C.civ, « À défaut de titre et de possession d'état, la recherche de maternité est admise »).
- l'action en recherche de paternité (art. 327 C.civ.).
- l'action en constatation de possession d'état (art. 330 C.civ.).

Une fois la filiation établie, elle pourrait être contestée.

La contestation de la filiation

Différentes hypothèses sont présentées dans le Code civil.

Article 333 du Code civil : « Lorsque la possession d'état est conforme au titre, seuls peuvent agir l'enfant, l'un de ses père et mère ou celui qui se prétend le parent véritable. L'action se prescrit par cinq ans à compter du jour où la possession d'état a cessé ou du décès du parent dont le lien de filiation est contesté.

Nul, à l'exception du ministère public, ne peut contester la filiation lorsque la possession d'état conforme au titre a duré au moins cinq ans depuis la naissance ou la reconnaissance, si elle a été faite ultérieurement ».

Article 334 du Code civil : « À défaut de possession d'état conforme au titre, l'action en contestation peut être engagée par toute personne qui y a intérêt dans le délai prévu à l'article 321 ».

Article 335 du Code civil : « La filiation établie par la possession d'état constatée par un acte de notoriété peut être contestée par toute personne qui y a intérêt en rapportant la preuve contraire, dans le délai de dix ans à compter de la délivrance de l'acte ».

Le jugement qui remet en question la filiation précédemment établie est déclaratif, le lien est rétroactivement détruit. Toutefois, l'article 337 du Code civil précise que « lorsqu'il accueille l'action en contestation, le tribunal peut, dans l'intérêt de l'enfant, fixer les modalités des relations de celui-ci avec la personne qui l'élevait ». Ainsi, tout contact n'est pas obligatoirement rompu.

À noter que le Ministère public peut également agir en contestation de filiation « si des indices tirés des actes eux-mêmes la rendent invraisemblable ou en cas de fraude à la loi. (art. 326 C.civ.) ».

Les enfants adoptés

La filiation adoptive procède d'un acte juridique (la requête en adoption) et non d'un fait juridique (la naissance). L'adoption est une ancienne institution juridique et le Droit français en connaît deux manifestations : l'adoption plénière et l'adoption simple.

L'adoption plénière

Les conditions de l'adoption plénière

Il existe des conditions générales et des conditions particulières.

S'agissant des conditions générales :

- L'adoption plénière peut être faite par un couple marié depuis au moins deux ans ou âgés l'un et l'autre de plus de 28 ans (art. 343 C.civ.) ou par une personne seule de plus de 28 ans sauf si elle adopte l'enfant de son conjoint, dans ce cas il n'y a plus de condition d'âge (art. 343-1 et -2 C.civ.).
- L'adoption plénière ne concerne que les « enfants âgés de moins de 15 ans accueillis au foyer du ou des adoptants depuis au moins 6 mois (art. 345 C.civ.) ». Le mineur de 13 ans doit consentir à son adoption plénière.
- À noter que l'adoption plénière de l'enfant de son conjoint est strictement encadrée (art. 345-1 C.civ.).

S'agissant des conditions particulières qui concernent les enfants adoptables, l'article 347 du Code civil en présente les trois catégories :

- les enfants dont les père et mère ont donné leur consentement à leur adoption (consentement qui peut être rétracté dans un délai de 2 mois, al. 2 art. 348-3 C.civ.) ;
- les pupilles de l'État ;
- les enfants ayant fait l'objet d'une déclaration judiciaire de délaissement parental (voir art. 381-1 et ss. C.civ.).

La procédure d'adoption plénière se déroule en deux temps :

- 1re étape : le placement de l'enfant en vue de son adoption, il s'agit de la remise de l'enfant à la personne ou au couple, futur(s) adoptant(s).
- 2e étape : la procédure devant le Tribunal de Grande Instance, il s'agit d'une procédure gracieuse, l'alinéa 1er de l'article 353 du Code civil précise que « l'adoption est prononcée à la requête de l'adoptant par le tribunal de grande instance qui vérifie dans un délai de six mois à compter de la

saisine du tribunal si les conditions de la loi sont remplies et si l'adoption est conforme à l'intérêt de l'enfant ». Si « le jugement prononçant une adoption n'a pas à être motivé (art. 353 *in fine* C.civ.) », ce n'est pas le cas de celui qui la refuserait.

« Dans les quinze jours de la date à laquelle elle est passée en force de chose jugée, la décision prononçant l'adoption plénière est transcrite sur les registres de l'état civil du lieu de naissance de l'adopté, à la requête du procureur de la République (art. 354 C.civ.).

▸ Les effets de l'adoption plénière

L'adoption plénière opère une rupture avec la famille d'origine de l'enfant. Désormais, il a un lien de filiation établi par jugement avec ses parents adoptifs et prend place au sein de leur famille. Ce jugement est constitutif, il n'a pas d'effets rétroactifs, la filiation adoptive est créée à compter du jour du dépôt de la requête en adoption. La destruction du lien de filiation originaire intervient également à compter du jour du dépôt de la requête en adoption (sous réserve du maintien des prohibitions au mariage liées à l'inceste par exemple, art. 356 C.civ.).

L'adoption plénière est irrévocable.

L'adoption simple

L'adoption simple, à la différence de l'adoption plénière, laisse subsister des liens entre l'adopté et sa famille d'origine.

▸ Les conditions de l'adoption simple

Les conditions précédemment présentées dans le cadre de l'adoption plénière sont reprises pour l'adoption simple (art. 361 C.civ.). Cependant, il existe quelques spécificités, par exemple, toute personne peut être adoptée (un mineur ou un majeur) car il n'y a pas de condition d'âge (art. 360 C.civ.).

S'agissant de la procédure, il n'y a pas de placement en vue de l'adoption.

À noter que « dans les quinze jours de la date à laquelle elle est passée en force de chose jugée, la décision prononçant l'adoption simple est mentionnée ou transcrite sur les registres de l'état civil à la requête du procureur de la République (art. 362 C.civ.) ».

▸ Les effets de l'adoption simple

Le jugement permet d'établir un lien de filiation entre l'adopté et le ou les adoptants mais ne place pas l'adopté dans leur famille respective : « L'adopté reste dans sa famille d'origine et y conserve tous ses droits, notamment ses droits héréditaires (art. 364 C.civ.) ». L'adopté simple a une vocation successorale dans la famille de l'adoptant mais n'aura pas la qualité d'héritier réservataire à l'égard de ses ascendants (art. 368 C.civ.).

L'adoptant et l'adopté ont une obligatoire alimentaire réciproque, l'adopté conserve un droit aux aliments à l'encontre de sa famille d'origine et réciproquement (art. 367 C.civ.).

L'adoption simple d'une personne majeure peut être révoquée (art. 370 C.civ.) à la demande de l'adopté ou de l'adoptant, si c'est une personne mineure, seul Ministère public pourra le demander.

Les enfants nés grâce une Assistance médicale à la procréation (AMP) également appelée Procréation médicalement assistée (PMA)

Le Code de la Santé publique présente différentes techniques de PMA : ce sont « des pratiques cliniques et biologiques permettant la conception *in vitro*, la conservation des gamètes, des tissus germinaux et des embryons, le transfert d'embryons et l'insémination artificielle (al. 1er art. L2141-1 C.s.p.) ». Le Droit civil de la famille s'est intéressé à la question du lien de filiation des enfants nés grâce à une PMA avec tiers donneur. Les articles 311-19 et 311-20 du Code civil tendent à assurer une sécurisation juridique du lien de filiation de l'enfant, ainsi :

Article 311-19 du Code civil, « En cas de procréation médicalement assistée avec tiers donneur, aucun lien de filiation ne peut être établi entre l'auteur du don et l'enfant issu de la procréation.

Aucune action en responsabilité ne peut être exercée à l'encontre du donneur ».

Article 311-20 du Code civil, « Les époux ou les concubins qui, pour procréer, recourent à une assistance médicale nécessitant l'intervention d'un tiers donneur, doivent préalablement donner, dans des conditions garantissant le secret, leur consentement au juge ou au notaire, qui les informe des conséquences de leur acte au regard de la filiation.

Le consentement donné à une procréation médicalement assistée interdit toute action aux fins d'établissement ou de contestation de la filiation à moins qu'il ne soit soutenu que l'enfant n'est pas issu de la procréation médicalement assistée ou que le consentement a été privé d'effet.

Le consentement est privé d'effet en cas de décès, de dépôt d'une requête en divorce ou en séparation de corps ou de cessation de la communauté de vie, survenant avant la réalisation de la procréation médicalement assistée. Il est également privé d'effet lorsque l'homme ou la femme le révoque, par écrit et avant la réalisation de la procréation médicalement assistée, auprès du médecin chargé de mettre en œuvre cette assistance.

Celui qui, après avoir consenti à l'assistance médicale à la procréation, ne reconnaît pas l'enfant qui en est issu engage sa responsabilité envers la mère et envers l'enfant.

En outre, sa paternité est judiciairement déclarée. L'action obéit aux dispositions des articles 328 et 331 ».

Les enfants nés d'une Gestation pour autrui (GPA)

La convention de gestation pour autrui est interdite en Droit français (art. 16-7 C.civ.). Cette prohibition ne se rencontre pas dans tous les pays puisque certains l'ont légalisée. L'opération de gestation pour autrui fait intervenir une femme qui consent à porter un enfant qu'elle abandonnera à la naissance afin que les parents d'intention puissent l'adopter. *Quid* du statut d'un enfant né d'une GPA licite à l'étranger ? Peut-on transcrire sur les registres de l'état-civil français son acte de naissance établi suite à ce procédé qui est illicite en France ? La Cour de cassation suite à plusieurs décisions refusant une telle transcription (Cass. civ. 1re, 6 avril 2011 ; Cass. civ. 1re [2 arrêts], 13 septembre 2013 ; Cass. civ. 1re, 19 mars 2014) a opéré un revirement de jurisprudence. Ce changement de position est intervenu suite à la condamnation de la France par la Cour européenne des Droits de l'Homme dans deux arrêts du 26 juin 2014 (CEDH, Labassee c/ France et Mennesson c/ France, 26 juin 2014). L'Assemblée plénière de la Cour de cassation dans deux arrêts en date du 3 juillet 2015 retient que « Vu l'article 47 du code civil et l'article 7 du décret du 3 août 1962 modifiant certaines règles relatives à l'état civil, ensemble l'article 8 de la Convention de sauvegarde des droits de l'homme et des libertés fondamentales ;[...] Attendu qu'il résulte des deux premiers de ces textes que l'acte de naissance concernant un Français, dressé en pays étranger et rédigé dans les formes usitées dans ce pays, est transcrit sur les registres de l'état civil sauf si d'autres actes ou pièces détenus, des données extérieures ou des éléments tirés de l'acte lui-même établissent, le cas échéant après toutes vérifications utiles, que cet acte est irrégulier, falsifié ou que les faits qui y sont déclarés ne correspondent pas à la réalité ; [...] Attendu que, pour refuser la transcription, l'arrêt retient qu'il existe un faisceau de preuves de nature à caractériser l'existence d'un processus frauduleux, comportant une convention de gestation pour le compte d'autrui conclue entre M. X... et Mme Z... ;

Qu'en statuant ainsi, alors qu'elle n'avait pas constaté que l'acte était irrégulier, falsifié ou que les faits qui y étaient déclarés ne correspondaient pas à la réalité, la cour d'appel a violé les textes susvisés ;[...] ».

Le contexte de la GPA ne constitue donc pas un motif de refus de la transcription d'un acte de naissance d'un enfant né d'un tel procédé.

L'Autorité parentale

L'Autorité parentale est définie à l'article 371-1 du Code civil : « L'autorité parentale est un ensemble de droits et de devoirs ayant pour finalité l'intérêt de l'enfant.

Elle appartient aux parents jusqu'à la majorité ou l'émancipation de l'enfant pour le protéger dans sa sécurité, sa santé et sa moralité, pour assurer son éducation et permettre son développement, dans le respect dû à sa personne.

Les parents associent l'enfant aux décisions qui le concernent, selon son âge et son degré de maturité ».

Les règles exposées dans le Code civil sont d'Ordre public sous réserve de la possibilité qu'ont les époux d'aménager conventionnellement la question de l'exercice de leur autorité parentale.

Le contenu de l'autorité parentale

Comme le précise l'article 371-1 du Code civil, il s'agit d' « un ensemble de droits et de devoirs ayant pour finalité l'intérêt de l'enfant ». Ces droits et devoirs peuvent concerner la personne de l'enfant voire ses biens.

La personne de l'enfant

Les parents doivent assurer la protection de leur enfant (devoir de surveillance, devoir de suivre et contrôler son état de santé, devoir de garder l'enfant à leur domicile [art. 371-3 C.civ.]).

Les parents ont un devoir d'éducation de leur enfant afin de lui donner les règles de la vie en société, ce devoir d'éducation implique également qu'ils se préoccupent de la question de sa scolarisation et de sa formation professionnelle.

Les parents sont tenus d'un devoir d'entretien de leur enfant (même majeur) à proportion de leurs facultés respectives (art. 371-2 C.civ.). Ils sont tenus de lui assurer une sécurité matérielle.

À noter l'existence de l'action à fins de susbsides qui permet d'obtenir le versement d'une pension alimentaire de la part d'un homme qui pourrait être le père de l'enfant (art. 342 C.civ.). Si le Tribunal accueille la demande de l'enfant, l'homme va devoir exécuter une obligation parentale d'entretien (preuve par tout moyen de l'existence de relations avec la mère pendant la période légale de conception) alors qu'aucun lien de filiation n'a été établi.

Les biens de l'enfant

L'administration légale des biens du mineur régit la question de leur gestion. Elle est confiée aux titulaires de l'autorité parentale (voir *Le Droit des personnes*, p. 109 et suivants).

L'exercice de l'autorité parentale

« Les pères et mère exercent en commun l'autorité parentale (art. 372 C.civ.) ». Le principe est donc l'exercice en commun. L'article 372-2 du Code civil précise qu'« à l'égard des tiers de bonne foi, chacun des parents est réputé agir avec l'accord de l'autre, quand il fait seul un acte usuel de l'autorité parentale relativement à la personne de l'enfant ». Cette règle pose une présomption afin d'en faciliter l'exercice au quotidien.

En cas de désaccord entre les parents, le Juge aux affaires familiales pourra être saisi et déterminera les modalités de l'exercice de l'autorité parentale (art. 373-2-8 C.civ.).

La séparation des père et mère n'a en principe pas de répercussions sur l'exercice de l'autorité parentale : « La séparation des parents est sans incidence sur les règles de dévolution de l'exercice de l'autorité parentale.

Chacun des père et mère doit maintenir des relations personnelles avec l'enfant et respecter les liens de celui-ci avec l'autre parent.

Tout changement de résidence de l'un des parents, dès lors qu'il modifie les modalités d'exercice de l'autorité parentale, doit faire l'objet d'une information préalable et en temps utile de l'autre parent. En cas de désaccord, le parent le plus diligent saisit le juge aux affaires familiales qui statue selon ce qu'exige l'intérêt de l'enfant. Le juge répartit les frais de déplacement et ajuste en conséquence le montant de la contribution à l'entretien et à l'éducation de l'enfant (art. 373-2 C.civ.) ».

Mais parfois suite à une séparation ou un divorce des parents, l'intérêt de l'enfant commande que l'exercice de l'autorité parentale soit confié à l'un d'entre eux.

Le parent exerce seul les droits et les devoirs attachés à l'autorité parentale, l'autre conserve en principe un droit de visite sauf motifs graves et « conserve le droit et le devoir de surveiller l'entretien et l'éducation de l'enfant al. 5 art. 373-2-1 C.civ.) ».

Si l'intérêt de l'enfant l'exige, l'État peut contrôler et limiter l'exercice de l'autorité parentale. Il existe trois types de mesures qui sont utilisées en fonction de la gravité de la situation :

- l'assistance éducative, le Juge des enfants peut prendre des mesures d'assistance éducatives lorsque « la santé, la sécurité ou la moralité d'un mineur non émancipé sont en danger, ou si les conditions de son éducation ou de son développement physique, affectif, intellectuel et social sont gravement compromises (art. 375 C.civ.) » ;
- la délégation totale ou partielle de l'autorité parentale (« Aucune renonciation, aucune cession portant sur l'autorité parentale, ne peut avoir d'effet, si ce n'est en vertu d'un jugement dans les cas déterminés ci-dessous, art. 376 C.civ. »). En principe, l'autorité parentale est indisponible sauf dans deux cas prévus par la loi : la délégation volontaire (al. 1er art. 377 C.civ.) et la délégation imposée (en cas de désintérêt de l'enfant ou si les parents ne peuvent pas exercer leur autorité parentale al. 2 art. 377 C.civ.). Lorsqu'elle est décidée par le Juge aux affaires familiales, il pourra en adapter les modalités en fonction de l'évolution de la situation.

  La délégation ne porte que sur l'exercice qui est alors confié à un tiers, les parents demeurent titulaires de l'autorité parentale.
- Le retrait de l'autorité parentale permet avant tout de protéger l'enfant de ses parents (art. 378 C.civ.). Le retrait peut être total ou partiel (art. 379 C.civ.). « En prononçant le retrait total ou partiel de l'autorité parentale ou du droit de garde, la juridiction saisie devra, si l'autre parent est décédé ou s'il a perdu l'exercice de l'autorité parentale, soit désigner un tiers auquel l'enfant sera provisoirement confié à charge pour lui de requérir l'organisation de la tutelle, soit confier l'enfant au service départemental de l'aide sociale à l'enfance (al. 1er art. 380 C.civ.) ». L'article 381 du Code civil précise que « Les père et mère qui ont fait l'objet d'un retrait total de l'autorité parentale ou d'un retrait de droits pour l'une des causes prévues aux articles 378 et 378-1 pourront, par requête, obtenir du tribunal de grande instance, en justifiant de circonstances nouvelles, que leur soient restitués, en tout ou partie, les droits dont ils avaient été privés.

  La demande en restitution ne pourra être formée qu'un an au plus tôt après que le jugement prononçant le retrait total ou partiel de l'autorité parentale est devenu irrévocable ; en cas de rejet, elle ne pourra être renouvelée qu'après une nouvelle période d'un an. Aucune demande ne sera recevable lorsque, avant le dépôt de la requête, l'enfant aura été placé en vue de l'adoption.

  Si la restitution est accordée, le ministère public requerra, le cas échéant, des mesures d'assistance éducative ».

Les obligations alimentaires

Les obligations alimentaires créent une solidarité entre les générations : il s'agit d'aider un membre de la famille qui est dans le besoin. C'est le cas du devoir de secours entre époux, de l'obligation d'entretien liée à l'autorité parentale des parents envers leurs enfants, de l'obligation d'entretien prévue entre ascendants et descendants (« Les enfants doivent des aliments à leurs père et mère ou autres ascendants qui sont dans le besoin (art. 205 C.civ.) ».), de l'obligation alimentaire des gendres et belles-filles à leur beau-père et belle-mère (art. 206 C.civ.). Ainsi la famille par le sang comme la famille par alliance peut bénéficier de cette obligation alimentaire qui constitue un devoir familial.

À noter cependant qu'elle n'existe pas entre frères et sœurs.

Le créancier va s'adresser aux personnes débitrices selon les textes. La mise en place peut être réalisée à l'amiable ou être judiciaire. Le Juge aux affaires familiales est compétent en matière d'obligation alimentaire, il en détermine l'existence, le montant, les modalités de paiement et peut la réviser en fonction de la situation.

Le critère d'obtention est l'état de besoin du demandeur qui est établi par tout moyen (le juge regardera ses revenus). Les ressources du débiteur de l'obligation d'aliments sont également examinées pour savoir s'il a la capacité financière de la payer.

L'obligation alimentaire présente classiquement certaines caractéristiques :

Elle est insaisissable, incessible et généralement d'Ordre public (un créancier alimentaire ne saurait y renoncer).

Le créancier peut la demander à toute personne tenue par les textes sans respecter un ordre particulier car il n'y a pas de hiérarchie entre les débiteurs. Il n'y a pas non plus de solidarité entre eux. S'il y a plusieurs débiteurs, le créancier doit diviser ses recours, chacun étant tenu de ne payer que sa part.

L'obligation alimentaire prend le plus souvent la forme d'une pension, d'une somme d'argent versée périodiquement mais les parties peuvent s'accorder sur une exécution en nature.

L'adage « aliments ne s'arréragent pas » signifie que le créancier ne peut pas demander à percevoir rétroactivement le paiement de sommes dues au titre de sa pension alimentaire.

À noter qu'en cas d'inexécution, l'exécution forcée de l'obligation alimentaire pourra être obtenue.

Le droit civil : le droit patrimonial de la famille

Céline KUHN
Maître de conférences – HDR
Université de La Réunion

L'essentiel du Droit patrimonial de la famille

Le Droit patrimonial de la famille mêle l'Être et l'Avoir, la Famille et la Propriété. Cela explique que les grands mécanismes du Droit des Biens s'y retrouvent tel le principe de l'accession de l'article 546 du Code civil ou celui la règle de l'acquisition par transfert de l'article 711 du Code civil. C'est une matière qui développe également ses propres techniques permettant de répondre aux besoins spécifiques de l'organisation des rapports patrimoniaux entre époux ou de la répartition des biens du défunt.

Le Droit patrimonial de la famille est composé des Régimes matrimoniaux, des Successions et des Libéralités.

Les régimes matrimoniaux

Le Régime primaire

Les dispositions du Régime primaire ont été introduites dans le Code civil par la loi du 13 juillet 1965. Les articles 212 et suivants constituent l'Ordre public matrimonial, ces textes à caractère impératif s'imposent à tous les couples mariés en France et les époux ne sauraient par convention y déroger. Le Régime primaire énonce les principes directeurs des relations entre les membres d'un couple marié : ces principes concernent à la fois leurs rapports extrapatrimoniaux comme par exemple l'article 212 du Code civil qui fait référence notamment au devoir de fidélité mais également leurs rapports patrimoniaux.

Les principes directeurs des rapports patrimoniaux entre époux relèvent de deux catégories : les règles qui protègent l'union, et celles qui assurent à l'époux une certaine indépendance. Le challenge auquel a été confronté le Législateur lorsqu'il a mis en place le Régime primaire, a été de trouver un équilibre entre la qualité de membre d'un couple et la liberté individuelle : être marié a nécessairement des conséquences juridiques mais ne saurait entraver de façon trop importante l'activité juridique de chacun des conjoints, à l'inverse, les intérêts individuels de chacun des membres du couple doivent parfois céder le pas devant l'intérêt du couple, l'intérêt de la famille.

Régime primaire et protection de la vie familiale

- **La contribution aux charges du mariage (art. 214 C.civ.)** : les époux doivent participer au règlement des frais nécessaires aux besoins de la famille. Le Législateur ne donne pas la définition de ces charges du mariage dont la caractérisation relève de l'appréciation souveraine des juges du fond (frais de scolarité, frais de nourriture, loyers, remboursement d'un prêt pour l'acquisition du logement familial voire d'une résidence secondaire *etc.*). Chacun des conjoints en fonction de ses possibilités, financières notamment, en assure le paiement : le principe n'est donc pas celui d'un partage moitié/moitié mais comme le dit le texte d'une répartition « à proportion de leurs facultés respectives ». Ainsi, la contribution peut être pécuniaire voire en nature (ex : tâches ménagères). Les époux sont par principe libres de s'organiser comme ils le souhaitent, toutefois l'alinéa 3 de l'article 214 du Code civil rappelle qu'il s'agit d'une obligation dont l'exécution peut être forcée (article L161-3 du Code des Procédures civiles d'exécution).

- **La protection du logement de famille et des meubles meublants qui le garnissent (al. 3 art. 215 C.civ.) :** pour toute opération juridique grave portant sur le logement familial ou les meubles meublants qui le garnissent, le consentement des deux époux est requis sous peine de nullité. Peu importe quel conjoint en est propriétaire, la cogestion est exigée par le Législateur, ce qui permet à un époux de contrôler l'activité juridique de l'autre sur un bien important pour la famille. Sont soumis à la cogestion, les opérations juridiques qui remettent en question l'habitabilité du logement familial ou l'utilisation des meubles meublants contenus dans le logement familial à plus ou moins court terme (la conclusion d'une vente, d'une donation, d'une hypothèque conventionnelle voire la constitution d'un droit d'usufruit, d'un droit d'usage et d'habitation, *etc*). L'alinéa 3 de l'article 215 du Code civil prévoit que la violation de cette règle de cogestion est sanctionnée par la nullité. L'époux qui n'a pas donné son consentement peut agir dans le délai d'une année à partir du moment où il a eu connaissance de l'acte (sans dépasser un an après la dissolution du régime matrimonial). Il s'agit d'une nullité relative.

À noter qu'en matière de contrat de bail, l'article 1751 du Code civil rend les époux cotitulaires du bail portant sur leur logement familial et à ce titre, exige également la cogestion pour toutes opérations graves portant sur le contrat de bail (résiliation) sous peine d'inopposabilité.

- **La solidarité des dettes ménagères (art. 220 C.civ.) :** l'article 220 du Code civil met en place un dispositif des plus complets puisqu'il reconnaît à chacun des époux le pouvoir de créer de la dette ménagère et en assure la garantie auprès du créancier grâce à la solidarité légale. Ainsi, tout conjoint peut par son activité juridique produire de la dette ménagère : des dettes liées à l'entretien du ménage et à l'éducation des enfants. Ces dettes peuvent être d'origine contractuelle (loyers d'un contrat de bail), délictuelle ou légale (le paiement de cotisations sociales). Même si la dette ne provient que d'un seul époux, les deux en seront tenus par l'effet de la solidarité légale. Toutefois, l'application de cette règle apparaît limitée à certaines conditions : il faut être en présence d'une dette ménagère modeste car les dépenses manifestement excessives sont exclues du champ d'application de l'article 220 du Code civil. De plus, par principe, certaines opérations conclues par un seul époux comme les achats à tempéraments (achats à crédit) et les emprunts ne sont pas garantis par la solidarité légale de l'article 220 du Code civil sauf s'ils concernent des dépenses ménagères modestes. Lorsque les deux époux créent par leur consentement une dette ménagère, la solidarité légale s'applique même en présence de dépenses manifestement excessives au regard du niveau de vie du couple.

Régime primaire et protection de l'individu

- **La liberté de travailler, de percevoir et de disposer de ses gains et salaires (art. 223 C.civ.) :** chacun des époux peut choisir d'exercer une activité professionnelle et quelle activité il souhaite, sans avoir à demander l'avis voire le consentement de l'autre. De même, l'époux travailleur est le seul à pouvoir disposer de ses revenus professionnels : il les perçoit et en fait ce qu'il veut « après s'être acquitté des charges du mariage » de l'article 214 du Code civil.

- **La liberté d'ouvrir seul un compte en banque et la présomption de pouvoir le faire fonctionner seul (art. 221 C.civ.) :** c'est une conséquence de la liberté de travailler, à partir du moment où l'époux peut seul décider de travailler et sera celui qui percevra ses salaires, il lui faut un compte en banque. Par principe, une personne mariée peut ouvrir un compte en banque dans l'établissement de son choix sans avoir à obtenir le consentement de l'autre. Une fois le compte ouvert, l'époux qui en est le titulaire est présumé pouvoir réaliser toutes les opérations et avoir la disposition des fonds et des titres en dépôt. Le texte précise que cette présomption à l'égard du dépositaire continue même après la dissolution du mariage.

- **La présomption de pouvoir sur les biens meubles (art. 222 C.civ.) :** ce texte est une déclinaison de la règle de l'article 2276 du Code civil, « En fait de meubles, la possession vaut titre ». Il s'agit de sécuriser les opérations juridiques réalisées par un époux portant sur des biens meubles (administration, jouissance et disposition) avec un tiers de bonne foi. Une présomption de pouvoir réaliser seul cette opération est mise en place par le texte. Par conséquent, les actes conclus par l'époux possesseur sont validés les actes alors même qu'il n'aurait aucun droit sur les biens meubles en question. Seuls les meubles meublants de l'alinéa 3 de l'article 215 du Code civil et les meubles corporels, propres par nature de l'article 1404 du Code civil sont exclus du domaine de ce texte.
- **La liberté de gérer ses biens personnels (art.225 C.civ.) :** par principe, l'époux propriétaire est celui qui assure la gestion de ses biens sous réserve de textes imposant la cogestion comme l'alinéa 3 de l'article 215 du Code civil en matière de logement de famille et des meubles meublants qui le garnissent. En outre, un époux peut toujours confier à son conjoint la mission de gérer ses biens grâce à un contrat de mandat révocable *ad nutum*. Cette disposition du Code civil interdit les mandats irrévocables et le retour de la clause d'unité d'administration qui confiait au seul mari la gestion de l'intégralité des biens des membres du couple.

Les situations de crise

Les époux peuvent anticiper des situations de crise (problèmes de gestion) et conclure un contrat de mandat permettant à l'un d'entre eux de représenter l'autre « dans l'exercice des pouvoirs que le régime matrimonial lui attribue » (art. 218 C.civ.).

Si rien de tel n'a été prévu, la Loi prend le relai et permet au Juge aux affaires familiales de débloquer certaines situations. Lorsqu'un époux est hors d'état de manifester son consentement ou refuse de consentir à un acte et que son refus n'est pas fondé par l'intérêt de famille (intention de nuire à son conjoint), le Juge peut accorder à l'époux qui lui en fait la demande une autorisation judiciaire à conclure seul, un acte qui demanderait l'accord des deux (art.217 C.civ.). Lorsqu'un époux est hors d'état de manifester son consentement, le Juge des tutelles peut habiliter judiciairement l'époux qui lui en fait la demande, à représenter son conjoint dans l'exercice des pouvoirs qu'il tient du régime matrimonial (art. 219 C.civ.).

Face à la dangerosité d'un des membres du couple, le Juge aux affaires familiales peut également intervenir. L'article 220-1 du Code civil prévoit que « si l'un des époux manque gravement à ses devoirs et met en péril les intérêts de la famille, le [Juge aux affaires familiales] peut prescrire toutes mesures urgentes que requièrent ces intérêts » comme interdire des actes de disposition sur des biens voire interdire la fréquentation de certains lieux. Ce texte permet de protéger les intérêts tant patrimoniaux qu'extra-patrimoniaux du couple.

Enfin, le Législateur français s'est engagé dans la lutte contre les violences domestiques. Ces violences – physiques, morales, économiques, sexuelles, *etc.* – ne concernent pas uniquement les couples mariés mais tous les couples. La loi du 9 juillet 2010 a créé au sein du Code civil tout un dispositif qui s'adresse à tous les couples (mariés, pacsés, en concubinage) et qui protège aussi bien les membres d'un couple actuel que les ex- mais également les enfants qui vivent avec le couple en question. Les articles 515-9 et suivants du Code civil permettent au Juge aux affaires familiales d'intervenir en urgence en délivrant une ordonnance de protection dès lors qu'« il estime, au vu des éléments produits devant lui et contradictoirement débattus, qu'il existe des raisons sérieuses de considérer comme vraisemblables la commission des faits de violence allégués et le danger auquel la victime ou un ou plusieurs enfants sont exposés (al.1er art.515-11 C.civ.) ».

En complément des règles du Régime primaire, s'appliquent les règles liées au mode d'organisation patrimoniale : le régime matrimonial *stricto sensu*.

➲ Les modes d'organisation patrimoniale

Les époux disposent d'une grande latitude pour choisir leur mode d'organisation patrimoniale. Le principe est celui de la liberté des conventions matrimoniales, l'article 1387 du Code civil précise que « la loi ne régit l'association conjugale, quant aux biens, qu'à défaut de conventions spéciales, que les époux peuvent faire comme ils le jugent à propos, pourvu qu'elles ne soient pas contraires aux bonnes mœurs, ni aux dispositions qui suivent ».

Le choix des époux doit être exprimé dans un acte notarié sous peine de nullité, établi avant la célébration du mariage ; à défaut, il sera appliqué à l'union le régime matrimonial légal supplétif.

Les époux doivent respecter les règles patrimoniales mises en place mais cette organisation n'est pas définitive. La loi du 13 juillet 1965 a abandonné le principe classique de l'immutabilité des conventions matrimoniales qu'avait retenu le Droit français. Désormais, l'article 1397 du Code civil permet aux époux de changer de mode d'organisation patrimoniale afin d'adapter leur régime matrimonial à leur nouveau projet de vie (changement de profession notamment). Après un délai de 2 ans (délai issu de la loi du 23 juin 2006) et si ce changement répond à l'intérêt de la famille, les époux par acte notarié peuvent modifier leur régime matrimonial initial. Ce changement de régime matrimonial (adoption d'une nouvelle organisation patrimoniale ou simple aménagement du régime initial) est marqué par sa déjudiciarisation puisqu'en principe le juge n'a pas à homologuer l'acte notarié sous réserve de la présence d'enfants mineurs ou de l'opposition formée par les enfants majeurs ou des créanciers de chacun des membres du couple.

Le régime matrimonial légal supplétif : la Communauté légale réduite aux acquêts

En Droit français, le principe est le suivant : l'union de personnes qu'est le mariage, se traduit par la création d'une union de biens. Depuis la loi du 13 juillet 1965, le régime légal supplétif est celui de la Communauté réduite aux acquêts. Si un couple n'a pas choisi d'organisation patrimoniale, ce sont ses règles qui s'appliqueront (art. 1400 C.civ.).

La loi du 23 décembre 1985 a fait évoluer la Communauté légale en instaurant une égalité parfaite entre les époux.

1er thème – L'actif

En régime de Communauté légale, trois masses de biens sont créées, les biens communs (La Communauté), les biens propres de l'époux 1 et les biens propres de l'époux 2.

Les biens communs

La Communauté est composée de toutes les valeurs qui ont été créées par les époux en cours de régime (gains et salaires, fruits et revenus de biens propres) mais également de tous les biens acquis à titre onéreux, les acquêts (art.1401 C.civ.). Ce régime favorise l'alimentation de la Communauté grâce à la présomption d'acquêt (art.1402 C.civ.) : en cas de doute sur la qualification juridique d'un bien, si aucun époux n'arrive à apporter, en principe par écrit, la preuve du caractère propre d'un bien, celui-ci tombe en Communauté.

Les biens propres

Les masses propres de chacun des époux sont alimentées par des biens de différentes catégories : ceux qui appartenaient aux époux avant le mariage, ceux qui ont été acquis en cours de régime matrimonial à titre gratuit (art. 1405 C.civ.), les accessoires d'un bien propre (art. 1406 C.civ.) et ceux qui sont qualifiés de biens propres par le Législateur (biens propres par nature comme les vêtements et linges de maison, les dommages et intérêts pour préjudice corporel ou moral, art.1404 du Code civil, ou une nouvelle quote-part dans une indivision dont l'époux a déjà une quote-part propre, art. 1408 du Code civil).

S'agissant des biens acquis à titre onéreux en cours de régime matrimonial, la présomption d'acquêt jouant, ils sont en principe des biens communs sauf si l'époux qui a utilisé des fonds propres, a pris le soin de procéder à une déclaration d'emploi (sommes d'argent propres) ou de remploi (prix de vente d'un bien propre) dans l'acte d'acquisition afin de fixer la nature propre du bien subrogé (art. 1434 et ss. C.civ.).

En outre, la catégorie des biens mixtes a été développée principalement par la Jurisprudence qui distingue pour un même bien, le titre qui est propre et la finance qui constitue un actif commun : par exemple, s'agissant de parts sociales non négociables, la qualité d'associé est propre mais leur valeur tombe en communauté lorsque ces parts ont été acquises à titre onéreux en cours de mariage (Cass. 1re civ., 4 juillet 2012).

2e thème – la gestion

La gestion des biens communs

L'article 1421 du Code civil organise la question de la gestion des biens communs. Le principe retenu à l'alinéa 1er de ce texte est celui de la gestion concurrente : chacun des époux peut passer seul sur les biens communs des actes d'administration mais également de disposition. Cette règle favorise une gestion dynamique et réactive des biens communs mais également l'autonomie des époux. Par exemple, il n'y a pas besoin de l'autorisation de son conjoint pour dépenser des sommes d'argent communes. Les actes valablement pris par un époux sont opposables à l'autre sous réserve de la fraude. La gestion concurrente est aussi une gestion responsable, l'époux devra répondre des fautes commises dans sa gestion au titre de la responsabilité civile délictuelle de droit commun de l'article 1240 du Code civil.

Il existe des exceptions à la gestion concurrente. L'alinéa 2 de l'article 1421 du Code civil précise que lorsqu'un époux a une profession séparée de celle de son conjoint, il est le seul à pouvoir « accomplir les actes d'administration et de dispositions nécessaires à celle-ci » qui porteraient sur des biens communs. Seul l'époux professionnel est en droit de conclure ces opérations juridiques au nom de l'indépendance professionnelle ; aussi, l'immixtion de l'autre est sanctionnée par la nullité de l'article 1427 du Code civil.

L'alinéa 3 de l'article 1421 du Code civil constitue une exception tant à l'alinéa 1er qu'à l'alinéa 2 : il s'agit de la cogestion. Pour certains actes considérés comme graves patrimonialement, le Législateur a préféré exiger l'accord des époux. Les articles 1422 et 1424 du Code civil détaillent ces opérations soumises à la cogestion sous peine de nullité de l'article 1427 du Code civil : c'est une nullité relative dont le délai pour agir est de deux ans « à partir du jour où il a eu connaissance de l'acte, sans pouvoir jamais être intentée plus de deux ans après la dissolution de la communauté ».

Le domaine de la cogestion est relativement vaste : donation de biens communs (art. 1422 C.civ.) affectation de biens communs à la garantie de la dette d'autrui (art. 1422 C.civ.) ; aliénation ou constitution de droits réels sur certains biens communs (immeubles, fonds de commerce, exploitations, droits sociaux non négociables et meubles corporels dont l'aliénation est soumise à publicité) (al.1er art. 1424 C.civ.) et opérations fiduciaires ayant pour objet des biens communs (al.2 art. 1424 C.civ.). À noter qu'au nom de la liberté testamentaire, le testament portant sur biens communs ne relève pas de la cogestion (art. 1423 C.civ).

La gestion des biens propres

L'article 1428 du Code civil s'intéresse à la gestion des biens propres, confiée par principe à l'époux propriétaire. En cela, ce texte n'est qu'une déclinaison de l'article 225 du Code civil, disposition que l'on trouve dans le Régime primaire.

La gestion des biens propres d'un époux par son conjoint n'est pas interdite mais elle est encadrée par les articles 1429 et suivants du Code civil.

3e thème – le passif

Quand on s'intéresse au passif en régime de Communauté légale, il y a deux notions à envisager :

- l'obligation à la dette (passif provisoire), quels biens sont offerts à la garantie des créanciers des époux ? relations époux débiteur/tiers créancier en cours de régime matrimonial
- la contribution (passif définitif), quelle masse de biens doit définitivement supporter la charge de la dette ? relations entre époux au moment de la liquidation de la Communauté

L'obligation à la dette

La catégorie de dettes créées permet de déterminer sur quels biens le créancier pourra se désintéresser : sa garantie sera plus ou moins étendue.

La « Garantie minimum » est composée des biens propres de l'époux débiteur, de ses gains et salaires, et des fruits et revenus de ses biens propres (article 1411 C.civ.). Cette enveloppe de biens est offerte aux créanciers antérieurs (ceux dont la créance est née avant la célébration du mariage), aux créanciers dont la créance est liée à un bien reçu à titre gratuit en cours de régime (art. 1410 C.civ.) mais également au créancier bénéficiaire d'un cautionnement souscrit par un époux seul ou au créancier ayant conclu un contrat de prêt avec un seul des époux (art. 1415 C.civ.).

La « Garantie moyenne » est composée des biens propres de l'époux débiteur et des biens communs auxquels sont soustraits les gains et salaires de l'autre (art. 1413 et 1414 C.civ.). Cette « Garantie moyenne » constitue le principe : toutes les dettes nées du chef d'un époux en cours de régime, sous réserve de celles nées en fraude des droits de son conjoint, permettent au créancier d'avoir accès à cette enveloppe et cela quelle que soit leur origine ou nature (contractuelle, délictuelle, légale, personnelle ou professionnelle, *etc.*).

Le créancier bénéficiaire d'un cautionnement souscrit par un époux seul ou le créancier ayant conclu un contrat de prêt avec un seul des époux bénéficie de la « Garantie minimum » mais il peut avoir accès à cette « Garantie moyenne » si le conjoint de l'époux débiteur autorise expressément une extension de son droit de poursuite aux biens communs (art. 1415 C.civ.).

Les créanciers de l'article 1410 du Code civil peuvent également en bénéficier en cas de confusion du mobilier (article 1411 C.civ.).

La « Garantie maximum » est composée de tous les biens du couple, biens propres des deux époux et biens communs. Cette enveloppe sert de garantie aux créanciers lors d'engagements contractuels souscrits par les deux conjoints ou lorsque le Législateur a mis en place une solidarité légale comme en matière de dettes ménagères de l'article 220 C.civ.

La contribution à la dette

La question de la contribution à la dette intervient à la fin de la Communauté, au moment de sa liquidation. Les règles du Passif définitif sont exposées à l'article 1409 du Code civil. Ainsi, toute dette contractée au profit de la Communauté (comme un emprunt souscrit en vue de l'amélioration d'un bien commun) constitue une dette définitivement commune. À l'inverse, les dettes qui intéressent un seul époux ou qui ont profité à une seule masse propre, sont des dettes définitivement propres.

Il s'agit d'examiner comment les dettes ont été réglées : ont-elles été payées par des fonds communs ou des fonds propres ? En fonction de leur nature et de la qualification des deniers qui ont servi à leur règlement, un droit à récompense peut naître : exemple dans le cas où une dette définitivement propre (des travaux de rénovation d'un bien propre) a été payée grâce à des fonds communs.

La récompense sert à rééquilibrer économiquement une masse de biens par rapport à une autre (articles 1433 et 1437 C.civ.).

La détermination de l'existence d'une récompense ainsi que le calcul de son montant n'interviennent qu'à la liquidation et pas avant. L'article 1469 du Code civil énonce les différentes modalités de calcul en fonction de la nature de la dépense réalisée. Le texte liste plusieurs types de dépenses : dépenses simples (la moins forte des sommes entre la dépense faite et le profit subsistant), dépenses nécessaires (la dépense faite), dépenses d'amélioration (le profit subsistant – la plus-value réalisée par le bien), dépenses d'acquisition (le profit subsistant – la valeur du bien acquis réévaluée au jour de la liquidation mais dans son état jour acquisition) et dépenses de conservation (la plus forte des deux sommes entre la dépense faite et le profit subsistant).

À noter, ces modalités de calcul ne sont pas d'Ordre public, les époux pourraient en choisir d'autres.

Attention, quand ce rééquilibrage intervient entre masses propres, il s'agit de créances entre époux qui peuvent être réglées en cours de mariage et n'ont pas à attendre la liquidation à la différence des récompenses.

La liquidation de la communauté intervient suite à sa dissolution. Les causes de dissolution sont présentées à l'article 1441 du Code civil : « La communauté se dissout : 1° par la mort de l'un des époux ; 2° par l'absence déclarée ; 3° par le divorce ; 4° par la séparation de corps ; 5° par la séparation de biens ; 6° par le changement du régime matrimonial ». À partir de la dissolution et jusqu'à la liquidation, une indivision post-communautaire comme son nom l'indique, vient remplacer la Communauté légale et les règles tant d'alimentation, de gestion que de passif des ex-biens communs désormais indivis, sont celles de l'indivision des articles 815 et suivants du Code civil.

La liquidation permettra de déterminer l'actif net (actif commun –passif commun) qui sera partagé moitié-moitié entre les époux.

Les régimes conventionnels

Le principe est celui de la liberté des conventions matrimoniales : les époux peuvent dans la limite du respect de l'Ordre public, faire du sur-mesure et créer leur régime matrimonial. En pratique, le plus souvent, les époux préfèreront adopter un « modèle » déjà présent dans le Code civil. Le Code civil, outre les hypothèses de communautés conventionnelles, connaît la séparation de biens et la participation aux acquêts.

Les Communautés conventionnelles

Les règles de la Communauté légale peuvent être aménagées par les époux dans un contrat de mariage et le Code civil donne des exemples d'adaptations possibles, de communautés conventionnelles envisageables comme l'explique l'article 1497 du Code civil : « Les époux peuvent, dans leur contrat de mariage, modifier la communauté légale par toute espèce de conventions non contraires aux articles 1387, 1388 et 1389. Ils peuvent, notamment, convenir :

1° Que la communauté comprendra les meubles et les acquêts ;

2° Qu'il sera dérogé aux règles concernant l'administration ;

3° Que l'un des époux aura la faculté de prélever certains biens moyennant indemnité ;

4° Que l'un des époux aura un préciput ;

5° Que les époux auront des parts inégales ;

6° Qu'il y aura entre eux communauté universelle. Les règles de la communauté légale restent applicables en tous les points qui n'ont pas fait l'objet de la convention des parties ».

Les avantages obtenus grâce à ces aménagements du régime de Communauté légale constituent des avantages matrimoniaux (clause de préciput ou clause de partage inégal) qui ne relèvent pas du régime des libéralités.

La Séparation de biens

Les articles 1536 à 1543 du Code civil présentent le régime de la Séparation de biens. Ce régime prend le contre-pied du régime de Communauté légale puisque l'union de personnes ne crée pas une union de biens, le mariage n'a aucune conséquence patrimoniale : seules deux masses de biens sont mises en place – les biens personnels de l'époux 1 et les biens personnels de l'époux 2.

Cette enveloppe personnelle est composée de tous les biens acquis avant le mariage ainsi que ceux acquis en cours de régime matrimonial que ce soit à titre onéreux ou à titre gratuit par un époux seul. Le principe est donc celui de la gestion exclusive : seul l'époux propriétaire a le pouvoir d'administrer et de disposer de ses biens personnels sous réserve de l'hypothèse de la cogestion du logement familial et des meubles meublants le garnissant de l'alinéa 3 de l'article 215 du Code civil.

Il n'existe pas d'actif commun, il n'existe pas de passif commun non plus. Les dettes sont personnelles à l'un des époux qui offre en garantie de paiement à ses créanciers son enveloppe personnelle sauf en cas de solidarité conventionnelle ou de solidarité légale comme avec les dettes ménagères de l'article 220 du Code civil.

Cependant, il faut noter que des situations d'indivision se rencontrent. L'indivision peut être conventionnelle lorsque les époux décident d'acquérir ensemble certains biens durant le régime matrimonial. L'indivision peut également être d'origine légale : l'alinéa 3 de l'article 1538 C.civ. pose une présomption de propriété indivise, « les biens sur lesquels aucun des époux ne peut justifier d'une propriété exclusive sont réputés leur appartenir indivisément, à chacun pour moitié ».

De plus, les époux peuvent décider de mettre en place, à côté de leur masse personnelle, une société d'acquêts qui fonctionne comme une mini Communauté afin d'assouplir l'esprit séparatiste de leur régime matrimonial.

Des créances entre époux peuvent apparaître en cours de régime matrimonial lorsqu'une enveloppe personnelle s'est appauvrie au profit de l'enveloppe personnelle de l'autre conjoint, les modalités de calcul sont présentées à l'article 1543 du Code civil qui fait un renvoi à l'article 1479 du Code civil consacré à cette question en régime de Communauté légale : le calcul se fait en principe à partir du profit subsistant.

La dissolution du Régime matrimonial n'impacte pas les enveloppes personnelles qui demeurent, seules les indivisions légales et conventionnelles devront être partagées.

La Participation aux acquêts

Ce régime matrimonial est présenté aux articles 1569 à 1581 du Code civil. Cette organisation patrimoniale conventionnelle constitue un modèle mixte, à la fois inspiré par la Séparation de biens et par l'esprit communautaire. Pendant la durée du mariage, les règles de la Séparation de biens s'appliquent (art. 1569 C.civ.), à sa dissolution, une « dose » de Communauté intervient avec la notion de créance de participation qui fait toute l'originalité de ce régime matrimonial.

La créance de participation correspond au « droit de participer pour moitié en valeur aux acquêts nets constatés dans le patrimoine de l'autre, et mesurés par la double estimation du patrimoine originaire et du patrimoine final (art. 1569 C.civ.) ». Il convient d'évaluer le patrimoine final et le patrimoine originaire, de soustraire au premier le second afin de déterminer si une plus-value a été réalisée en cours de mariage.

« Si le patrimoine final d'un époux est inférieur à son patrimoine originaire, le déficit est supporté entièrement par cet époux. S'il lui est supérieur, l'accroissement représente les acquêts nets et donne lieu à participation. S'il y a des acquêts nets de part et d'autre, ils doivent d'abord être compensés. Seul l'excédent se partage : l'époux dont le gain a été le moindre est créancier de son conjoint pour la moitié de cet excédent. À la créance de participation on ajoute, pour les soumettre au même règlement, les sommes dont l'époux peut être d'ailleurs créancier envers son conjoint, pour valeurs fournies pendant le mariage et autres indemnités, déduction faite, s'il y a lieu, de ce dont il peut être débiteur envers lui » (art. 1575 C.civ.).

À noter que suite à l'accord bilatéral franco-allemand du 4 février 2010, entré en vigueur le 1er mai 2013, il existe désormais un régime optionnel de Participation aux acquêts, distinct de celui présent dans le Code civil (destiné notamment aux couples franco allemands) qui s'applique et se liquide de manière identique dans les deux pays.

Pour conclure, les concubins n'ont pas de régime matrimonial. Ils peuvent acquérir en commun par le biais d'indivisions conventionnelles. La Jurisprudence essaie parfois au moment de la liquidation de rétablir un équilibre patrimonial entre les concubins dès lors que l'un d'entre eux a contribué à l'accroissement du patrimoine de l'autre : les juges du fond utilisent les notions d'enrichissement sans cause ou de société de fait.

Les partenaires d'un Pacs ont un régime matrimonial même si techniquement, ils ne sont pas mariés. En effet, l'article 515-5 du Code civil semble rapprocher les effets patrimoniaux du Pacs de ceux d'un régime de Séparation de biens. L'article 515-5-1 précise que les partenaires pourront au contraire décider de soumettre au régime de l'indivision les biens acquis en cours de Pacs. À noter l'existence d'un embryon de Régime primaire pour les pacsés à l'article 515-4 du Code civil qui énonce des règles proches de celle de la contribution aux charges du mariage, et de la solidarité des dettes ménagères.

Les Successions

Le Droit des successions s'intéresse à la répartition des biens et des dettes de la personne décédée. Le principe retenu en Droit français est celui de la continuation du défunt par ses héritiers qui reprendront l'actif et le passif de la succession afin que son décès n'entraîne ni la création de biens sans maître, ni l'extinction de ses dettes. Les textes de référence en la matière sont la loi du 3 décembre 2001 et la grande loi de réforme des successions et des libéralités du 23 juin 2006.

Le droit applicable à la succession dépend de plusieurs paramètres : le lieu et la date de l'ouverture du décès. La succession s'ouvre « par la mort, au dernier domicile du défunt (art. 720 C.civ.) », la référence au domicile permet de déterminer notamment si le Droit français est compétent mais également permet de fixer la juridiction compétente en cas de litige. La date du décès est la date d'ouverture de la succession, elle figure précisément dans l'acte de décès et définit la loi applicable.

Dans les 6 mois du décès, les héritiers doivent souscrire auprès de l'Administration fiscale une déclaration de succession qui indique l'actif et le passif de la succession et qui permet de déterminer les droits de succession qu'ils auront à payer.

À noter qu'en présence de comourants (personnes décédées suite au même évènement comme un accident de la circulation et pour lesquelles il apparaît impossible d'établir l'ordre des décès), l'article 725-1 du Code civil précise que la preuve de l'ordre des décès pourra se faire par tous moyens mais « si cet ordre ne peut être déterminé, la succession de chacune d'elles est dévolue sans que l'autre y soit appelée (al. 2 art. 725-1 C.civ.) ».

La dévolution est la question centrale du droit des successions : qui va être appelé en tant qu'héritier ? Qui est potentiellement celui qui continuera l'activité juridique de la personne décédée ?

La dévolution peut être organisée par la volonté individuelle (dévolution par testament) mais le plus souvent la personne n'aura rien prévu et c'est la loi qui prend le relais (dévolution légale).

Mais avant de savoir qui est appelé à la succession, il faut d'abord déterminer quelles sont les conditions pour pouvoir être appelé ? Cette aptitude à hériter comporte deux conditions :

– il faut exister au jour de l'ouverture de la succession (être né vivant et viable), l'article 725 précise également que l'enfant simplement conçu peut être compté parmi les héritiers mais il ne disposera de ses droits que si effectivement, il accède à la qualité de personne juridique.

– il ne faut pas être indigne, l'indignité est une sanction civile, c'est la déchéance de la qualité d'héritier. L'indignité peut être de plein droit ou facultative, tout dépend de la gravité des faits pour lesquels a été condamnée pénalement la personne. Par son comportement, elle a porté atteinte à la vie voire à l'honneur de son auteur ce qui fonde la déchéance de son droit à lui succéder (art. 726 et ss. C.civ.).

La preuve de la qualité d'héritier est réalisée par tous moyens (art. 730 C.civ.) mais en pratique le plus souvent la preuve résulte d'un acte de notoriété dressé par un notaire (art. 730-1 C.civ.). Il existe également d'autres modes de preuve de la qualité d'héritier comme le certificat d'hérédité ou une attestation signée par l'ensemble des héritiers. Il ne faut pas oublier qu'une action en justice spécifique permet de protéger et de reconnaître la qualité d'héritier : l'action en pétition d'hérédité.

La dévolution permet de désigner les successibles : ceux qui potentiellement peuvent devenir les successeurs de la personne décédée, du *de cujus* (*Is de cujus successione agitur*).

Les successibles

On s'intéressera principalement aux règles de la dévolution légale, la dévolution ab intestat (en l'absence de testament).

Les héritiers relèvent de deux catégories : la famille par le sang et la famille par alliance.

La famille par le sang

Les héritiers de la famille par le sang sont classés en quatre ordres d'héritiers par le sang. Il s'agit d'une hiérarchie, l'ordre le mieux classé exclut les ordres subséquents.

- Le 1er ordre est constitué des enfants du défunt et de leurs descendants. Le principe est celui de l'égalité successorale entre les enfants, quel que soit leur mode de filiation : enfants nés du mariage, enfants reconnus, enfants adoptés. Dès lors qu'un lien de filiation a été établi avec le *de cujus*, ils ont une vocation successorale égalitaire. Pour les enfants naturels adultérins, l'égalité dans la succession de leur auteur n'existe que depuis la loi du 3 décembre 2001 qui a mis fin à la discrimination successorale qui les faisait hériter de la moitié de la part dévolue à leurs demi-frères ou demi-sœurs. Ce changement de législation est intervenu suite à la condamnation de la France par la Cour européenne des droits de l'homme dans un arrêt Mazurek c./ France en date du 1er février 2000.

- Le 2e ordre comprend les père et mère (ascendants privilégiés) ainsi que les frères et sœurs et leurs descendants (collatéraux privilégiés). Leur vocation successorale est précisément déterminée par les textes du Code civil qui attribuent en principe 1/4 à chaque parent et les frères et sœurs se partageant le reste entre eux à égalité (si 3 frères, alors 1/2 est à distribuer entre eux, chacun bénéficie d'1/6). En outre, si l'un des parents est prédécédé, sa part est versée dans celle de ses enfants (si 3 frères, alors 3/4 sont à distribuer entre eux, chacun bénéficie d' 1/4).
- Le 3e ordre présente tous les ascendants autres que les père et mère (ascendants ordinaires).
- Le 4e ordre est composé des collatéraux autres que les frères et sœurs et leurs descendants, ce sont par exemple, les oncles, tantes, neveux, nièces, grands oncles, grandes tantes, *etc.*

La détermination des héritiers du 1er, du 2e et du 3e ordre ne connaît pas de limite autre que la vie humaine ; à la différence des « parents collatéraux [qui] ne succèdent pas au-delà du sixième degré (art. 745 C.civ.) ».

Le classement entre les membres de la famille par le sang est réalisé en fonction des ordres mais également des degrés (des écarts générationnels). Au sein de l'ordre le mieux classé, est appelée utilement à la succession la personne qui est la plus proche en degré du défunt, elle exclut les autres membres du même ordre. Le Droit des successions connaît des règles qui permettent d'assouplir la stricte application de l'ordre et du degré dans la détermination des successibles : la représentation et la fente.

La représentation successorale permet de déjouer la règle du degré au sein d'un même ordre (art. 751 à 755 C.civ.). Elle ne s'applique qu'entre héritiers du 1er ordre ou qu'entre héritiers collatéraux privilégiés (2e ordre, frères et sœurs et leurs descendants). Lorsqu'un héritier ne peut venir à la succession car il ne remplit les conditions pour l'être, en cas de prédécès, d'indignité ou de renonciation, son ou ses enfants peuvent venir à sa place recueillir ses droits. La représentation joue alors à l'infini dans la ligne directe descendante. Par conséquent, « le partage s'opère par souche, comme si le représenté venait à la succession ; s'il y a lieu, il s'opère par subdivision de souche. À l'intérieur d'une souche ou d'une subdivision de souche, le partage se fait par tête (art. 753 C.civ.) ».

La fente permet de déjouer la stricte application du degré et parfois de l'ordre (art. 746 à 750 C.civ.). Cette technique issue du droit coutumier permet de diviser en deux parts égales la succession du défunt : une part pour la branche maternelle et une part pour la branche paternelle. La fente n'intervient qu'entre héritiers du 3e ordre ou qu'entre héritiers du 4e ordre. Elle garantit à la ligne maternelle comme à la ligne paternelle l'attribution de droits dans la succession du défunt à partir du moment où est présent au moins l'un de leurs membres et cela quel que soit son degré.

La fente joue également en cas de concours entre un ascendant privilégié (2e ordre) et un ascendant ordinaire (3e ordre) de la ligne opposée (le père est face au grand-père maternel ou la mère est face à l'arrière-grand-mère paternelle art. 738-1 C.civ.) : dans cette situation, la fente déroge au degré mais également à l'ordre.

Le partage se réalise au sein de chaque branche en suivant la règle du degré : on retient au sein de chaque branche celui qui est le plus proche en degré du défunt ; s'ils sont plusieurs au même degré, chacun a la même part.

La fente n'intervient que s'il y a un concours entre des héritiers, s'ils ne sont présents que dans une seule branche, la stricte application du degré permet de déterminer l'héritier utilement appelé à la succession.

Il existe un cas particulier de fente en matière de succession d'un adopté simple, la succession est dévolue à parts égales, entre la branche famille par le sang et la branche famille adoptive.

La famille par alliance

Le conjoint successible, appelé également conjoint survivant qui est un héritier à part entière. Sa vocation successorale a été améliorée par les lois du 3 décembre 2001 et du 23 juin 2006 : droits en pleine propriété et réserve héréditaire. L'article 732 du Code civil précise que « Est conjoint successible le conjoint survivant non divorcé ».

Les droits du conjoint survivant dépendent de la catégorie d'héritiers, membres de la famille par le sang auxquels il est confronté.

Face à des descendants, plusieurs hypothèses sont prévues par la loi (art. 757 C.civ.) :

- si les descendants sont issus de leur union, le conjoint survivant choisit entre l'usufruit de l'intégralité des biens existants ou 1/4 de ceux-ci en pleine propriété.
- si le défunt laisse des descendants non communs (issus d'une précédente union, par exemple), le conjoint survivant n'a plus d'option, il recueille 1/4 des biens en pleine propriété.

Si le défunt ne laisse pas de descendants mais ses père et mère, ceux-ci doivent recevoir 1/4 chacun, la moitié restante revient au conjoint survivant. En cas de prédécès, de l'un des parents, sa part vient augmenter celle du conjoint survivant qui obtient alors 3/4 de la succession.

L'article 757-2 du Code civil précise qu'« en l'absence d'enfants ou de descendants du défunt et de ses père et mère, le conjoint survivant recueille toute la succession ». Il convient toutefois de nuancer cette règle car il existe un droit de retour légal au profit des frères et sœurs du défunt ainsi que de leurs descendants portant sur des biens donnés par des ascendants prédécédés qui se retrouvent en nature au jour de l'ouverture de la succession (art. 757-3 C.civ.).

En outre, les ascendants ordinaires peuvent se prévaloir d'une créance d'aliments à l'encontre de la succession s'ils sont dans le besoin (art. 758 C.civ.).

Le conjoint survivant bénéficie de droits spécifiques lui garantissant un droit au logement. En effet, il a un droit temporaire au logement issu de sa qualité de conjoint survivant. C'est un droit dont la nature relève plus de l'avantage matrimonial que d'un droit successoral. L'article 763 du Code civil lui reconnaît la possibilité de rester un an dans le logement qu'il occupe au jour du décès aux frais de la succession (prise en charge du loyer si c'est un bien loué, mise à disposition à titre gratuit si c'est un bien de la succession). Ce droit est d'ordre public, à la différence du droit viager au logement de l'article 764 du Code civil. Ce droit de nature successorale sera imputé sur la valeur des droits successoraux du conjoint survivant et le défunt dans un testament authentique pourra décider de l'en priver.

À noter que le partenaire pacsé n'a pas de vocation successorale dans la succession de l'autre, néanmoins la Loi lui reconnaît un droit temporaire au logement mais qui n'est pas d'ordre public.

Enfin, le conjoint survivant peut également bénéficier d'un droit à pension (art. 767 C.civ.).

Le conjoint survivant est exonéré de droits de mutation par décès (succession et testament), le partenaire pacsé bénéficie également de cette exonération (art. 796-0 bis du Code Général des Impôts). Les héritiers par le sang n'ont pas en principe cette faveur fiscale, il existe pour eux un système d'abattement qui permet de réduire l'assiette taxable pour la détermination à titre gratuit (succession ou donation). Le montant de cet abattement dépend de l'ordre auquel ils appartiennent (par ex : 100 000,00 euros pour les descendants, art. 779 du Code Général des Impôts). À noter toutefois que le conjoint survivant connaît ce même système d'abattement pour les droits de mutation à titre gratuit relatifs à une donation.

L'État n'est pas un héritier et recueille la succession qu'en cas de déshérence en demandant l'envoi en possession au tribunal (art. 811 C.civ.) : absence d'héritiers ou succession abandonnée (art. 539 C.civ.). Cela se produit après que la succession ait été qualifiée de vacante (pas d'héritier connu ou si tous ont renoncé art. 809 du Code civil), période pendant laquelle la succession est gérée par un curateur et qui prend fin notamment par l'envoi en possession de l'État (art. 810-2 C.civ.).

Les successeurs

Une fois l'héritier appelé par la Loi, il doit se prononcer : de successible, va-t-il devenir successeur ? Accepte-t-il ou renonce-t-il à la succession ?

La succession emporte transmission universelle du patrimoine du défunt : le principe de la continuation de la personne décédée comprend toute son activité juridique, le volet actif mais également le volet passif. Le choix d'accepter la qualité d'héritier a des conséquences importantes et peut être dangereux d'un point de vue patrimonial.

L'héritier successible peut choisir de devenir le successeur s'il le souhaite, il a une option successorale.

L'option successorale est personnelle (elle appartient uniquement à l'héritier en question), individuelle (le choix d'un héritier ne vaut que pour lui et non pour les autres) et indivisible (le choix porte sur l'intégralité de sa vocation successorale).

Le successible peut choisir :

- d'accepter purement et simplement la succession, il devient successeur. La transmission de la succession est réalisée *ultra vires*, il reprend l'activité juridique du défunt, ses biens et ses dettes et une fusion s'opère entre son patrimoine et celui du *de cujus*. L'acceptant pur et simple est ainsi tenu du passif laissé par la personne décédée et ses biens personnels pourront servir à désintéresser les créanciers successoraux.

  L'acceptation pure et simple est encouragée par le Droit français puisqu'elle peut intervenir de façon expresse ou tacite. La simple réalisation de certains actes portant sur des biens successoraux ou relatifs à la succession confère à l'héritier qui les a accomplis, la qualité d'acceptant pur et simple (art. 783 C.civ.).
- d'accepter à concurrence de l'actif net (avant la loi du 23 juin 2006 de réforme des successions et des libéralités, cette option s'appelait l'acception sous bénéfice d'inventaire). Ce choix permet à l'héritier de protéger son patrimoine en évitant la fusion de l'acceptation pure et simple (art. 791 C.civ.). L'héritier a alors un rôle de liquidateur de la succession puisqu'il doit assurer l'apurement du passif successoral (art. 796 C.civ.) afin de déterminer s'il reste un actif subsistant, un actif net dont il pourra bénéficier. Cette manifestation de l'option successorale nécessite des formes particulières (la déclaration est faite au greffe du TGI dans le ressort duquel la succession est ouverte ou devant un notaire, elle est enregistrée et publiée [art. 788 C.civ.]).
- de renoncer. Le successible peut choisir de ne pas être le successeur (si la succession est déficitaire par exemple). La renonciation doit respecter certaines formes, elle est adressée ou déposée au greffe du TGI dans le ressort duquel la succession est ouverte ou faite devant un notaire (art. 804 C.civ.). Le renonçant est alors considéré comme un étranger à la succession et ne reprend ni l'actif ni le passif du *de cujus*.

L'héritier successible dispose d'un délai pour réfléchir. On ne saurait le contraindre de choisir « avant l'expiration d'un délai de 4 mois à compter de l'ouverture de la succession (art. 771 C.civ.) ». Passé ce délai, il peut être tenu d'exprimer son choix s'il fait face à une action interrogatoire intentée notamment par des co-héritiers ou des créanciers successoraux. Il a alors 2 mois en principe pour répondre et « À défaut d'avoir pris parti à l'expiration du délai de deux mois ou du délai supplémentaire accordé, l'héritier est réputé acceptant pur et simple (al.2 art. 772 C.civ.).

Par ailleurs, « La faculté d'option se prescrit par dix ans à compter de l'ouverture de la succession. L'héritier qui n'a pas pris parti dans ce délai est réputé renonçant (al. 1 et 2 art. 780 C.civ.) ».

Mais si l'option a été exercée, ses effets sont rétroactifs au jour de l'ouverture de la succession (art. 776 C.civ.).

Le principe est donc celui du choix sous réserve de l'héritier sommé de choisir par une action interrogatoire qui ne répond pas dans le délai de 2 mois, il existe une autre exception : le cas du recel successoral.

En effet, l'hériter qui a recelé des biens de la succession (en les cachant chez lui par exemple pour éviter d'avoir à les partager) ou qui a dissimulé l'existence d'un co-héritier (afin d'avoir une part plus importante dans la succession) est « condamné » à être acceptant pur et simple. Ses droits dans la succession ne porteront pas sur les biens recelés ou détournés (art. 778 C.civ.).

À noter qu'il n'est pas possible de remettre en question son acceptation pure et simple (seule une limitation de la prise en charge du passif est envisageable art. 876 C.civ.), à la différence de l'acceptation à concurrence de l'actif net ou de la renonciation, le successible étant ainsi invité à devenir un acceptant pur et simple.

Lorsque plusieurs héritiers acceptent la succession, une indivision successorale est mise en place à compter de l'ouverture de la succession. Cette indivision ne présente pas de spécificité, elle est régie par les articles 815 et suivants du Code civil jusqu'au partage.

Les héritiers désignés par la loi ont la saisine : ils sont possesseurs de plein droit des biens de la succession à la différence notamment des légataires et donateurs universels (art. 724 C.civ.).

Le Droit des successions français est marqué par certaines règles impératives qui constituent notre Ordre public successoral : la prohibition des pactes sur successions futures et la protection de la réserve héréditaire.

- Les pactes sur successions futures sont par principe interdits : « Les conventions qui ont pour objet de créer des droits ou de renoncer à des droits sur tout ou partie d'une succession non encore ouverte ou d'un bien en dépendant ne produisent effet que dans les cas où elles sont autorisées par la loi (art. 722 C.civ.) ». Il s'agit d'éviter le *votum mortis* (le vœu de mort) en interdisant à un potentiel héritier de pouvoir avant l'ouverture de la succession (la personne du futur défunt est toujours vivante) disposer de ses futurs droits successoraux voire de biens contenus dans le futur actif successoral.

  Cependant, la loi l'autorise parfois : par exemple, la renonciation anticipée à l'action en réduction est un pacte sur succession future licite (RAAR, art. 929 et ss. C.civ.).

- La réserve héréditaire ou réserve successorale est une vieille institution du Droit français. Elle « réserve » obligatoirement une part de la succession à certains héritiers. L'article 912 du Code civil le précise bien : « La réserve héréditaire est la part des biens et droits successoraux dont la loi assure la dévolution libre de charges à certains héritiers dits réservataires, s'ils sont appelés à la succession et s'ils l'acceptent. La quotité disponible est la part des biens et droits successoraux qui n'est pas réservée par la loi et dont le défunt a pu disposer librement par des libéralités ».

  Il existe deux catégories d'héritiers réservataires : les descendants et le conjoint survivant. Toutefois, la qualité d'héritier réservataire du conjoint n'est effective qu'en l'absence de descendants (art. 913 et 914-1 C.civ.).

  Le calcul de la réserve dépend du nombre de descendants que laisse le défunt : 1 enfant, réserve d'1/2, 2 enfants, réserve de 2/3 et à partir de 3 enfants et plus, réserve de 3/4 (art. 913 C.civ.). La part réservée du conjoint survivant est d'1/4 (art. 914-1 C.civ.). Cela signifie que la personne peut disposer librement d'une fraction de son patrimoine qui n'est pas affectée à ses héritiers réservataires. La quotité disponible représente cette fraction de liberté qui n'est destinée ni aux descendants (1/2, 1/3 ou 1/4 en fonction de leur nombre) ni au conjoint survivant quand il est héritier réservataire (3/4).

  Le respect de la réserve est garanti par l'action en réduction. Au décès de la personne, il convient de vérifier si les libéralités consenties par le défunt n'ont pas porté atteinte à la réserve des héritiers réservataires car la détermination de leur part de réserve est réalisée à partir d'une masse de calcul qui comprend les biens présents au jour du décès et les biens dont a disposé à titre gratuit le *de cujus*.

  Si la réserve a été atteinte, la ou les libéralités en question devront être réduites, la réduction est en principe en valeur et par exception en nature.

Toutefois, afin de sécuriser les opérations à titre gratuit, le Législateur a introduit dans le Code civil la renonciation anticipée à l'action en réduction, la RAAR (loi du 23 juin 2006, art. 929 et suivants C.civ.). Ce pacte de famille permet à un héritier réservataire présomptif (héritier réservataire au jour de la signature de l'acte) de renoncer à l'avance à la possibilité d'obtenir la réduction d'une libéralité qui porterait atteinte à sa part de réserve dans la succession du disposant. Cette renonciation doit indiquer l'identité précise de son bénéficiaire, elle est soumise à des conditions de forme strictes (acte authentique reçu par deux notaires art. 930 C.civ.) : c'est un acte grave patrimonialement. Cette renonciation ne prendra effet qu'au décès du disposant puisque ce n'est qu'à ce moment que l'on pourra déterminer la consistance de la réserve. Cette renonciation n'est pas une libéralité faite par le renonçant au bénéficiaire (art. 930-1 C.civ.).

À noter qu'il est possible de révoquer une RAAR (art. 930-3 C.civ.).

La succession se termine par le partage. Le partage est déclaratif, il développe donc des effets rétroactifs : les héritiers sont censés être propriétaires des biens qui leur sont attribués dès le jour du décès.

Le principe en matière de partage est celui de l'égalité entre les copartageants : une égalité en valeur (art. 826 du Code civil). Cette égalité est réalisée notamment grâce à la technique des rapports. Les copartageants ayant bénéficié de libéralités rapportables (des libéralités constituant des avances sur leur part successorale), doivent les rapporter à la succession. Ainsi, la valeur de ces libéralités faites en avancement de part successorale intègre la masse partageable. Cette valeur sera par la suite déduite de leur part car on doit considérer que ces copartageants, bénéficiaires de telles libéralités, ont déjà perçu une partie de leurs droits sur la succession. Les donations sont présumées faites en avancement de part successorale, à la différence des legs qui sont réputés faits hors part successorale (ou préciputaires) (art. 843 C.civ.).

Enfin, « lorsque l'un des copartageants établit avoir subi une lésion de plus du quart, le complément de sa part lui est fourni, au choix du défendeur, soit en numéraire, soit en nature. Pour apprécier s'il y a eu lésion, on estime les objets suivant leur valeur à l'époque du partage. L'action en complément de part se prescrit par deux ans à compter du partage (art. 889 C.civ.) ».

Les Libéralités

Les libéralités sont des opérations de transmission de propriété à titre gratuit (art. 893 C.civ.) : une personne devient propriétaire sans contrepartie. Ce type d'opération juridique peut être réalisé de deux façons, soit une transmission à titre gratuit entre vifs (la donation) soit une transmission à titre gratuit pour cause de mort par testament (le legs).

Avant de préciser le régime applicable à ces deux manifestations de libéralités, il convient d'envisager les dispositions communes. Le principe de base est posé à l'article 901 du Code civil : « Pour faire une libéralité, il faut être sain d'esprit. La libéralité est nulle lorsque le consentement a été vicié par l'erreur, le dol ou la violence ». L'insanité d'esprit n'est pas synonyme d'incapacité juridique : il n'est pas nécessaire que la personne soit placée sous un régime de protection (tutelle par exemple), il s'agit d'une question de pur fait qui relève de l'appréciation souveraine des juges du fond.

Le mineur ne peut consentir de donation mais dispose d'une liberté testamentaire à partir de 16 ans (art. 903 et 904 C.civ.). Le majeur sous curatelle demeure libre de rédiger seul un testament mais devra être assisté par son curateur pour la conclusion d'une donation. Le majeur sous tutelle peut sous autorisation du Juge des tutelles rédiger seul un testament ou consentir une donation, dans ce dernier cas le Juge des tutelles doit préciser si son tuteur l'assiste ou le représente.

À noter qu'il existe des incapacités de jouissance spéciales en matière de libéralité (art. 907 et ss. C.civ.).

La matière des libéralités est marquée par la notion d'intention libérale qui explique et fonde l'opération de transmission à titre gratuit : c'est la volonté d'avantager une personne en la rendant propriétaire d'un de ses biens sans lui demander de contrepartie.

La transmission de propriété peut être assortie de certaines contraintes pour le gratifié. Ainsi, une clause d'inaliénabilité des biens donnés ou légués (inaliénabilité temporaire et justifiée par un intérêt sérieux et légitime art. 900-1 C.civ.) est souvent insérée dans l'acte.

De même, des charges, des obligations sont parfois prévues pour le donataire ou le légataire : comme en matière de libéralités graduelles qui imposent au gratifié de conserver le bien dans son patrimoine (art. 1048 C.civ.) ou de libéralités résiduelles qui prévoient « qu'une personne sera appelée à recueillir ce qui subsistera du don ou legs fait à un premier gratifié à la mort de celui-ci », obligeant ce dernier « à transmettre les biens subsistants » (art. 1057 et 1058 C.civ.).

Attention l'opération doit rester à titre gratuit, si le montant de la charge est tel qu'elle constitue une contrepartie, l'opération pourra être requalifiée à titre onéreux.

L'inexécution de ses charges par le gratifié est une cause de révocation.

Par ailleurs, le gratifié peut demander en justice une révision de ses charges si « l'exécution en est devenue pour lui soit extrêmement difficile, soit sérieusement dommageable (art. 900-2 C.civ.) ».

➔ La donation

La donation est un contrat entre vifs translatif de propriété à titre gratuit. Il s'agit d'un contrat unilatéral qui permet au donataire de devenir propriétaire immédiatement des biens, objets de la donation : « le donateur se dépouille actuellement et irrévocablement de la chose donnée en faveur du donataire qui l'accepte (art. 894 C.civ.) ».

Le transfert peut concerner la propriété pleine et entière d'un bien voire uniquement la nue-propriété si le disposant se réserve l'usufruit (art. 949 C.civ.).

Le Droit français voit d'un mauvais œil cette opération juridique car il semble étonnant qu'un propriétaire décide de ne plus l'être sans contrepartie, c'est le mystère de l'intention libérale. Par conséquent, afin de protéger le donateur, la donation est un contrat solennel puisqu'un acte notarié est exigé à peine de nullité de l'opération (art. 931 C.civ.). Toutefois, la Jurisprudence a admis des exceptions à ce formalisme en appliquant le régime des donations « classiques » (sous réserve des règles liées à l'exigence de l'acte notarié) aux dons manuels (transmission à titre gratuit entre vifs par tradition), aux donations indirectes (à l'occasion d'un acte à titre onéreux, un avantage est créé à une personne : une vente à prix avantageux) et aux donations déguisées (bénéfice accordé à titre gratuit dissimulé sous l'apparence d'une opération à titre onéreux, une vente simulée).

Les donations portent sur des biens présents, il n'est pas possible de consentir une donation de biens à venir sauf entre époux. Ils peuvent conclure une telle libéralité, appelée institution contractuelle ou donation au dernier vivant, qui permet à l'un des conjoints de gratifier l'autre selon les règles posées notamment à l'alinéa 1er de l'article 1094-1 du Code civil, « Pour le cas où l'époux laisserait des enfants ou descendants, issus ou non du mariage, il pourra disposer en faveur de l'autre époux, soit de la propriété de ce dont il pourrait disposer en faveur d'un étranger, soit d'un quart de ses biens en propriété et des trois autres quarts en usufruit, soit encore de la totalité de ses biens en usufruit seulement ».

La donation est irrévocable car sa nature est contractuelle et l'on retrouve le principe de la force exécutoire du contrat entre les parties. Toutefois, des exceptions à l'irrévocabilité des donations existent. De façon générale, la révocation peut intervenir pour ingratitude du donataire (comportement répréhensible à l'égard du donateur), pour inexécution des charges contenues dans la donation ou pour survenance d'enfant du donateur après l'acte (cette cause de révocation n'est pas de plein droit, elle doit être prévue à l'acte). S'agissant des donations entre époux, il faut distinguer les donations de biens présents prenant effet en cours de mariage qui sont irrévocables, des donations de biens à venir ou des donations de biens présents prenant effet après le mariage qui elles sont révocables.

À noter que les donations entre époux contenues dans leur contrat de mariage sont irrévocables quel que soit leur objet.

Le legs

« Le testament est un acte par lequel le testateur dispose, pour le temps où il n'existera plus, de tout ou partie de ses biens ou de ses droits et qu'il peut révoquer (art. 895 C.civ.) ». Le testament organise un legs, une transmission à titre gratuit des biens de la personne qui prend effet au jour de son décès. Le testateur organise la répartition de ses biens et peut choisir de privilégier une personne plutôt qu'une autre mais toujours dans le respect de la Réserve héréditaire.

Il ne s'agit pas d'un contrat mais d'un acte unilatéral caractérisé par sa révocabilité : à tout moment, le testateur peut modifier le contenu de son testament.

Le Code civil connaît différents types de testament :

- le testament olographe est rédigé de la main du testateur, il doit donc être manuscrit, daté et signé pour être valable (art. 970 C.civ.), peu importe le support (papier libre, parchemin, *etc.*). Ce type de testament soulève principalement deux problèmes : celui de la connaissance de son existence surtout si la personne n'en a jamais parlé et l'a caché, et celui de l'exécution de son contenu car le testament aura été rédigé par un non-juriste qui ne connaît pas les règles de droit et les formules à employer.
- le testament authentique est un acte notarié, reçu par deux notaires ou un notaire assisté de deux témoins (art. 971 C.civ.). Le testament est nécessairement dicté par le testateur qui en reçoit par la suite, la lecture afin de vérifier que l'acte contient bien ce qu'il souhaite. Enfin, le testateur doit le signer en présence des témoins et du notaire qui le signent également. Le testament authentique apporte une

réponse aux problèmes posés par le testament olographe puisqu'une publicité est organisée par son inscription au fichier central des déclarations de dernières volontés. Par ailleurs, l'efficacité juridique du testament est assurée par le notaire qui traduira en langage juridique la volonté du testateur.

– le testament mystique est rédigé par le testateur qui le remet au notaire clos et scellé devant deux témoins. Un acte de suscription est dressé par le notaire dans lequel il indique que le document en question est bien le testament du testateur (art. 976 C.civ.).

À noter qu'il existe également le testament international qui est un outil juridique issu de la Convention de Washington du 26 octobre 1973.

Le testament organise un legs, une transmission de biens à titre gratuit (art. 1002 C.civ.). Ce legs peut être à titre particulier (il ne concerne qu'un ou plusieurs biens du testateur), à titre universel (il concerne une quote-part du patrimoine, une fraction des biens du testateur) ou universel (il porte sur l'intégralité du patrimoine du testateur qui est transmis à une ou plusieurs personnes). Dans les deux derniers cas, legs universel et legs à titre universel, le légataire obtient le volet actif mais également le volet passif du patrimoine du testateur : la transmission est universelle et le légataire qui a accepté le testament est personnellement tenu des dettes et charges de la succession (intégralement ou en fonction de sa quote-part art. 1012 C.civ.).

➲ Les libéralités partages

Une personne peut procéder à la répartition à titre gratuit de tout ou partie de ses biens présents entre ses héritiers présomptifs. Cette opération constitue une libéralité partage (art. 1075 et ss. C.civ.).

Si en pratique le testament-partage est peu utilisé, la donation-partage quant à elle connaît un vrai succès (art. 1076-1080 C.civ.). En effet, grâce à la donation-partage, une personne peut de son vivant anticiper les conséquences patrimoniales de son décès et réaliser des attributions entre ses héritiers présomptifs. La donation-partage est souple, tous les héritiers présomptifs n'ont pas à y participer et elle peut ne concerner que certains biens du disposant. Étant analysée comme une opération préalable au partage, la donation-partage n'est pas rapportable et doit procéder à un partage matériel des biens. On ne peut pas attribuer des quotes-parts de biens indivis avec une donation-partage (Cass. 1re civ., 6 mars 2013).

Le Règlement UE n° 650/2012 du Parlement européen et du Conseil du 4 juillet 2012, relatif à la compétence, la loi applicable, la reconnaissance et l'exécution des décisions, et l'acceptation et l'exécution des actes authentiques en matière de successions et à la création d'un certificat successoral européen s'intéresse à la question des successions internationales. Ce texte permet l'application d'une seule et même loi à l'intégralité des biens (meubles et immeubles) composant la succession. La loi sera celle de l'État dans lequel le défunt avait sa résidence habituelle au moment de son décès, ou celle de la nationalité du défunt s'il l'avait désignée avant son décès comme loi applicable au règlement de sa succession. La possibilité de choisir la loi applicable est appelée *professio juris*.

Ce texte à vocation universelle permet la désignation de la loi d'un État non partie au Règlement Européen.

Le droit civil : les biens

Céline KUHN
Maître de conférences – HDR
Université de La Réunion

Le Droit des biens a une place centrale au sein du Code civil, ses Livre II et III lui sont consacrés. Cette matière s'intéresse aux relations entre les acteurs juridiques et les objets.

Les Biens

Le Code civil utilise le terme de « Choses » mais également le terme de « Biens ». Techniquement, la notion de « Chose » désigne un élément qui n'est pas une « Personne » car on se place sur le terrain de la *Summa Divisio.* En Droit des biens, la chose est un objet susceptible d'être approprié. La notion de « Bien » identifie quant à elle un objet approprié : le bien est une chose qui a un propriétaire.

La matière s'intitule « Droit des Biens » car les règles qu'elle comporte, organisent les pouvoirs des Personnes (propriétaire ou tiers) sur les Choses appropriées.

➲ La Summa Divisio du Droit des Biens

L'article 516 du Code civil présente la *Summa Divisio* du Droit des biens : la distinction entre les immeubles et les meubles. Cette distinction est d'ordre public car il n'existe pas de troisième catégorie possible, tout bien est soit immeuble, soit meuble. Le critère pour les différencier est physique : c'est le critère de fixité. Les immeubles sont fixes, immobiles ; les meubles peuvent se déplacer.

Quid des animaux ? Relèvent-ils de la catégorie des biens ? La loi du 16 février 2015 a introduit dans le Code civil l'article 515-4 qui dispose que « Les animaux sont des êtres vivants doués de sensibilité. Sous réserve des lois qui les protègent, les animaux sont soumis au régime des biens ». Ainsi, sans affirmer la nature réelle des animaux, le législateur en plaçant ce texte dans le Livre II du Code civil consacré aux Biens, retient implicitement leur appartenance à la catégorie des biens. Toutefois, les animaux ne sont pas des biens comme les autres eu égard à leur qualité d'êtres sensibles.

Les immeubles

La catégorie des immeubles comprend principalement les immeubles par nature (les fonds de terre et les immeubles bâtis art. 518 du Code civil) mais également les immeubles par destination.

Les immeubles par destination sont des biens meubles qui vont connaître le régime des immeubles. Il apparaît essentiel de permettre l'application de règles communes à l'ensemble composé de meubles et d'immeubles exploités conjointement, afin d'éviter toute dissociation (c'est le cas notamment en cas de vente, de constitution d'hypothèque ou d'opération de saisie immobilière). Le Code civil en présente certains exemples : des meubles peuvent être affectés à l'exploitation économique d'un immeuble ou être attachés à perpétuelle demeure au fonds (articles 524 et 525 C.civ.). Le choix de créer une immobilisation par destination appartient au propriétaire des biens concernés : il faut que le meuble et l'immeuble soient à la même personne (condition d'unité de propriété). Néanmoins, sa seule volonté apparaît insuffisante pour imposer aux tiers, l'existence d'un immeuble par destination, il faut des actes matériels qui en assurent la publicité. De même, si leur propriétaire décide de les séparer, sa volonté doit être confortée par des actes matériels de dissociation afin que le meuble retrouve le régime juridique applicable aux biens mobiliers.

Il existe également des immeubles incorporels : ce sont des immeubles « par l'objet auquel ils s'appliquent ». La lecture de l'article 526 du Code civil nous apprend que les droits réels et actions en justice portant sur un bien immobilier constituent eux-aussi des immeubles.

Les meubles

La catégorie des meubles est composée des « meubles par nature, ou par détermination de la loi (art. 527 C.civ.) ». Les meubles par nature sont des éléments corporels qui peuvent « se transporter d'un lieu à un autre (art. 528 C.civ.) ». Sont également qualifiés de biens meubles, des entités incorporelles auxquelles la loi attribue cette nature juridique. L'article 529 du Code civil en dresse une liste, par exemple « les obligations et actions qui ont pour objet des sommes exigibles ». Même si le Code civil ne l'indique pas, les droits réels portant sur bien meuble comme un usufruit sur meuble, un gage ou un nantissement, constituent des biens mobiliers incorporels.

Enfin la Jurisprudence a étendu la catégorie des meubles en admettant la mobilisation par anticipation. Il s'agit de permettre aux parties à un acte juridique d'anticiper la nature mobilière des objets sur lesquels porte leur convention comme par exemple, la vente d'une récolte sur pied ou la vente de droits d'extraction de matériaux d'une carrière (Cass. 3e civ., 30 mai 1969).

Le Droit des Biens utilise d'autres distinctions afin de saisir les particularités du régime applicable aux différentes choses « peuplant » notre paysage juridique.

La distinction entre chose corporelle (une chaise, un terrain) et chose incorporelle (une créance, un fonds de commerce) repose sur la matérialité ou l'absence de matérialité des objets.

La distinction entre chose consomptible et chose non consomptible s'intéresse à la question de la destruction des biens. En effet, les choses consomptibles ne survivent pas à leur utilisation : leur usage entraîne leur destruction (les denrées alimentaires, la monnaie), à la différence des choses non consomptibles.

La distinction entre choses de genre et corps certain concerne la thématique de l'identification des biens. Si un corps certain est précisément identifié (cette maison, cette voiture), les choses de genre sont désignées en fonction de leur espèce (du jus de pomme, du lait, du blé), elles doivent alors, afin d'être l'objet d'un acte juridique, être identifiées par leur qualité, leur quantité et leur nombre. Les choses de genre à la différence des corps certains sont fongibles, interchangeables.

La distinction entre choses dans le commerce et choses hors commerce met en évidence la participation des biens à l'activité juridique des Personnes. La commercialité est l'aptitude à être l'objet d'un acte juridique. Cette caractéristique est expressément visée dans différents articles du Code civil relatifs à certaines opérations juridiques comme la vente (art. 1598 C.civ.), le prêt (art. 1878 C.civ.) ou l'hypothèque (art. 2397 C.civ.).

Le Droit des Biens connaît aussi la distinction entre l'universalité de droit et l'universalité de fait. C'est une distinction applicable aux ensembles de biens qui ne sont pas reliés matériellement entre eux. Les universalités correspondent à des enveloppes incorporelles contenant des biens soumis à des règles communes.

L'universalité de droit est un ensemble de biens affectés au paiement d'un ensemble de dettes. L'exemple par excellence en Droit français est le patrimoine de la personne. L'article 2284 du Code civil exprime cette idée d'une affectation des biens du débiteur à la garantie des dettes de leur propriétaire (le droit de gage général). La notion de patrimoine a été développée au cours de la 2e moitié du XIXe siècle par les Professeurs strasbourgeois Charles Aubry et Charles Rau. Ces auteurs ont retenu une approche subjective du patrimoine conçue sur le modèle de la personne et en ont dégagé les trois caractéristiques : l'unicité (pas de pluralité patrimoniale), l'unité (pas de division possible au sein du patrimoine) et l'inaliénabilité (pas de cession du patrimoine).

Les évolutions législatives récentes (loi du 19 février 2007 instituant la fiducie et loi du 15 juin 2010 relative à l'entrepreneur individuel à responsabilité limitée) tendent à remettre en cause cette lecture à la faveur d'une approche plus objective de la notion fondée sur l'affectation qui admet notamment la pluralité patrimoniale.

L'universalité de fait est un ensemble de biens qui à la différence de l'universalité de droit, n'est pas affecté à un passif. C'est uniquement une enveloppe de biens, d'éléments d'actif destinés à être exploités ensemble comme un fonds de commerce, un fonds libéral ou un portefeuille de valeurs mobilières (Cass. 1re civ., 12 novembre 1998).

Les pouvoirs sur les Biens

Les choses appropriables (par intérêt économique ou autre) doivent par principe être appropriées : il n'existe pas de biens sans maître. Le Droit va encourager la construction du lien d'appropriation de ces *res nullius* (choses qui n'ont pas un propriétaire) afin de résoudre la question de l'exploitation de leurs utilités (art. 713 C.civ.). Ainsi pour des raisons de paix sociale mais également de sécurité juridique, il est important d'assurer le principe de l'appropriation des choses. Il convient de distinguer les *res nullius* des *res derelictae* : les premières n'ont jamais été appropriées et sont en attente de l'être ; les secondes ont été appropriées mais leur propriétaire a décidé de les abandonner, la preuve de cet abandon en permettra l'acquisition par un nouveau propriétaire.

Il existe des objets pour lesquels l'appropriation n'est pas une solution envisageable : c'est le cas des *res communes*, des choses communes (l'air par exemple). L'article 714 du Code civil dispose que « Il est des choses qui n'appartiennent à personne et dont l'usage est commun à tous. Des lois de police règlent la manière d'en jouir ».

L'article 543 du Code civil précise la teneur des pouvoirs que la personne peut avoir sur un bien : « On peut avoir sur les biens, ou un droit de propriété, ou un simple droit de jouissance, ou seulement des services fonciers à prétendre ».

La propriété

Droit naturel, sacré et imprescriptible de l'Homme (art. 2 et 17 de la Déclaration des Droits de l'Homme et du Citoyen), la propriété est protégée par l'article 1er du Protocole additionnel n° 1 de la Convention européenne des Droits de l'Homme. Le Conseil constitutionnel l'a qualifiée de droit fondamental à valeur constitutionnelle dans sa décision du 16 janvier 1982 et veille à son respect.

La propriété porte sur tout type de biens : meubles, immeubles, corporels, incorporels.

La propriété est présentée à l'article 544 du Code civil qui précise que « La propriété est le droit de jouir et disposer des choses de la manière la plus absolue, pourvu qu'on n'en fasse pas un usage prohibé par les lois ou par les règlements ». Le Code civil la définit à partir des prérogatives du propriétaire : la jouissance et la disposition.

La jouissance constitue l'exploitation effective des utilités du bien, son utilisation factuelle. Les différentes utilisations du bien sont impossibles à lister. Afin de rationaliser les manifestations du droit de jouir, une typologie de la jouissance a été élaborée avec la distinction entre l'*usus*, le *fructus* et l'*abusus*. L'*usus* correspond à l'utilisation des avantages que peut procurer le bien, le *fructus* est la perception (acquisition) des fruits créés par le bien et l'*abusus* fait référence à la destruction matérielle du bien.

La disposition est son exploitation juridique : il s'agit de tout acte de volonté qui modifie la situation juridique de l'objet comme l'aliénation, la constitution de droits réels ou l'abandon. Il est parfois fait référence à l'expression d'*abusus* juridique en cas d'aliénation ou d'abandon puisque le lien de propriété dans ces deux hypothèses est détruit.

Le propriétaire *ès qualités* a ces deux attributs : la jouissance et la disposition. Par principe, il est le seul à en bénéficier car la propriété est individuelle. Le Droit garantit au propriétaire un monopole d'exploitation tant factuelle que juridique sur ses biens. La propriété rime donc avec exclusivité et le propriétaire est en droit d'exclure les tiers de sa relation avec ses biens. Toute immixtion non autorisée est sanctionnée sur le simple constat de son existence sans qu'il soit nécessaire de prouver la faute.

L'exclusivité du propriétaire se manifeste notamment par le droit de se clore qui délimite l'assiette de son droit et en interdit l'accès aux tiers (art. 647 C.civ.). L'action en revendication permet également de réparer une atteinte à l'exclusivité puisque le juge reconnaissant au demandeur la qualité de propriétaire victime d'une dépossession, ordonne la restitution de son bien.

Le droit de propriété présente classiquement plusieurs caractéristiques :

- le droit de propriété est absolu, le propriétaire est libre de l'utilisation qu'il réalise de ses biens sous réserve du respect de l'Ordre public. C'est l'absolutisme du propriétaire. Sa liberté apparaît cependant limitée, notamment par la théorie de l'abus de droit qui a été admise par un arrêt du 3 août 1915 de la Chambre des requêtes de la Cour de cassation. L'arrêt Clément-Bayard sanctionne le propriétaire qui a utilisé son bien uniquement dans le but de nuire à autrui (en l'espèce, à son voisin).
- le droit de propriété est imprescriptible, il ne s'éteint pas par l'écoulement du temps (art. 2227 C.civ.). Ainsi, le non-usage prolongé d'un bien n'en fait pas perdre la propriété. Cependant, cette situation peut créer les conditions de l'acquisition par prescription (possession utile pendant 30 ans) puisqu'un tiers peut saisir l'occasion d'exploiter un bien qui ne lui appartient pas dès lors que le véritable propriétaire, le *verus dominus* s'en désintéresse. Cette utilisation si elle s'inscrit dans le temps pourra lui faire bénéficier de la règle de la prescription acquisitive.
- le droit de propriété est perpétuel, il ne connaît pas de terme extinctif. La personne est propriétaire aussi longtemps qu'elle le souhaite, elle peut transmettre la propriété en principe à tout moment par une cession à titre onéreux ou à titre

gratuit voire abandonner son droit. De plus, la personne est propriétaire aussi longtemps qu'existe l'assiette de son droit, si l'objet dont elle est propriétaire est détruit, corrélativement son droit l'est également. La propriété ne peut pas survivre sans son assiette sous réserve des hypothèses de subrogations légales (indemnités versées par l'assureur en cas de destruction du bien, indemnités obtenues en cas d'expropriation) ou conventionnelles qui organisent un report du droit sur un autre bien.

La propriété est un monopole et la figure classique et traditionnelle est celle de la propriété individuelle. Toutefois, le Droit français connaît des hypothèses de propriété collective lorsqu'une pluralité de personnes a la qualité de propriétaire sur le même objet. La propriété collective a plusieurs manifestations : la mitoyenneté, la copropriété d'immeubles bâtis de la loi du 10 juillet 1965 et l'indivision qui en est l'exemple par excellence.

Avant la loi du 31 décembre 1976, un seul article régissait l'indivision dans le Code civil, l'article 815 qui prévoyait que tout co-indivisaire pouvait demander le partage et faire cesser cette situation de propriété collective. Cela montre bien l'aversion du Droit français pour cette situation qui cadre difficilement avec la conception classique d'une propriété individuelle.

La création d'une indivision peut avoir une origine légale (indivision successorale ou indivision post-communautaire) ou conventionnelle (des personnes décident d'acquérir ensemble un ou plusieurs biens).

Chaque indivisaire a une double casquette : il est propriétaire avec les autres de tous les biens contenus dans l'indivision et en même temps, il est propriétaire individuel de sa quote-part dans l'indivision (1/2, 1/3, 1/4, *etc.*).

La loi du 31 décembre 1976 a étoffé le régime juridique de l'indivision légale, s'intéressant à la gestion des biens indivis (retenant notamment le principe de l'unanimité pour les actes d'administration et de disposition), au passif de l'indivision mais également à la possibilité d'en organiser conventionnellement la pérennité (« Les co-indivisaires, s'ils y consentent tous, peuvent convenir de demeurer dans l'indivision », (art. 1873-2 C.civ.) pour une durée de 5 ans maximum, renouvelable).

Afin de lutter contre la paralysie que le principe de l'unanimité en matière de gestion créait, la loi du 23 juin 2006 a assoupli les règles en adoptant pour les actes d'administration portant sur biens indivis une majorité des 2/3 (art. 815-3 C.civ.). Certains actes de disposition connaissent également cette règle de la majorité des 2/3 dès 2006 : vente de biens meubles indivis pour régler les dettes de l'indivision (art. 815-3 3° C.civ.). La loi du 12 mai 2009 va un peu plus loin en mettant en place une procédure permettant à un ou plusieurs indivisaires représentant les 2/3 des droits indivis de demander au Tribunal de Grande Instance l'autorisation de vendre un bien de l'indivision (art. 815-5-1 C.civ.).

Quid si un indivisaire passe seul un acte sur un bien indivis ? Hormis les actes conservatoires, les autres opérations sur biens indivis nécessitent soit la majorité des 2/3 soit l'unanimité. L'article 815- 3C.civ. précise la sanction applicable : l'inopposabilité de l'opération juridique aux autres co-indivisaires.

Les assouplissements du principe de l'unanimité assurent une gestion plus dynamique de l'indivision mais semblent remettre en cause la philosophie générale de la notion. La propriété collective signifie que tous les co-indivisaires sont copropriétaires de tous les biens indivis sans distinction. L'unanimité exprime cette réalité juridique. Raisonner à partir des quotes-parts semble alors anticiper le partage de l'indivision et paraît inscrire cette notion dans un schéma sociétaire.

La jouissance de l'indivision doit également être collective, dès lors qu'un indivisaire utilise un bien indivis dans son intérêt personnel, il devra une indemnité de jouissance privative (indemnité d'occupation par exemple art. 815-9 C.civ.).

L'indivisaire est propriétaire individuellement de sa quote-part dans l'indivision dont il peut disposer comme il l'entend, sans avoir à obtenir le consentement des autres. Il peut ainsi la céder ou l'offrir en garantie à l'un de ses créanciers. Toutefois, les autres co-indivisaires pourront intervenir afin d'éviter l'entrée d'un tiers étranger dans l'indivision car la loi leur reconnaît un droit de préemption en cas de cession à titre onéreux (art. 815-14 C.civ.) et un droit de substitution en cas d'adjudication de la quote-part de l'entre deux (art. 815-15 C.civ.).

La question du passif de l'indivision est traitée par l'article 815-17 du Code civil qui distingue entre les créanciers de l'indivision et les créanciers personnels de l'un des co-indivisaires. Les créanciers de l'indivision sont ceux qui auraient pu saisir les biens indivis avant la constitution de l'indivision (des créanciers du *de cujus* par exemple qui pouvaient agir sur tout le patrimoine de leur débiteur avant son décès) et ceux dont la créance est née à l'occasion de la conservation ou de la gestion des biens indivis. Cette catégorie de créanciers peut directement saisir les biens contenus dans l'indivision afin de se désintéresser. Ce n'est pas le cas des créanciers personnels de l'un des co-indivisaires. L'alinéa 2 de l'article 815-17 du Code civil leur interdit de procéder à une saisie sur les biens indivis. La seule solution qui leur est offerte est de provoquer le partage de l'indivision et de saisir par la suite les biens mis dans le lot de leur débiteur.

Le partage en matière d'indivision est déclaratif : les biens sont censés être rétroactivement la propriété individuelle de l'ex-indivisaire depuis le jour qui avait motivé la mise en place de l'indivision (jour du décès du *de cujus* par exemple). Comme dans tout partage, une liquidation interviendra qui établira notamment des comptes d'indivision entre les co-indivisaires afin de déterminer si l'un d'entre eux est débiteur (indemnité d'occupation) ou créancier (créance de remboursement en cas de dépenses d'amélioration ou de dépenses nécessaires réalisées par un co-indivisaire art. 815-13 C.civ.).

Selon l'analyse classique, le droit de propriété est un droit réel : un droit qui confère des prérogatives sur une chose, à la différence du droit personnel qui oblige une personne. Plus précisément le droit de propriété ferait partie de la catégorie des droits réels principaux (à distinguer de celle des droits réels accessoires qui garantissent une créance). L'usufruit, l'usage et l'habitation ainsi que les servitudes constituent aussi des droits réels principaux qui sont également appelés démembrements de propriété.

L'usufruit

L'usufruit est défini à l'article 578 du Code civil : « L'usufruit est le droit de jouir des choses dont un autre a la propriété, comme le propriétaire lui-même, mais à la charge d'en conserver la substance ». C'est le droit réel portant sur meuble ou immeuble, un bien corporel, incorporel, et qui confère les plus de pouvoirs à un tiers. En effet, comme le texte l'indique, l'usufruitier n'est pas le propriétaire du bien qu'il va pouvoir utiliser, ce bien appartient à quelqu'un d'autre, le nu-propriétaire. L'usufruitier *n'obtient que* la jouissance, il a l'*usus* et le *fructus*, d'où l'appellation **usufruit**.

- L'*usus* : l'usufruitier utilise le bien, il l'exploite mais en respectant sa destination car il n'a pas de pouvoir d'initiative, il doit reprendre les habitudes d'exploitation du propriétaire. Il est tenu d'exploiter le bien car l'usufruit est conçu par le Code civil comme une modalité de gestion des biens. L'usufruitier peut conclure des actes conservatoires et des actes d'administration sur le bien mais pas des actes de disposition car il n'a pas cette prérogative qui demeure une prérogative du nu-propriétaire. Toutefois, certains actes d'administration graves, d'un point de vue patrimonial nécessitent l'accord du nu-propriétaire comme la conclusion d'un bail commercial ou d'un bail rural (dernier alinéa art. 595 C.civ.).

  Son utilisation ne doit pas endommager le bien, elle doit être modérée afin de ne pas atteindre la substance de la chose. En effet, l'usufruitier est tenu de conserver la substance de la chose et cela afin de pouvoir remplir son obligation de restitution à l'extinction de l'usufruit. Tout abus de jouissance sera sanctionné par la déchéance de son droit d'usufruit.

  À noter que l'usufruit sur choses consomptibles est admis à l'article 587 du Code civil. Il s'agit d'un quasi-usufruit : l'usufruitier pourra utiliser et donc détruire les choses consomptibles sur lesquelles porte son droit sans risquer d'en être déchu pour abus de jouissance à charge pour lui à l'extinction de son usufruit de restituer au nu-propriétaire « soit des choses de même quantité et qualité soit leur valeur estimée à la date de la restitution (art. 587 C.civ.) ».

– Le *fructus* : l'usufruitier perçoit les fruits créés par le bien, assiette de son usufruit. Il acquiert donc la propriété des fruits naturels (créations spontanées sans intervention humaine comme les fleurs et animaux sauvages), des fruits industriels (créations nées de l'intervention humaine, les récoltes notamment) et des fruits civils (sommes d'argent nées de l'exploitation d'un bien grâce à un acte juridique, par exemple les loyers d'un appartement loué). Les produits lui échappent, ils reviennent au nu-propriétaire car les produits sont des morceaux de la substance (les substances extraites d'une carrière par exemple). Au fur et à mesure de la création de produits, le bien dont ils sont originaires, s'épuise et finit par disparaître. L'usufruitier ne pouvant pas nuire à la substance du bien, ne saurait bénéficier des produits mais il en perçoit les fruits, entités qui se renouvellent périodiquement sans altération de la substance du bien dont ils procèdent.

L'usufruitier n'est pas le propriétaire du bien, assiette de son droit mais est propriétaire de son droit d'usufruit dont il peut disposer sans demander l'accord du nu-propriétaire (vente ou constitution de droits réels sur l'usufruit). Mais en pratique, l'acquéreur souhaitant obtenir une propriété pleine et entière s'adressera aux deux protagonistes afin que l'opération de transmission porte sur l'usufruit et la nue-propriété.

Le nu-propriétaire demeure le propriétaire du bien, assiette de l'usufruit. Sa propriété est nue car elle est stérile économiquement, il est privé des fruits de son bien. Il doit laisser jouir l'usufruitier, ne pas entraver l'exercice de ses prérogatives (art. 599 C.civ.). Il est tenu de payer les grosses réparations (art. 605 C.civ.) et l'usufruitier les réparations d'entretien courant. L'article 606 du Code civil donne une liste exhaustive des grosses réparations. Mais la Jurisprudence considère que ces textes ne créent pas une *vraie* obligation à la charge du nu-propriétaire qui ne saurait pas être contraint de s'exécuter par l'usufruitier – il n'y a pas d'exécution forcée possible (Req., 10 décembre 1900).

Le nu-propriétaire peut décider de vendre le bien grevé par un droit d'usufruit. Cette cession ne remet pas en question le droit d'usufruit, l'usufruitier continue d'exercer les prérogatives inhérentes à sa qualité et cela en quelques mains que soit le bien. En effet, comme tout droit réel, l'usufruit confère un droit de suite et le nouvel acquéreur, nouveau nu-propriétaire est tenu de respecter les droits de l'usufruitier.

L'usufruit peut avoir une origine légale, judiciaire ou conventionnelle. La constitution conventionnelle d'un usufruit est une manifestation de la disposition du propriétaire comme toute création de droit réel sur son bien.

L'usufruit est un droit temporaire : la concession des utilités à l'usufruitier est nécessairement inscrite dans le temps et ne saurait être perpétuelle. Le Droit garantit au nu-propriétaire le retour de la pleine propriété. L'usufruit connaît différentes causes d'extinction qui sont présentées à l'article 617 du Code civil, « L'usufruit s'éteint : Par la mort de l'usufruitier ; Par l'expiration du temps pour lequel il a été accordé ; Par la consolidation ou la réunion sur la même tête, des deux qualités d'usufruitier et de propriétaire ; Par le non-usage du droit pendant trente ans ; Par la perte totale de la chose sur laquelle l'usufruit est établi ».

À noter qu'un usufruit consenti à une personne morale « ne dure que trente ans (art. 619 C.civ.) ». Cette règle est d'Ordre public (Cass. 3e civ., 7 mars 2007).

Le droit d'usage et le droit d'habitation constituent des « petits » usufruits. Ils sont en grande part soumis au régime de l'usufruit mais s'en distinguent sur quelques points : notamment ce sont par principe des droits *intuitu personae* (leur cession est impossible, art. 631 et 634 C.civ.).

Les servitudes

Les servitudes font partie des droits réels principaux. Elles ne portent que sur des biens immobiliers, les meubles ne peuvent constituer leur assiette. En effet, il s'agit de services fonciers, le fonds dominant va pouvoir utiliser le fonds servant : « une servitude est une charge imposée sur un héritage pour l'usage et l'utilité d'un héritage appartenant à un autre propriétaire (art. 637 C.civ.) ». Les servitudes sont par principe perpétuelles mais la création d'une servitude temporaire est licite (Cass. 3e civ., 22 mars 1989). Elles ne connaissent pas de terme car elles assurent l'utilisation d'un fonds dans des conditions optimales, l'effectivité de son exploitation (par exemple, une servitude de passage pour un terrain enclavé ou une servitude de vue).

Comme tout droit réel principal, la servitude confère un droit de suite. En cas de cession du fonds dominant, le bénéfice de la servitude est transmis à l'acquéreur. De même, la cession du fonds servant n'affecte pas l'existence de la servitude qui continue de le grever et son nouveau propriétaire est tenu de respecter le droit du propriétaire du fonds dominant.

Les servitudes relèvent de trois catégories : les servitudes découlant de la situation naturelle des lieux (art. 640 C.civ., comme en matière d'écoulement des eaux), les servitudes établies par la loi qui ont pour objet l'utilité publique ou l'utilité privée (art. 649 C.civ., une servitude de passage en cas d'enclave par exemple) et les servitudes établies par le fait de l'homme (art. 686 C.civ., ce sont les servitudes constituées par convention entre les propriétaires des fonds concernés, elles sont opposables aux tiers dès lors qu'elles ont été publiées au Service de la Publicité foncière, comme une servitude de ne pas construire).

Les servitudes peuvent présenter certaines caractéristiques. L'article 688 du Code civil précise que « Les servitudes sont ou continues, ou discontinues. Les servitudes continues sont celles dont l'usage est ou peut être continuel sans avoir besoin du fait actuel de l'homme : tels sont les conduites d'eau, les égouts, les vues et autres de cette espèce. Les servitudes discontinues sont celles qui ont besoin du fait actuel de l'homme pour être exercées : tels sont les droits de passage, puisage, pacage et autres semblables ». En outre, elles peuvent être également apparentes ou non apparentes, « les servitudes apparentes sont celles qui s'annoncent par des ouvrages extérieurs, tels qu'une porte, une fenêtre, un aqueduc. Les servitudes non apparentes sont celles qui n'ont pas de signe extérieur de leur existence, comme, par exemple, la prohibition de bâtir sur un fonds, ou de ne bâtir qu'à une hauteur déterminée (art. 689 C.civ.) ». Ces caractéristiques peuvent se combiner et conditionnent l'application de certaines règles notamment en matière d'acquisition. Les articles 690 et suivants s'intéressent précisément à cette question et retiennent que « les servitudes continues et apparentes s'acquièrent par titre, ou par la possession de trente ans (art. 690 C.civ.) » mais « les servitudes continues non apparentes, et les servitudes discontinues apparentes ou non apparentes, ne peuvent s'établir que par titres (art. 691 C.civ.) », la prescription acquisitive n'est pas possible.

De plus, il est fait référence à la destination du père de famille en matière de servitudes continues et apparentes (art. 692 C.civ.) : « Il n'y a destination du père de famille que lorsqu'il est prouvé que les deux fonds actuellement divisés ont appartenu au même propriétaire, et que c'est par lui que les choses ont été mises dans l'état duquel résulte la servitude (art. 693 C.civ.) ». Par conséquent, « si le propriétaire de deux héritages entre lesquels il existe un signe apparent de servitude, dispose de l'un des héritages sans que le contrat contienne aucune convention relative à la servitude, elle continue d'exister activement ou passivement en faveur du fonds aliéné ou sur le fonds aliéné (art. 694 C.civ.) ».

Les frais inhérents à l'utilisation et à la conservation de la servitude incombent au propriétaire du fonds dominant sauf si l'acte constitutif les a mis à la charge du propriétaire du fonds servant. Ce dernier si leur montant lui paraît trop important, peut décider d'abandonner la partie de son fonds grevé par la servitude au propriétaire du fonds dominant (art. 699 C.civ.).

L'exercice de la servitude doit se faire dans le respect mutuel des droits tant du propriétaire du fonds servant (il peut proposer un déplacement d'assiette si cela peut l'arranger art. 701 C.civ.) que du propriétaire du fonds dominant (le propriétaire du fonds débiteur doit subir l'existence de cette obligation pesant sur son bien immobilier et laisser le titulaire de la servitude l'utiliser sans entrave).

La dimension perpétuelle des servitudes n'empêche pas leur extinction. Il existe classiquement trois causes d'extinction des servitudes qui sont des causes communes à tous les droits réels : l'impossible usage (art. 703 C.civ.) ; la confusion (la réunion sur la même tête de la qualité de propriétaire du fonds servant et de propriétaire du fonds dominant art. 705 C.civ.) ; le non-usage pendant 30 ans (application des règles de la prescription extinctive art. 706 C.civ.) sauf pour les servitudes de passage en cas d'enclave.

En matière de servitudes conventionnelles, les parties peuvent décider de stipuler un terme extinctif rendant la servitude temporaire.

Enfin, le titulaire de la servitude peut toujours y renoncer, sa renonciation éteindra le droit réel qui grevait le fonds servant.

Les droits réels de jouissance spéciale

Si la Doctrine a développé une lecture restrictive de l'article 543 du Code civil considérant que ce texte pose un *numerus clausus* des droits réels pouvant être constitués en Droit français, la Jurisprudence de la Cour de cassation en a eu très tôt une lecture libérale considérant qu'il était possible de créer des droits réels innommés, non prévus par le Code civil (Req., 13 février 1834, arrêt Caquelard). La Cour de cassation a réaffirmé sa position confirmant sa Jurisprudence : « Vu les articles 544 et 1134 du code civil ; Attendu qu'il résulte de ces textes que le propriétaire peut consentir, sous réserve des règles d'ordre public, un droit réel conférant le bénéfice d'une jouissance spéciale de son bien (Cass. 1re civ., 31 octobre 2012, arrêt Maison de Poésie) ». Il est donc permis de créer des droits réels de jouissance spéciale dont le régime juridique n'est pas *a priori* celui des droits réels nommés dans le Code civil.

L'acquisition de la Propriété

Le Livre III du Code civil est consacré aux « différentes manières dont on acquiert la propriété ». Deux modes d'acquisition sont présentés : l'acquisition dérivée à l'article 711 (acquisition translative) et l'acquisition originaire à l'article 712 (acquisition non translative).

L'article 711 du Code civil dispose que « La propriété des biens s'acquiert et se transmet par succession, par donation entre vifs ou testamentaires, et par l'effet des obligations ». Ce mode d'acquisition de la propriété est réalisé par une transmission d'un auteur à un ayant-droit, le contrat de vente en constitue l'exemple par excellence (art. 1583 C.civ.). Dans le cadre d'une acquisition dérivée, l'acquéreur devient propriétaire parce que le cédant l'était et est placé dans la même situation juridique que celle de son auteur, devant supporter l'existence des droits réels grevant le bien ainsi acquis.

Par principe, le transfert de propriété est consensuel.

La technique du Droit des Biens s'intéresse particulièrement à l'acquisition originaire, les manifestations de l'acquisition dérivée relevant plus d'autres branches du Droit (Droit des successions et des Libéralités, Droit des contrats).

L'article 712 du Code civil précise que « La propriété s'acquiert aussi par accession ou incorporation, et par prescription ». Ces modes légaux d'acquisition de la propriété se réalisent sans transfert, il n'y a donc aucune relation d'auteur à ayant-droit. Par conséquent, l'acquéreur est placé dans la situation d'un premier propriétaire, sa propriété est « neuve », « vierge ». Il ne reprend pas le bien dans sa situation juridique antérieure car en acquisition originaire comme son nom l'indique, il n'y a pas de situation antérieure !

Ces modes d'acquisition non translative procèdent d'un constat matériel ou sont liés à l'écoulement du temps.

➲ Le constat matériel : l'accession

L'accession conduit à attribuer au propriétaire du bien réputé principal, la propriété des biens qui en sont l'accessoire (art. 546 C.civ.). Il existe l'accession par production (un bien crée de nouvelles valeurs art. 547 C.civ.) et l'accession par incorporation (des biens s'unissent art. 551 C.civ.). L'accession pose la question de l'appropriation de l'accroissement que connaît un bien.

L'accroissement doit bénéficier au propriétaire du bien principal. L'adage *Superficies solo cedit* l'illustre parfaitement, le propriétaire du fonds est désigné par la loi, propriétaire des plantations et constructions réalisées sur son terrain (art. 552 C.civ.).

L'accession est une modalité d'acquisition de la propriété dès lors que le bien principal et le bien accessoire n'ont pas le même propriétaire. Par conséquent, les règles de l'accession en désignant le propriétaire du bien principal évincent le propriétaire initial du bien accessoire qui subit une sorte d'expropriation pour cause d'utilité privée... La propriété acquise dans le cadre de l'application de telles règles est une propriété individuelle et non collective (l'indivision constitue une solution que le Droit français essaie d'éviter et qui n'est retenue que de façon marginale art. 573 C.civ.).

Le Législateur a envisagé toutes les situations possibles d'accession :

- l'union entre un meuble et un immeuble, à noter que l'immeuble est toujours réputé bien principal au nom d'un principe de suprématie de l'immeuble sur le meuble qui continue de dicter notre appréhension des relations entre les biens. L'union entre un meuble et un immeuble résulte d'une accession artificielle, c'est-à-dire d'une situation d'accession créée par l'homme.

  L'article 555 du Code civil s'intéresse à l'hypothèse des plantations et constructions réalisées sur le terrain d'autrui. Le texte nous apprend que ces plantations et constructions appartiennent du fait de leur incorporation au sol au propriétaire du fonds. Cependant, celui-ci n'est pas tenu de les conserver et peut demander au planteur ou constructeur de les enlever à ses frais. S'il décide de les conserver, il devra l'indemniser en lui versant « soit une somme égale à celle dont le fonds a augmenté de valeur, soit le coût des matériaux et le prix de la main-d'œuvre estimés à la date du remboursement, compte tenu de l'état dans lequel se trouvent lesdites constructions, plantations et ouvrages (al. 3 art. 555 C.civ.) ».

Si le planteur ou le constructeur était de bonne foi, le propriétaire du terrain ne peut le contraindre à démolir ce qu'il a réalisé, le bénéficiaire de l'accession devra l'indemniser (verser le montant de la plus-value ou celui du coût des matériaux et de la main-d'œuvre comme énoncé à l'alinéa 3 de l'article 555 C.civ.).

L'hypothèse inverse est également présentée par le Code civil à l'article 554 du Code civil : « Le propriétaire du sol qui a fait des constructions, plantations et ouvrages avec des matériaux qui ne lui appartenaient pas doit en payer la valeur estimée à la date du paiement ; il peut aussi être condamné à des dommages-intérêts, s'il y a lieu : mais le propriétaire des matériaux n'a pas le droit de les enlever ».

– l'union entre deux immeubles est une situation plus rare qui dépend de la survenance d'événements naturels (glissement de terrains ou mouvement des eaux dans les fleuves et les rivières) qui viennent modifier la physionomie des fonds (accession naturelle, sans intervention humaine). Les textes du Code civil attribuent la propriété de cet accroissement de terrain immobilier au propriétaire du terrain qui en bénéficie (par exemple, le propriétaire riverain en cas d'alluvion art. 556 C.civ.).

– l'union entre deux meubles est régie par la règle classique : le propriétaire du bien principal devient propriétaire du bien accessoire, la séparation des deux biens n'est par principe pas envisagée (même si elle est parfois retenue art. 568 et 573 C.civ.). La difficulté réside alors dans la détermination du bien principal car l'on est en présence de deux meubles. Le Code civil donne des pistes de solution afin de caractériser l'existence d'un bien principal (bien dont les autres ne servent qu'à l'usage ou à l'ornement, bien dont la valeur économique est supérieure à celle des autres). Les articles 565 et suivants du Code civil apportent des réponses précises aux différentes hypothèses d'accession mobilière. Dans l'adjonction, les biens conservent une certaine autonomie existentielle, par exemple pour la réalisation d'une bague, l'anneau se distingue de la pierre. Dans le mélange, les biens perdent toute autonomie existentielle, par exemple suite à la fabrication d'un jus de fruits orange-mangue, les deux jus de fruits ne peuvent plus être distingués. Dans la spécification, la rencontre d'une matière et de la force de travail déployée par une personne crée un bien nouveau d'une nouvelle espèce, par exemple la transformation de matières premières en produits manufacturés.

La prescription acquisitive

Une personne qui se comporte comme un propriétaire en exploitant un bien qui ne lui appartient pas, peut en acquérir la propriété grâce à l'écoulement du temps. La prescription acquisitive appelée également usucapion permet l'acquisition non translative de biens immeubles ou meubles.

L'article 2261 du Code civil énonce que « pour pouvoir prescrire, il faut une possession continue et non interrompue, paisible, publique, non équivoque, et à titre de propriétaire ». Cette modalité d'acquisition de la propriété repose sur la possession. Cette notion est définie à l'article 2255 du Code civil : « La possession est la détention ou la jouissance d'une chose ou d'un droit que nous tenons ou que nous exerçons par nous-mêmes, ou par un autre qui la tient ou qui l'exerce en notre nom ». La possession est une donnée factuelle, c'est l'exploitation des utilités d'un bien ; généralement, le propriétaire est le possesseur de son bien, sa possession étant la condition de l'exercice de sa jouissance. Or, la chose peut être les mains d'un autre qui va se comporter aux yeux des tiers comme le propriétaire. La prescription acquisitive en attribuant la qualité de propriétaire au possesseur confirme juridiquement ce que les faits expriment.

Toute possession ne permet pas de prescrire, il faut une possession utile, c'est-à-dire, une possession sans vice. Comme l'indique l'article 2261 du Code civil, la possession utile doit présenter certaines caractéristiques : être continue, non interrompue (une possession qui s'est maintenue pendant un certain temps), paisible (une possession qui n'a pas été obtenue par la violence), publique (une possession qui n'est pas cachée, qui n'est pas occulte car la prescription fonctionne sur l'apparence créée) et non équivoque (les tiers n'ont pas de doute quant à la qualité de propriétaire de celui qui en réalité n'est qu'un possesseur sans titre).

De plus, le possesseur doit avoir l'intention d'exercer tous ces actes matériels de possession (le *corpus*) en tant que propriétaire et non détenteur précaire (l'*animus*). La réunion du *corpus* et de l'*animus* assurera au possesseur l'acquisition de la propriété du bien possédé par l'effet de loi, si cette possession a duré au moins 30 ans. Ce délai de 30 ans constitue le délai de droit commun de la prescription acquisitive, comme tout délai de prescription, il est susceptible d'interruption ou de suspension. Par principe, le possesseur ayant déployé une possession utile pendant 30 ans peut devenir le propriétaire du bien possédé. L'acquisition de propriété est rétroactive, elle remonte au premier jour de possession utile validant ainsi tous les actes juridiques qui avaient été conclus par le possesseur.

La prescription trentenaire se rencontre en matière immobilière (al. 1er art. 2272 C.civ.) même s'il existe également une prescription acquisitive abrégée de 10 ans (al. 2 art. 2272 C.civ.). Cette usucapion abrégée concerne un possesseur qui a une possession utile et qui remplit en plus d'autres conditions : « celui qui acquiert de bonne foi et par juste titre un immeuble en prescrit la propriété par dix ans ». Il faut donc être de bonne foi (à noter que la bonne foi est toujours présumée en droit civil art. 2268 C.civ.) et avoir un juste titre (un acte translatif de propriété qui s'avère inefficace car conclu avec un non-propriétaire).

La prescription trentenaire est plus rare en matière mobilière car l'article 2276 du Code civil apporte une solution plus rapide : « En fait de meubles, la possession vaut titre ». Le possesseur de bonne foi d'un bien meuble corporel (la Jurisprudence tend à exclure du domaine de ce texte les biens meubles incorporels) peut invoquer sa qualité de propriétaire dès lors que sa possession est utile. Dans ce cas, il n'y a pas de délai, l'effet acquisitif semble immédiat. La prescription trentenaire n'intervient alors que dans l'hypothèse d'un possesseur de biens meubles de mauvaise foi.

Suite à une question prioritaire de constitutionnalité soutenant « que la règle énoncée aux articles 2258 à 2275 du code civil, tels que résultant de la loi n° 2008-561 du 17 juin 2008, selon laquelle il est possible d'acquérir la propriété immobilière au moyen d'une prescription acquisitive porte atteinte aux droits et libertés garantis par les articles 2 et 17 de la Déclaration des droits de l'homme et du citoyen du 26 août 1789 », la Troisième chambre civile dans un arrêt du 17 juin 2011 décide ne pas renvoyer devant le Conseil constitutionnel car « la prescription acquisitive n'a ni pour objet ni pour effet de priver une personne de son droit de propriété mais de conférer au possesseur, sous certaines conditions, et par l'écoulement du temps, un titre de propriété correspondant à la situation de fait qui n'a pas été contestée dans un certain délai ; que cette institution répond à un motif d'intérêt général de sécurité juridique en faisant correspondre le droit de propriété à une situation de fait durable, caractérisée par une possession continue et non interrompue, paisible, publique, non équivoque et à titre de propriétaire ».

À noter que l'occupation constitue également un mode d'acquisition originaire de la propriété mais qui n'est pas présenté dans le Code civil. Elle est fondée sur l'appréhension matérielle d'un bien avec l'intention d'en devenir le propriétaire. Son champ d'application comprend principalement les *res nullius* ainsi que les *res derelictae*.

La protection du Droit de Propriété

Le Droit des biens organise la protection du droit de propriété notamment avec l'action en revendication. Cette action pétitoire permet à un propriétaire dépossédé d'obtenir *ès qualités* la restitution de son bien. L'action en revendication sera l'occasion pour un possesseur d'invoquer le bénéfice de la prescription acquisitive afin de contrer la demande en restitution du *verus dominus*. Entre le véritable propriétaire et le possesseur remplissant les conditions de la prescription acquisitive, le Droit préfère le possesseur auquel il accordera le titre de propriétaire : c'est une sorte de prime à l'exploitant et une sanction déguisée à l'encontre de celui qui se désintéresse de ses biens.

L'enjeu de l'action en revendication est la preuve de la qualité de propriétaire. Cette preuve en matière d'acquisition originaire se limite à l'établissement des conditions légales à la mise en œuvre de l'accession ou de la prescription acquisitive. En matière d'acquisition dérivée, la preuve de la qualité de propriétaire est qualifiée de *probatio diabolica*. Cette expression veut insister sur le fait qu'un ayant-droit pour établir sa qualité de propriétaire doit prouver que son auteur était propriétaire car il avait reçu son titre d'un propriétaire qui lui-même avait obtenu son titre d'un propriétaire qui, *etc.* Il faudrait remonter dans le temps au jour de la première acquisition du bien. Dans ces conditions, l'établissement de la preuve de la qualité de propriétaire apparaît délicat pour ne pas dire impossible.

En matière mobilière, la règle de l'article 2276 du Code civil s'applique puisqu'elle a aussi une fonction probatoire : le possesseur de bonne foi est présumé être le propriétaire du bien meuble qu'il a entre les mains.

Le Code civil ne comprend pas de dispositions consacrées à la preuve de la propriété immobilière. La Doctrine et la Jurisprudence ont élaboré un système qui se base sur des preuves indirectes de la qualité de propriétaire d'un bien immobilier puisqu'il n'est pas possible d'avoir des preuves directes, irréfutables.

Les modes de preuves indirectes sont les titres de propriété, la possession et des indices (le paiement des impôts fonciers par exemple). Les juges du fond s'appuient sur la preuve qui leur paraît la plus vraisemblable et pertinente afin de fonder leur décision (comme le titre le plus ancien ou une possession non viciée).

La protection du Droit de propriété s'exprime avec force en cas d'empiètement. L'empiètement est une situation dans laquelle un fonds subit une emprise exercée par le propriétaire du fonds voisin (construction sur le terrain d'autrui, déplacement de la ligne séparative entre deux terrains par exemple). Dans cette hypothèse, le propriétaire victime exercera une action en revendication car il est techniquement dépossédé d'une partie de son bien. Si le Tribunal de Grande Instance accueille sa demande, le propriétaire voisin pourra être condamné à détruire à ses frais les constructions ainsi édifiées. Il n'y a pas de demi-mesure en Droit des biens sur la question de l'atteinte au droit de propriété : soit l'atteinte est constituée, soit elle ne l'est pas. Ainsi, la Jurisprudence a pu ordonner la destruction d'un mur qui dépassait de 0,5 cm sur le terrain voisin car « peu importe la mesure de l'empiétement (Cass. 3e civ., 20 mars 2002) », l'atteinte est réalisée.

La protection du droit de propriété cède devant l'intérêt général : c'est la question de l'expropriation pour cause d'utilité publique. L'article 545 du Code civil en précise le régime juridique, « Nul ne peut être contraint de céder sa propriété, si ce n'est pour cause d'utilité publique, et moyennant une juste et préalable indemnité ». Le principe d'une compensation financière du propriétaire exproprié était déjà présent à l'article 17 de la Déclaration des Droits de l'Homme et du Citoyen « La propriété étant un droit inviolable et sacré, nul ne peut en être privé, si ce n'est lorsque la nécessité publique, légalement constatée, l'exige évidemment, et sous la condition d'une juste et préalable indemnité ».

À noter qu'il existe un important contentieux portant sur l'évaluation de cette indemnité.

Enfin, le régime des troubles anormaux de voisinage constitue une façon de protéger la jouissance et à ce titre concerne le propriétaire mais également toute personne qui jouit d'un bien qui ne lui appartient pas (un usufruitier ou un locataire). Il s'agit d'une création jurisprudentielle qui permet de garantir une jouissance paisible en sanctionnant les nuisances anormales (gravité et fréquence) occasionnées par le voisinage (quel que soit le titre de l'auteur des nuisances, un propriétaire, un locataire ou un occupant). Ce principe général selon lequel nul ne doit causer à autrui un trouble anormal de voisinage n'est pas inscrit dans la Loi et cherche encore son fondement (responsabilité sans faute ? principe de précaution ?).

Si un trouble anormal de voisinage est caractérisé par le Juge, la réparation pourra être en nature (condamnation de l'auteur à la réalisation de travaux, à la cessation des activités litigieuses) ou par équivalent (allocation de dommages et intérêts à la victime).

Le droit civil : le droit des obligations

Ronan BERNARD-MENORET
Maître de conférences – HDR
Directeur de l'IEJ
Université de La Réunion

▸ **Les thématiques abordées**

Le choix des thèmes à aborder a été déterminé relativement aux éléments susceptibles de générer des questionnements lors de la phase de discussion avec le jury. Ainsi, même si la structure globale de notre discours reprendra l'architecture classique d'un cours de droit des obligations, l'impératif de coller avec la perspective de l'examen conduit à faire ressortir certains aspects plus que d'autres. Par conséquent, le discours ne se voudra pas exhaustif mais orienté vers les problématiques susceptibles d'être abordées lors de la discussion du grand oral.

La division de notre discours se décomposera entre les éléments contractuels (I), les quasi-contrats (II) et la responsabilité extracontractuelle (III).

I – Le contrat

Rappelons certains principes de base sans qu'il soit opportun ici de les développer. Ainsi, nous pouvons citer la liberté contractuelle qui comprend celle de contracter ou de ne pas contracter, de choisir son contractant et le contenu du contrat. Ajoutons le fait que le contrat doive respecter les lois et règlements, ne pas être contraire aux bonnes mœurs et, désormais, aux droits et libertés fondamentaux. Ces éléments sont développés dans l'ouvrage relatif aux droits et libertés fondamentaux[1].

Ceci étant rappelé, nous suivrons une démarche classique allant de la formation du contrat aux sanctions de l'irrespect des obligations contractuelles.

Mais avant toute chose, il convient de revenir sur la classification des contrats.

1. *Le grand oral, droits et libertés fondamentaux*, collection « Objectif : devenir avocat », Ellipses, 2016.

La classification des contrats

Les contrats nommés et innomés

Le Code civil organise d'une part un ensemble de règles générales applicables aux contrats et d'autre part des règles spéciales à certains contrats. Ces contrats spécialement organisés par le Code sont des contrats nommés, dits aussi spéciaux relativement au fait qu'ils connaissent des règles spécifiques alors même qu'ils sont les plus communs. L'on citera la vente, le prêt, le bail, le mandat ou encore la transaction comme exemples. Ceux qui ne connaissent pas de règles spéciales sont innomés, jusqu'à ce que le législateur s'en empare et édictent des règles spéciales à leur égard. Précisons que les règles générales ne sont pas des principes communs à tous les contrats et que les règles spéciales peuvent donc déroger à ce cadre général selon l'adage *specialia generalibus derogant.*

Les contrats synallagmatiques et unilatéraux

Les contrats synallagmatiques se caractérisent par l'existence d'obligations à la charge de chaque partie. À l'inverse, les contrats unilatéraux ne font naître d'obligations qu'à l'égard d'une partie alors même qu'il y a accord de volonté des deux parties. On peut citer, en exemple, la donation ou encore la promesse unilatérale de vente. Les règles applicables à la formation et à l'exécution diffèrent du fait de l'absence de réciprocité dans les obligations. À noter que l'on peut souvent s'interroger sur le fait que les contrats unilatéraux soient réellement à sens unique. En effet, l'exécution du contrat peut faite naître des obligations à la charge du créancier de l'obligation contractuelle, par exemple en cas de frais engagés par le dépositaire.

Les contrats à titre onéreux et ceux à titre gratuit

Comme leurs intitulés l'indiquent, l'on distingue entre les contrats dont la contrepartie de l'une des parties est le versement d'une somme d'argent et les autres. La confusion avec la distinction précédente doit être évitée. Ici, il y a bien réciprocité d'obligations simplement aucune obligation ne prévoit un paiement. Les contrats à titre gratuit sont souvent liés à une dimension personnelle, un *intuiti personnae*, et les obligations en l'absence de paiement sont allégées.

Les contrats solennels, consensuels ou réels

Le droit français des contrats repose sur le principe du consensualisme, c'est-à-dire de la formation du contrat par la seule rencontre des consentements. Ceci est directement issu de la pensée révolutionnaire mettant en avant la place première de la volonté. Ainsi, la promesse de vente vaut vente car il y a eu rencontre des volontés de vendre et d'acheter. Mais certains contrats par l'enjeu ou le risque économique qu'ils représentent impliquent un formalisme pour leur formation. On parlera alors de contrats solennels. Le formalisme devant permettre de garantir que l'engagement est pris en parfaite connaissance de sa portée. Enfin, certains contrats se forment par la remise de la chose mais cette catégorie, classique en droit romain, tend à s'estomper soit au profit du consensualisme, comme la vente, soit de la solennité, comme le gage.

Les contrats de gré à gré ou d'adhésion et le cas des contrats cadres

Le contre de gré à gré est le contrat dont les termes sont librement négociés par les parties. C'est l'expression de principe de la liberté contractuelle mais un phénomène rare en pratique. Celle-ci laisse la place au contrat d'adhésion, lequel se caractérise par des conditions générales fixées préalablement par une partie et non négociables. Un tel schéma permettra d'agir sur le terrain des clauses abusives.

Le contrat d'adhésion se rapproche d'une autre formule, à savoir le contrat cadre. Celui-ci fait également référence à des conditions générales servant la passation de contrats d'exécution, généralement des commandes, dans les rapports commerciaux et plus précisément en matière de distribution. L'intérêt est ici de ne pas avoir à reformuler à chaque commande les conditions de celle-ci. L'intérêt de cette catégorie vient de ce que le prix peut être fixé par une partie.

Les contrats commutatifs ou aléatoires

Les contrats commutatifs fixent les obligations de chaque partie. Le contrat aléatoire laisse l'étendue ou la réalisation d'une obligation à un aléa, par exemple en matière d'assurance. Le contrat aléatoire ne peut être rescindé pour cause de lésion.

Enfin, notons la distinction entre les contrats à ***exécution instantanée***, qui s'exécutent en un trait de temps et ceux à ***exécution successive*** qui peuvent soit comporter des tranches d'exécution, le cas du bail ou du contrat de travail, soit avoir un objet se réalisant dans le temps comme une construction. La difficulté relative aux contrats à exécution successive tient en la possibilité de résolution, à savoir d'anéantissement rétroactif.

La formation du contrat

La négociation (Art. 1112)

Afin de parvenir à la conclusion d'un contrat, les parties peuvent entamer une négociation afin tant de déterminer si elles vont conclure que les conditions de leurs engagements.

Le Code prévoit désormais que cette négociation doit être menée de bonne foi ce qui reprend des aspects précédemment dégagés par la jurisprudence exigeant que l'on négocie dans le but de parvenir à un accord et que l'on ne rompt pas brutalement les discussions. L'absence de conclusion en raison de la mauvaise foi conduira à une indemnisation qui ne saurait correspondre à la perte du gain espéré et qui sera, en principe, de nature extracontractuelle.

La difficulté est souvent en pratique de déterminer quand les parties sont passées de la phase de négociation à celle d'accord des volontés, les échanges entre les parties pouvant susciter des difficultés d'interprétation quant à leurs volontés réelles.

L'information, voire le conseil

Chaque partie doit faire part des informations dont elle dispose et qui conditionnent la conclusion du contrat (Art. 1112-1), sauf en ce qui concerne le prix celui-ci ressortant d'une logique d'offre et de demande. Cette obligation peut se justifier au regard de l'obligation de bonne foi et elle déborde sur la question de la validité du consentement en matière d'erreur ou de dol. Des textes spéciaux prévoient des obligations particulières d'information notamment en matière de vente immobilière. En outre, le professionnel est soumis à une obligation de conseil à l'égard du profane et même du professionnel non spécialiste. Il recherche les attentes de son cocontractant afin de le conseiller au mieux relativement à l'usage qu'il souhaite faire du bien. Le droit de la vente et le code de la consommation ont développé ces obligations d'information et de conseil devant permettre de limiter les contentieux en matière d'erreur, d'obligation de délivrance ou encore de vices cachés.

La rencontre des volontés : l'offre et l'acception

Pour que les volontés se rencontrent, il faut qu'une offre soit acceptée.

- ***L'offre*** (art. 1114 à 1117), si elle n'a pas à être spécifiquement adressée à une personne (mettre en vitrine suffit), doit, pour être distinguée de l'entrée en pourparlers, réunir certains caractères. Elle doit être précise et ferme. Elle est précise lorsqu'elle comporte les éléments suffisants à former le contrat par la seule acception, sans qu'il soit besoin de négocier. Elle est ferme lorsqu'elle n'est assortie d'aucune réserve.

  L'offre peut être rétractée tant que le destinataire ne l'a pas reçue. Lorsque son destinataire l'a reçue, elle doit être maintenue pendant un délai raisonnable permettant l'acceptation ou évidemment pendant le délai prévu par le contrat. Au de-là de ces délais, l'offre est caduque, de même lorsque son auteur devient incapable ou décède, mais ces dernières considérations sont supplétives. L'auteur de l'offre qui la retire avant le terme du délai est sanctionné par l'indemnisation du destinataire.

– ***L'acceptation*** (Art. 1118 à 1122), comme l'offre, doit être ferme donc sans réserve. L'acceptation doit être expresse, le silence ne valant pas acceptation. Mais le comportant peut révéler l'acceptation sans qu'il soit besoin de la prononcer. Ainsi le fait de livrer une commande. Mais le silence peut parfois valoir accord lorsqu'il s'agit d'un renouvellement tacite ou encore si les usages tiennent compte du silence.

L'acceptation peut comme l'offre être rétractée lorsque l'offrant n'a pas encore reçu celle-ci. À l'inverse, l'acceptation ne devrait plus pouvoir être rétractée une fois parvenue à son destinataire puisque les volontés s'étant rencontrées le contrat est formé. À noter que le Code fixe désormais le moment de la rencontre par la réception de l'acception par l'offrant.

Toutefois, la loi organise des possibilités de rétractation post-réception en matière de droit de la consommation pour les ventes à distance et hors établissement. Ces dispositions sont d'ordre public et doivent permettre au consommateur de revenir sur une parole peut-être donnée hâtivement (Art. 221-1 et s. Code de la consommation). Ce délai de rétractation se retrouve en cas de vente d'immeuble d'habitation par acte sous-seing privé ou promesse de vente, comme en matière de vente à crédit à la consommation. De même, le destinataire de l'offre peut avoir à respecter un délai de réflexion avant d'accepter. L'on trouve ce mécanisme en matière de vente d'immeubles à construire, à usage d'habitation par acte notarié, ou de vente à crédit d'immeuble.

La rencontre des volontés avant le contrat : les avant-contrats

Si les parties sont libres d'organiser contractuellement leur négociation du futur contrat, le Code civil ne prévoit que deux situations, le pacte de préférence et la promesse unilatérale, celle synallagmatique opérant l'échange des consentements.

Le pacte de préférence (Art. 1123)

Le pacte de préférence est un contrat par lequel une personne s'engage à proposer prioritairement à son bénéficiaire de traiter avec lui pour le cas où elle se déciderait de contracter. Lorsque le contrat est conclu avec un tiers en violation d'un pacte de préférence, le bénéficiaire peut obtenir la réparation du préjudice subi. Lorsque le tiers connaissait l'existence du pacte et l'intention du bénéficiaire de s'en prévaloir, ce dernier peut également agir en nullité ou demander au juge de le substituer au tiers dans le contrat conclu. Afin d'écarter ce risque, le tiers peut demander par écrit au bénéficiaire de confirmer dans un délai qu'il fixe et qui doit être raisonnable, l'existence d'un pacte de préférence et s'il entend s'en prévaloir. À défaut de réponse dans ce délai, le bénéficiaire du pacte ne pourra plus solliciter sa substitution au contrat ou sa nullité.

La promesse unilatérale (Art. 1124)

C'est également un contrat par lequel les parties s'accordent sur le fait qu'une s'engage si l'autre accepte l'offre, ce que l'on appelle lever l'option puisque le bénéficiaire a l'option de contracter ou non. Le contrat prévoit le délai pendant lequel l'option est ouverte. Si l'option est levée le contrat est formé. Le bénéficiaire peut avoir à verser une indemnité d'immobilisation si le bien est immobilisé pendant le temps du délai interdisant ainsi une vente à un tiers. Le montant de cette indemnité peut conduire s'il est trop élevé à requalifier la promesse en promesse synallagmatique lorsque le bénéficiaire n'est plus réellement libre de lever ou non l'option.

La rétractation de l'offrant pendant le délai d'option et avant sa levée est sévèrement sanctionnée par une action en exécution forcée au profit du bénéficiaire de la promesse. Cette disposition étant supplétive, les parties peuvent prévoir d'y déroger et de ne prévoir que l'octroi de dommages et intérêts.

La validité du contrat

Le contrat requiert le consentement ce qui implique que la personne soit capable juridiquement et que ce consentement ne soit pas vicié par l'erreur, le dol ou la violence. Ceci nous conduit à envisager la capacité du contractant puis les vices du consentement.

La capacité à contracter (Art. 1128, 1145 et s.)

Les mineurs et les majeurs sous mesure de protection (curatelle ou tutelle) ne peuvent, en principe contracter. Les personnes morales ne peuvent contracter que pour la réalisation de leur objet défini par leurs statuts. L'expression est trop restrictive face à la réalité des besoins d'une personne morale dépassant la stricte réalisation de son objet.

Les contrats conclus avec des incapables devraient être nuls. Cependant, le Code prévoit plusieurs aménagements permettant de sauver les contrats. Tout d'abord, ne sont pas nuls les contrats courants (la question étant de savoir ce qui doit être considéré comme un acte courant) conclus dans des conditions normales (Art. 1148), ce qui ne sera pas le cas, par exemple, lorsqu'un déséquilibre important et injustifié est constaté. Le Code prévoit spécifiquement pour le mineur le cas de la lésion et le fait que sa déclaration de majorité ne peut lui être opposée.

La nullité est relative et ne peut donc être invoquée que par l'incapable. La prescription court, selon l'article 1152 :

1° À l'égard des actes faits par un mineur, du jour de la majorité ou de l'émancipation ;

2° À l'égard des actes faits par un majeur protégé, du jour où il en a eu connaissance alors qu'il était en situation de les refaire valablement ;

3° À l'égard des héritiers de la personne en tutelle ou en curatelle ou de la personne faisant l'objet d'une habilitation familiale, du jour du décès si elle n'a commencé à courir auparavant.

L'incapable dont le contrat est annulé ne devra restituer que le profit qui lui reste de l'acte ce qui permet de le protéger en cas de dépense d'un prix de vente.

Les vices du consentement

Les vices du consentement visent les situations dans lesquelles la personne subissant le vice n'aurait pas contracté ou aurait contracté à d'autres conditions si le vice n'avait pas existé. Un vice du consentement conduit à la nullité relative de l'acte.

L'erreur (Art. 1132 à 1136)

L'erreur doit porter sur une caractéristique substantielle. Pourtant, le Code exclut l'erreur sur le prix et celle sur les motifs propres aux contractants. Le prix est, en effet, le résultat d'un jeu de marché et de l'appréciation que doit se faire chaque partie. En outre, le prix est traité par le mécanisme de la lésion qui connaît ses règles propres et dont le domaine est très limité (Art. 1168). Concernant les motivations des contractants, il serait hasardeux de se lancer dans les considérations psychologiques des parties. Toutefois, lorsqu'une partie a fait connaître le caractère impératif d'une qualité, cette donnée rentre dans le champ contractuel et l'erreur sur celle-ci peut alors être admise.

L'erreur peut être une erreur de droit ou de fait, portant sur les qualités essentielles de la chose ou sur la personne du cocontractant, lorsque le contrat est conclu *intuitu personae*. Cette erreur ne doit pas être inexcusable, c'est-à-dire à l'évidence identifiable par celui qui l'invoque.

Le Dol (Art. 1137 à 1139)

Il s'agit d'une erreur provoquée par des manœuvres ou des mensonges. Cette erreur est alors toujours excusable car provoquée par le dol et elle peut porter sur la valeur ou les motivations du contractant. L'auteur encourt une double sanction, l'annulation et l'octroi de dommages-intérêts compte tenu de la faute de son auteur. La question posée aux juges est celle de savoir s'il faut constater la nullité pour obtenir des dommages et intérêts ou si ceux-ci peuvent être alloués sans prononcer la nullité.

Constitue également un dol, la dissimulation intentionnelle par l'un des contractants d'une information dont il sait le caractère déterminant pour l'autre partie, selon l'article 1137. Le dol va donc plus loin que le manquement à l'obligation d'information (Art. 1112-1) puisqu'il s'agit d'une dissimulation intentionnelle sur un élément déterminant. La sanction diffère donc logiquement entre des dommages et intérêts pour le défaut d'information et la nullité pour dol.

Le dol émane évidemment du cocontractant mais peut également venir de son représentant, gérant d'affaires, préposé ou porte-fort ou d'un tiers de connivence.

La violence (Art. 1140 à 1143)

Il y a violence lorsqu'une partie s'engage sous la pression d'une contrainte qui lui inspire la crainte d'exposer sa personne, sa fortune ou celles de ses proches à un mal considérable (Art. 1140). La menace peut être physique ou psychologique. La menace de recourir à une voie de droit n'est pas une violence sauf si elle est détournée de son but ou lorsqu'elle est invoquée ou exercée pour obtenir un avantage manifestement excessif (Art. 1141). Elle peut émaner du cocontractant ou d'un tiers. L'article 1143 innove en ce qu'il reprend l'hypothèse d'un état de dépendance qui conduit à devoir contracter dans des conditions procurant un avantage manifestement excessif à son auteur. Ceci reprend la situation de dépendance économique déjà connue en droit de la concurrence et celle d'abus de faiblesse en droit de la consommation.

L'action en nullité pour vices du consentement se prescrit par cinq ans à compter du jour où ils ont été découverts et, en cas de violence, que du jour où elle a cessé (Art. 1144).

Les règles relatives à la représentation (Art. 1154 et s.)

La réforme de 2016 instaure un mécanisme général de représentation jusqu'alors fondée sur le contrat de mandat.

Le Code reprend la distinction entre une représentation parfaite, par laquelle le représentant contracte au nom du représenté comme c'est le cas avec le mandat, et une représentation imparfaite dans laquelle le représentant agit pour le compte du représenté, dans les intérêts de celui-ci, mais contracte en son nom. Il est alors le seul engagé contractuellement alors qu'en cas de représentation parfaite c'est le représenté qui est cocontractant.

Dans l'hypothèse d'un mandat, le représenté peut donner un pouvoir général qui permet à son représentant de passer des actes d'administration, ou un pouvoir spécial ne l'autorisant qu'à passer l'acte spécialement déterminé, mais celui-ci pouvant être de disposition.

Si le représentant dépasse ses pouvoirs et que l'acte n'a pas été ratifié par le représenté, celui-ci sera inopposable au représenté sauf s'il a donné l'apparence de valider les actes du représentant. Dans la même hypothèse, le tiers qui ignorait le dépassement de pouvoir peut demander la nullité du contrat.

Enfin, si le pouvoir a été utilisé dans un but autre que la satisfaction des intérêts du représenté, celui-ci peut demander l'annulation du contrat si le cocontractant avait connaissance de ce détournement de la représentation.

Le tiers qui aurait un doute sur les pouvoirs du représentant peut interroger le représenté avant de contracter. Il doit lui laisser un délai pour contester le pouvoir du représentant. Le silence gardé à l'issue de ce délai vaut confirmation du pouvoir.

Enfin, le représentant ne peut représenter les deux parties, ni être lui-même le cocontractant du représenté (or, évidemment le contrat de représentation lui-même). Il y a conflit d'intérêts et la loi pose désormais la nullité du contrat. Ceci conduira à modifier les pratiques des agents immobiliers qui représentaient vendeur et acheteur, comme celles des groupes de sociétés ayant parfois le même directeur général.

Le contenu du contrat (Art. 1162 à 1171)

Le contrat ne peut déroger aux règles d'ordre public par ses stipulations ou par son but, ce qui reprend l'idée d'une cause légitime sans avoir à citer la cause. La référence aux bonnes mœurs a disparu mais il reste à l'article 6 du Code civil.

La prestation peut être présente ou future (à l'exception de la cession totale des droits d'auteurs et la prohibition des pactes sur succession future), déterminée ou simplement déterminable. L'article 1163 al. 3 précise « la prestation est déterminable lorsqu'elle peut être déduite du contrat ou par référence aux usages ou aux relations antérieures des parties, sans qu'un nouvel accord des parties soit nécessaire ».

Le prix ou la prestation peut être déterminé par la référence à un indice, qui s'il disparaît est remplacé par l'indice le plus proche. Ce même article indique que la prestation doit être possible. Cette formule en apparence anodine conduit à porter l'attention sur les choses pouvant faire l'objet de conventions (questions d'indisponibilité du corps humain, des droits personnels, de la vente de la chose d'autrui pour lesquelles nous renvoyons d'une part au programme de Droits et Libertés fondamentaux et d'autre part au cours de contrats spéciaux).

Le prix peut donc être déterminé ou déterminable mais le Code apporte des précisions pour les contrats cadre, les contrats de prestation de service. Concernant les contrats cadre, le prix peut être fixé unilatéralement par une des parties sous réserve qu'il ne soit pas abusif. De même, dans un contrat de prestation de service, à défaut d'accord préalable entre les parties, le créancier peut fixer le prix sous réserve qu'il ne soit pas abusif.

Par ailleurs, l'article 1166 est venu préciser la qualité de la prestation attendue : « Lorsque la qualité de la prestation n'est pas déterminée ou déterminable en vertu du contrat, le débiteur doit offrir une prestation de qualité conforme aux attentes légitimes des parties en considération de sa nature, des usages et du montant de la contrepartie ».

Enfin, le Code n'exige pas une équivalence des prestations dans les contrats synallagmatiques mais annule le contrat lorsque la contrepartie est dérisoire ou illusoire, reprenant la solution de l'absence de cause sans avoir à s'y référer. À noter le cas particulier des contrats d'adhésions pour lequel toute clause créant un déséquilibre est réputée non écrite, sauf s'agissant de l'objet même du contrat ou du prix.

La nullité du contrat (Art. 1178 à 1185)

Le contrat peut être annulé, donc anéanti rétroactivement, lorsque les conditions pour sa validité ne sont pas réunies. La nullité peut être constatée par les parties ou par le juge. La partie qui obtient l'annulation peut, en outre, obtenir des dommages et intérêts sur le terrain de la responsabilité extracontractuelle.

La nullité est absolue lorsque la règle méconnue porte sur une question d'intérêt général. Dès lors toute personne qui y a intérêt peut la soulever ainsi que le ministère public.

Elle est relative lorsque la règle violée préserve un intérêt particulier. C'est alors seulement la personne protégée par la règle qui peut la soulever. Mais, la règle protégeant son seul intérêt, la personne peut également confirmer le contrat, une fois celui-ci conclu, par un acte mentionnant l'objet de l'obligation et le vice attaché. L'exécution volontaire en connaissance de cause du vice emporte confirmation et concernant le vice de violence, il convient que celle-ci ait cessé. Si plusieurs parties au contrat peuvent soulever la nullité relative, la confirmation de l'une n'engage pas les autres.

Une partie au contrat peut interroger celle qui aurait intérêt à agir en nullité afin qu'elle indique si elle confirme le contrat ou si elle souhaite agir en nullité. Cet acte interrogatoire doit indiquer que la demande en nullité doit intervenir dans les six mois et qu'à défaut le contrat sera confirmé.

La nullité d'une clause n'emporte nullité du contrat que si celle-ci portait sur un élément essentiel à l'engagement d'une ou des parties. Pour rappel, la loi répute les clauses abusives non écrites.

De même, le Code prévoit la ***caducité*** du contrat (Art. 1186 et 1187) lorsqu'un de ses éléments essentiels disparaît ou lorsqu'il s'agit d'un ensemble contractuel, lorsque l'un des contrats nécessaires à l'opération disparaît.

Au titre des effets, il convient de remettre la situation comme si le contrat n'avait jamais existé. Le Code organise aux articles 1152 et suivants, un régime unique des restitutions.

La restitution de la chose se fait en nature ou à sa valeur au jour de la restitution. La restitution d'une somme d'argent correspond à la somme initialement versée assortie des intérêts légaux. La restitution d'une prestation se fait en argent à la valeur du jour de son accomplissement.

Le restituant rend également les fruits mais peut obtenir compensation de la jouissance que la chose a procurée.

La bonne foi joue également. Le restituant de bonne foi ne répond pas de la dégradation intervenue sans sa faute. Si la chose a été vendue, il doit le prix qu'il a reçu alors que celui de mauvaise foi doit la valeur du bien. Enfin, les intérêts et fruits ne sont dus pour le restituant de bonne foi qu'à compter de la demande. Ils le sont pour celui de mauvaise foi à compter du paiement.

À l'égard des tiers, l'annulation peut conduire à la restitution d'un bien acquis lorsqu'il y a eu revente notamment. Afin de garantir la sécurité des conventions, le sous-acquéreur de bonne foi ne sera pas tenu à restitution.

➔ L'interprétation du contrat (Art. 1188 à 1192)

Le juge ne peut interpréter les clauses claires au risque de dénaturer le contrat. Sinon, il recherche la commune intention des parties et si celle-ci ne peut être dégagée, il l'interprète dans le sens que lui donnerait une personne raisonnable, l'ex bon père de famille. Les clauses s'interprètent de manière à donner une cohérence au contrat.

Dans le doute, le contrat de gré à gré s'interprète contre le créancier et celui d'adhésion contre son rédacteur.

➔ La force obligatoire (Art. 1193 à 1195)

Le contrat oblige à ce qui y est indiqué mais également à toutes les suites liées à l'équité, l'usage ou la loi. Rappelons que la bonne foi est exigée tant à la formation du contrat que lors de son exécution (Art. 1104).

Le contrat ne peut être modifié que par les parties ou par effet de la loi. Cependant, l'ordonnance de 2016 a intégré la ***théorie de l'imprévision*** par l'article 1195. Celui-ci dispose que « Si un changement de circonstances imprévisible lors de la conclusion du contrat rend l'exécution excessivement onéreuse pour une partie qui n'avait pas accepté d'en assumer le risque, celle-ci peut demander une renégociation du contrat à son cocontractant. Elle continue à exécuter ses obligations durant la renégociation. En cas de refus ou d'échec de la renégociation, les parties peuvent convenir de la résolution du contrat, à la date et aux conditions qu'elles déterminent, ou demander d'un commun accord au juge de procéder à son adaptation. À défaut d'accord dans un délai raisonnable, le juge peut, à la demande d'une partie, réviser le contrat ou y mettre fin, à la date et aux conditions qu'il fixe ».

Le contrat peut également avoir un ***effet translatif*** (Art. 1196 à 1198)

En application du principe du consensualisme, le transfert de propriété se fait lors de la rencontre des consentements, la délivrance pouvant intervenir postérieurement. L'acquéreur est réputé supporter les risques dès ce transfert de propriété. Mais les parties peuvent aménager le transfert de propriété en le différant en un autre temps (réserve de propriété). Mais ce transfert peut également être différé en raison de sa nature ou de la loi (choses de genres, immeuble à construire, vente soumise à autorisation, vente en « libre-service »).

S'il existe deux acquéreurs successifs d'un bien mobilier, c'est le premier mis en possession qui est propriétaire, s'il est de bonne foi. En matière immobilière, c'est la publication de l'acte qui détermine la propriété.

➲ L'effet à l'égard des tiers (Art. 1199 à 1209)

Le contrat n'oblige pas les tiers mais ceux-ci doivent respecter la situation juridique qu'il crée.

Lorsque le contrat apparent dissimule un contrat occulte (dit également contre-lettre), celui-ci est inopposable aux tiers mais ils peuvent s'en prévaloir. Par ailleurs, est nulle toute contre-lettre venant augmenter le prix de cession d'un office ministériel, d'un bien immobilier, d'un fonds de commerce ou d'une clientèle.

L'on peut se porter fort pour autrui, c'est promettre le fait d'un tiers. Si le tiers n'accomplit pas la promesse, le promettant sera redevable de dommages et intérêts.

L'on peut stipuler pour autrui. Le stipulant peut faire promettre à une personne, le promettant, qu'elle fera quelque chose pour un tiers, le bénéficiaire. Ce dernier doit être désigné à l'acte. La stipulation qui fait naître un droit direct du bénéficiaire à l'égard du promettant, peut être révoquée par le stipulant tant que le bénéficiaire ne l'a pas acceptée.

La révocation émane du stipulant ou, après son décès, de ses héritiers. Ces derniers ne peuvent y procéder qu'à l'expiration d'un délai de trois mois à compter du jour où ils ont mis le bénéficiaire en demeure de l'accepter.

Si elle n'est pas assortie de la désignation d'un nouveau bénéficiaire, la révocation profite, selon le cas, au stipulant ou à ses héritiers.

➔ La cession de contrat (Art. 1216 à 1216-3)

La cession se fait par écrit. Elle doit être acceptée par le cédé. Cette acceptation peut être prévue dans le contrat d'origine. L'acceptation libère le cédant. Les exceptions du cédant sont alors transmises au cessionnaire comme celles du cédé lui sont opposables. À défaut d'acceptation par le cédé, le cédant reste solidairement tenu au contrat.

➔ L'inexécution du contrat (Art. 1217 à 1231-7)

Le contrat peut n'être pas exécuté du fait d'un ***cas de force majeure***. Après les discussions autour de l'application jurisprudentielle des critères classiques de la force majeure, le Code est venu préciser la notion. L'article 1218 indique qu'il s'agit d'un événement échappant au contrôle du débiteur (extériorité affinée permettant de prendre en considération la maladie du débiteur, par exemple) qui ne pouvait être raisonnablement prévu lors de la conclusion du contrat (imprévisibilité raisonnable et non absolue) et dont les effets ne peuvent être empêchés par des mesures appropriées (irrésistibilité appréciée concrètement).

La force majeure peut conduire à une inexécution temporaire, justifiant la suspension de l'exécution sauf à ce que celle-ci implique la résolution du contrat, ou définitive ce qui conduit à la résolution de plein droit du contrat.

L'inexécution peut venir d'une partie. L'engagement peut être totalement inexécuté ou imparfaitement exécuté.

Les sanctions sont alors l'exception d'inexécution, l'exécution forcée, la réduction du prix, la résolution et l'indemnisation du préjudice.

Ces sanctions sont cumulables lorsqu'elles ne sont pas incompatibles et l'indemnisation peut toujours être ajoutée.

- Concernant l'***exception d'inexécution***, l'exécution peut être refusée si l'inexécution de l'autre partie est suffisamment grave, ce que les juges auront à apprécier. Elle peut être suspendue, après notification dans un bref délai, lorsqu'il est manifeste que l'autre partie ne s'exécutera pas avant l'échéance et que cette inexécution est, là encore, suffisamment grave.

- En matière d'***exécution forcée*** en nature, le créancier dispose de plusieurs options ouvertes après mise en demeure. Il peut demander l'exécution sauf si elle est impossible ou disproportionnée. Mais il peut également réaliser lui-même la prestation ou, avec l'autorisation du juge, détruire ce qui a été fait en violation de l'obligation. Il pourra obtenir le remboursement des sommes engagées lorsqu'elles sont raisonnables. Il peut également obtenir auprès du juge que le débiteur avance les sommes pour la réalisation ou la destruction.

- Après mise en demeure, le créancier peut accepter une inexécution imparfaite combinée à une ***réduction proportionnelle du prix***.

- La ***résolution*** résulte soit d'une clause du contrat, soit d'une notification du créancier, soit d'une décision du juge.

  Lorsqu'il existe une clause résolutoire, celle-ci précise les engagements dont l'inexécution peut conduire à la résolution. Sauf clause contraire, la résolution est précédée d'une mise en demeure restée infructueuse mentionnant la clause résolutoire.

  Le créancier peut, en l'absence de clause résolutoire, poursuivre la résolution après avoir mis le débiteur en demeure d'exécuter et avoir précisé dans la mise en demeure la résolution qui découlerait de l'inexécution. La contestation sera tranchée par le juge, le créancier devant alors justifier de la gravité de l'inexécution.

- Enfin, le juge peut décider de la résolution comme il peut décider d'octroyer un délai au débiteur ou seulement des dommages et intérêts au créancier.

  Si les prestations déjà fournies n'ont d'utilité que par l'exécution complète du contrat, elles sont restituées. Sinon, la résolution ne vaut que pour l'avenir et devient une résiliation.

  Les restitutions sont traitées selon les articles 1352 à 1352-9, comme vu lors de la nullité du contrat (Cf. supra). Les clauses de résolution amiable, de confidentialité et de non-concurrence ne sont pas affectées par la résolution.

  Les ***dommages et intérêts***, sauf inexécution définitive, sont conditionnés à une mise en demeure. Ils se rapportent à une inexécution ou à un retard. Ils couvrent la perte ou le gain manqué sauf à avoir été prévus au contrat. Toutefois, l'inexécution due à une faute lourde ou dolosive exclut le montant prévu au contrat. Le juge doit respecter l'indemnisation prévue au contrat sauf à ce que la pénalité soit dérisoire ou excessive et sauf à tenir compte de la partie d'exécution déjà réalisée par le débiteur.

II - Les Quasi-contrats

Le Code prévoit désormais trois situations : la gestion d'affaires, le paiement de l'indu et l'enrichissement injustifié.

La gestion d'affaires (Art. 1301 à 1301-5)

Le gérant d'affaires est la personne qui, sciemment et sans que cela soit à l'insu ou contre le consentement du géré (le maître), décide d'intervenir dans les affaires d'autrui. Il doit le faire en apportant tout le soin d'une personne raisonnable, ce qui exclut les dépenses somptuaires et poursuivre sa gestion jusqu'à ce que le maître ou ses héritiers soit en mesure de prendre la suite.

Le maître sera tenu par les engagements pris par le gérant et devra le remboursement des dépenses faites dans son intérêt. Si le gérant avait également intérêt aux actes passés, son remboursement est réduit à proportion. Par ailleurs, les fautes du gérant ou sa négligence peuvent conduire à réduire son indemnisation.

Si les actes sont ratifiés par le maître, la gestion devient un mandat. Si les actes réalisés ne répondent pas aux conditions de la gestion d'affaires mais profitent au maître, il convient de faire application des règles de l'enrichissement injustifié.

Le paiement de l'indu (Art. 1302 à 1302-3)

Sauf le cas d'une obligation naturelle, tout paiement suppose une dette. Celui qui n'était pas débiteur et a payé par erreur ou sous la contrainte peut obtenir restitution. Cependant, si à la suite du paiement, le créancier a détruit son titre ou à renoncer à ses sûretés, il ne doit pas restitution. Celui qui a reçu un paiement sans être créancier doit restitution.

La restitution est régie par les articles 1352 à 1352-9, comme vu lors de la nullité du contrat (Cf. supra).

L'enrichissement injustifié (Art. 1303 à 1303-4)

L'enrichissement sans cause devient l'enrichissement injustifié mais reste une voie d'action subsidiaire ne pouvant être ouverte si la gestion d'affaires, le paiement de l'indu ou un autre fondement est ouvert. L'action n'est pas non plus ouverte si une autre action était possible mais est prescrite.

Il y a enrichissement injustifié lorsqu'il ne correspond à aucune obligation ou intention libérale.

L'enrichi doit verser la somme correspondant à l'appauvrissement ou à l'enrichissement s'il est moindre. Si l'enrichi est de mauvaise foi, il doit la plus élevée des deux sommes. Il n'y a pas lieu à indemniser l'appauvrissement consécutif à une recherche de profit et la faute de l'appauvri peut diminuer son indemnisation.

Selon l'article 1303-4, « L'appauvrissement constaté au jour de la dépense, et l'enrichissement tel qu'il subsiste au jour de la demande, sont évalués au jour du jugement ».

III - La responsabilité extracontractuelle

Le principe de la responsabilité pour faute, prévu aux articles 1382 et 1383, devenus 1240 et 1241, n'a pas été modifié depuis sa rédaction de 1805. Si le projet de loi de 2017 prévoit une réforme de la rédaction des articles, le principe est maintenu. Tout juriste connaît le triptyque dommage/faute/lien de causalité. Nous en reprendrons les éléments utiles pour une interrogation orale. Le Code prévoyait dès son origine des cas spéciaux de responsabilité. Ceux-ci ont vu leurs champs d'application s'étendre par les apports de la jurisprudence (responsabilité du fait des choses, du fait d'autrui) et la loi est également intervenue pour ajouter d'autres situations (loi de 1985 sur les accidents de la circulation, responsabilité du fait des produits défectueux, responsabilité environnementale, ...). Le principe reçoit désormais une application subsidiaire lorsqu'aucun autre régime ne peut s'appliquer.

La responsabilité pour faute

Comme indiqué, la victime doit établir son dommage, une faute de l'auteur et un lien de causalité entre le dommage et la faute.

La faute

Le Code ne définit pas la faute. Ceci a permis aux juges d'adapter la notion en fonction de l'évolution des litiges. Cette notion cadre englobe à l'évidence le non-respect d'obligations légales, règlementaires, professionnelles ou encore des usages. Mais elle couvre également tout comportement non socialement acceptable, le comportement que n'aurait pas eu le bon père de famille, devenu la personne raisonnable. La faute peut également résulter d'un abus de droit, lorsque le titulaire du droit agit non pour la défense de son droit mais avec l'intention de nuire ou dans un but contraire à sa finalité sociale.

Cette appréciation se fait sans considération de la qualité de la personne et donc sans s'intéresser à sa capacité de discernement. Ainsi, la responsabilité civile marque une profonde différence avec le fonctionnement de la responsabilité pénale (irresponsabilité de l'*infans*, aménagement de la responsabilité des mineurs, prise en compte des troubles du discernement, faute par essence intentionnelle et prise en compte d'un comportement ou d'une abstention fautive pour les fautes non intentionnelles).

La faute peut être de commission, un comportement, ou d'omission, une abstention alors que l'auteur aurait dû agir.

En fonction des régimes de responsabilité, la loi comme la jurisprudence ont pu dégager une graduation des fautes. On pourra au fil des droits applicables se trouver confronté à des fautes graves, caractérisées ou encore inexcusables.

La faute peut également provenir de la victime et ainsi limiter la responsabilité de l'auteur, sous réserve de ce que peuvent prévoir des régimes spéciaux de responsabilité (ainsi, en matière d'accident de la circulation seule la faute inexcusable de la victime est applicable). La question se pose également de l'acceptation des risques par la victime. La jurisprudence refuse globalement cette cause d'irresponsabilité mais ceci peut dépendre du domaine d'application. Enfin, il convient de rappeler la possibilité d'établir le cas de force majeure dont nous avons déjà donné la définition et les causes d'irresponsabilité pénale (ordre de la loi, d'une autorité légitime, légitime défense, état de nécessité et, parfois, le consentement de la victime).

Le dommage

Le dommage doit réunir certains caractères. Il doit être direct, licite, présent et certain.

Il doit être *direct* tant au regard de la faute, ce qui nous renvoie à la question du lien de causalité, qu'au regard de la victime. Celle-ci doit subir directement le dommage. Or, sera une victime directe celle qui subit une atteinte à sa personne ou ses biens mais également ses proches qui subissent une dégradation de leur niveau de vie du fait de la perte de gains de la victime empêchée de travailler, ou une souffrance psychologique et les contraintes matérielles d'accompagner une personne malade ou accidentée.

Il doit être licite au sens où il ne doit pas être contraire à la loi ou aux bonnes mœurs. Ceci avait longtemps exclu l'indemnisation de la concubine. On relèvera également le cas de l'arrêt PERRUCHE (Ass. Plén., 17 novembre 2000, n° 99-13701) ainsi que la loi et les décisions de la CEDH et du conseil constitutionnel puis de la Cour de cassation et du Conseil d'État qui en ont été la suite.

Le préjudice doit être présent. C'est-à-dire réalisé au moment de l'action mais il peut également être futur tant qu'il répond à la dernière condition à savoir être certain.

Le dommage peut être futur, s'il est certain. Le futur n'étant jamais certain, cette affirmation est une fiction. Elle permet cependant d'accorder l'indemnisation dont la réalisation ressort d'une très forte probabilité. Ceci apparaît à l'évidence pour les pertes de salaires consécutives à une cessation temporaire d'activité ou à une réduction des capacités de travail. La question est plus épineuse concernant la perte de chance, à savoir le fait que le dommage n'a pas permis la réalisation d'un événement favorable. En sens inverse, a été reconnu le préjudice d'anxiété relativement à des personnes exposées à des agents contaminants et craignant le développement de la maladie.

Relativement à ces conditions, une nomenclature a été proposée par la Commission Dintilhac :

Victime directe	Victimes indirectes (victimes par ricochet)
1° Préjudices patrimoniaux temporaires (avant consolidation) : • Dépenses de santé actuelles (D.S.A.) • Frais divers (F.D.) • Pertes de gains professionnels actuels (P.G.P.A.)	**1° en cas de décès de la victime directe :** • Préjudices patrimoniaux : - Frais d'obsèques (F.O.) - Pertes de revenus des proches (P.R.) - Frais divers des proches (F.D.) • Préjudices extra-patrimoniaux : - Préjudice d'accompagnement (P.AC.) - Préjudice d'affection (P.AF.)
2° Préjudices patrimoniaux permanents (après consolidation) : • Dépenses de santé futures (D.S.F.) • Frais de logement adapté (F.L.A.) • Frais de véhicule adapté (F.V.A.) • Assistance par tierce personne (A.T.P.) • Pertes de gains professionnels futurs (P.G.P.F.) • Incidence professionnelle (I.P). • Préjudice scolaire, universitaire ou de formation (P.S.U.)	**2° en cas de survie de la victime directe :** • Préjudices patrimoniaux : - Pertes de revenus des proches (P.R.) - Frais divers des proches (F.D.) • Préjudices extra-patrimoniaux : - Préjudice d'affection (P.AF.) - Préjudices extra-patrimoniaux exceptionnels (P.EX.)

3° Préjudices extra-patrimoniaux (P.EX.P.) :

- P.EX.P. temporaires (avant consolidation) :
  - Déficit fonctionnel temporaire (D.F.T.)
  - Souffrances endurées (S.E.)
  - Préjudice esthétique temporaire (P.E.T.)
  - P.EX.P. permanents (après consolidation) :
  - Déficit fonctionnel permanent (D.F.P.)
  - Préjudice d'agrément (P.A.)
  - Préjudice esthétique permanent (P.E.P.)
  - Préjudice sexuel (P.S.)
  - Préjudice d'établissement (P.E.)
  - Préjudices permanents exceptionnels (P.P.E.)
- P.EX.P. évolutifs (hors consolidation) :
  - Préjudices liés à des pathologies évolutives (P.E.V.)

Le ***droit à réparation doit compenser l'intégralité du préjudice*** mais uniquement le préjudice. L'indemnisation ne doit pas conduire à un enrichissement de la victime. Ceci a pu conduire à des problématiques avec des cumuls de prestations sociales versées par les départements (A.T.P.) ceux-ci ne disposant pas du recours subrogatoire de la Sécurité Sociale. Ceci conduit également à s'interroger sur la question d'une sanction civile. Du côté de la victime, la responsabilité civile permet l'indemnisation mais à l'égard du responsable, il existe, au moins dans le mécanisme de droit commun, une faute qu'il conviendrait de sanctionner. Cette préoccupation est d'autant plus légitime que cette faute peut être grave ou lourde. Certes la matière pénale sanctionne, mais les fautes civiles dépassent largement les incriminations pénales. Comment alors concilier le principe de réparation intégrale et le souhait de sanctionner ? La souveraine appréciation du juge permet, sans le dire, d'inclure la sanction dans la détermination de la réparation. Mais la solution n'est pas satisfaisante, raison pour laquelle le projet de réforme prévoit la mise en place d'une amende civile en matière de responsabilité extracontractuelle lorsque le responsable aura recherché un gain ou une économie.

Le lien de causalité

Il faut lier la faute à sa conséquence, le dommage. La démonstration du lien de causalité est essentielle. Deux théories sont proposées et appliquées par les juges selon la situation de l'espèce.

- La première théorie est celle de l'équivalence des conditions. Il s'agit de retenir l'ensemble des comportements sans lesquels le dommage n'aurait pu se produire.
- La seconde théorie est celle de la causalité adéquate qui recherche la cause déterminante du dommage.

Un exemple pour illustrer la différence entre ces conceptions : une victime d'un accident de la circulation est opérée et subit un dommage des suites de l'opération. Avec la causalité adéquate, c'est l'opération médicale qui est la cause du dommage. Avec l'équivalence des conditions, l'auteur de l'accident est également responsable, car sans l'accident il n'y aurait pas eu d'opération. Cette dernière analyse a été retenue par la jurisprudence dans ce cas (Cass. Civ. 2e, 27/01/2000, n° 97-20889).

Les régimes spéciaux de responsabilité

Les responsabilités du fait des choses

Le régime général

L'article 1384 (1242, al. 1er) ne fait qu'annoncer des situations particulières de responsabilité du fait des choses (les dommages causés par les immeubles en ruines et par les animaux). Au regard du développement des accidents dans les usines à la fin du XIXe siècle, il est apparu nécessaire de développer un mécanisme de prise en charge échappant à l'application de la responsabilité pour faute pénalisante pour l'ouvrier victime qui était dans l'impossibilité de rapporter la preuve de la faute. Aussi, la Cour de cassation dans l'arrêt Teffaine du 16 juin 1896 a découvert un principe général de responsabilité du fait des choses que l'on a sous sa garde. Cette solution conduira à la mise en place d'un mécanisme assurantiel avec la notion d'accident du travail en 1898.

La jurisprudence pose une responsabilité de plein droit du gardien lorsque la chose est à l'origine du dommage sans qu'il importe qu'elle ait été animée ou dangereuse.

La garde se rapporte en principe au propriétaire mais ce qui importe c'est l'usage, la direction et le contrôle de la chose. Cette garde peut être commune entre plusieurs personnes. La garde peut être divisée entre la structure de la chose et son comportement, c'est-à-dire son utilisation par l'usager.

Le cas de force majeur peut seul exonérer le gardien de sa responsabilité et la faute de la victime, si elle ne présente pas le caractère d'un cas de force majeure, pourra conduire à une exonération partielle.

Cette responsabilité est écartée s'il existe un texte spécial (navires, aéronefs, obligation du transporteur, Loi de 1985, *etc.*). Surtout, il convient de relever le cas de la responsabilité du fait des produits défectueux.

Les produits défectueux

Pris en application de la directive de 1985, les articles 1386-1 et suivants (1245 à 1245-17) ont été insérés en 1998 avant d'être corrigés en 2004 suite à des manquements de la France lors de la transposition.

Il s'agit d'organiser la responsabilité du producteur et, s'il est inconnu, du fournisseur compte tenu du défaut de son produit. Le défaut étant l'absence de sécurité que l'on peut légitimement en attendre. « On » vise le public et le producteur doit l'informer sur l'usage et le mettre en garde sur les risques du produit. Le produit vise tout bien mobilier. Le dommage doit résulter d'un usage non professionnel et le mécanisme vise à réparer en premier lieu les atteintes corporelles, les atteintes aux biens étant soumises à un seuil. Le droit d'agir se prescrit par dix ans à compter de la mise en circulation du produit et la victime doit agir dans les trois de sa connaissance du défaut.

Ce mécanisme de responsabilité connaît surtout un régime d'exonération particulier. Le producteur peut s'exonérer (Art. 1245-10) s'il prouve :

1° Qu'il n'avait pas mis le produit en circulation ;

2° Que, compte tenu des circonstances, il y a lieu d'estimer que le défaut ayant causé le dommage n'existait pas au moment où le produit a été mis en circulation par lui ou que ce défaut est né postérieurement ;

3° Que le produit n'a pas été destiné à la vente ou à toute autre forme de distribution ;

4° Que l'état des connaissances scientifiques et techniques, au moment où il a mis le produit en circulation, n'a pas permis de déceler l'existence du défaut, c'est le risque de développement ;

5° Ou que le défaut est dû à la conformité du produit avec des règles impératives d'ordre législatif ou réglementaire.

La loi de 1985 relative aux accidents de circulation

La loi du 5 juillet 1985 organise la réparation des préjudices de la victime d'un accident de la circulation en engageant la responsabilité du conducteur du véhicule impliqué par le biais de son assureur. L'objectif est essentiellement assurantiel.

Le texte n'impose pas un lien de causalité entre le véhicule (véhicule terrestre à moteur, V.T.M.) et le dommage, mais simplement une participation de celui-ci dans la réalisation du dommage. Le véhicule peut donc être en mouvement ou immobile et il peut aussi ne pas y avoir eu contact avec la victime.

La loi distingue entre la victime conductrice et les autres.

Le conducteur est moins bien traité puisque sa faute lui est opposable soit pour réduire soit pour exclure son indemnisation.

Pour les autres, si le dommage porte sur un bien, leur faute peut réduire ou exclure l'indemnisation. Mais si le dommage est corporel, seule leur faute inexcusable peut leur être opposée. Même la force majeure ne peut être soulevée.

La notion de faute inexcusable a été précisée par la jurisprudence comme étant la faute volontaire d'une exceptionnelle gravité exposant sans raison valable son auteur à un danger dont il aurait dû avoir conscience (Cass. Civ. 2e, 20 juillet 1987). Toute la difficulté réside dans l'application de ces critères.

En outre, la loi prévoit des victimes spécialement protégées. Il s'agit des personnes âgées de moins de 16 ans, de plus de 70 ans ou atteintes d'un taux d'invalidité d'au moins 80 %. Celles-ci ne peuvent se voir reprocher que leur faute intentionnelle, c'est-à-dire leur tentative de suicide. Le projet de réforme exclut même cette possibilité et garantit l'indemnisation du dommage corporel dans tous les cas à ces personnes.

Le responsable est le conducteur, c'est-à-dire la personne qui a la maîtrise du véhicule. Cependant, le propriétaire d'un véhicule est présumé en être le gardien. La garde peut être commune lorsque le bien appartient en commun à un couple.

S'il y a plusieurs véhicules impliqués, chaque conducteur a droit à l'indemnisation des dommages qu'il a subis, sauf s'il a commis une faute ayant contribué à la réalisation de son préjudice. Il appartient alors au juge d'apprécier si cette faute a pour effet de limiter ou d'exclure l'indemnisation.

Les responsabilités du fait d'autrui

Comme en matière de responsabilité du fait des choses, le Code ne prévoit que des cas spéciaux. Là encore la jurisprudence est venue élargir le domaine de cette responsabilité sans toutefois affirmer un principe général de responsabilité du fait d'autrui. Le domaine d'application est alors moins aisé à circonscrire. En outre, concernant les domaines spéciaux prévus par le Code, leurs conditions de reconnaissance de la responsabilité du gardien différent. Ceci conduit à ce que le projet de loi cherche à clarifier et harmoniser les mécanismes.

Les extensions jurisprudentielles

L'arrêt Blieck de 1991 a marqué l'ouverture de la responsabilité du fait d'autrui à d'autres hypothèses que celles prévues par le Code. La garde relevait d'un contrôle et d'une organisation, de façon permanente, du mode de vie du gardé, en l'espèce un handicapé placé.

La jurisprudence a ensuite appliqué le texte sans que le contrôle se fasse de manière permanente, mais lorsqu'il y a contrôle de l'activité, ce qui semble plus logique. Elle retient également que la garde doit s'inscrire dans un cadre professionnel. Cependant, elle varie sur la nature de cette responsabilité entre une responsabilité de plein droit même sans faute de l'auteur direct et la prise en compte de cette faute.

Aussi le ***projet de 2017*** cherche-t-il à clarifier les choses. Il pose qu'il n'y a de responsabilité du fait d'autrui que dans les cas prévus par la loi et organise les hypothèses selon l'origine de la garde :

- *Article 1245* : On est responsable du dommage causé par autrui dans les cas et aux conditions posés par les articles 1246 à 1249. (Donc pas de principe général)

  Cette responsabilité suppose la preuve d'un fait de nature à engager la responsabilité de l'auteur direct du dommage. (Donc il faut une faute à l'origine du dommage)

- *Article 1247* : Est responsable *de plein droit* du fait du majeur *placé sous sa surveillance* la personne physique ou morale chargée, *par décision judiciaire ou administrative*, d'organiser et contrôler *à titre permanent* son mode de vie.

- *Article 1248* : Les autres personnes qui, *par contrat* assument, à *titre professionnel*, une mission de surveillance d'autrui ou d'organisation et de *contrôle de l'activité* d'autrui, répondent du fait de la personne physique surveillée *à moins qu'elles ne démontrent qu'elles n'ont pas commis de faute.*

Sans méconnaitre les apports jurisprudentiels, le projet distingue la responsabilité de plein droit (suite à la faute de l'auteur) du gardien chargé à titre permanent par une décision judiciaire ou administrative de contrôler une personne (cas de l'arrêt Blieck) et le professionnel qui, par contrat, contrôle l'activité d'une personne et sur qui pèse une présomption de faute susceptible de démonstration contraire.

Les cas légaux

Le Code prévoit quatre hypothèses ; les parents, le commettant, l'artisan et l'instituteur. Chacune connaît un traitement particulier conduisant à l'absence de cohérence de l'ensemble et à la nécessité de clarifier le dispositif, ce que propose le projet de réforme.

Les parents

Leur responsabilité reposait sur une présomption de faute d'éducation et/ou de surveillance. Puis la condition de cohabitation qui fondait cette possibilité de surveillance s'est assouplie pour finalement s'effacer au profit de l'autorité emportant une responsabilité de plein droit (arrêt Bertrand, 19 février 1997). Cependant, le texte faisant référence au fait que l'enfant habite avec eux, la jurisprudence se réfère à la résidence habituelle de l'enfant.

Cette responsabilité était engagée pour faute de l'enfant jusqu'à l'arrêt Fullenwarth (9 mai 1984) confirmé par l'arrêt Levert (10 mai 2001) qui n'exige que le rôle causal.

Se pose également la question du transfert de la garde de l'enfant.

Le projet de réforme pose pour toutes les hypothèses, une responsabilité consécutive à la faute de l'auteur.

Pour les parents, il est proposé une responsabilité de plein droit organisée par l'*article 1246* : « Sont responsables de plein droit du fait du mineur :

- ses parents, en tant qu'ils exercent l'autorité parentale ;
- son ou ses tuteurs, en tant qu'ils sont chargés de la personne du mineur ;
- la personne physique ou morale chargée par décision judiciaire ou administrative, d'organiser et contrôler à titre permanent le mode de vie du mineur. Dans cette hypothèse, la responsabilité des parents de ce mineur ne peut être engagée.

Ceci doit pouvoir organiser les transferts de la garde.

Enfin, la responsabilité personnelle de l'enfant peut également être engagée. »

▸ **Le commettant**

En pratique, il s'agit essentiellement de l'employeur dont la responsabilité est engagée du fait des fautes de ses salariés. L'employeur peut s'exonérer de sa responsabilité si le salarié a agi hors de ses fonctions, sans autorisation et à des fins étrangères à celles-ci (Ass. Plén., 19 mai 1998).

La responsabilité personnelle du salarié peut être cumulativement recherchée lorsqu'il s'agit d'une faute pénale intentionnelle. Sa seule responsabilité est engagée lorsqu'il a agi hors de ses fonctions.

Le projet de réforme reprend cette structuration :

– *Article 1249* : Le commettant est responsable de plein droit des dommages causés par son préposé. Est commettant celui qui a le pouvoir de donner au préposé des ordres ou des instructions en relation avec l'accomplissement de ses fonctions.

  En cas de transfert du lien de préposition, cette responsabilité pèse sur le bénéficiaire du transfert.

  Le commettant ou le bénéficiaire du transfert n'est pas responsable s'il prouve que le préposé a agi hors des fonctions auxquelles il était employé, sans autorisation et à des fins étrangères à ses attributions. Il ne l'est pas davantage s'il établit une collusion du préposé et de la victime.

  Le préposé n'engage sa responsabilité personnelle qu'en cas de faute intentionnelle, ou lorsque, sans autorisation, il a agi à des fins étrangères à ses attributions.

▸ **L'artisan**

Il s'agit d'un dispositif marginal en jurisprudence. Il se rapproche de la situation du commettant mais les actions sont exclusives l'une de l'autre. Il s'agit d'une présomption de faute, un défaut de surveillance, de l'artisan à l'égard de son apprenti, comme cela avait été envisagé à l'origine pour les parents.

Le projet de réforme fait disparaître ce cas, surabondant par rapport à la responsabilité du commettant.

▸ **Les instituteurs (professeurs des écoles)**

Traitée au même alinéa que celle des artisans (avec la même idée de surveillance), la responsabilité des instituteurs du fait des dommages causés par les élèves a suivi une logique particulière. Devant le risque de ruine encouru par les enseignants, l'État s'est substitué à leur responsabilité et a posé un régime de responsabilité pour faute prouvée de l'enseignant (L. 5 avril 1937). Ceci vise les enseignants et les surveillants quel que soit le niveau d'enseignement et couvre les établissements privés sous contrat.

Le mécanisme est absent du projet de réforme.

La responsabilité écologique (Art. 1246 à 1252)

Ce dispositif introduit par la loi du 8 août 2016 permet l'action de l'État, des collectivités, des établissements et associations agrées défendant l'environnement afin d'obtenir une réparation en priorité en nature du dommage (atteinte non négligeable) causé à l'environnement, aux écosystèmes. À défaut de réparation en nature, les dommages et intérêts sont versés au demandeur et, s'il ne peut les réaffecter à la réparation de l'environnement, à l'État. L'évaluation du dommage prend en considération les mesures de réparation déjà intervenues. De même, les dépenses engagées au regard d'un dommage imminent sont prises en compte. Enfin, le juge peut prescrire les mesures raisonnables propres à prévenir ou faire cesser le dommage.

Le droit commercial

Anne-Françoise ZATTARA-GROS
Maître de conférences
Université de La Réunion

Les contours du droit commercial

Le droit commercial est le droit privé du commerce. Il constitue une branche du droit privé, qui traite des règles applicables aux commerçants et sociétés commerciales ainsi qu'aux opérations qui se rapportent à l'exercice du commerce et sont dites actes de commerce. Applicable aux activités de production, de distribution et d'échange et aux opérations qui en résultent, soit à une partie de l'activité économique, il constitue un droit d'exception, dont le domaine n'est pas clairement délimité. Il se décompose traditionnellement en différentes branches : le droit commercial général, le droit des sociétés, le droit de la concurrence, le droit des instruments de paiement et de crédit et le droit des entreprises en difficultés, lesquelles poursuivent chacune une ou des finalités particulières.

Le droit commercial général

Le droit commercial dit général traite des règles communes à tous les commerçants : de l'acquisition de cette qualité aux conséquences qui résultent de l'application de ce statut (droits et obligations, compétence de la juridiction commerciale) en passant par les opérations qui sont réalisées (fonds de commerce, baux commerciaux).

Le droit des sociétés

Le droit des sociétés sous-entendu commerciales repose sur des sources de droit interne, héritées notamment de la loi du 24 juillet 1966, et complétées de sources européennes. Issu du livre II du code de commerce, il traite des principes fondamentaux régissant les sociétés, des règles de fonctionnement de celles-ci et des valeurs mobilières). Il s'articule autour de trois axes principaux, que sont l'épargne, la protection des tiers, les impératifs économiques (libéralisme, souplesse, flexibilité….)

Guidé depuis des années par un objectif juridique de simplification aux fins d'amélioration de la qualité de la norme, le droit modernisé des sociétés répond à trois objectifs principaux : la contractualisation pour favoriser la liberté d'entreprendre et permettre un meilleur fonctionnement des sociétés en supprimant par exemple le plafond de 50 associés dans les SARL et le plancher de 7 actionnaires dans les SA ; l'enrichissement des actionnaires en attirant les investisseurs par la promotion d'un meilleur équilibre des pouvoirs et des responsabilités au sein de l'entreprise ; la recherche d'une neutralité fiscale et sociale avec l'idée de consacrer le patrimoine d'affectation.

Le droit de la concurrence

Le droit de la concurrence traite des règles qui appréhendent, moralisent et sanctionnent les pratiques commerciales, lesquelles ont pour objet ou pour effet de fausser le jeu de la concurrence sur un marché, contraignant les droits des commerçants en général.

Le droit des instruments de paiement et de crédit

Le droit des instruments de paiement et de crédit, contenu en partie dans le livre V du code de commerce et exilé pour le reste dans le code monétaire et financier, traite des règles applicables aux effets de commerce (lettre de change, billet à ordre), instruments de crédit et de paiement (chèque, virement bancaire) ainsi qu'aux comptes bancaires.

Le droit des entreprises en difficulté

Le droit des entreprises en difficulté, qui succède au droit de la faillite puis des procédures collectives, s'est développé avec les lois du 1er mars 1984 sur la prévention des difficultés et le règlement amiable et du 25 janvier 1985 sur le redressement judiciaire et la liquidation judiciaire, que complètent la loi n° 88-1202 du 30 décembre 1988 relative à l'adaptation de l'exploitation agricole à son environnement économique et social et la loi n° 94-475 du 10 juin 1994 relative à la prévention et au traitement des difficultés des entreprises la loi n° 2005-845 du 26 juillet 2005 dite de sauvegarde. Réformé par différentes lois et ordonnances (ordonnance n° 2008-1345 du 18 décembre 2008, loi n° 2010-1249 du 22 octobre 2010 de régulation bancaire et financière, ordonnance n° 2010-1512 du 9 décembre 2010, qui a adapté les dispositions du Livre VI du code de commerce à l'entrepreneur individuel à responsabilité limitée (EIRL), loi n° 12-1246 du 12 mars 2012, dite Petroplus, loi n° 2012-387 du 22 mars 2012, dite de simplification du droit, qui modifie certaines dispositions relatives aux conditions d'ouverture de la SFA, ordonnance n° 2014-32 du 12 mars 2014 portant réforme de la prévention des difficultés des entreprises et des procédures collectives, loi ESS du 31 juillet 2014 et loi dite Macron du 6 août 2015), il est contenu, pour l'essentiel, dans le livre VI du Code de commerce.

D'une part, il propose des outils de façon à favoriser la détection précoce des difficultés des entreprises et à permettre leur résolution amiable. Ainsi, deux procédures amiables ont pour objectif de favoriser la conclusion d'un accord entre le débiteur et ses principaux créanciers avec l'aide d'un tiers de confiance nommé par le juge : le mandat ad hoc et la procédure de conciliation.

D'autre part, il institue des procédures collectives. Certaines sont destinées à permettre la sauvegarde de l'entreprise, le maintien de l'activité et de l'emploi et l'apurement du passif. Ce sont la procédure de sauvegarde et ses variantes, que sont la sauvegarde financière accélérée (SFA), procédure réservée à une entreprise répondant à certaines conditions engagées dans une conciliation qui n'a pu aboutir en raison de l'opposition d'une minorité de créanciers faisant obstacle à un projet d'accord amiable, et la procédure de sauvegarde accélérée, qui est ouverte à des entreprises importantes enserrées dans une procédure de conciliation laquelle a échoué face au refus opposé par l'un ou de plusieurs créancier(s) minoritaire(s) à l'accord ainsi que le redressement judiciaire. La liquidation judiciaire est-elle destinée à mettre fin à l'activité de l'entreprise ou réaliser le patrimoine débiteur par une cession globale ou séparée.

Enfin, il met en place une procédure d'enquête dite procédure de rétablissement professionnel, dont l'objectif est de permettre le rebond du débiteur personne physique par un effacement de certaines dettes.

Les structures du droit commercial

L'entreprise, qui constitue un acteur du droit commercial, peut se définir comme une organisation dont l'objet est la production, l'échange ou la circulation de biens ou services et emprunte plusieurs formes.

L'entreprise individuelle

L'entreprise individuelle est le modèle « d'une personne, qui l'exploite seule et sans partage » (P. Didier, *Droit commercial, L'entreprise individuelle* : PUF, 3e éd. 1999, t. 1, p. 333).

Il s'agit d'un modèle ouvert à une personne physique, à l'exclusion d'une personne morale.

L'entreprise individuelle ne possède pas la personnalité morale.

L'activité exercée peut être commerciale, artisanale, agricole ou libérale.

Certaines activités sont spécifiquement encadrées par la loi et obéissent à des règles strictes : exigence d'un diplôme et/ou expérience, formation professionnelle (transports, agent immobilier, *etc.*), stage, garantie financière (agence de voyages), licence (métiers de la restauration et de l'hôtellerie), *etc.* Il convient dès lors de se reporter aux textes les régissant pour savoir si le choix de l'entreprise individuelle constitue un modèle adapté car certaines activités ne peuvent être exercées qu'en société.

L'entreprise individuelle n'a pas de patrimoine séparé de celui de la personne physique, autrement dit de patrimoine dit d'affectation. D'où l'exposition de l'entrepreneur individuel aux risques liés à l'exercice de son activité, qui se traduit par l'engagement de la totalité de son patrimoine pour répondre de ses dettes (C. civ., art. 2284). C'est pourquoi, le législateur a prévu un certain nombre de dispositifs : la déclaration notariée d'insaisissabilité, l'EIRL et l'insaisissabilité de plein droit de la résidence principale.

L'auto-entrepreneur ou micro-entrepreneur

La loi LME du 4 août 2008 a consacré le statut de l'auto-entrepreneur, qui est remplacé depuis le 1er janvier 2016 par celui de micro-entrepreneur.

L'auto ou micro-entrepreneur est un entrepreneur individuel.

Ce régime est ouvert à une personne physique – ce qui exclut toute personne morale – qui exerce à titre individuel et non sous forme de société (exclusion du dirigeant ou de l'associé d'une société) une activité libérale à titre principale ou complémentaire, en franchise de TVA (CGI, art. 293-B), qui réalise un chiffre d'affaires annuel inférieur ou égal fixé par décret.

Le régime de micro-entrepreneur s'adresse uniquement à des activités de petite envergure. En cas de dépassement du chiffre d'affaires maximum exigé pour bénéficier du régime, l'intéressé doit se faire radier.

Certaines activités ou professions sont exclues : les opérations de marchands de biens immobiliers, les lotisseurs et agents immobiliers, les locations de logements meublés, qui correspondent sur le plan juridique à une activité civile, les officiers publics et ministériels, les avocats…

Par rapport aux autres structures juridiques et notamment aux sociétés, ce régime présente des avantages de par son absence de formalisme (rédaction de statuts, tenue d'assemblée, convocation, PV…), comptables, fiscaux et sociaux.

L'ouverture d'un compte bancaire professionnel n'est pas obligatoire, contrairement à la création d'un EIRL ou d'une société.

Le micro-entrepreneur doit en principe tenir un document enregistrant le détail journalier de leurs recettes professionnelles et mentionner l'identité déclarée par le client ainsi que la date et la forme du versement des recettes.

Le micro-entrepreneur comme tout chef d'entreprise individuelle encourt une responsabilité illimitée pour les dettes contractées lors de son activité professionnelle (C. civ., art. 2284).

Il n'est pas couvert par l'assurance chômage.

Si le micro-entrepreneur ne réalise aucun chiffre d'affaires pendant 12 mois consécutifs, il perd le bénéfice du régime.

L'entrepreneur Individuel à Responsabilité Limitée (EIRL)

C'est un modèle, qui a été créé par la loi du 15 mai 2010, complété par l'ordonnance 2010-1512 du 9 décembre 2010 et modifié par la loi n° 2014-626 du 18 juin 2014 afin de le simplifier et le sécuriser au niveau comptable.

Ce statut est ouvert à tout entrepreneur, donc toute personne physique (C. com., art. L. 526-6), qui exerce à titre individuel (exclusion du dirigeant social et de l'associé) à titre professionnel une activité commerciale, artisanale, agricole ou libérale.

Il est possible pour un EIRL de faire autant de patrimoines affectés que d'entreprises (L. 15 juin 2010, art. 14, II).

Pour exercer son activité, l'EIRL affecte des éléments, qui peuvent être des biens (fonds de commerce, local de réception de la clientèle), des droits (des parts de société), des obligations (créance d'un contrat) ou des sûretés (cautionnement).

Aucun capital minimum n'est requis.

Pour affecter un élément, encore faut-il que l'EIRL soit titulaire de l'élément à affecter. La composition du patrimoine affecté est fixée par l'article L. 526-6 du Code de commerce. L'affectation est obligatoire pour certains biens nécessaires à l'exercice de l'activité professionnelle et facultative pour les éléments qui, n'étant pas nécessaires, sont utilisés pour l'exercice de l'activité professionnelle.

Il existe un formalisme de constitution. S'il n'y a pas de statuts à prévoir, il faut un acte constitutif et accomplir des mesures de publicité, qui peuvent être multiples.

Selon l'article L. 526-7 du Code de commerce, la déclaration d'affectation doit être déposée par l'EIRL libéral à un registre tenu au greffe du tribunal statuant en matière commerciale du lieu de leur établissement principal (RSEIRL). Le contenu de la déclaration est défini par les articles L. 526-8 et R. 526-3 du Code de commerce qui en fixe les 8 mentions constitutives. Le formalisme s'alourdit notamment en présence d'un bien immobilier (C. com., art. L. 526-9), d'une valeur supérieure à 30 000 euros (C. com. art. L. 526-10 et D. 526-5), d'un bien commun ou indivis (C. com., art. L. 526-11).

Contrairement aux sociétés et comme pour l'EI, il n'y a pas de tenue d'assemblée (ni convocation, ni tenue, ni PV...). Cependant, l'EIRL n'est pas dispensé de toute obligation. Il doit ouvrir un ou plusieurs comptes bancaires exclusivement dédiés à l'activité (C. com., art. L. 526-13) ; porter une dénomination comprenant son nom et la mention EIRL sur l'ensemble de ses actes et documents (C. com., art. L. 526-20) ; tenir une comptabilité autonome, arrêter les comptes (C. com., art. L. 526-13) et est astreint à des obligations sociales et fiscales.

La constitution du patrimoine affecté permet la séparation des gages des créanciers (C. com., art. L526-12). La séparation des patrimoines professionnel et privé peut cependant être remise en cause dans de nombreux cas : manquement grave aux règles de l'affectation prévues par l'article L. 526-6, alinéa 2 du Code de commerce (absence d'affectation d'un bien nécessaire à l'activité, interdiction d'inclure un même bien dans plusieurs patrimoines affectés) ; non-respect des règles pour l'affectation d'un bien immobilier (C. com. L. 526-9), commun ou indivis (C. com., L. 526-11) ou dont la valeur est supérieure à 30 000 euros (C. com., art. L. 526-10) ; fraude (C. com., art. L. 526-12) ; manquement grave aux règles de l'article L. 526-13 du Code de commerce (tenue d'une comptabilité autonome et ouverture d'un ou plusieurs comptes bancaires exclusivement dédiés à l'activité) ; manœuvres frauduleuses ou inobservation grave et répétée des obligations fiscales (LPF, art. L. 273 B) ou sociales (CSS, art. L. 133-4-7).

Par ailleurs, l'EIRL est passible de sanctions pénales en application du code pénal (faux et usage de faux en comptabilité) mais n'est pas passible de l'infraction d'abus de biens sociaux.

Enfin, l'EIRL peut opter pour l'impôt sur les sociétés (IS) (CGI, art. 1655 sexies).

La société

La société est un groupement institué par deux ou plusieurs personnes, voire parfois une seule dans les cas autorisés par la loi, qui affecte(nt) à une entreprise des biens ou parfois leur industrie « en vue de partager le bénéfice ou profiter de l'économie qui pourrait en résulter » (C. civ., art. 1832).

Il s'agit d'un groupement qui suppose trois éléments constitutifs : l'existence d'apports par un associé ; l'intention de participer au résultat de l'activité sociale (recevoir une fraction des bénéfices ou profiter de l'économie du contrat de société) ; l'existence de l'affectio societatis (volonté de participer à l'exploitation).

La société oscille entre deux approches : contractuelle (classique, issue du droit romain) et institutionnelle (plus moderne). La première repose sur l'idée que la création d'une société relève par principe de la rencontre de plusieurs volontés. Il ne peut y avoir de société sans volonté des associés de créer cette société. Cette liberté contractuelle du droit des sociétés s'exprime à de nombreux niveaux : dans le choix de la forme sociale, la rédaction des statuts, la détermination de l'objet social, la détermination des parts de bénéfice et de contribution aux pertes (art. 1844-1 al. 1 C ; civ.), les conditions de prorogation ou de dissolution de la société (art. 1844-6 et 7 – 8 C ; civ). Selon la seconde approche, la société est un organe institué par la loi et doté d'une personnalité propre, laquelle déborde les personnes qui la composent en tendant vers un intérêt supérieur auquel les volontés particulières se soumettent.

La société présente différents avantages. C'est une technique de limitation des risques, par la séparation des patrimoines, laquelle révèle cependant ses limites lorsque la société se trouve en état de cessation des paiements. Ainsi, en cas de faute de gestion ayant contribué à l'insuffisance d'actif, les dirigeants peuvent être sanctionnés et condamnés sur leur patrimoine personnel à combler tout ou partie du passif social (C. com., art. L. 651-2). Elle permet aussi une optimisation fiscale et sociale au regard de la variété des formes qu'elle offre. D'un point de vue fiscal, les bénéfices de l'entreprise individuelle sont soumis à l'impôt sur le revenu (IR) à des taux progressifs qui rendent l'impôt très lourd si les bénéfices sont importants alors qu'en société, le régime fiscal varie suivant le type de société adopté. Les sociétés dites de personnes, à responsabilité illimitée (par exemple société en nom collectif, société en commandite simple) sont soumises à l'impôt sur le revenu. Les bénéfices réalisés sont directement imposés entre les mains des associés selon la quote-part qui doit leur revenir. Cependant, elles peuvent opter irrévocablement pour le régime de l'IS. Les sociétés de capitaux, à risque limité (par exemple, société anonyme, société par actions simplifiées) relèvent de l'IS. Elles ont la qualité de redevables et acquittent elles-mêmes l'impôt sur les bénéfices qu'elles réalisent, les associés étant imposés sur les bénéfices au stade de leur distribution sous forme de dividendes. Elles peuvent, sous certaines conditions, opter pour une imposition de leurs bénéfices à l'impôt sur le revenu. D'un point de vue social, la société offre également un statut social avantageux aux dirigeants en particulier des sociétés de capitaux (assimilation à des salariés).

Au-delà de la distinction sociétés de personnes et sociétés de capitaux, qui trouve son expression dans le fait que les premières sont constituées *intuitu personae*, c'est-à-dire en considération de la personne même des associés tenus au passif de la société sans limitation de montant, solidairement ou à proportion de leur participation dans le capital social et les secondes, constituées en considération des capitaux apportés par les associés tenus du passif de la société qu'à concurrence de leurs apports, il existe d'autres classifications. L'on oppose les sociétés avec ou sans personnalité morale. Les premières sont celles immatriculées au registre du commerce et des sociétés. Les secondes se décomposent en société en participation, que les associés ont convenu de ne pas immatriculer, laquelle n'a pas la personnalité morale et n'est pas soumise à publicité (C. civ., art. 1871, al. 1) et société créée de fait, laquelle est une société, qui résulte du comportement de personnes qui, sans en avoir pleinement conscience, se traitent entre elles et agissent à l'égard des tiers comme de véritables associés, mais sans avoir expressément choisi le cadre juridique de la société. Enfin, l'on distingue les sociétés civiles, qui ont un objet civil, et les sociétés commerciales, qui revêtent une telle qualification soit à raison de leur forme conférée par le législateur au sein du livre II du code de commerce (SARL, société européenne…) ou de la nature commerciale de leur objet (C. com., art. L. 210-1).

Le groupement d'intérêt économique (GIE)

Le GIE est régi par les articles L. 251-1 et s. du Code de commerce.

C'est un groupement pluripersonnel, composé au minimum 2 personnes (C. Com., art. L.251-1).

Il entretient des points communs avec la société. Comme pour elle, un contrat constitutif écrit doit être établi (C. com., art. L 251-8). Il doit avoir une dénomination suivie des mots GIE (C. com., art.L. 251-17). Il doit être immatriculé au registre du commerce et des sociétés (RCS) pour jouir de la personnalité morale (C. com. art. L. 251-4). Il comporte un organe de direction et délibérant : l'assemblée des membres, qui notamment approuve les comptes. Il est assujetti à un contrôle des comptes si les seuils fixés sont dépassés.

Il est cependant distinct de la société par certains traits. Son objet est de développer l'activité de ses membres et non de réaliser des bénéfices (C. com., art L. 251-1). Ses membres ont toujours une responsabilité illimitée et en principe solidaire (C. com. art. L. 251-6).

Le droit du travail

Ronan BERNARD-MENORET
Maître de conférences – HDR
Directeur de l'IEJ
Université de La Réunion

Les principes

Les sources et le principe de faveur

Le droit du travail se distingue des autres matières par un nombre important de sources et par une organisation originale de la hiérarchie des normes.

Un nombre important de sources : aux sources habituelles, les conventions internationales (OIT), les textes de l'Union européenne (liberté de circulation, directive sur les travailleurs détachés), constitution (notamment le droit de grève), le code du travail et le contrat, s'ajoutent des sources propres à la matière : accords interprofessionnels, conventions collectives (nationales, départementales) et enfin les accords d'entreprise. L'on pourrait encore ajouter dans certains domaines la survivance d'usages.

Ces sources multiples s'organisent de manière originale par l'application du principe de faveur. En effet, le droit du travail vise à rééquilibrer le rapport par nature déséquilibré entre l'employeur et le salarié qui lui est subordonné (V. ci-dessous). Dès lors, l'essentiel des règles vise à apporter un minimum de garanties au salarié. Ainsi, la norme supérieure fixe un minimum auquel la règle inférieure ne peut déroger que de manière plus favorable au salarié (ex : la loi pose un salaire minimum à partir duquel la convention collective peut organiser une grille de rémunérations minimales plus favorable et enfin le contrat de travail peut prévoir un salaire plus élevé que la convention). Au résultat, s'appliquera, non pas la norme supérieure mais la norme la plus favorable au salarié, d'où un principe de faveur posé à l'article L 2251-1 du code du travail.

Ce principe de faveur a été relativisé par l'ordonnance du 22 septembre 2017 (n° 2017-1385) en ce qu'il renvoie à l'accord de branche ou la convention collective la négociation sur certains domaines et pour les autres permet qu'un accord d'entreprise puisse déroger défavorable par rapport à la convention collective (L 2253-1 et s. et L 2254-2)

Les autres principes du droit du travail

Le droit de grève

Il est posé au point 7 du préambule de la constitution de 1946.

- La grève est un droit pour tout salarié, mais son exercice est collectif (sauf soutien à une revendication nationale).
- Dans le secteur privé, aucun préavis n'est exigé.
- La grève consiste en un arrêt total du travail afin de soutenir une revendication professionnelle.
- Elle ne peut conduire au blocage de l'entreprise en bloquant l'accès des salariés non-grévistes, ni à des dégradations du matériel.
- L'employeur ne peut remplacer les salariés grévistes par des contrats à durée déterminée (CDD).

À travail égal, salaire égal

Si la liberté contractuelle permet de négocier librement le salaire, dans le respect des minima légaux et conventionnels, il ne peut y avoir de discrimination salariale. Ceci est particulièrement affirmé dans les rapports hommes/femmes par l'article L 3221-2.

Dès lors, les salariés placés dans une même situation doivent percevoir le même salaire.

S'il y a une différence de salaire, il appartient à l'employeur d'établir les raisons objectives de cette disparité (différences de qualifications, d'attributions, de résultats, de pénibilité ou désormais de situation géographique).

L'interdiction des discriminations

D'autres domaines que le salaire conduisent à rappeler la prohibition des discriminations en droit du travail. Toute situation différenciée doit reposer sur une cause objective relativement aux intérêts de l'entreprise et être proportionnée à ses besoins.

Applications

Interdiction de sanction ou de licenciement en raison de **l'état de santé.** Ainsi, le licenciement suite à une inaptitude médicale doit se fonder sur l'impossibilité de reclassement ou le refus de celui-ci par le salarié. Le licenciement pour absences prolongées ou répétées doit être justifié par la désorganisation de l'entreprise.

Prohibition de la discrimination religieuse et respect de la **liberté de conscience et de culte**.

Mais L 1321-2-1 du Code du travail : « Le règlement intérieur peut contenir des dispositions inscrivant le principe de neutralité et restreignant la manifestation des convictions des salariés si ces restrictions sont justifiées par l'exercice d'autres libertés et droits fondamentaux ou par les nécessités du bon fonctionnement de l'entreprise et si elles sont proportionnées au but recherché. »

La HALDE précise « le salarié ne peut invoquer des prescriptions religieuses pour refuser d'exécuter tout ou partie de ses missions contractuelles ou pour se soustraire à ses obligations légales et réglementaires ».

Deux arrêts de la CJUE du 14 mars 2017 reprennent ces éléments en considérant que l'interdiction doit être légitime (qu'elle s'applique par exemple seulement aux personnes en contact avec la clientèle), strictement nécessaire et appliquée de manière systématique.

Protection de la femme enceinte

L'état de grossesse ne doit pas être sanctionné. Par conséquent, la femme enceinte ne peut être licenciée que pour faute grave ou pour suppression du poste (protection relative) et elle ne peut faire l'objet d'un licenciement durant son congé maternité. En outre, suite à un congé maternité ou à un congé parental, elle doit retrouver son poste ou un poste comparable.

La protection de la santé du salarié

L'employeur est tenu d'une obligation de sécurité de résultat à l'égard de son salarié.

La question de la santé du salarié est fondatrice du droit du travail puisqu'elle a donné lieu aux premières législations sociales (repos dominical, travail des enfants, hygiène et sécurité, accidents du travail).

L'employeur doit donc veiller à la prévention des risques (document d'évaluation, respect des règles d'hygiène et sécurité, mise en place d'un CHSCT [voir ci-dessous]).

Si les accidents ou maladies professionnels font l'objet d'un mécanisme d'assurance depuis 1898, la faute de négligence ou d'imprudence de l'employeur peut conduire à engager sa responsabilité pour faute inexcusable, voire sa responsabilité pénale dans les hypothèses de fautes non intentionnelles.

Cette obligation s'applique également relativement à des situations de harcèlement.

Le respect de la vie privée du salarié

L'article 9 du code civil pose le respect de la vie privée. Ceci s'applique aussi dans la relation de travail.

- L'employeur ne peut poser des questions sur la vie privée d'un **candidat** qui ne seraient pas justifiées par l'emploi à pourvoir.
- La vie privée du salarié **hors de l'entreprise** ne peut être prise en considération sauf à ce qu'il y ait des conséquences sur le travail (perte de permis de conduire, harcèlement d'un collègue hors de l'entreprise).
- Le salarié a droit au **secret de ses correspondances**. Si les documents sont présumés être professionnels, ils ne le sont plus lorsqu'ils sont identifiés comme personnels (ceci ne vaut pas pour l'indication « mes documents »). La correspondance du salarié ne peut être consultée qu'en sa présence.
- **L'utilisation du matériel** de l'entreprise à des fins personnelles (téléphone ou mails) est possible si elle reste modérée (les entreprises sont invitées à mettre en place des chartes d'utilisation) et si l'employeur peut constater un usage abusif cela ne l'autorise pas à violer le secret des correspondances.
- La **surveillance des salariés** répond à des règles (information, consultation des instances représentatives, justification et proportionnalité par rapport aux intérêts de l'entreprise).
- Les **fouilles et tests d'alcoolémie** ne peuvent être systématiques sauf pour certaines activités à risque (transport, aéroport, centrale nucléaire, prison, ...) sinon il faut justifier d'un motif impératif.
- À l'inverse, les **publications sur internet** du salarié à l'encontre de son employeur peuvent être sanctionnées.

Le lien de subordination

Il s'agit du critère permettant la qualification du contrat de travail et ainsi de le distinguer notamment du contrat de prestation de service. Le contrat de travail est celui par lequel le salarié met sa force de travail à disposition de l'employeur afin de réaliser une prestation contre une rémunération.

Ceci conduit à de nombreuses conséquences : fourniture du matériel par l'employeur, indication des directives de travail par l'employeur et donc contrôle du temps de travail (détermination du temps de travail, organisation de ce temps et contrôle), contrôle de la réalisation du travail et de son résultat et donc possibilité de sanctionner les manquements lors de l'exécution de la prestation (pouvoir disciplinaire).

Les juges apprécient la subordination au regard d'un faisceau d'indices (lieu de travail, temps contrôlé, mise à disposition de matériel, compte rendu de l'avancement des travaux, possibilité de prendre des sanctions). La qualification du contrat donnée par les parties ne lie pas le juge.

Les relations collectives

L'on distingue les mandats désignatifs car un salarié est désigné par un syndicat, des mandats représentatifs liés à l'élection d'un salarié. Évidemment, un salarié peut être élu et désigné par un syndicat.

La représentativité syndicale

Pour être représentatif, un syndicat doit répondre à certaines exigences (transparence, respect des valeurs républicaines, indépendance et ancienneté de plus de 2 ans, notamment) et avoir recueilli 10 % des votes au premier tour des élections, quel que soit le nombre de votants. Au niveau des branches, au niveau interprofessionnel et au niveau national, le seuil est à 8 %.

Mais pour signer un accord, il faut représenter 30 % des votants.

Tout syndicat, même non représentatif mais remplissant les exigences de principe, peut constituer une section syndicale composée par au moins 2 salariés syndiqués.

Un représentant de la section syndicale est nommé (RSS). Il dispose des mêmes pouvoirs que le délégué syndical sauf celui de conclure un accord. Si l'entreprise dispose de moins cinquante salariés le RSS est nécessairement un délégué du personnel (DP).

Si le syndicat est représentatif, il peut nommer un délégué syndical (DS). La désignation vise les entreprises de plus de cinquante salariés. S'il y a moins de cinquante, la désignation ne peut se faire que suite à un accord ou s'il s'agit d'un délégué du personnel.

Les institutions représentatives du personnel

Jusqu'à l'ordonnance du 22 septembre 2017 (n° 2017-1386), l'on distinguait les délégués du personnel, les membres du comité d'entreprise et ceux du Comité d'hygiène de sécurité et des conditions de travail (CHSCT). Ces instances vont être fusionnées pour devenir au plus tard au 1er janvier 2020, les membres du conseil social et économique (CSE). Cependant les seuils pour les élections ne changent pas. Entre 11 et 49 salariés, les membres du CSE auront les prérogatives des délégués du personnel et à partir de 50 salariés, s'ajouteront les prérogatives du comité d'entreprise.

Leurs missions

Pour les délégués du personnel

- Présenter à l'employeur les réclamations individuelles ou collectives des salariés sur les salaires et sur l'application des dispositions légales, réglementaires, conventionnelles et collectives relatives au droit du travail, à la protection sociale, la santé et la sécurité des salariés ;

- Alerter l'employeur en cas d'atteinte injustifiée aux droits du personnel, à leur santé ou aux libertés individuelles (par exemple, en cas de harcèlement ou de mesure discriminatoire) ;

- Communiquer, s'ils existent, au comité d'entreprise (CE) et au comité d'hygiène, de sécurité et des conditions de travail (CHSCT) les observations des salariés sur les questions relevant de leurs compétences ; (Ce qui a donc vocation à disparaître)

- Saisir l'inspection du travail de toute plainte d'un salarié sur l'application du droit du travail et de l'accompagner en cas de visite de l'entreprise ;

- Accompagner, s'il le souhaite, l'inspecteur du travail lors de ses visites dans l'entreprise.

Pour le comité d'entreprise

Le CE assure l'expression collective des salariés et permet la prise en compte de leurs intérêts dans les décisions relatives à la vie dans l'entreprise.

Le CE formule ou examine, sur demande de l'employeur, des propositions de nature à améliorer :

- Les conditions de travail, d'emploi et de formation professionnelle des salariés,
- Les conditions de vie dans l'entreprise,
- Le bénéfice de garanties collectives de protection sociale complémentaires.

Dans les domaines relatifs à la situation économique de l'entreprise, le CE fait l'objet de **consultations obligatoires.** 3 grandes consultations du CE sont prévues chaque année au cours desquelles les sujets suivants sont abordés :

- Les orientations stratégiques de l'entreprise
- La situation économique et financière de l'entreprise
- La politique sociale de l'entreprise, les conditions de travail et l'emploi

Le CE peut recourir à un expert et bénéficie d'un droit d'alerte.

Le CE assure, contrôle ou participe à la gestion de toutes les activités sociales et culturelles établies dans l'entreprise prioritairement au bénéfice des salariés, de leur famille et des stagiaires.

Les relations individuelles

Les différents contrats

Le contrat de référence est le contrat à durée indéterminée (CDI) à temps plein. Toutes les autres formes sont des contrats atypiques, qu'il s'agisse de CDD ou du recours au temps partiel. L'absence d'écrit ou d'indication précise du motif de recours au CDD conduit à la requalification en CDI. Concernant le temps partiel, si le contrat est imprécis, l'employeur peut faire la preuve qu'il s'agissait d'un temps partiel afin d'éviter une requalification en temps plein.

Dès lors, seul le CDI temps plein ne nécessite pas un contrat écrit. Même si le droit communautaire impose l'information du salarié sur un certain nombre de points, la France considère que l'établissement du bulletin de salaire suffit à remplir ces obligations.

Le CDD ne peut conduire à pourvoir un emploi durable. Il peut être conclu dans les hypothèses suivantes :

- Remplacement d'un salarié absent (congés, maladie, maternité, mais pas un salarié gréviste)
- Surcroît temporaire d'activité (ponctuel ou récurrent, ex : fêtes de fin d'année ou rentrée scolaire)
- Emploi saisonnier (phénomène d'activité cyclique lié aux saisons ou à l'activité humaine, ex : vendanges)

De manière générale, il ne peut être recouru à un CDD pour effectuer des travaux dangereux, sauf dérogation.

Des CDD peuvent également être conclus pour favoriser l'accès à l'emploi. Ces formules évoluent en fonction des législatures. On peut citer le contrat unique d'insertion (CUI), le contrat d'avenir (emploi d'avenir), le CDD d'insertion ou encore le CDD sénior.

Enfin, une dernière catégorie vise les situations dans lesquelles il n'est pas d'usage de recourir au CDD. Cela vise certains métiers, le cas le plus connu étant celui des intermittents du spectacle (contrat d'usage). Mais l'on peut aussi faire référence au contrat de chantier utilisé dans le BTP (contrat à objet défini). Celui-ci a inspiré le contrat d'opération (dit aussi de mission) dans l'ordonnance du 22 septembre 2017. L'idée est de permettre le recours à ce dispositif au-delà du domaine des travaux publics pour les ingénieurs et cadres. Outre l'extension du champ d'application de ce cas de recours, la grande originalité réside dans le fait que le législateur en fait un CDI résolu par la survenance, l'achèvement de son objet.

L'ordonnance de 2017 renvoie désormais, pour l'essentiel, l'organisation des CDD à la négociation de branche.

Le temps partiel est d'une durée minimale légale de 24 heures/semaine mais la convention collective peut prévoir une autre durée. De même, le salarié peut souhaiter une durée moindre pour convenance personnelle ou cumul d'emplois. L'organisation du temps de travail comme les possibilités de modification et de recours aux heures complémentaires sont fixées au contrat.

Les heures effectuées au-delà de la durée contractuelle sont des heures complémentaires. Leur recours ne peut conduire à effectuer un temps plein, sinon le contrat sera requalifié. À noter que les heures effectuées au-delà de la durée légale sont des heures supplémentaires (faisant l'objet d'un contingent, de majorations et/ou de repos prévus tant par la négociation collective que par la loi).

La modification du contrat

En application du principe civiliste selon lequel le contrat est la loi des parties, l'employeur ne peut modifier unilatéralement un élément contractuel. Cet élément peut être précisé au contrat, mais il se peut que le contrat ne soit pas écrit. On considère alors que 4 éléments fondent nécessairement le consentement du salarié : les fonctions, la rémunération, le lieu de travail et la durée du travail.

Les fonctions sont celles définies au contrat ou à défaut par la convention collective relativement à la classification du salarié. L'employeur peut réclamer toutes les prestations correspondant à sa classification mais pas au-delà.

La rémunération concerne la structure de la rémunération qui ne peut être modifiée sans l'accord du salarié, même dans un sens plus favorable. Cependant, il ne peut s'opposer à l'application d'une augmentation d'origine légale ou conventionnelle qui s'impose à l'employeur comme au salarié.

À défaut de précision dans le contrat, le lieu de travail s'entend de la zone géographique d'activité dans laquelle le salarié peut évoluer sans que cela ne bouleverse ses conditions de vie. Au de-là, il convient de prévoir une clause de mobilité précise et applicable à l'issue d'un délai de prévenance.

La durée de travail s'entend, en premier lieu, de la distinction temps plein/temps partiel. L'organisation des heures de travail est faite par le contrat ou par accord collectif. À défaut, c'est la durée hebdomadaire de 35 heures qui s'applique, l'employeur définissant les horaires de travail.

L'ordonnance du 22 septembre 2017 prévoit la possibilité d'accords sur la rémunération, le temps de travail et la mobilité qui peuvent s'imposer au salarié. Son refus peut conduire à un licenciement de nature *sui generis*.

La fin du contrat

Les modes de rupture comprennent la démission (initiative du salarié), le départ à la retraite (initiative du salarié), la mise à la retraite (initiative de l'employeur), la résiliation conventionnelle (départ négocié pouvant désormais être organisé collectivement) et enfin le licenciement.

Le licenciement doit reposer sur une cause réelle (preuve de la réalité du motif) et sérieuse (preuve que le motif ne permet pas le maintien du salarié dans l'entreprise). La charge de la preuve repose sur l'employeur.

Le motif peut être économique ou personnel.

Le motif économique s'apprécie au regard des difficultés économiques, des mutations technologiques, la sauvegarde de la compétitivité ou encore la cessation d'activité. Les difficultés sont appréciées au niveau national. Celles-ci doivent justifier de la suppression d'un emploi. En application des critères d'ordre (ancienneté, charges familiales, difficultés de réinsertion, qualités professionnelles appréciées par catégorie), l'identité des salariés visés par la mesure est fixée.

L'employeur a une obligation d'adaptation et de reclassement. Ce n'est qu'en démontrant avoir répondu à ces obligations que le licenciement peut être légitime.

En fonction du nombre de licenciements envisagés et de la taille de l'entreprise, le code prévoit des procédures différentes dont le plan de sauvegarde de l'emploi (PSE).

Les salariés licenciés disposent d'une priorité de réembauche dans le délai d'un an à l'issue de la fin du contrat.

Le motif personnel doit également reposer sur des éléments objectifs : une insuffisance ou une faute professionnelle.

Le salarié a alors droit à un préavis (d'une durée différente selon la classification) et une indemnité de licenciement (légale, conventionnelle ou même contractuelle) déterminée en fonction de l'ancienneté.

Si le licenciement repose sur une faute, celle-ci peut être grave (lorsque le maintien du salarié même le temps du préavis n'est pas possible) et alors privative de préavis et d'indemnité de licenciement, voire lourde (intention de nuire à l'entreprise), les effets étant désormais les mêmes.

Par ailleurs, le salarié peut être licencié suite à son inaptitude en l'absence de reclassement ou s'il a refusé le reclassement ou lorsque ses absences désorganisent l'entreprise et qu'il est impossible de le remplacer par un CDD.

En cas de contestation du licenciement, le salarié peut demander au conseil de prud'hommes des dommages-intérêts pour absence de cause réelle et sérieuse selon un barème établi en fonction de la taille de l'entreprise (moins ou plus de 11 salariés) et de l'ancienneté du salarié (20 mois maximum d'indemnisation).

Aucun licenciement ne peut reposer sur une discrimination, un harcèlement ou la violation d'une liberté fondamentale. La sanction d'un tel licenciement échappe au barème d'indemnisation.

Le contentieux social

Compétences des juridictions

Le conseil de prud'hommes est compétent pour connaître des litiges individuels donc relatifs aux contrats de travail.

Le tribunal d'instance est compétent en matière de contestation des élections professionnelles, même lorsqu'il s'agit de contester une décision administrative en cette matière.

Le tribunal de grande instance, juridiction de droit commun, est compétent pour les matières non affectées à une juridiction particulière. Il s'agit des litiges sur l'application des règles collectives (détermination de la convention collective applicable, litige relatif à l'application d'une disposition conventionnelle ou collective).

Organisation du conseil de prud'hommes

Les conseils de prud'hommes sont des juridictions paritaires dans lesquels siègent des conseillers employeurs et salariés en nombre égal. Ils sont divisés selon les activités des entreprises en sections (agriculture, industrie, commerce, activités diverses, cadres). Employeurs et salariés président alternativement.

Procédure devant le conseil de prud'hommes

Le délai de prescription est d'un an à la suite du prononcé de la rupture. Le délai est de 3 ans pour les rappels de salaire et de 5 ans en cas de harcèlement ou discrimination.

La procédure est orale même si désormais le recours aux conclusions est reconnu et même encouragé.

La procédure devant les chambres sociales est désormais soumise aux règles communes de l'appel.

L'instance se divise en une phase préalable de conciliation et d'orientation, phase obligatoire sauf requalification de CDD en CDI, d'une demande de qualification de la rupture par le salarié et situation de procédure collective.

Le bureau de conciliation et d'orientation a la mission de chercher à concilier les parties et à défaut de conciliation de renvoyer l'affaire devant le bureau de jugement (formation normale ou restreinte) en organisant les échanges entre les parties afin que l'affaire soit en état d'être jugée à l'audience de jugement.

Si le bureau de jugement ne parvient à rendre une solution car il y a partage de voix, l'affaire sera à nouveau plaidée lors d'une audience de départage devant la formation de jugement initiale à laquelle s'adjoint un juge départiteur issu du tribunal de grande instance.

Le droit international privé

Élise RALSER
Professeur à l'Université de La Réunion

Définition

Le droit international privé désigne l'ensemble des règles applicables aux relations internationales de droit *privé*, mais c'est aussi, selon les propos du professeur Francescakis tenus à l'académie de droit international de La Haye dans les années 1960, le « droit de la diversité du droit » ainsi qu'un « instrument de rapprochement des peuples et des cultures ».

Objet et sources

On lit souvent que le droit international privé est international par son objet et national par ses sources, mais cette affirmation mérite grandement d'être relativisée et modernisée.

L'objet du droit international privé

Les relations *internationales* de droit *privé* constituent l'objet principal de la discipline. Ainsi toute relation juridique de droit privé (relation familiale, commerciale, contractuelle…) qui est en contact avec un ou plusieurs systèmes juridiques, relève du droit international privé. Si un Français conclut, à Madagascar, un contrat avec une société établie en Afrique du Sud et portant sur des marchandises à livrer à La Réunion et à Maurice, la situation juridique ainsi créée relève de cette branche.

Les *sujets* du droit international privé sont principalement les personnes privées, physiques ou morales, mais la matière peut aussi appréhender certaines des relations entre une personne privée et une personne publique, soit qu'une prérogative de l'État affecte directement le statut personnel de l'individu (ex : attribution de la nationalité), soit que l'État ou l'un de ses démembrements se comporte comme une personne privée (en concluant, par exemple, un contrat de travail de droit privé).

Certaines relations juridiques *internes* peuvent néanmoins relever du droit international privé, à partir du moment où la relation fait apparaître un « conflit interne de lois ». Celui-ci s'élève fréquemment dans les systèmes juridiques « non unifiés » comportant, pour une même question de droit, plusieurs corps de règles distinctement applicables selon les groupes de personnes (la distinction s'opère alors selon le statut personnel) ou selon les territoires (comme dans les États fédéraux). En France, par exemple, l'article 75 de la Constitution reconnaît l'existence de statuts personnels particuliers, comme à Mayotte ou en Nouvelle-Calédonie.

Enfin, le droit international privé, au lieu d'œuvrer à l'*unification* du droit, comme le fait le droit comparé, recherche la *coordination* des lois étatiques susceptibles de régir la relation juridique et vise l'harmonie internationale des *solutions* (et non nécessairement celle des règles de droit). Mieux que l'uniformisation matérielle nécessitant nombre de concessions, les méthodes mises en œuvre respectent ainsi la diversité des lois nationales : chacun conserve son propre corps de règles, avec ses spécificités et ses empreintes culturelle et historique ; mais chacun tente, pour les besoins des relations privées internationales, de parvenir à un résultat en harmonie avec les autres systèmes ; et chacun accepte (avec quelques limites) de laisser s'appliquer des lois étrangères sur son territoire.

Les sources du droit international privé

L'importance respective des sources internes et sources internationales dépend de la conception que l'on se fait du droit international privé. Pour les **universalistes**, primauté est offerte aux sources internationales : partant du caractère international des problèmes posés, il faut leur trouver des solutions de valeur universelle. Pour les **particularistes**, il n'y aurait pas d'unification possible et le droit international privé ne serait qu'une projection des droits internes sur le plan international, révélant les particularismes de chaque ordre interne. Aucun de ces deux courants ne l'emporte vraiment en droit positif, mais on trouve par exemple une trace du premier dans l'arrêt de principe rendu en 1948 par la cour de cassation dans l'affaire *Lautour* évoquant l'existence de « principes de justice universelle considérés dans l'opinion française comme doués de valeur internationale absolue », ainsi que dans l'engouement de ces dernières décennies pour l'adoption de conventions internationales ou d'une réglementation européenne intéressant différents domaines du droit international privé. Une trace du second courant est perceptible dans la « conception française » de l'ordre public international ou dans le fait que chaque État élabore, isolément, ses propres règles de droit international privé.

Il reste que les sources internes, historiquement les premières, sont en réalité assez peu nombreuses, si l'on s'en tient, du moins, aux sources écrites (et si l'on excepte le droit de la nationalité et des étrangers). Le texte fondamental reste **l'article 3 du code civil,** jamais abrogé ni modifié, texte à partir duquel la doctrine et la jurisprudence feront œuvre de proposition, d'interprétation et de construction : « *Les lois de police et de sûreté obligent tous ceux qui habitent le territoire (al. 1). – Les immeubles, même ceux possédés par des étrangers, sont régis par la loi française (al. 2). – Les lois concernant l'état et la capacité des personnes régissent les Français, même résidant en pays étranger (al. 3)* ». Initialement l'un des rares textes (avec les articles 14 et 15) intéressant le droit international privé, d'autres textes ont été ultérieurement adoptés et codifiés mais, pour la plupart, ils ne sont pas très novateurs et entérinent le plus souvent une solution jurisprudentielle.

Cette « carence » législative explique justement en grande partie la place essentielle occupée par la **jurisprudence**, source principale du droit international privé, et le rôle primordial joué par la **doctrine**.

Ainsi, comme le droit administratif, le droit international privé est à l'origine un droit essentiellement de **source jurisprudentielle**. Les grands arrêts en la matière émanent principalement des **tribunaux nationaux**, spécialement de la Cour de cassation, mais aussi du Conseil d'État, et récemment du Conseil constitutionnel (saisi par le biais d'une QPC). De manière plus récente, mais de plus en plus fréquente, de grandes échappées sont désormais réalisées par les **tribunaux européens**, la Cour de justice de l'Union européenne et la Cour européenne des droits de l'homme, marquant aussi l'essor des droits fondamentaux dans la discipline : les règles de droit international privé pourraient, *dans leur mise en œuvre*, et non en elles-mêmes, porter atteinte à de grands principes du droit de l'Union ou à un droit ou une liberté fondamentale (en 2014, l'affaire *Mennesson c./ France* à propos de gestations pour autrui réalisées à l'étranger pourrait en fournir un médiatique exemple). La **jurisprudence internationale** reste rare, même si quelques décisions de la Cour internationale de justice touchent à quelques domaines du droit international privé (en matière de nationalité, avec l'arrêt *Nottebohm* de 1955 ou en matière d'immunités de juridiction et d'exécution des États, avec l'arrêt de 2012, *Allemagne c./ Italie*).

Le droit international privé étant ensuite, selon Bruno Oppetit, un « droit savant », la **doctrine** joue bien souvent un rôle décisif d'éclaireur, pour analyser des situations complexes et aider à s'élever du particulier au général. Certains grands arrêts de la discipline ont repris, presque mot à mot, des propositions doctrinales. Sans pouvoir malheureusement les citer tous, Charles Dumoulin influencera l'élaboration de la règle de conflit en matière de régimes matrimoniaux et plus généralement en matière contractuelle ; Savigny est le père de la règle de conflit « bilatérale » ; Henri Batiffol influencera la jurisprudence d'après-guerre et Paul Lagarde, à sa suite, marque les esprits de ce début de XXIe siècle. Les travaux doctrinaux effectués au sein de certaines organisations internationales ou certains groupes de réflexion doivent également être signalés : ceux des Travaux du comité français de droit international privé, de la Conférence de La Haye, de l'institut Unidroit, du Groupe européen de droit international privé, de la Commission des Nations unies pour le droit du commerce international (CNUDCI)...

Ces travaux précèdent bien souvent le mouvement d'harmonisation des droits nationaux dans les différents domaines de la discipline, par la voie conventionnelle tout d'abord puis, depuis le Traité d'Amsterdam, par celle des règlements de l'Union européenne (alors que jusqu'ici, la CEE ne disposait d'aucune compétence en la matière). Ce sont là désormais les principales **sources internationales** et **européennes** du droit international privé, illustration des mérites de l'universalisme : l'harmonie des règles de droit garantit un traitement équivalent des situations, une plus grande prévisibilité et davantage de sécurité juridique. Certaines conventions portent « loi uniforme » ou unifient les règles de droit matériel, comme la Convention de Vienne de 1980 sur la vente internationale de marchandises (CVIM) ; d'autres unifient les règles de conflits de lois ou de juridictions, comme la Convention de La Haye de 2005 sur les accords d'élection de for ou la Convention de Rome de 1980 sur la loi applicable aux obligations contractuelles. Cette dernière, comme d'autres, a été transformée en règlement de l'Union européenne (c'est le règlement « Rome I »), auquel il faut ajouter, parmi les textes majeurs, le règlement de Bruxelles I bis de 2012 (pour sa dernière version) concernant la compétence judiciaire, la reconnaissance et l'exécution des décisions en matière civile et commerciale et celui de 2003 relatif à la compétence, la reconnaissance et l'exécution des décisions en matière matrimoniale et en matière de responsabilité parentale (Règl. Bruxelles II *bis*). Bien d'autres textes complètent actuellement la réglementation « communautaire » de droit international privé.

Ce développement assez récent des règles de conflit européennes a un impact sur les règles de conflit nationales mais aussi internationales puisque, dans leur domaine d'application, les règles de l'UE se substituent purement et simplement aux règles des États membres qui peu à peu ne pourront plus légiférer dans les mêmes domaines ; par ailleurs, l'Union jouit désormais d'une compétence exclusive pour conclure de nouveaux accords internationaux dans les domaines où il existe déjà une réglementation européenne ; l'UE est également membre de la Conférence de La Haye depuis le 3 avril 2007.

Enfin, l'harmonisation internationale peut aussi emprunter d'autres voies, comme celle de la **pratique** ou de la **coutume**, à l'origine de véritables règles matérielles de droit international privé. La *lex mercatoria* (droit élaboré par les milieux professionnels du commerce international ou spontanément suivi dans ces milieux, indépendamment de tout droit étatique) en est un exemple. L'exigence de la légalisation des actes étrangers destinés à être produits en France repose quant à elle sur la coutume internationale.

Domaine du droit international privé

L'étude du droit international privé porte sur quatre grands domaines : le droit de la nationalité, le droit des étrangers, les conflits de juridictions, les conflits de lois.

La nationalité étant traditionnellement présentée comme l'appartenance juridique d'une personne à la population constitutive d'un État, le **droit de la nationalité** permet de déterminer comment cette nationalité est attribuée (nationalité d'origine), acquise, perdue, réintégrée. Ces règles sont de nature unilatérale et sont de la compétence exclusive de chaque État souverain. La réglementation française en la matière figure principalement dans le code civil, aux articles 17 à 33-2. Il n'y a plus de « code de la nationalité » depuis la loi du 22 juillet 1993.

Le **droit des étrangers** se divise en deux champs d'étude : celui relatif à l'étendue des droits qui leur sont reconnus indépendamment de leur présence sur le territoire (c'est la *condition* des étrangers en France) et celui qui s'intéresse à la réglementation de leur entrée, leur séjour sur le territoire ou de leur éloignement (c'est la *police* des étrangers). Les étrangers jouissent en principe des mêmes droits civils que les nationaux (art. 11, C. civ.), mais pas de tous les droits politiques ni des droits impliquant une délégation de souveraineté nationale ou de puissance publique. Issue de l'ordonnance du 2 novembre 1945, la réglementation actuelle a été intégrée, à droit constant, dans le Code de l'entrée et du séjour des étrangers et du droit d'asile (CESEDA).

Il y a **conflit de juridictions** toutes les fois qu'un litige posant un problème d'extranéité, il faut déterminer si les tribunaux français (ou européens) sont ou non compétents pour en connaître. Si un couple franco-italien veut divorcer : faut-il saisir les juridictions françaises ou les juridictions italiennes ? Peut-on saisir indifféremment les unes ou les autres ? Il s'agit donc d'abord de déterminer la compétence internationale *directe* (au moment d'engager l'action) des tribunaux. Mais une fois la procédure achevée, il est alors important de savoir si l'on peut reconnaître la décision rendue à l'étranger, voire procéder à son exécution. C'est là une question de compétence internationale *indirecte* des tribunaux.

Enfin, il y a **conflit de lois** toutes les fois qu'une situation juridique pouvant se rattacher à plusieurs systèmes juridiques, il faut choisir, parmi les lois de ces différents systèmes juridiques, celle qui sera appelée à régir le rapport de droit considéré. Si, par exemple, deux Français se marient en Afrique du Sud, la situation présente des liens tant avec la loi française qu'avec la loi sud-africaine. Si l'on veut savoir quelles conditions de forme doivent être respectées, il faut d'abord résoudre le conflit de lois en choisissant, entre ces deux lois en présence, laquelle régira la question de droit. On y parvient au moyen d'une « règle de conflit de lois ». La question est résolue, en droit français, en la faisant régir par la loi du lieu de célébration de l'union, c'est-à-dire ici le droit sud-africain (art. 202-2, c. civ.).

Les méthodes du droit international privé

Il existe principalement deux méthodes concurrentes de solution aux questions de droit posées dans notre discipline. S'y ajoute, depuis quelques années, une troisième.

La **méthode conflictuelle** consiste à utiliser des « règles de conflit ». La règle de conflit est une règle de droit qui, tenant compte des liens qu'une situation présente avec plusieurs systèmes juridiques, désigne, au moyen d'un *rattachement*, le droit qui régira au fond cette situation. La règle de conflit de lois n'apporte pas de solution directe, mais désigne la loi interne qui sera appliquée à la relation juridique. Plusieurs rattachements sont possibles : à la nationalité, au domicile, à la résidence habituelle, au lieu de conclusion… ; dire par exemple que les questions relatives à l'état d'une personne sont régies par sa loi personnelle permet de désigner la loi de la nationalité de cette personne. La volonté individuelle peut également permettre, essentiellement en matière contractuelle, de désigner le droit applicable à la relation juridique : un Français établi en France et un citoyen américain domicilié au Brésil pourraient choisir de faire régir leur contrat par la loi belge…

La méthode conflictuelle peut donc conduire à l'application, en France, de **lois étrangères**. C'est ici l'illustration que le droit international privé est bien un instrument favorisant la diversité des droits. Il reste cependant que, dans sa mise en œuvre, la méthode reste complexe. Les catégories juridiques du droit international privé ne sont pas exactement les mêmes que celles du droit interne. Il existe trois grandes catégories : celle du statut personnel (état et capacité des personnes), celle du statut réel (droit des biens), celle des obligations (actes et faits juridiques). Chercher la loi étatique applicable à une situation juridique internationale commande donc de commencer par qualifier la règle de conflit. Ensuite, se pose la question de l'office du juge (problème de l'autorité de la règle de conflit) ; puis, si une loi étrangère est désignée, il faut encore en rapporter le contenu (question de preuve de la loi étrangère). Une fois ce contenu connu, il faut encore vérifier que la loi étrangère désignée ne renvoie pas elle-même à une autre loi étatique (problème du renvoi) ou s'avérer bien trop choquante, dans son application, eu égard à notre conception de l'ordre public international (par exemple, lorsque la loi étrangère est contraire au principe d'égalité entre l'homme et la femme ou entre enfants naturels et légitimes). Si c'était le cas, cela conduirait à finalement évincer la loi étrangère pour lui substituer la loi française. On évincera aussi la loi étrangère en principe applicable lorsque sa désignation est le résultat d'une fraude à la loi (ce fut le cas un moment, avant revirement, dans les affaires de gestation pour autrui).

La **méthode substantielle** consiste à appliquer des règles dites « matérielles », ou « substantielles » de droit international privé, qui répondent au fond et directement à la question de droit posée.

Par exemple, l'article 202-1 du code civil (1re phrase) prévoit que les conditions de fond du mariage sont régies par la loi personnelle de chacun des époux : c'est une règle de conflit. À la lecture de cette règle, on ne sait pas quel est l'âge requis, ni si la différence de sexe ou le célibat sont nécessaires pour la validité de ce mariage ou si l'absence de consentement est une cause de nullité. On sait juste que c'est « la loi personnelle » qui donnera la réponse, au moyen d'un rattachement (ici : la nationalité). Mais plus loin, le même article (2e phrase) énonce que « quelle que soit la loi personnelle applicable, le mariage requiert le consentement des époux, au sens de l'article 146 et du premier alinéa de l'article 180 » (faisant référence à l'existence du consentement dans le mariage et l'absence de violence) : c'est ici une règle matérielle.

Les règles matérielles spécifiques sont souvent plus tolérantes que celles du droit national interne (comme celle posant le principe de la validité des clauses compromissoires dans tous les contrats internationaux), mais elles conduisent aussi parfois à vouloir imposer une règle impérative du for dans l'ordre international : on parle alors de « lois de police ». La loi de police est une règle dont « l'observation est nécessaire pour la sauvegarde de l'organisation politique, sociale et économique du pays » (Francescakis).

Pour la **méthode de reconnaissance des situations**, les autorités d'un État (l'État requis) renoncent à mettre en œuvre leurs propres règles de conflit lorsque la situation s'est valablement constituée dans l'État d'origine, en application des règles de celui-ci. C'est ainsi que l'arrêt *Wagner* (2007) de la Cour européenne des droits de l'homme avait condamné un État qui avait refusé (en application de ses règles de conflit et au mépris du respect d'une vie familiale de fait entre les intéressés) de reconnaître une adoption prononcée à l'étranger conformément à la loi locale. Ainsi encore, la Cour de justice de l'Union européenne a développé toute une jurisprudence obligeant un État membre à reconnaître le nom de famille attribué dans un autre, sur le fondement notamment de la libre circulation des personnes physiques dont doit pouvoir jouir tout citoyen européen (CJCE, 2003, *Garcia Avello* et 2008, *Grunkin-Paul*). Cette méthode de reconnaissance des situations reste cependant, pour le moment, circonscrite au droit conventionnel et européen.

Le droit pénal

Romain OLLARD
Agrégé des Facultés de droit
Professeur à l'université de Poitiers

Le phénomène criminel

Pour le moins malaisé à identifier, le phénomène criminel est peut-être encore plus difficile à comprendre dans ses causes et ses structures. Il peut être défini, dans une première approche, non seulement comme un fait social dès lors que la criminalité postule une atteinte à l'ordre social qui résulte de la violation d'une norme de conduite édictée dans l'intérêt général, mais encore comme un fait humain commis par une personne avec des mobiles, une histoire personnelle, un passé. Le phénomène criminel implique dès lors de s'interroger tant sur le crime envisagé en tant qu'acte qu'il convient d'identifier dans son volume, sa structure et son évolution (qu'est-ce que le crime ?) que sur la personne du criminel afin de comprendre les causes du crime (pourquoi est-il devenu criminel ?).

Le crime

Envisagé en tant que fait social en premier lieu, le phénomène criminel acquiert la dénomination de criminalité qu'il convient non seulement d'identifier mais encore de combattre. Identifier le crime, c'est d'abord mesurer la criminalité dans son volume au terme d'une approche de type quantitatif. L'entreprise n'est pas chose aisée car entre la criminalité réelle, effectivement commise, et la criminalité apparente, portée à la connaissance des autorités policières et recensée par les statistiques policières, il existe une importante déperdition qui correspond à la criminalité cachée, encore appelée chiffre noir de la criminalité. L'écart se creuse encore entre la criminalité réelle et la criminalité légale, celle qui est effectivement sanctionnée et recensée dans les statistiques judiciaires. C'est qu'en effet, entre la commission des infractions et leur sanction effective, un grand nombre d'obstacles et de filtres viennent se dresser (non dénonciation des infractions par leurs victimes, classements sans suite du parquet, prescription, *etc.*), qui empêchent de connaître le volume de la criminalité réelle. Identifier le crime, c'est ensuite dresser une typologie des différents types de criminalité (infractions contre les personnes, contre les biens, infractions politiques, terroristes, violences urbaines, criminalité en col blanc, délinquance d'imprudence, *etc.*) dans une approche de type qualitatif, nécessairement relative tant il est vrai que le crime est variable dans l'espace et dans le temps. Le fait criminel est encore un fait social qu'il convient de combattre par la mise en œuvre d'une politique criminelle, définie comme une « *stratégie juridique et sociale fondée sur des choix politiques pour répondre [...] aux problèmes posés par la prévention et la répression du phénomène criminel* »[1]. Science de la réaction sociale au crime, résolument tournée vers l'action, la politique criminelle est menée en France par le pouvoir exécutif, plus spécialement par le ministre de la justice qui « *conduit la politique pénale déterminée par le Gouvernement* » et « *veille à la cohérence de son application sur le territoire de la République* » en adressant « *aux magistrats du ministère public des instructions générales* »[2]. C'est donc le ministère public qui est en charge de la mise en œuvre concrète des politiques pénales sous l'autorité duquel agissent les services de police.

Le criminel

Envisagé en tant que fait humain en second lieu, le phénomène criminel invite à s'interroger sur la personne du délinquant afin de déterminer les causes et les facteurs du passage à l'acte dans une approche de criminologie dite étiologique[3], conçue comme la science de l'étude des causes du crime. En schématisant sans doute à l'excès, deux courants de pensée peuvent être opposés[4], selon que l'explication de la criminalité est de type déterministe ou au contraire fondée sur le libre arbitre de l'homme. Tandis que dans la pensée déterministe, l'action criminelle est la résultante de facteurs inhérents à l'homme et à son milieu (facteurs biologiques, psychologiques, moraux, sociaux qui vont en quelque sorte imposer le crime au criminel), la pensée volontariste est toute entière fondée sur le postulat de la liberté humaine, l'homme n'agissant qu'au terme d'un choix lucide et volontaire, entièrement libre. Chacun de ces deux courants de pensée prône des réactions différentes face au crime, soit une responsabilité morale pour les volontaristes (philosophie kantienne), qui implique que la responsabilité et la sanction pénale ne puissent être attribuées qu'à un individu pleinement conscient de la portée de ses actes, soit une responsabilité sociale pour les déterministes : puisque l'homme n'est pas libre, la peine, dans sa fonction classique de rétribution, n'a plus de sens ; la société, qui doit organiser sa conservation, doit prévoir des « mesures de défense sociales » – aujourd'hui dénommées mesures de sûreté – destinées à lutter contre la dangerosité irréductible de certains délinquants. Ce déterminisme criminel, générateur d'une responsabilité sociale, fut prôné et poussé à son paroxysme par l'école positiviste italienne au XIXe siècle, notamment par Lombroso et Ferri. Au sein de ce

1. Ch. Lazerges, *Introduction à la politique criminelle*, L'Harmattan, 2000, p. 9.
2. C. proc. pén., art. 30.
3. R. Gassin, S. Cimamonti, Ph. Bonfils, *Criminologie*, Dalloz, 7e éd., 2011, n° 7 et s., 583 et s.
4. Sur cette opposition, v. E. Dreyer, *Droit pénal général*, Lexis-Nexis, 4e éd., 2016, n° 42 et s.

schéma, les causes identifiées du crime sont multiples, tantôt endogènes, lorsqu'elles trouvent leur source dans la personne même du criminel, tantôt exogènes, lorsqu'elles lui sont extérieures[1].

Les facteurs endogènes du crime

Pour certains d'abord, les **facteurs endogènes** du crime seraient d'ordre essentiellement **biologique**, comme pour l'école de l'anthropologie criminelle, dont le chef de file était un médecin italien, Cesare Lombroso, demeuré célèbre pour sa théorie de l'homme criminel, lequel présenterait des traits physiques, anatomiques et physiologiques caractéristiques[2]. Si ces théories peuvent aujourd'hui apparaître caricaturales, elles connurent pourtant un grand succès au XIXe siècle et trouvèrent leur prolongement au XXe siècle dans des théories héréditaires de la criminalité, comme tel fut le cas de la théorie de l'eugénisme qui prétendait éviter la dégénérescence de la société provoquée par le métissage et la promotion de races prétendument inférieures en organisant une sélection artificielle des espèces (stérilisation) et une ségrégation sociale. Ces théories allaient constituer le terreau et l'alibi « scientifique » des idéologies nazie et fasciste. Pour d'autres ensuite, les **facteurs endogènes** du crime seraient d'ordre essentiellement **psychologique** lorsque le crime trouve sa cause dans des pathologies dont souffre le délinquant (névroses, psychoses, psychopathie). Depuis Freud, les explications psychiatriques de la criminalité sont innombrables, qui tentent de dresser les caractéristiques de la personnalité antisociale du délinquant (théories de l'égocentrisme, théories de la frustration, *etc.*). D'autres explications psychologiques postulent au contraire que le crime serait le fruit d'un choix réfléchi, d'une décision rationnelle prise au terme d'un calcul coût/avantage, le passage à l'acte s'expliquant lorsque les bénéfices susceptibles d'être procurés par le crime l'emportent sur la probabilité de punition. Le délinquant n'est plus vu alors comme pathologique mais bien comme un homme rationnel, ainsi que l'admettent les théories du *rational choice* dont les prémisses furent jetées par Gary Stanley Becker, prix Nobel d'économie en 1992, avant d'être approfondis par d'autres. Quoiqu'inaptes à constituer une explication générale de la criminalité, ces théories n'en demeurent pas moins particulièrement intéressantes dans leurs méthodes en ce qu'elles fondent la criminologie moderne, dite dynamique, qui s'intéresse moins aux causes du passage à l'acte (criminologie étiologique classique, dite statique) qu'au passage à l'acte lui-même en s'interrogeant sur sa dynamique, c'est-à-dire sur les processus qui mènent à la délinquance[3].

---

1. Sur ces théories, v. M. Cusson, *La criminologie*, Hachette, 5e éd., 2011 ; P. Morvan, *Criminologie*, LexisNexis, 2e éd., 2016, n° 51 et s. ; R. Gassin, S. Cimamonti, Ph. Bonfils, *Criminologie*, précité.
2. C. Lombroso, *L'Homme criminel*, Paris, Alcan, 1887 (traduction française de la 1re édition).
3. R. Gassin, S. Cimamonti, Ph. Bonfils, *Criminologie*, *op. cit.*, n° 15.

Les facteurs exogènes du crime

Les explications sociales du crime, qui mettent l'accent sur des facteurs exogènes liés à l'environnement du criminel et à son milieu social sont toutes aussi nombreuses.

Au XIXe siècle, il est possible d'opposer deux grands courants de pensée sociologique, l'école de la psychologie criminelle (Gabriel Tarde[1]) et l'école sociologique (Emile Durkheim[2]). Tandis que pour la première, les rapports sociaux sont régis par les lois de l'imitation, de sorte que les faits sociaux n'apparaissent que comme la somme de rapports individuels qui s'additionnent pour constituer un fait social (mouvement ascendant de l'individuel au collectif), pour la seconde au contraire, le fait social apparaît comme une entité autonome, distincte de ses individualités, animé d'une force propre qui s'impose aux individus et façonnent leur volonté individuelle (mouvement descendant du collectif à l'individuel). Selon Durkheim, le crime – qui apparaît comme un phénomène à la fois normal et socialement utile – s'expliquerait, comme d'autres faits sociaux d'ailleurs (notamment le suicide), par un recul des contraintes sociales provoquant un sentiment d'isolement et d'abandon laissant libre cours aux pulsions criminelles, ce que l'éminent sociologue traduira à travers le concept d'anomie. En parallèle, les positivistes italiens continuent de séduire avec l'école de sociologie criminelle, animée par Enrico Ferri, selon laquelle le crime serait un produit du milieu social, déterminé par les conditions économiques et sociales[3]. Distinguant plusieurs catégories de délinquants, selon une classification pour le moins arbitraire, Ferri proposera des mesures de défense sociales radicales ayant pour effet de neutraliser la dangerosité des criminels jugés « irrécupérables » (l'asile pour les aliénés, la peine de mort pour les criminels nés), préconisant au contraire des mesures préventives, plus sociales que répressives, pour les autres.

Au XXe siècle, il est classique d'opposer deux types de théories, les unes fondées sur l'idée d'une **désorganisation sociale**, les autres fondées sur le contrôle social. Au titre des premières d'abord, les théories écologiques construites par l'école de Chicago[4] – selon lesquelles les caractéristiques économiques, démographiques, ethniques et sociales d'une zone géographique donnée, spécialement en milieu urbain, seraient déterminantes du crime – eurent un retentissement considérable. Elles allaient fonder de vastes programmes de transformation de l'espace urbain destinés à créer du lien social au sein des quartiers criminogènes et, plus loin, à mettre en place un contrôle social informel en impliquant la population dans la vie du quartier. Selon les théories anomiques[5], la criminalité résulterait d'une inadéquation, génératrice de tension chez le délinquant, entre les buts et idéaux véhiculés par la société (réussite, succès, confort

1. G. Tarde, *Les lois de l'imitation*, Arcan, 1886 ; *La philosophie pénale*, Cujas, 1972 (réimpression éd. 1890).
2. E. Durkheim, *Le suicide*, PUF, 1897 ; *Les règles de la méthode sociologique*, PUF, 1895.
3. E. Ferri, *La sociologie criminelle*, Paris, Arcan, 1884 (traduction française, 1905).
4. C.R. Shaw et H.D. McKay, *Juvenile delinquency and urban areas*, University of Chicago Press, 1942.
5. R. Merton, *Social structure and anomy*, American sociological revue, III, p. 672.

matériel… le rêve américain en somme, avec ses histoires extraordinaires d'ascensions sociales) et les moyens mis à la disposition des individus pour y parvenir. Face à cette tension sociale, plusieurs réactions sont concevables, certaines ne générant aucune criminalité (le conformisme, la résignation, l'évasion par la marginalisation), là où d'autres produiront un tel effet, lorsqu'un individu, ayant intégré les buts sociaux, sera prêt à déployer tous les moyens pour les atteindre, quitte à basculer dans la délinquance ou lorsqu'au contraire, rejetant ces buts, il adoptera un comportement de rébellion ayant pour finalité de renverser l'idéologie sociale établie (idéologie contestataire, terrorisme). Selon les **théories du contrôle social** – ou de la réaction sociale[1] – ensuite, inspirées des travaux de Durkheim, les facteurs sociaux ne seraient plus générateurs de délinquance mais inhibiteurs de criminalité dès lors qu'ils inspirent aux individus le respect de la loi pénale, l'homme social ayant le souci de ne pas perdre les avantages que lui procure sa position dans la société. À l'inverse, selon la théorie de la stigmatisation (*Labelling theory*)[2], accoler l'étiquette de déviant à un individu serait générateur d'exclusion et d'identité négative, ce qui amplifierait le phénomène de déviance selon un mécanisme d'attente du rôle.

On le voit, les théories explicatives du phénomène criminel sont innombrables que ces quelques lignes – nécessairement schématiques – ne sauraient évidemment épuiser, loin s'en faut. Ces théories n'explorant bien souvent qu'un pan de la causalité criminelle, certains caressent le rêve d'une « *criminologie intégrée* »[3] qui rassemblerait l'ensemble des données acquises en une œuvre de synthèse permettant une explication globale de la criminalité. Sans doute vaine, l'entreprise relève du mythe tant il est vrai que la criminologie contemporaine mobilise des compétences et des sciences très dissemblables, régies par des méthodes elles-mêmes très différentes, qu'un seul homme ne saurait à lui seul maîtriser. Dès lors, il n'existerait pas une criminologie – unitaire – mais bien des criminologies, distinctes dans leur objet d'étude, dans leurs méthodes et leurs buts.

La réaction du droit pénal au phénomène criminel

Le droit pénal qui est une science, non plus empirique comme la criminologie, mais interprétative – est-ce alors encore une science ? –, se doit quant à lui de réagir face au phénomène criminel en prévenant par la menace et, au besoin, en réprimant par le prononcé d'une peine, les actions et omissions susceptibles de causer un trouble à l'ordre public : il y répond selon une méthode (I) et des moyens d'action (II) qui lui sont propres.

1. H.S. Becker, *outsiders*, The Free Press, 1963.
2. F. Tannenbaum, *Crime and the community*, Columbia University Press, 1938.
3. R. Gassin, S. Cimamonti, Ph. Bonfils, *Criminologie*, *op. cit.*, n° 39, 42-1.

La méthode du droit pénal

Dans les méthodes qui sont les siennes, le droit pénal est guidé par le principe de légalité des délits et des peines qui fut forgé en réaction aux pratiques de l'Ancien Régime au cours duquel prévalait **l'arbitraire judiciaire** : « *les peines sont arbitraires en ce royaume* », résumait un adage de l'Ancien Régime. En réaction, les philosophes des lumières, principalement Montesquieu, et Beccarria[1] forgèrent le principe de légalité criminelle qui fut traduit, à l'époque révolutionnaire, aux articles 5 et 8 de la Déclaration des droits de l'homme et du citoyen puis, plus tard, aux articles 111-2 et suivants du Code pénal. Principe cardinal du droit pénal, le principe de légalité doit être envisagé dans sa signification (A), laquelle a évolué au fil du temps, avant que ne soient envisagés ses corollaires (B).

La signification du principe de légalité criminelle

Double signification

Tandis que, conçu dans l'idéal révolutionnaire comme revêtant une signification formelle en vertu de laquelle la norme pénale devait nécessairement être édictée par la loi, le principe de légalité criminelle a aujourd'hui acquis une signification matérielle selon laquelle la norme pénale doit être suffisamment claire et précise pour garantir la prévisibilité de la répression. Ces deux significations, qui coexistent aujourd'hui, témoignent d'une mutation du principe de légalité qui, originellement conçu comme un instrument de limitation des pouvoirs du juge pénal, constitue désormais également le vecteur d'un « gouvernement des juges » leur permettant de contrôler l'activité du législateur.

La signification formelle du principe de légalité

Le principe de légalité des délits et des peines signifie d'abord que la norme édictant une règle de droit pénal est nécessairement une **norme écrite**, préalable à toute condamnation. La règle est traduite par l'adage *nullum crimen, nulla poena sine lege* (pas d'infractions, pas de peines sans loi) qui exprime la vocation générale du principe, qui s'applique tant aux incriminations qu'aux sanctions. Le principe de légalité s'adresse au premier chef au juge pénal qui, ne pouvant juger en équité, doit être enfermé dans les termes de la loi : « *en matière criminelle, il faut des lois précises et point de jurisprudence* », affirmait Portalis. Rempart indispensable contre l'arbitraire judiciaire, la loi doit rendre le juge prisonnier afin de brider son pouvoir d'interprétation et lui retirer tout pouvoir créateur. Le principe de légalité s'adresse encore au citoyen qui doit pouvoir être éclairé à l'avance sur les conséquences de ses actes : la loi

1. *Traité des délits et des peines*, 1764.

pénale doit nécessairement avertir avant de frapper, et fixer ainsi à l'avance les règles du « jeu social », afin que chaque citoyen puisse régler sa conduite en conséquence. C'est pourquoi, en droit pénal, tout ce qui n'est pas interdit est permis (art. 5 DDHC).

Bien plus, dans l'idéal révolutionnaire, la règle de droit pénal consiste nécessairement en une **loi au sens formel du terme**, c'est-à-dire en un acte voté par le Parlement selon une procédure législative. Cette exigence d'une norme légale - qui confine au « fétichisme » de la loi - se justifie par l'idée que dans une société démocratique, les normes répressives doivent être édictées par la volonté populaire, laquelle s'exprime par le biais de ses représentants élus au Parlement, seul à disposer de la légitimité politique suffisante pour édicter des normes impliquant une contrainte. Pour autant, ce que peut soutenir un idéal politique n'est plus tenable lorsqu'il s'agit de mettre en œuvre concrètement le principe de légalité, lequel a dès lors subi plusieurs atténuations dans son acception formelle dans la mesure où la loi n'est plus aujourd'hui la source exclusive de droit pénal, concurrencée qu'elle est aujourd'hui tant par des **sources infra-légales** dès lors que les contraventions relèvent désormais de la compétence du pouvoir réglementaire[1] que par des **sources supra-législatives**, essentiellement des normes européennes depuis que le Traité de Lisbonne a admis que l'Union européenne était compétente pour adopter, par voie de directives, une définition minimale des infractions graves au caractère transfrontière[2].

La signification matérielle du principe de légalité

Dans sa seule acception formelle, le principe de légalité est insuffisant à garantir le citoyen contre l'arbitraire judiciaire car, même prévue par un texte écrit, la norme pénale peut être rédigée de manière si large et imprécise qu'elle laisse en réalité toute latitude au juge pénal, ce qui constitue la marque des États totalitaires. Aussi, afin de cadenasser les pouvoirs d'interprétation du juge, la norme pénale doit présenter certaines **qualités d'accessibilité, de clarté et de précision**. En vertu d'une seconde signification, matérielle, du principe de légalité, la norme punitive doit donc être suffisamment claire et précise et, partant, prévisible dans son interprétation pour garantir la sécurité juridique des citoyens, ce qui se conçoit bien dans une matière où les libertés individuelles sont en jeu. Cette seconde signification permet de mettre en exergue la **mutation du principe de légalité criminelle** qui, originellement conçu comme un instrument de limitation des pouvoirs du juge, lui permet désormais de contrôler l'activité du législateur. Prisonniers du principe de légalité criminelle - signification formelle - les juges en sont également désormais les gardiens - signification matérielle.

1. C. pén., art. 111-2
2. TFUE, art. 83.

Les corollaires du principe de légalité criminelle

Double corollaire

Le principe de légalité criminelle est renforcé par deux principes qui en constituent des applications nécessaires, le principe de l'interprétation stricte de la loi pénale et celui de non rétroactivité de la loi pénale, du moins lorsqu'elle plus sévère que la loi ancienne.

Le principe d'interprétation stricte de la loi pénale

« *La loi pénale est d'interprétation stricte* », énonce solennellement l'article 111-4 du Code pénal. La règle, propre au droit pénal, constitue le complément nécessaire du principe de légalité criminelle qui veut que tout pouvoir créateur soit retiré au juge : le juge pénal ne doit être que « *la bouche qui prononce les paroles de la loi* » (Montesquieu), de sorte que ses pouvoirs d'interprétation sont bridés en matière pénale. Le principe de l'interprétation stricte de la loi pénale emporte deux séries de conséquences. Négativement d'abord, en droit pénal, se trouve **prohibé le raisonnement par analogie** qui consiste à étendre la loi à des cas non envisagés mais proches de ceux qu'elle prévoit. La prohibition de l'interprétation analogique supporte toutefois deux exceptions. D'une part, l'analogie *in favorem* est tolérée lorsqu'une telle méthode d'interprétation est favorable aux intérêts de la personne poursuivie. D'autre part, il est admis que le juge pénal peut étendre l'application d'un texte à des hypothèses qui n'étaient pas prévisibles par le législateur au moment de sa création, notamment au regard de l'évolution technologique. Positivement ensuite, c'est le principe de **l'interprétation téléologique** qui prévaut en droit pénal, principe selon lequel l'interprète doit rechercher le but de la loi, la volonté présumée du législateur. C'est qu'en effet, interprétation stricte ne signifie pas interprétation restrictive, de sorte que le juge pénal, devant dégager le plein sens du texte afin d'atteindre le but fixé par le législateur, ne saurait le réduire d'une partie de son domaine d'application. Au fond, les règles d'interprétations de la loi pénale peuvent être simplement résumées : la loi, toute la loi (principe d'interprétation téléologique) mais rien que la loi (prohibition de l'analogie).

Le principe de non-rétroactivité

S'agissant de l'application de la loi pénale dans le temps, le principe de **non rétroactivité des lois pénales plus sévères** signifie qu'un individu ne peut être condamné sur le fondement d'une loi nouvelle pour un fait commis avant son entrée en vigueur. Ce principe, également appelé principe de non rétroactivité *in pejus*, se comprend rattaché au principe de légalité criminelle dont il constitue le corollaire. Dans une société démocratique en effet, « *nul ne peut être puni qu'en vertu d'une loi établie et promulguée antérieurement* » aux faits donnant lieu aux poursuites (art. 8 DDHC), c'est-à-dire en vertu d'une loi que l'intéressé ne pouvait par hypothèse pas connaître au moment de son action : la loi pénale n'est légitime que si elle prévient avant de frapper. Si, techniquement, l'application du principe implique de déterminer tant la date de l'entrée en vigueur du texte – soit le lendemain de la publication au Journal officiel, soit à une date déterminée par la loi elle-même – que la date de commission du fait matériel, le principe interroge surtout sur son **domaine d'application**.

Du point de vue du contenu des normes d'abord, le principe de non rétroactivité ne s'applique qu'aux seules **lois pénales de fond**, à l'exclusion des lois de procédure. Pour ces dernières, le principe est en effet celui de leur application immédiate au procès en cours, sauf si elles ont pour effet d'aggraver le sort de la personne poursuivie, comme tel peut être le cas des lois relatives au régime d'exécution des peines[1]. En revanche, pour les lois pénales de fond, le principe de non rétroactivité de la loi pénale s'applique tant aux **incriminations** qu'aux **sanctions**[2], même si la question demeure controversée s'agissant des mesures de sûreté, du moins lorsqu'elles sont privatives de liberté. Concernant ensuite le domaine du principe quant aux normes envisagées au sens formel du terme, le principe de non rétroactivité s'applique tant aux **lois** *stricto sensu* qu'aux **règlements**, même si la question est aujourd'hui posée de savoir s'il doit également s'appliquer aux revirements de jurisprudence.

Le principe de non rétroactivité de la loi pénale est toutefois tempéré par le **principe de rétroactivité des lois pénales plus douces** ou rétroactivité *in mitius*, qui veut que la loi nouvelle puisse régir, alors, tant les faits qui sont postérieurs à son entrée en vigueur que ceux qui lui sont antérieurs. Ce principe d'application immédiate des lois pénales plus douces est subordonné à la seule condition que les faits tombant sous le coup de la loi nouvelle n'aient pas déjà donné lieu à une condamnation passée en force de chose jugée[3].

1. CP, art. 112-2.
2. CP, art. 112-1, al. 1 (« infraction ») ; al. 2 (« peines »).
3. CP, art. 112-3, al. 3

Les moyens du droit pénal

Pour mener à bien son action, dans le respect du principe de légalité criminelle, le droit pénal dispose de techniques et de moyens d'action qui lui sont propres, qui n'ont pas leur équivalent dans d'autres disciplines juridiques, qu'il s'agisse de l'infraction (A), des mécanismes de responsabilité pénale (B) ou de la peine (C).

L'infraction

Si **l'infraction** comporte deux composantes, l'incrimination d'une part, c'est-à-dire la description du comportement fautif tel que défini par la loi, et la peine, d'autre part, il ne sera ici question que de l'incrimination, laquelle se compose invariablement d'un élément matériel (1) et d'un élément psychologique (2), quelle que soit la nature de l'infraction envisagée.

L'élément matériel de l'infraction

L'élément matériel de l'infraction se découpe lui-même en trois composantes.

- Le **comportement fautif**, d'abord, peut consister soit en une action positive – ce qui correspond à la catégorie des infractions de commission (meurtre, vol, *etc.*) –, soit, plus rarement, en une omission fautive, ce qui correspond à la catégorie des infractions d'abstention (omission de porter secours par exemple), qui ne sont pas sans susciter certaines difficultés du point de vue du lien de causalité dès que, par nature, une abstention n'est pas causale.

- Si **le résultat de l'infraction**, ensuite, est l'une des notions les plus complexes du droit pénal, c'est pourtant à travers elle qu'il accuse peut-être le plus son originalité dès lors qu'à l'inverse de la responsabilité civile, le droit pénal peut intervenir indépendamment de tout préjudice effectif subi par une victime, lorsque le comportement de l'agent apparaît à lui seul suffisamment révélateur de sa dangerosité. Sans doute la plupart des infractions supposent-elles, pour être **consommées**, un préjudice subi par la victime : il s'agit là des infractions dites *matérielles* (meurtre, violences, vol, *etc.*). Mais d'autres infractions, dites formelles, sont punies indépendamment d'un tel préjudice dès lors que par son comportement, l'agent créé un risque ou un péril pour autrui (empoisonnement, délit de mise en danger autrui, conduite en état d'ivresse, *etc.*) justifiant à lui seul sa punition. Cette indifférence du droit pénal à l'existence d'un résultat tangible est encore perceptible à travers l'incrimination de **la tentative**[1], manifestée par un commencement d'exécution, défini en jurisprudence comme un acte tendant directement et immédiatement à la consommation de l'infraction avec

1. CP, art. 121-5.

intention de la commettre. Trois sortes de tentatives sont punissables selon que l'infraction est manquée, lorsque l'agent n'est pas parvenu à la consommation par maladresse ou inaptitude, qu'elle est suspendue, lorsque l'auteur a interrompu son action en raison de l'intervention d'une force extérieure, ou qu'elle est impossible parce que son résultat est hors d'atteinte (tentative de meurtre sur un cadavre par exemple).

– Enfin, **le lien de causalité** unit le comportement fautif au résultat, du moins s'agissant des infractions matérielles. Son appréciation est plus ou moins souple selon qu'il fait application de la théorie de l'équivalence des conditions ou de celle, plus sélective des causes, de la causalité adéquate.

L'élément psychologique de l'infraction

L'élément psychologique de l'infraction – ou élément moral – est caractéristique de toutes infractions pénales, qu'elles soient intentionnelles ou non[1].

– D'une part, **les infractions intentionnelles** supposent que l'agent ait eu la volonté de commettre l'infraction telle que définie par la loi pénale, spécialement de causer son résultat (dol général), socle commun à toutes les infractions intentionnelles, auquel le législateur ajoute parfois l'exigence supplémentaire d'un dol spécial, défini comme un mobile ou un but particulier érigé en élément constitutif de l'infraction.

– D'autre part, **les infractions non intentionnelles** (homicide et blessures non intentionnels, essentiellement) supposent que leur auteur n'ait pas voulu le résultat effectivement produit, de sorte que le critère de distinction entre les infractions intentionnelles et non intentionnelles réside dans la volonté du résultat, non dans la volonté de l'acte. Car il est en effet des fautes non intentionnelles dans lesquelles l'acte de l'agent est volontaire et conscient, quand bien même n'aurait-il pas désiré ses conséquences dommageables : il s'agit là de la définition de la faute d'**imprudence consciente** qui consiste en une prise de risque délibérée dans laquelle l'agent, quoi que conscient des possibilités dommageables de son activité, n'en agit pas moins, comptant sur la chance ou sur son adresse pour éviter la survenance du dommage (conduite automobile en état d'ivresse ou à très grande vitesse par exemple). À l'inverse, **l'imprudence** est dite **pure et simple** lorsque, procédant d'un relâchement fautif de l'attention et de la vigilance, la survenance du dommage n'a été ni voulue, ni même prévue par son auteur. Évidemment, le droit pénal vient proportionner la répression selon l'intensité de la faute d'imprudence, suivant qu'elle consiste en une imprudence pure et simple ou en une imprudence consciente, plus grave dans l'échelle des fautes dès lors qu'elle témoigne d'une indifférence coupable au sort d'autrui.

1. CP, art. 121-3.

La responsabilité

Constitution et imputation de l'infraction

Ce n'est parce qu'une infraction est constituée en tous ses éléments, tant matériel que moral, que son auteur sera pour autant déclaré pénalement responsable ; encore faut-il que l'infraction puisse lui être reprochée, c'est-à-dire qu'on puisse la lui imputer selon un mécanisme d'attribution de la responsabilité, régie par le principe de responsabilité pénale du fait personnel[1]. C'est là envisager les personnes susceptibles d'être déclarées pénalement responsables (1) et celles qui ne le sont pas (2).

Les responsables

Personnes juridiques responsables

Alors que les **personnes physiques** peuvent depuis toujours être déclarées pénalement responsables, la responsabilité pénale des **personnes morales** ne fut consacrée que par le Code pénal de 1992[2] dont on enseigne qu'il s'agirait là, sinon de la seule, du moins de la principale innovation. L'attribution de la responsabilité aux personnes implique des adaptations dans la mesure où, si elles sont dotées de la personnalité juridique, elles sont des êtres incorporels qui ne peuvent ni commettre physiquement des infractions, ni évidemment subir les mêmes peines que les personnes humaines. Du point de vue de la technique d'imputation de la responsabilité d'abord, il faut ainsi que l'infraction ait été commise, pour le compte de la personne morale, par l'un de ses organes ou représentants. Ensuite, si les personnes morales peuvent désormais être déclarées coupables de toute infraction, les sanctions susceptibles de leur être infligées subissent elles aussi des adaptations car si elles peuvent être dissoutes, elles ne peuvent par exemple subir des peines privatives de liberté ; elles n'en seront pas moins sanctionnées d'amendes plus importantes, portées au quintuple de celles encourues par les personnes physiques. S'agissant enfin du domaine de la responsabilité des personnes morales, seuls les groupements dotés de la personnalité juridique peuvent être pénalement sanctionnés, à l'exclusion toutefois de l'État et, parfois, des collectivités territoriales, du moins lorsque l'infraction est commise dans le cadre d'une activité de puissance publique.

Modes de participation criminelle

Simpliste sur ce point, le Code pénal n'envisage que deux modes de participation criminelle, l'action et la complicité, qui sont les seules qualités au titre desquelles une personne peut être déclarée pénalement responsable. D'une part, **l'auteur ou le co-auteur** est celui qui réunit en sa personne l'ensemble des éléments constitutifs de l'infraction

1. CP, art. 121-1.
2. CP, art. 121-2.

(consommée ou tentée), aussi bien son élément matériel que son élément moral[1]. Puni des mêmes peines que l'auteur personne physique, **le complice**, d'autre part, est celui qui, sans commettre matériellement l'infraction, s'y associe néanmoins volontairement. Le Code pénal recense trois formes de complicité punissable, par aide ou assistance, par fourniture d'instructions ou, enfin, par provocation[2]. Il apparaît ainsi que l'auteur moral de l'infraction - l'instigateur, celui fait commettre l'infraction par un autre - est juridiquement traité comme un complice, alors que son intervention est décisive en termes de causalité puisque sans elle, l'infraction n'aurait pas été commise. Il est vrai, certaines infractions spéciales viennent sanctionner à titre autonome l'auteur moral, notamment lorsque l'agent d'exécution n'a pas commis l'infraction provoquée. Au-delà de ce schéma binaire, le droit pénal contemporain réserve un traitement particulier, évidemment plus répressif, à la **criminalité de groupe** que ce soit en prévoyant des infractions spéciales de participation à un groupement délictueux (associations de malfaiteurs, *etc.*) ou en prévoyant des circonstances aggravantes justifiant des sanctions accrues (circonstance aggravante de réunion ou de bande organisée).

Les irresponsables

Causes d'irresponsabilité pénale

Pour pouvoir attribuer la responsabilité pénale, en qualité d'auteur ou de complice, à une personne physique ou morale, encore faut-il qu'elle ne soit pas déclarée irresponsable en vertu de l'une des différentes causes d'irresponsabilité pénale prévues par la loi ou dégagées par la jurisprudence. Il convient, à l'inverse du Code pénal[3], de distinguer ces causes d'irresponsabilité selon qu'elles sont objectives ou subjectives car si les premières, agissant *in rem*, c'est-à-dire sur les faits, se communiquent aux complices et co-auteurs, les secondes, agissant *in personam*, restent propres à l'auteur qui les invoque.

Causes objectives d'irresponsabilité pénales

Les causes objectives d'irresponsabilité pénale, également dénommées **faits justificatifs** ont pour effet de rendre licite un fait ordinairement constitutif d'une infraction pénale en raison des circonstances dans lesquelles elle est commise. Les faits justificatifs sont fondés tantôt sur l'ordre ou l'autorisation de la loi ou de l'autorité légitime, tantôt sur la nécessité de commettre l'infraction. Au titre de la première catégorie de faits justificatifs[4], il est possible de dénombrer non seulement **l'ordre ou l'autorisation de la loi ou du règlement**, dès lors que la loi ne saurait sous peine d'incohérence réprimer ce qu'elle autorise par ailleurs, mais encore **le commandement**

1. CP, art. 121-4.
2. CP, art. 121-6 ; 121-7.
3. CP, art. 122-1 et s.
4. CP, art. 122-4.

de l'autorité légitime qui ne trouve toutefois à s'appliquer que dans le cas où l'ordre ne serait pas « manifestement illégal », ce qui eut notamment pour effet d'exclure la justification d'un grand nombre de criminels de guerre qui prétendaient n'avoir fait qu'exécuter les ordres de leurs supérieurs. Les faits justificatifs peuvent encore être fondés sur la nécessité de commettre l'infraction, comme tel est le cas de **l'état de nécessité**[1] qui peut être invoqué en présence d'un danger actuel ou imminent, ou de **la légitime défense**[2] des personnes ou des biens. Cette dernière trouvera à s'appliquer lorsque la commission de l'infraction constitue une riposte nécessaire à une agression préalable commandant la défense de soi-même ou d'autrui. Présentant d'importantes similitudes, ces deux dernières causes d'irresponsabilité n'opéreront que si la commission de l'infraction est tout à la fois proportionnée au danger et nécessaire, s'il n'existait pas d'autres moyens pour éviter le péril que de commettre l'infraction.

▶ Causes subjectives d'irresponsabilité pénales

La tentation est grande de considérer dans un premier mouvement que les causes subjectives d'irresponsabilité pénale trouvent leur cause dans des considérations internes à la personne de celui qui les invoque (**démence**[3], **minorité**[4]), là où ce sont des circonstances extérieures à l'auteur qui justifieraient son irresponsabilité s'agissant des causes objectives. Cette tentation doit toutefois être repoussée dès lors que la **contrainte**[5] – qui constitue l'avatar de la force majeur du droit civil – peut être d'origine tant interne (maladie autre que psychique) qu'externe (force de la nature, contrainte exercée par un tiers, *etc.*). Dès lors, le critère d'identification des causes subjectives d'irresponsabilité doit être recherché ailleurs, dans la suppression de la liberté de l'agent qui n'a pas été libre de vouloir (contrainte) ou de comprendre (démence, minorité) son acte délictueux. Alors que les faits justificatifs, impliquant une analyse des circonstances de l'infraction, interrogent sur ses causes, les irresponsabilités subjectives interrogent quant à elles sur les effets qu'ont pu avoir certains éléments sur la personne de l'agent (suppression de liberté) : échappera ainsi à la responsabilité pénale non seulement celui qui a été soumis à une force physique ou morale irrésistible (contrainte) mais encore celui dont le discernement insuffisant ne lui a pas permis de comprendre et mesurer la portée de ses actes délictueux (minorité, trouble psychique).

1. CP, art. 122-7.
2. CP, art. 122-5.
3. CP, art. 122-1.
4. CP, art. 122-8. *Adde*, Ordonnance n° 45-174 du 2 février 1945 relative à l'enfance délinquante.
5. CP, art. 122-1.

La peine

Fonction d'identification de la peine

Comme l'étymologie en témoigne, le droit pénal a pour finalité le prononcé d'une peine, laquelle constitue le critère d'indentification le plus sûr de la matière pénale, celui permettant de la distinguer des autres branches du droit. Tandis que les sanctions civiles, par leur nature indemnitaire, ont pour finalité de protéger des intérêts privés, les sanctions pénales ont pour objet de protéger l'intérêt collectif de la société. Si la peine permet ainsi, par sa nature même, d'identifier la matière pénale, sa gravité permet d'identifier la nature de l'infraction qu'elle sanctionne en opérant une classification tripartite des infractions (crimes, délits, contraventions), ce qui emporte d'importantes conséquences pratiques, que ce soit pour la détermination de la juridiction compétente (Cour d'assises, tribunal correctionnel, tribunal de police) ou en matière de prescription.

Les fonctions classiques de la peine

Au-delà de la typologie des peines existantes[1], ce sont surtout leurs fonctions qui permettent de révéler la finalité et l'esprit du droit pénal[2]. Dans sa fonction la plus classique, la peine, présentant un caractère afflictif et infamant, a d'abord une **fonction de rétribution** et postule un châtiment, un mal infligé au coupable en contrepartie de celui infligé à la société par l'infraction. La peine poursuit ensuite une **finalité préventive ou dissuasive**. La prévention peut alors être *collective* et s'exercer sur l'ensemble des citoyens qui, conscients de la nature coercitive des sanctions pénales, peuvent être dissuadés de commettre des infractions. La prévention peut encore être *individuelle* ou spéciale et s'adresser au délinquant condamné qui, ayant exécuté sa peine, pourra être dissuadé de récidiver. À cet égard, la **distinction des peines et des mesures de sûreté** est essentielle. Tandis que la peine, essentiellement tournée vers le passé, a pour finalité, sinon exclusive, du moins principale, la rétribution du coupable, les mesures de sûretés, tournées vers l'avenir, s'orienteraient exclusivement vers la prévention de la récidive en neutralisant l'état dangereux du délinquant (interdiction de fréquenter certains lieux, d'entrer en contact avec la victime, de détenir une arme, *etc.*). Enfin, à un dernier stade, on espère que la peine infligée au condamné participera de son traitement et de son amendement et permettra son insertion ou sa réinsertion dans la cité : c'est la **fonction « resocialisante » de la peine**. Dégagée par les doctrines positivistes puis amplifié sous l'influence de l'école de défense sociale nouvelle[3], l'idée d'un « traitement » du délinquant, selon un vocabulaire délibérément médical, doit permettre *in fine* sa réinsertion au sein de la communauté, ce qui implique évidemment un accompagnement socio-éducatif individualisé (suivi socio-judiciaire, obligation de

1. CP, art. 131-1 et s.
2. CP, art. 130-1.
3. M. Ancel, *La défense sociale nouvelle*, Cujas, 1981, 3e éd. révisée.

soins, *etc.*). La loi 15 août 2014 relative à l'individualisation des peines et renforçant l'efficacité des sanctions pénales, qui a créé notamment la contrainte pénale[1], s'insère ostensiblement dans ce mouvement en opérant, dans la continuité de la loi pénitentiaire du 29 novembre 2009, une **rupture avec le système du « tout carcéral »**, les peines privatives de liberté, spécialement les courtes peines, étant jugées contre-productives.

Les fonctions modernes de la peine

Une peine pour le moins originale – **la sanction-réparation**[2] –, a fait son apparition en 2007 dans la nomenclature des peines correctionnelles. Si cette sanction, qui consiste dans l'obligation imposée au condamné d'indemniser la victime du préjudice subi sous peine d'emprisonnement ou d'amende, se présente formellement comme une peine, sa nature véritable interroge dans la mesure où elle a pour finalité l'indemnisation de la victime, préoccupation classiquement étrangère à la matière pénale. De façon moins officielle, la peine poursuit encore parfois une **finalité de neutralisation** de la dangerosité des personnes condamnées : en coupant le délinquant du monde qui l'entoure, on prévient par là-même le risque de récidive. Si cette fonction de neutralisation a toujours existé, cette finalité inavouée de la peine connaît des résurgences à l'époque contemporaine. Ainsi peut-on citer, sans être exhaustifs, les traitements inhibiteurs de libido qui neutralisent le potentiel dangereux de personnes condamnées sur le fondement des infractions sexuelles, l'hospitalisation d'office en cas de déclaration d'irresponsabilité pénale ou, surtout, la très symbolique **rétention de sûreté**[3], cette « peine après la peine », selon une expression plus parlante que juridique, qui permet de priver de liberté un individu ayant commis une infraction particulièrement grave, après l'exécution de sa peine, lorsqu'il présente une « *particulière dangerosité caractérisée par une probabilité très élevée de récidive parce qu'elle souffre d'un trouble grave de la personnalité* ». Potentiellement perpétuelle, la rétention de sûreté crée ainsi une forme de perpétuité réelle, laquelle n'existe pas, du moins officiellement, en droit français.

1. CP, art. 131-4-1.
2. CP, art. 131-8-1.
3. C. pr. pén., art. 706-53-13.

Le droit administratif

Le droit administratif - droit de l'administration

François CAFARELLI
Maître de conférences en droit public - CRJ EA14

Le droit administratif est communément défini comme le droit applicable à l'administration. Plus précisément, il s'agit du droit qui s'applique à la fonction administrative, c'est-à-dire l'ensemble des activités de gestion des affaires publiques. La fonction administrative repose le plus souvent sur des personnes morales de droit public. Les personnes privées peuvent également être associées à l'exercice de la fonction administrative (CE, Ass., 13 mai 1938, *Caisse primaire aide et protection*, n° 57302). La fonction administrative se distingue de la fonction gouvernementale. La première se limite à un rôle d'exécution alors que la seconde à pour objet de définir la politique de la Nation.

Le droit administratif se caractérise par son caractère largement jurisprudentiel ainsi que par son objet : l'encadrement de la relation asymétrique entre l'administration et les administrés/usagers. L'administration dispose de prérogatives de puissance publique dont l'exercice lui permet d'imposer sa volonté. Cette singularité justifie l'autonomie du droit administratif par rapport au droit privé (TC, 8 février 1873, *Blanco*, n° 00012).

L'organisation de l'administration

Les principes d'organisation

L'organisation de l'administration française est le résultat d'une combinaison originale entre les principes de centralisation/décentralisation et de concentration/déconcentration.

Un État centralisé est un État dans lequel l'exercice du pouvoir relève de la seule responsabilité de l'État et donc du Gouvernement. La décentralisation permet de confier l'exercice d'une partie du pouvoir à des collectivités territoriales (communes, départements, régions), librement administrées par des conseils élus et disposant par conséquent d'une légitimité démocratique.

Un État concentré est un État dans lequel l'administration étatique est rassemblée en un lieu unique, éloigné des territoires. La déconcentration permet de rapprocher l'autorité administrative étatique des territoires en désignant, dans chaque département ou région par exemple, des représentants des administrations centrales (ministères). Il ne s'agit donc que d'un mode d'organisation de l'administration de l'État.

L'administration de l'État

L'administration de l'État permet l'exercice du pouvoir réglementaire. Elle rassemble plusieurs acteurs du pouvoir exécutif dont les compétences sont notamment définies et articulées la Constitution :

- le Président de la République,
- le Premier ministre,
- le Gouvernement composé des ministres,
- les ministères,
- les administrations déconcentrées de l'État (représentées par un préfet de région ou de département, des directeurs départementaux ou régionaux, dans les départements et les régions).

L'essentiel de la structure administrative de l'État constitue l'administration active. Il existe également des structures administratives consultatives permettant d'éclairer la décision administrative (le Conseil d'État assure une véritable mission de conseil), des structures administratives de contrôle permettant de vérifier la régularité et/ou le bien-fondé de l'action administrative (inspection générale des finances par exemple) et des autorités administratives indépendantes permettant, en dehors de tout lien hiérarchique, de contrôler l'administration tout en rassurant les administrés/usagers/opérateurs économiques.

L'administration décentralisée

Aux termes de l'article 72 alinéa 1 de la Constitution, « *les collectivités territoriales de la République sont les communes, les départements, les régions, les collectivités à statut particulier et les collectivités d'outre-mer régies par l'article 74* ». Ces collectivités sont toutes organisées de la même façon autour d'une assemblée délibérante (conseil municipal, départemental, régional…) et d'un exécutif local (maire, président de conseil départemental ou régional…). Ces collectivités sont régies par un principe de libre administration : elles exercent librement les compétences qui leur sont dévolues par la loi, sous le contrôle (et non plus la tutelle) du préfet qui se borne à vérifier la légalité des actes adoptés qui doivent obligatoirement lui être transmis. En cas de difficulté, le préfet peut exercer un déféré préfectoral qui consiste à saisir le tribunal administratif afin que celui-ci se prononce sur la légalité de l'acte litigieux.

Les collectivités territoriales, notamment les communes, peuvent se regrouper au sein d'établissements publics de coopération intercommunale (EPCI : communautés d'agglomération, métropoles…) afin de mutualiser l'exercice de certaines compétences (assainissement, gestion des déchets, urbanisme…).

Les sources du droit administratif

Le principe de légalité

En droit administratif, le principe de légalité signifie que l'administration est toujours soumise au droit dans le cadre de son action. Ainsi l'action administrative échappe à l'arbitraire.

Toutefois, le principe de légalité ne s'applique pas toujours avec la même intensité. L'administration dispose ainsi de pouvoirs et de latitudes accrus dans le cadre d'une application atténuée du principe de légalité lorsque certaines circonstances le justifient : urgence, article 16 de la Constitution, état de siège, état d'urgence, circonstances exceptionnelles.

En cas de méconnaissance du principe de légalité, les actes de l'administration peuvent être contestés devant le juge afin qu'il les annule ou qu'il indemnise les personnes qui en subiraient les conséquences défavorables.

Les sources de la légalité

Le droit administratif, comme les autres branches du droit, trouve ses sources dans la Constitution et plus largement dans le bloc de constitutionnalité (Cons. Const., déc. n° 71-44 DC, 16 juillet 1971, *Liberté d'association*) dont l'autorité est supérieure à celle des traités internationaux (CE, Ass., 30 octobre 1998, *Sarran, Levacher et autres*, n° 200286, 200287) ainsi qu'à celle du droit de l'Union européenne (CE, 3 décembre 2001, *Syndicat national de l'industrie pharmaceutique*, n° 226514). Ces derniers font toutefois partie intégrante du bloc de légalité. Ils sont d'effet direct et ont une autorité supérieure à celle des lois. S'agissant des lois applicables à l'administration, précisons qu'elles peuvent parfois relever du droit privé. Il n'est ainsi pas rare que le code civil (cession des biens privés de l'administration) ou le code de commerce (opposabilité du droit de la concurrence) soient appliqués par le juge administratif à l'action administrative. Enfin, la place particulière de la jurisprudence administrative se manifeste à travers le développement des principes généraux du droit, créations prétoriennes, qui s'imposent à l'action administrative même en l'absence de texte (CE, 5 mai 1944, *Dame veuve Trompier-Gravier*, n° 69751).

Les activités de l'administration

La police administrative

Notion

La police administrative est, selon les tenants de l'école de la puissance publique (Hauriou), l'activité première de l'administration. Elle vise, à travers les décisions de l'administration, à prévenir la commission d'infraction et se distingue ainsi de la police judiciaire qui a un caractère répressif dès lors qu'elle vise à identifier et sanctionner les auteurs d'infractions déjà commises. L'objet de la police administrative est le maintien de l'ordre public, ce qui suppose le plus souvent de limiter les libertés publiques (liberté d'aller et venir, liberté de réunion, liberté de manifestation…). Il s'agit essentiellement d'un ordre matériel et extérieur ne faisant référence à aucune considération morale. Il est ainsi défini par l'article L.2212-2 CGCT comme ayant pour finalité « *d'assurer le bon ordre, la sûreté, la sécurité et la salubrité publiques* ». Des considérations morales sont néanmoins parfois prises en compte par l'administration, soit lorsque des circonstances locales particulières transforment des considérations morales en causes de troubles à l'ordre public (CE, Sect. 18 décembre 1959, *Société les films Lutétia*, n° 36385), soit lorsqu'est en cause une atteinte au principe du respect de la dignité de la personne humaine (CE, Ass., 27 octobre 1995, *Commune de Morsang-sur-Orge*, n° 136727).

Régime

Les titulaires du pouvoir de police générale sont le Premier ministre, le préfet et le maire ou le président d'un EPCI qui agissent alors en qualité de représentants de l'État et non en qualité d'exécutif local. En cas de concours des pouvoirs de police entre deux autorités titulaires du pouvoir de police générale, l'autorité hiérarchiquement inférieure à uniquement la faculté de maintenir ou d'aggraver la mesure de police (CE, 18 avril 1902, *Commune de Néris-les-bains*, n° 04749).

En plus de la police administrative générale ci-dessus définie, il existe des polices administratives spéciales. Cette spécialité tient soit à l'objet spécifique du pouvoir de police, soit à la qualité particulière du titulaire du pouvoir de police, soit au caractère singulier de la procédure de mise en œuvre du pouvoir de police. En cas de concours entre polices générale et spéciale, le titulaire du pouvoir de police générale peut aggraver la mesure de police prise par l'autorité titulaire du pouvoir de police spéciale.

Les mesures de polices sont contrôlées par le juge administratif. Parce que ces mesures portent atteinte aux libertés publiques, le juge sera extrêmement vigilant et vérifiera, au-delà de la légalité externe, que celles-ci sont véritablement nécessaires au maintien de l'ordre public. La liberté doit rester la règle, la mesure de police l'exception. Le contrôle juridictionnel est donc celui de la proportionnalité de la mesure de police qui doit apparaître comme étant « *strictement nécessaire* » au maintien de l'ordre public (CE, Sect., 15 décembre 1933, *Benjamin*, n° 17413). Dans le cadre de ce contrôle, s'il peut être établi que l'administration pouvait maintenir l'ordre public à travers une mesure plus respectueuse des libertés publiques, la mesure litigieuse sera censurée. L'on comprend alors aisément pourquoi les mesures de police de portée trop générale et trop absolue sont, par principe, sanctionnées par le juge : il est toujours possible d'agir avec davantage de précision.

Le service public

Notion

Un service public est une activité d'intérêt général prise en charge, directement ou indirectement, par une personne publique. L'identification d'un tel service est aisée lorsque c'est une personne publique qui gère l'activité mais bien plus délicate lorsque c'est une personne privée qui assume la charge de l'activité. Dans cette dernière hypothèse, le Conseil d'État a précisé « *qu'indépendamment des cas dans lesquels le législateur a lui-même entendu reconnaître ou, à l'inverse, exclure l'existence d'un service public, une personne privée qui assure une mission d'intérêt général sous le contrôle de l'administration et qui est dotée à cette fin de prérogatives de puissance publique est chargée de l'exécution d'un service public ; que, même en l'absence de telles prérogatives, une personne privée doit également être regardée, dans le silence de la loi, comme assurant une mission de service public lorsque, eu égard à l'intérêt général de son activité, aux conditions de sa création, de son organisation ou de son fonctionnement, aux obligations qui lui sont imposées ainsi qu'aux mesures prises pour vérifier que les objectifs qui lui sont assignés sont atteints, il apparaît que l'administration a entendu lui confier une telle mission* » (CE, Sect., 22 février 2007, *Association du personnel relevant des établissements pour inadaptés (APREI)*, n° 264541).

Selon les tenants de l'école du service public (Duguit), cette notion est au cœur de l'action publique et donne vie à l'idée de solidarité. Le service public apparaît alors comme un outil au service de la cohésion sociale et territoriale qui doit, par essence, échapper au marché. C'est ainsi qu'en France, de nombreux services publics ont été organisés sous la forme de monopoles. Cette approche non marchande du service public a pu être discutée à la lumière du développement d'une conception européenne du service public, articulée autour des notions de service d'intérêt économique général et de service universel situant ces activités au sein du marché. Notons néanmoins que ces activités bénéficient d'un cadre juridique dérogatoire permettant de tenir compte des contraintes particulières inhérentes à leur prise en charge : des aides financières ou des droits exclusifs sont autorisés pour autant qu'ils compensent strictement des charges de service public (article 106 TFUE).

On distingue les services publics administratifs (SPA) des services publics industriels et commerciaux (SPIC). Les seconds, par leur objet, leur financement et leur organisation se rapprochent d'une entreprise et bénéficient d'un régime juridique moins exorbitant.

Régime

Les services publics nationaux sont créés par le législateur. À l'échelon local, ce sont les assemblées délibérantes de collectivités territoriales qui sont compétentes. Certains services publics sont obligatoires, pour le législateur ou ces assemblées délibérantes, selon qu'ils sont imposés respectivement par la Constitution (existence d'une force publique, d'un système éducatif…) ou par la loi (gestion des déchets, entretien des voiries…). D'autres sont facultatifs, soit parce qu'un texte leur reconnaît une telle qualité, soit parce qu'ils ne sont envisagés par aucun texte.

Les services publics sont régis par des principes communément rassemblés derrière l'expression « lois de Rolland », du nom de l'auteur qui les a mis en lumière.

Le principe d'égalité est un principe structurant du droit public. Il plonge ses racines dans les articles 1er et 6 de la DDHC. Le Conseil constitutionnel en a fait un principe de valeur constitutionnelle et le Conseil d'État un principe général du droit (CE, Sect., 9 mars 1951, *Société des concerts du conservatoire*, n° 92004). Appliqué au service public, il implique notamment la neutralité des agents du service public, qui ne peuvent manifester aucune conviction d'aucune sorte, ou l'égalité d'accès des usagers au service public. Précisons que dans le cadre de certains services publics, la neutralité des usagers sera également exigée (interdiction du port de signes religieux ostentatoires par les élèves dans le milieu scolaire). Par ailleurs, le principe d'égalité ne s'oppose pas l'existence de différences de traitement des usagers (tarification différente par exemple), pour autant que la loi l'autorise, qu'il existe entre les usagers une différence appréciable de situation ou qu'il existe une nécessité d'intérêt général en rapport avec les conditions d'exploitation du service justifiant des distinctions.

Le principe de continuité permet de garantir le fonctionnement continu du service. Le droit de grève peut ainsi être limité dans son application : certains fonctionnaires chargés de missions essentielles à la sécurité de la Nation ne disposent pas de ce droit (militaires) ; d'autres voient leur droit de grève atténué par la mise place d'un service minimum.

Le principe de mutabilité permet d'assurer l'adaptation du service public aux évolutions sociales. Il pourra justifier la création ou la disparition de services publics ainsi que la modification des conditions de fonctionnement de certains services. Les usagers sont dans une situation légale et réglementaire qui exclut tout droit acquis au maintien des conditions d'exploitation d'un service public.

Une activité de service public peut faire l'objet de plusieurs modes de gestion. Dans le cadre de la régie, la personne publique utilise ses propres services pour assurer le fonctionnement du service. Dans le cadre de la délégation de service public, la personne publique charge un tiers (personne privée ou publique) de la gestion du service public. Cette délégation peut être unilatérale (création d'un établissement public par exemple) ou conventionnelle. Dans ce dernier cas, il convient de distinguer :

- la quasi régie, lorsque le tiers est une personne morale sur laquelle la personne publique exerce un contrôle analogue à celui qu'elle exerce sur ses propres services (in house),
- la concession, qui permet de confier à un tiers le financement et la réalisation des ouvrages ainsi que l'exploitation du service public,
- l'affermage, qui permet de confier à un tiers l'exploitation d'ouvrages mis à disposition par la personne publique,
- la régie intéressée.

Les actes de l'administration

L'acte administratif unilatéral

Notion

Un acte administratif unilatéral, ou une décision administrative, est un acte :

- juridique et non matériel,
- de l'administration ou d'une personne privée chargée d'une mission de service public (ne relèvent pas de la catégorie les actes des autorités publiques qui n'exercent pas de fonction administrative - parlement, juridictions),
- qui fait grief, c'est-à-dire qui modifie la situation juridique de l'administré,
- adopté unilatéralement, c'est-à-dire indépendamment de la volonté du destinataire, à la différence du contrat.

Certains actes de l'administration n'ont pas nécessairement la qualité de décision. Il s'agit notamment :

- des circulaires (notes de services ou instructions) interprétatives ou non impératives (CE, Sect., 18 décembre 2002, *Duvignères*, n° 233618) qui permettent de diffuser l'interprétation d'un texte, sans en conditionner l'application auprès des agents de l'administration et donc sans modifier la situation juridique des administrés,

– des directives/lignes directrices qui sont des règles générales d'application d'un texte juridique afin d'harmoniser l'action administrative (CE, 19 septembre 2014, *Jousselin*, n° 364385),
– des mesures d'ordre intérieur qui sont des mesures de gestion interne des services administratifs, tels les règlements intérieurs (notons la réduction continue du périmètre de cette catégorie),
– des actes de gouvernement qui sont adoptés par des autorités administratives mais qui possèdent un mobile politique surdéterminant (diplomatie, défense nationale…) excluant la qualification de décision administrative.

Les décisions administratives sont diverses. Elles peuvent être classées selon leur :

– **forme :** on distinguera les décisions explicites résultant d'une démarche active de l'administration des décisions implicites résultant d'une inertie, le plus souvent d'un silence de l'administration valant rejet ou acceptation d'une demande,
– **auteur :** les ordonnances et décrets sont des actes signés par le Président de la République ou le Premier ministre ; les arrêtés sont signés par les ministres, les préfets ou les autorités territoriales ; les délibérations émanent des assemblées délibérantes de collectivités territoriales,
– **portée :** un acte réglementaire édicte une norme générale et impersonnelle à destination d'une ou de plusieurs personnes désignées de façon abstraite ; un acte individuel vise un ou plusieurs destinataires nominativement désignés ; une décision d'espèce applique une règle générale et impersonnelle à un groupe d'individus indéterminés (déclaration d'utilité publique par exemple).

Régime

La **formation** d'un acte administratif unilatéral doit répondre à plusieurs exigences. L'auteur de l'acte doit disposer de la **compétence** territoriale, matérielle et temporelle. Ces règles de compétence peuvent être aménagées par le biais des prorogations de compétence, des suppléances (prévues par un texte), des intérims (non prévus par un texte) ou des délégations de compétence qui doivent être prévues par un texte, publiées, précises et partielles (la subdélégation est possible si ce formalisme est respecté). À l'intérieur de cette dernière catégorie, il faut distinguer la délégation de pouvoir (l'autorité qui confie l'exercice de la compétence à une autre autorité en est dessaisie ; la délégation est abstraite, de fonction à fonction ; l'auteur de l'acte est l'autorité délégataire) de la délégation de signature (l'autorité confie à un tiers le pouvoir de signer des actes mais peut continuer à le faire ; la délégation est personnelle, de personne à personne ; l'auteur de l'acte reste l'autorité délégante). L'acte doit également respecter un certain **formalisme**. Il doit être signé et éventuellement contresigné afin que l'auteur soit clairement identifiable. Il doit aussi être motivé. L'acte doit parfois faire apparaître explicitement sa motivation, c'est-à-dire les circonstances de fait et de droit qui expliquent son existence. Cette exigence n'est pas systématique et exclut par exemple les actes réglementaires (cf. article L211-2 et L211-3 du code des relations entre le public et l'administration). Des **conditions procédurales** doivent encore être prises en compte. Les délais fixés pour prendre une décision doivent être respectés, de même que la nature des avis (facultatif, obligatoire ou conforme) dont l'intervention peut être exigée. Parfois, la contradiction imposera ses contraintes : l'administré subissant une décision défavorable doit ainsi être mis en mesure de se défendre utilement en ayant accès au dossier, en se faisant assister par un conseil, en disposant d'un délai raisonnable pour préparer une défense ou de la possibilité de formuler des observations...

L'exécution d'un acte administratif est gouvernée par le bénéfice du privilège du préalable. Un acte administratif s'applique dès son édiction, sans qu'il soit besoin d'une vérification préalable de sa légalité par le juge. Il s'impose de lui-même aux administrés. Cette exécution n'est néanmoins possible qu'une fois que l'acte est régulièrement entré en vigueur. Là encore, des règles particulières s'imposent. Un acte réglementaire entrera en vigueur par sa publication au sein d'un recueil officiel (Journal Officiel), par affichage, dans la presse nationale ou locale adaptée au public concerné (le Journal Officiel est obligatoire pour les décrets ; les actes des collectivités territoriales doivent en outre être transmis au préfet pour contrôle de légalité). Les actes individuels doivent être notifiés à leur destinataire.

La **disparition** d'un acte administratif obéit à des règles différentes selon que la décision est ou non créatrice de droits. Les décisions administratives non créatrices de droits peuvent disparaître, à l'initiative de l'administration, à tout moment, que ce soit par la voie du retrait (disparition rétroactive) ou de l'abrogation (disparition pour l'avenir). S'agissant des décisions créatrices de droits, en dehors de celles obtenues par fraude qui peuvent être abrogées ou retirées à tout moment, l'administration ne peut abroger ou retirer une de telles décisions de sa propre initiative ou sur la demande d'un tiers que si elle est illégale et si l'abrogation ou le retrait intervient dans le délai de quatre mois suivant la prise de cette décision (art. L242-1 du code des relations entre le public et l'administration). Par ailleurs, il est toujours possible d'abroger une décision créatrice de droits dont le maintien est subordonné à une condition qui n'est plus remplie (art. L242-2 du code des relations entre le public et l'administration). S'agissant des actes réglementaires, leur retrait est impossible (le principe de non rétroactivité des règlements s'y oppose), mais ils peuvent être, pour tout motif et sans condition de délai, modifiés ou abrogés (art. L243-1 du code des relations entre le public et l'administration). Il est même obligatoire de modifier ou d'abroger un règlement qui est illégal ou qui l'est devenu en raison d'une évolution des circonstances de droit et/ou de fait (art. L243-2 du code des relations entre le public et l'administration). Enfin, le juge administratif dispose toujours de la faculté d'annuler un acte administratif illégal.

Le contrat administratif

Notion

Un contrat peut être qualifié de contrat administratif par un texte de valeur législative. L'article 3 de l'ordonnance du 23 juillet 2015 relative aux marchés publics précise ainsi que « *les marchés publics relevant de la présente ordonnance passée par des personnes morales de droit public sont des contrats administratifs* ». Une formule similaire est reprise à l'article 3 de l'ordonnance du 29 janvier 2016 relative aux contrats de concessions.

À défaut de qualification légale, le recours aux critères jurisprudentiels est indispensable. Il existe ainsi un critère organique et des critères matériels. Le critère organique se rapporte aux parties contractantes. Un contrat entre une personne publique et une personne privée est ainsi présumé être un contrat administratif car une personne publique au moins est cocontractante. Un contrat conclu entre deux personnes publiques est également un contrat administratif. Seul un contrat conclu entre deux personnes privées est normalement un contrat de droit privé sauf lorsqu'au moins une personne privée agit pour le compte d'une personne publique (théorie du mandat).

Les critères matériels sont alternatifs et se rapportent à l'objet et au contenu du contrat. Une fois le critère organique satisfait, un contrat sera donc administratif si :

- il a pour objet l'exécution même du service public,
- il est une modalité de l'exécution même du service public,
- il comporte une ou plusieurs stipulations/clauses exorbitantes du droit commun,
- des éléments extérieurs au contrat imposent son caractère administratif,
- il est l'accessoire d'un autre contrat administratif.

Régime

La **formation** des contrats administratifs obéit à des règles strictes. Il est ainsi très rare qu'un contrat administratif soit conclu *intuitu personae*. Le respect des principes généraux du droit de la commande publique s'impose : liberté d'accès à la commande publique, égalité de traitement des candidats et transparence des procédures. Ces principes sont déclinés par les textes encadrant la passation des marchés publics (ordonnance du 23 juillet 2015 et décret du 30 mars 2016) et concessions (ordonnance du 29 janvier 2016 et décret du 1er février 2016) qui vont définir des mesures de publicité et des procédures en fonction de seuils correspondant au montant des contrats.

L'exécution des contrats administratifs est régie par un certain nombre de règles spécifiques inhérentes au caractère asymétrique de la relation contractuelle entre l'administration et son cocontractant. Cette asymétrie doit permettre la sauvegarde de l'intérêt général.

L'administration dispose ainsi de prérogatives particulières :

- un pouvoir de direction et de contrôle : l'administration peut adresser des ordres dans le cadre de l'exécution du contrat ; elle contrôle l'activité du cocontractant pour vérifier que celui-ci exécute parfaitement le contrat ;
- un pouvoir de sanction : l'administration peut prendre elle-même des sanctions pécuniaires, coercitives ou résolutoires à l'encontre du cocontractant qui commet une faute dans le cadre de l'exécution du contrat ;
- un pouvoir de modification unilatérale du contrat : l'administration peut imposer des modifications du contrat en dehors des clauses financières ;
- un pouvoir de résiliation unilatérale : l'administration peut résilier le contrat à tout moment pour motif d'intérêt général ; le cocontractant est alors indemnisé.

En retour, le cocontractant bénéficie également de droits spécifiques :

- un droit à rémunération : le cocontractant ayant exécuté le contrat a droit à la rémunération de ses prestations ;
- un droit à l'équilibre financier du contrat : toute modification du contrat imposée par l'administration doit faire l'objet d'une compensation financière ;
- un droit de mobiliser la théorie du fait du prince : lorsque l'administration modifie indirectement les conditions d'exécution du contrat (en mettant en œuvre des pouvoirs en dehors du contrat), le cocontractant a droit à l'indemnisation intégrale du préjudice subi ;
- un droit de mobiliser la théorie de l'imprévision : en cas d'aléa anormal extérieur aux parties, imprévisible, difficilement résistible et provisoire, le cocontractant a droit à l'indemnisation du préjudice excédant celui lié à l'aléa normal ;
- un droit de mobiliser la théorie des sujétions imprévues ou de l'enrichissement sans cause : dans le cadre de marchés publics, lorsque le cocontractant doit faire face à des difficultés imprévues aggravant le coût de la prestation, le surcoût est supporté par l'administration.

La **disparition** des contrats administratifs peut intervenir par :

- extinction, lorsqu'est constatée l'exécution complète des obligations,
- par voie de résiliation, à l'initiative de l'administration pour faute du cocontractant ou pour motif d'intérêt général, à l'initiative du juge, à la demande du cocontractant ; l'indemnisation du cocontractant est alors possible.
- par voie d'annulation, lorsqu'elle est prononcée par le juge ; il est alors possible de rechercher les responsabilités quasi-délictuelle et quasi-contractuelle des cocontractants.

Les moyens de l'administration

➲ Le patrimoine public : La domanialité publique

La consistance du **domaine public immobilier** est définie par l'article L2111-1 CGPPP qui fait référence à :

- un critère organique : les biens appartiennent à une personne publique ;
- des critères fonctionnels alternatifs : les biens sont soit affectés à l'usage direct du public, soit affectés à un service public pourvu qu'en ce cas ils fassent l'objet d'un aménagement indispensable à l'exécution des missions de ce service public.

Par ailleurs, font également partie du domaine public les biens des personnes publiques qui, concourant à l'utilisation d'un bien appartenant au domaine public, en constituent un accessoire indissociable (art. L.2111-2 CGPPP).

Certains biens font l'objet d'un traitement spécifique. Il s'agit des biens relevant du domaine public naturel immobilier (maritime, fluvial et aérien), des biens relevant du domaine public artificiel immobilier routier, fluvial artificiel (canaux…), maritime artificiel (ports…), aéronautique (aérodromes, tours, balises…), ferroviaire (gares, voies ferrées…), militaire (bases et installations diverses).

Il existe également un **domaine public mobilier** qui inclut les biens relevant de la propriété intellectuelle, les biens culturels tels que les collections de musées, les meubles d'art ou anciens (L2112-1 CGPPP).

À la différence de l'entrée dans le domaine public qui se constate (art. L2111-3 CGPPP), notamment à l'occasion d'un contentieux, la sortie d'un bien du domaine public ne peut intervenir qu'après :

- une désaffectation de fait,
- et l'adoption d'un acte express de déclassement.

La domanialité privée est définie par opposition à la domanialité publique : les biens publics ne relevant pas du domaine public font partie du domaine privé. ils sont essentiellement soumis à un régime juridique de droit commun. La gestion du domaine privé n'est pas une activité de service public.

Le régime de la domanialité organise d'abord la **protection** du domaine public à travers plusieurs principes :

– inaliénabilité : un bien relevant du domaine public ne peut faire l'objet d'aucune cession, volontaire ou involontaire ; il ne peut davantage faire l'objet d'une expropriation ; le droit de propriété ne peut pas être démembré à l'exception des hypothèses où l'octroi de droits réels à un occupant est autorisé.

– imprescriptibilité : il est impossible d'obtenir la propriété d'un bien du domaine public par la voie de la prescription acquisitive ;

– insaisissabilité : un bien du domaine public ne peut pas être saisi ni faire l'objet d'aucune voie d'exécution ;

– obligation d'entretien : l'administration est légalement tenue d'entretenir les biens relevant de son domaine public.

Par ailleurs, l'utilisation du domaine public est réglementée dans la perspective de sa protection. L'administration dispose ainsi de pouvoirs de police spéciaux : la police de la conservation du domaine qui permet de règlementer l'usage du domaine public ainsi que la possibilité d'établir des contraventions de voirie et de grande voirie permettant la répression pénale des atteintes à l'intégrité du domaine public.

L'utilisation du domaine public peut être conforme à l'utilité publique du bien ou seulement compatible avec cette utilité publique. Cette utilisation peut encore être collective. Sont alors applicables les principes de liberté d'utilisation, d'égalité d'accès et de gratuité. Cette utilisation peut également être privative et exige alors une autorisation de l'administration, le versement d'une redevance correspondant à tous les avantages tirés de l'occupation du domaine. Une telle occupation du domaine public est nécessairement précaire et révocable. Dans l'objectif d'améliorer la valorisation du domaine public, notons que des fonds de commerce peuvent désormais être exploités et cédés sur des dépendances du domaine public en dépit du principe d'inaliénabilité (art. L2124-32-1 et s. CGPPP). En outre, lorsqu'une occupation privative du domaine public a pour objet d'occuper ou d'utiliser le domaine public en vue d'une exploitation économique, une procédure de sélection préalable présentant toutes les garanties d'impartialité et de transparence, et comportant des mesures de publicité permettant aux candidats potentiels de se manifester est organisée (art. L2122-1-1 et s. CGPPP).

➲ L'expropriation

Ce procédé permet à une personne publique d'acquérir la propriété d'un bien immobilier en contraignant le propriétaire à une cession forcée, en échange d'une juste et préalable indemnité. Les personnes publiques et les personnes privées dont l'activité est d'intérêt général peuvent être des expropriants à l'origine de la procédure d'expropriation. Néanmoins, seul l'État dispose du droit d'exproprier. Le bénéficiaire de l'expropriation peut être l'expropriant ou toute autre personne publique ou privée.

La procédure d'expropriation s'organise en deux phases :

- la phase administrative : constitution du dossier, enquête publique préalable, déclaration d'utilité publique (DUP),
- la phase judiciaire : ordonnance d'expropriation (du juge de l'expropriation) prononçant le transfert de propriété, fixation de l'indemnité par le juge à défaut d'accord amiable.

Les travaux publics

Les travaux publics sont des travaux :

- immobiliers,
- effectués dans un but d'intérêt général,
- par ou pour le compte d'une personne publique.

Les ouvrages publics sont des ouvrages d'intérêt général résultant ou non de travaux publics.

La fonction publique

Les 3 fonctions publiques (d'État, territoriale, hospitalière) sont composées d'agents publics, c'est-à-dire de personnes employées par une personne publique et participant à un service public administratif. La catégorie des agents publics regroupe des personnes relevant de statuts différents. Les fonctionnaires sont soumis à un statut de la fonction publique (loi n° 83-634 du 13 juillet 1983 portant droits et obligations des fonctionnaires (loi *Le Pors*), loi n° 84-16 du 11 janvier 1984 portant dispositions statutaires relative à la fonction publique de l'État, loi n° 84-53 du 26 janvier 1984 portant dispositions statutaires relatives à la fonction publique territoriale, loi n° 86-33 du 9 janvier 1986 portant dispositions relatives à la fonction publique hospitalière...) ; ils sont nommés dans un emploi permanent et titularisés dans un grade. Les stagiaires sont des fonctionnaires en devenir qui sont en attente de titularisation. Les agents non titulaires sont recrutés essentiellement par contrat de droit public.

La gestion du statut incombe au Parlement et au Premier ministre. Les ministres sont susceptibles d'exercer un pouvoir réglementaire en la matière, soit en vertu d'une habilitation législative ou réglementaire, soit en tant que chef de service. S'agissant de la gestion des agents, elle relève de la compétence des ministres (sous réserve des compétences du Président de la République et du Premier ministre à l'égard de certaines catégories d'agents en matière de nomination et de discipline) dans la fonction publique d'État ; de celle de la collectivité territoriale ou de l'établissement dont relève le fonctionnaire, assistés par le CNFPT et des centres départementaux de gestion, dans le cadre de la fonction publique territoriale, de celle de l'établissement dans lequel l'agent est affecté, à l'exception des directeurs d'hôpitaux et des praticiens hospitaliers, dans la fonction publique hospitalière. Plusieurs organes de participation permettent d'associer les agents à la prise des décisions relatives à leur statut et à leur carrière (conseil commun de la fonction publique, conseils supérieurs, organes de recours en matière disciplinaire, commissions administratives paritaires, comités techniques…).

Les emplois au sein des fonctions publiques sont structurés en trois catégories :

- A : fonctions de direction et de conception,
- B : fonctions d'application,
- C : fonctions d'exécution spécialisées ou non.

Les emplois relevant de ces catégories sont répartis au sein de corps (FPE et FPH) ou de cadres d'emploi (FPT) qui regroupent les fonctionnaires soumis au même statut particulier et ayant vocation au même grade. Chaque corps ou cadre d'emploi est subdivisé en grades, eux-mêmes subdivisés en échelons. Les emplois correspondent aux fonctions effectivement exercées par le fonctionnaire, en vertu de son grade.

La carrière du fonctionnaire se caractérise par le principe de l'accès par concours. Parfois l'accès se fait après sélection ou directement. La nationalité française ou la qualité de citoyen de l'UE ou de l'EEE est exigée ainsi que la jouissance des droits civiques, un casier judiciaire compatible et parfois une aptitude physique. Une fois titularisé, le fonctionnaire peut être placé dans plusieurs positions : activité, détachement, disponibilité, congé (parental, spécial…). Le fonctionnaire avance dans sa carrière en fonction de son ancienneté et de sa notation. Le terme de la carrière du fonctionnaire peut intervenir pour plusieurs motifs : admission à la retraite, démission, licenciement, révocation, abandon de poste.

Le fonctionnaire bénéficie de **droits :**

- rémunération : les fonctionnaires ont droit, après service fait, à une rémunération comprenant le traitement, l'indemnité de résidence, le supplément familial de traitement ainsi que les indemnités instituées par un texte législatif ou réglementaire… ;
- pension/retraite : ce droit est ouvert pour services accomplis jusqu'à la cessation régulière de leurs fonctions ;
- invalidité : le fonctionnaire bénéficie d'un versement en raison de l'incapacité permanente de travailler du fait d'une invalidité imputable au service ;
- formation : comme tout salarié, le fonctionnaire bénéficie d'un droit individuel à la formation professionnelle ;
- congés : le fonctionnaire bénéficie de congés maladie, maternité, parental, formation professionnelle, VAE, bilan de compétences, formation syndicale… ;

– protection fonctionnelle : en cas de menaces, violences, outrages ou de mise en cause de la responsabilité civile ou pénale, la défense du fonctionnaire peut être prise en charge par son administration ;
– liberté syndicale et droit de grève.

Le fonctionnaire est également soumis à des **obligations** et à une **déontologie** (loi n° 2016-483 du 20 avril 2016 relative à la déontologie et aux droits et obligations des fonctionnaires) :

– exercice exclusif des fonctions : est interdit, sauf exception, le cumul d'emplois publics ou d'emploi privé ;
– désintéressement : sont prohibés les conflits d'intérêt ;
– obéissance : en dehors de l'hypothèse du droit de retrait ou d'un ordre illégal, le fonctionnaire est tenu d'obéir aux directives qui lui sont adressées par sa hiérarchie ;
– réserve : cette obligation limite l'expression des opinions personnelles du fonctionnaire et l'oblige à la discrétion ;
– neutralité : cette obligation est communément comprise comme une limite à l'expression des convictions notamment politiques, philosophiques ou religieuses du fonctionnaire ; elle garantit le respect de la laïcité ;
– moralité : il s'agit de s'assurer du meilleur comportement du fonctionnaire, même dans le cadre extra professionnel.

En cas de manquement à ces obligations, le fonctionnaire peut faire l'objet d'une procédure disciplinaire.

Le contrôle de l'administration

La juridiction administrative

L'existence d'une juridiction administrative résulte de l'application du principe de séparation des autorités administratives et judiciaires établi par la loi des 16 et 24 août 1790 prohibant l'intervention du juge judiciaire en matière administrative : « *Les fonctions judiciaires sont distinctes et demeureront toujours séparées des fonctions administratives. Les juges ne pourront [...] troubler de quelque manière que ce soit, les opérations des corps administratifs, ni citer devant eux les administrateurs pour raison de leur fonction* ». En dépit de ce principe de séparation, il existe un contentieux judiciaire de l'administration : voie de fait, litiges relatifs à l'état civil, litiges relatifs au service public de la justice, responsabilité du fait des instituteurs, dommages liés à l'usage d'un véhicule, contentieux fiscal pour les contributions indirectes hors TVA, contentieux des décisions de l'autorité de la concurrence…

Le règlement des éventuels conflits de compétence est assuré par le Tribunal des conflits composé de 9 membres (4 représentants que Conseil d'État, 4 de la Cour de Cassation et la garde des Sceaux). Il intervient en cas de conflit positif (ordre judiciaire saisi en lieu et place de l'ordre administratif), négatif (déclaration d'incompétence des deux ordres de juridiction) ou de décisions contradictoires (décisions des deux ordres de juridiction pour une même affaire et proposant des solutions contradictoires).

La juridiction administrative s'est lentement séparée de l'administration active. À l'origine, la justice administrative était ainsi « retenue ». En vertu de la théorie du Ministre-juge, les ministres étaient juges de droit commun en matière administrative. De plus, la Constitution du 22 Frimaire An VIII a créé du Conseil d'État en le définissant comme un organe consultatif qui assiste le ministre dans le cadre de ses attributions contentieuses. Est ensuite venu le temps de la justice « déléguée ». D'abord avec la loi du 28 Pluviôse An VIII créant des Conseil de Préfecture dans tous les départements et ouvrant la possibilité d'appels, puis avec la loi du 24 mai 1872 disposant que « *le Conseil d'État statue souverainement sur les recours en matière contentieuse administrative, et sur les demandes d'annulation pour excès de pouvoirs formées contre les actes des diverses autorités administratives* » et qu'il statue « *au nom du peuple français* ». Enfin avec l'arrêt Cadot du Conseil d'État du 13 décembre 1889 qui proscrit toute intervention du ministre en matière contentieuse. Plus récemment, dans sa décision n° 80-119 DC du 22 juillet 1980, le Conseil constitutionnel a établi l'indépendance des membres de la juridiction administrative.

L'ordre juridictionnel administratif est dominé par le Conseil d'État qui est la juridiction suprême de l'ordre administratif (cassation notamment). Il est officiellement présidé par le Premier ministre mais est concrètement dirigé par un Vice-président. Il compte 300 membres (auditeurs, maîtres des requêtes, conseillers) qui se répartissent entre les fonctions administrative et contentieuse (dualité fonctionnelle du Conseil d'État). Il existe 6 sections administratives (intérieur, travaux publics, finance, social, administration, rapports et études) et une section du contentieux. L'ordre juridictionnel administratif est complété par les tribunaux administratifs (premier ressort), les cours administratives d'appel (appel) et les juridictions administratives spéciales (juge financier…).

La procédure administrative contentieuse est contradictoire, inquisitoriale et écrite. L'audience est publique.

Le recours pour excès de pouvoir

Le recours pour excès de pouvoir (REP) est un recours objectif dirigé contre un acte administratif. Il existe différents cas d'ouverture du REP qui correspondent aux types de moyen susceptibles d'être soulevés par le requérant. Ces moyens relèvent de la légalité externe ou de la légalité interne de l'acte.

Légalité externe :

- vice de compétence,
- vice de forme,
- vice de procédure.

En tout état de cause, le Conseil d'État a jugé que « *si les actes administratifs doivent être pris selon les formes et conformément aux procédures prévues par les lois et règlements, un vice affectant le déroulement d'une procédure administrative préalable, suivie à titre obligatoire ou facultatif, n'est de nature à entacher d'illégalité la décision prise que s'il ressort des pièces du dossier qu'il a été susceptible d'exercer, en l'espèce, une influence sur le sens de la décision prise ou qu'il a privé les intéressés d'une garantie ; que l'application de ce principe n'est pas exclue en cas d'omission d'une procédure obligatoire, à condition qu'une telle omission n'ait pas pour effet d'affecter la compétence de l'auteur de l'acte* » (CE, 23 décembre 2011, *Danthony*, n° 335033)

Légalité interne :

- erreur de fait,
- erreur de droit,
- erreur dans la qualification juridique des faits,
- détournement de pouvoir,
- détournement de procédure.

Face à l'illégalité d'un acte, le juge administratif doit l'annuler, mais s'il apparaît que l'effet rétroactif de l'annulation « *est de nature à emporter des conséquences manifestement excessives en raison tant des effets que cet acte a produits et des situations qui ont pu se constituer lorsqu'il était en vigueur que de l'intérêt général pouvant s'attacher à un maintien temporaire de ses effets, il appartient au juge administratif – après avoir recueilli sur ce point les observations des parties et examiné l'ensemble des moyens, d'ordre public ou invoqués devant lui, pouvant affecter la légalité de l'acte en cause – de prendre en considération, d'une part, les conséquences de la rétroactivité de l'annulation pour les divers intérêts publics ou privés en présence et, d'autre part, les inconvénients que présenterait, au regard du principe de légalité et du droit des justiciables à un recours effectif, une limitation dans le temps des effets de l'annulation ; qu'il lui revient d'apprécier, en rapprochant ces éléments, s'ils peuvent justifier qu'il soit dérogé à titre exceptionnel au principe de l'effet rétroactif des annulations contentieuses et, dans l'affirmative, de prévoir dans sa décision d'annulation que, sous réserve des actions contentieuses engagées à la date de celle-ci contre les actes pris sur le fondement de l'acte en cause, tout ou partie des effets de cet acte antérieurs à son annulation devront être regardés comme définitifs ou même, le cas échéant, que l'annulation ne prendra effet qu'à une date ultérieure qu'il détermine* » (CE, Ass., 11 mai 2004, *Association AC ! et autres*, n° 255886).

➔ La responsabilité administrative

Sous l'Ancien Régime existait le principe de l'irresponsabilité de la puissance publique. L'engagement de la responsabilité de la puissance publique est néanmoins apparu comme une nécessité démocratique permettant de garantir la confiance des citoyens dans le gouvernement. La responsabilité de l'administration est constatée dans le cadre des recours de plein contentieux qui sont des recours subjectifs permettant l'indemnisation de préjudices résultant de dommages imputables à l'administration. Ces caractéristiques expliquaient l'impossibilité pour les tiers à un contrat de saisir le juge du contrat d'un recours de plein contentieux. Tel n'est plus le cas désormais (CE, Ass., 4 avril 2014, *Département du Tarn et Garonne*, n° 358994).

La responsabilité de l'administration peut être engagée sur plusieurs fondements. Le premier fondement est celui de la **responsabilité pour faute**. Celui-ci a donné lieu à de nombreuses précisions prétoriennes.

Le juge distingue ainsi la faute personnelle de la faute de service. La faute personnelle est détachable de l'exercice des fonctions alors que la faute de service est celle de l'administrateur, mais il arrive parfois que la faute personnelle soit liée au service. Aussi existe-t-il des possibilités de cumul de fautes et de cumul de responsabilités. Ces responsabilités concurrentes sont harmonisées par le biais d'actions récursoires de l'administration contre l'agent.

Le juge distingue aussi la faute simple de la faute lourde. Une faute simple est exigée pour engager la responsabilité de l'administration dans les domaines peu complexes. En revanche, pour les opérations complexes, une faute lourde sera recherchée. Notons que le domaine de la faute lourde tend à se réduire de façon continue, le juge exigeant de plus en plus souvent une « faute » de l'administration.

Il existe également une distinction entre une faute prouvée et une faute présumée. Si la faute de l'administration doit normalement être prouvée, il arrive qu'elle soit présumée : l'administration doit alors prouver qu'elle n'a commis aucune faute (responsabilité du fait des ouvrages publics notamment à travers la notion de défaut d'entretien normal).

Le second fondement est celui de la **responsabilité sans faute**. Tel sera le cas dans plusieurs hypothèses. D'abord celle de la responsabilité **pour risque** face à des choses ou méthodes dangereuses. Ce fondement de responsabilité est également reconnu aux tiers aux ouvrages publics ou aux collaborateurs occasionnels du service public. Ensuite celle de la responsabilité pour **rupture d'égalité devant les charges publiques** qui exige l'identification d'un **dommage anormal et spécial**. Tel est le cas pour les dommages permanents liés à des travaux ou à un ouvrage public, les dommages liés aux actes administratifs réguliers ou encore de la responsabilité du fait des lois. Enfin celle de la responsabilité du fait de la garde des personnes (mineurs délinquants ou en danger, détenus en permission) ou des choses.

En marge de ces deux fondements, il existe une responsabilité *sui generis* du fait des lois adoptées en méconnaissance des engagements internationaux de la France (CE, Ass., 8 fevrier 2007, *Gardedieu*, n° 279522) ainsi que des régimes de responsabilité définis par des textes.

L'engagement de la responsabilité de l'administration suppose l'identification d'un lien de causalité entre un dommage et un agissement ou une inertie de l'administration. Ce lien de causalité est apprécié dans le cadre de la théorie de la causalité adéquate. Ainsi le préjudice et le fait générateur (action ou inertie de l'administration) doivent être suffisamment liés. Ce lien peut être atténué grâce aux causes exonératoires que sont la faute de la victime, la force majeure (imprévisible, irrésistible, extérieure), le fait du tiers et le cas fortuit (imprévisible, irrésistible, mais non extérieur) dans le cadre des hypothèses de responsabilité pour faute et les seules fautes de la victime et force majeure dans le cadre des hypothèses de responsabilité sans faute.

Le préjudice doit présenter certaines caractéristiques. Il doit être certain, direct, anormal, spécial, constituer une atteinte à un intérêt juridiquement protégé et être évaluable en argent. La consistance du préjudice peut être variable. Le préjudice peut ainsi être matériel et/ou moral (trouble dans la condition d'existence, atteintes à la partie sociale du patrimoine moral, atteintes à la partie affective du patrimoine moral).

Outre l'indemnisation d'un préjudice, le juge peut également, dans le cadre du plein contentieux, comme dans le cadre du recours pour excès de pouvoir, annuler ou valider un acte administratif. Mais il peut aussi réformer l'acte administratif ou lui en substituer un nouveau.

Les procédures

- Procédure civile
- Procédure pénale
- Le contentieux administratif

La procédure civile

Ronan BERNARD-MENORET
Maître de conférences – HDR
Directeur de l'IEJ
Université de La Réunion

La question de la prescription

La prescription n'est pas une donnée ressortant directement de la procédure. Celle-ci s'attache aux droits subjectifs. À ce titre, la prescription n'est pas traitée par le code de procédure civile mais par le code civil. Néanmoins, en pratique, cette question est principalement traitée lors de l'exercice de l'action et donc lors de la saisine de la juridiction.

Il convient donc de poser les éléments essentiels relatifs à ce point avant d'entamer l'étude des aspects de procédure civile.

La prescription peut être extinctive ou acquisitive d'un droit. Seule la prescription extinctive concerne notre développement, puisqu'il s'agit de celle qui empêchera l'exercice du droit en justice. En outre, il convient de distinguer la prescription qui porte sur le droit substantiel, de la forclusion, qui vise les délais pour réaliser les formalités exigées par la procédure (ex : délai d'appel, délai pour former un pourvoi en cassation).

La prescription de droit commun est de 5 ans. Si une loi allonge le délai, elle ne s'applique que si le délai n'est pas déjà acquis et l'on tient compte alors du délai déjà écoulé. Si la loi raccourcit le délai, elle s'applique au jour de son entrée en vigueur et conduit à ce que le délai total ne puisse pas être supérieur au délai de la loi antérieure.

Le point de départ du délai de 5 ans est la date de connaissance des faits ou de celle à laquelle le titulaire du droit aurait dû en avoir connaissance (Art. 2224 C. Civ.)

Le Code civil prévoit des dérogations à ce délai :

- L'action en responsabilité pour un dommage corporel : dix ans à compter de la date de la consolidation du dommage initial ou aggravé. (Art. 2226 C. Civ.)
- Celle du fait d'un préjudice causé par des tortures ou des actes de barbarie, ou par des violences ou des agressions sexuelles commises contre un mineur : vingt ans. (Art. 2226 C. Civ.)

- L'action en responsabilité du fait d'un préjudice écologique : dix ans à compter du jour où le titulaire de l'action a connu ou aurait dû connaître la manifestation du préjudice écologique. (Art. 2226-1 C. Civ.)
- Le droit de propriété est imprescriptible. Sous cette réserve, les actions réelles immobilières se prescrivent par trente ans à compter du jour où le titulaire d'un droit a connu ou aurait dû connaître les faits lui permettant de l'exercer. (Art. 2227 C. Civ.)

La prescription peut être suspendue (arrêt temporaire de son court sans que cela n'efface le délai déjà couru) ou interrompue (effacement du délai déjà couru et départ d'un nouveau délai).

Mais pour courir encore faut-il que l'action soit possible. Aussi, la prescription ne court en matière de créances que lorsque la condition ou le terme est réalisé. De même, elle ne court pas contre celui qui est empêché d'agir tels les mineurs, les conjoints, partenaires de PACS ou héritiers (V. Art. 2234 à 2237 C. Civ.)

Dans un autre registre, le recours à une conciliation, à une méditation ou la conclusion d'une convention de procédure participative suspend le délai de prescription. De même, le cas de la demande d'une mesure d'instruction au juge (procédure sur requête afin d'obtenir des preuves en vue d'un futur procès, Art. 493 C. Proc. Civ.).

Le délai est interrompu lors de la saisine de la juridiction, même en référé et même si le juge est incompétent. Mais s'il y a désistement, péremption d'instance ou que la demande est définitivement rejetée, l'interruption est non avenue, donc sans effet.

Enfin, le juge ne peut soulever d'office la prescription mais celle-ci peut être soulevée en tout état de cause, s'agissant d'une fin de non-recevoir (V. infra).

Les principes directeurs du procès civil

Les Principes directeurs sont les principes qui guident l'établissement des règles de procédure civile, que sont le principe dispositif, le principe contradictoire et le principe d'immutabilité.

- **Principe dispositif :** principe selon lequel les parties ont l'initiative du procès et en déterminent le contenu. Ce principe conduit à ce que le juge doive trancher et ne puisse trancher que les points qui lui sont soumis. C'est l'expression de la dimension accusatoire de la procédure civile à l'inverse de celle inquisitoire (de recherche de la vérité par le juge) de la procédure pénale.

  Ceci conduit à ce que le juge ne se saisisse pas d'office, que les parties aient la charge de formuler leurs demandes, les moyens juridiques à leurs soutiens (sauf soulevé d'office du juge), d'apporter les preuves, mais aussi de se désister. Cela conduit également à ce que le juge soit tenu (même s'il peut interroger les parties et prendre des mesures d'instruction) aux faits présentés par les parties et qu'il ne puisse juger *infra petita* ou *ultra petita* (tout ce qui est demandé, rien que ce qui est demandé).

– **Principe contradictoire :** principe selon lequel les arguments et pièces doivent être débattus entre les parties. Il s'agit d'une manifestation du procès équitable prévu à l'article 6 § 1 de la CEDH.

  Les parties doivent donc se communiquer leurs moyens de faits et de droit dans des délais permettant à la partie adverse d'y répondre. De même, le juge qui soulèverait un moyen d'office doit recueillir les observations des parties avant de statuer.

– **Principe d'immutabilité :** principe selon lequel les parties ne peuvent faire valoir de nouvelles prétentions en cours de procès sauf à ce qu'elles se rattachent à celles initiales (c'est-à-dire celles formulées à l'origine par le demandeur) par un lien suffisant.

– L'on peut, désormais, ajouter le principe de la **concentration des moyens** qui oblige une partie à présenter lors d'une même instance l'ensemble des moyens de droit relatif à sa demande. Ceci ne conduit pas à une concentration des demandes. Une partie pouvant initier une nouvelle procédure pour une demande nouvelle relativement à des faits ayant déjà fait l'objet d'une procédure, si la prescription n'est pas acquise.

La question de la compétence de la juridiction saisie

La compétence du juge s'apprécie tant d'un point de vue matériel que d'un point de vue territorial.

– **Compétence matérielle :** critère de détermination de la compétence d'une juridiction au regard de la matière juridique traitée.

  Il convient de distinguer entre les juridictions d'exception (tribunaux de commerce, conseils de prud'hommes, TASS et tribunal paritaire des baux ruraux) et les juridictions de droit commun (tribunal d'instance et tribunal de grande instance).

  Le principe de répartition de compétence entre le TI et le TGI se fait par le taux de compétence qui est fixé à 10 000 € de demandes. À noter que le taux de ressort qui détermine si la décision sera susceptible d'appel est fixé à 4 000 €. Cependant, le TI comme le TGI disposent de compétences spéciales et donc quel que soit le montant des demandes.

– **Compétence territoriale :** critère de répartition de la compétence des juridictions au regard du lieu.

Le principe est celui de la compétence de la juridiction du domicile du défendeur mais d'autres critères peuvent intervenir comme le lieu de conclusion ou d'exécution du contrat, ou encore la situation de l'immeuble.

Des notions à connaître en procédure civile

– **Action attitrée :** action en justice réservée à des personnes justifiant d'une qualité particulière (par exemple : les époux en matière de divorce).

– **Assignation :** acte d'huissier, provenant du demandeur et destiné au défendeur afin de l'informer de l'intention du demandeur de saisir le juge ainsi que de la nature et du contenu du litige et l'invitant à constituer avocat. L'assignation doit présenter les éléments de fait et de droit du demandeur et vaut donc conclusions.

– **Capacité :** condition de recevabilité, consistant en la capacité juridique de saisir la juridiction.

– **Comparaître :** fait de désigner un avocat du ressort de la juridiction saisie afin d'être représenté au procès.

– **Connexité :** situation dans laquelle deux affaires devant deux juridictions ont un *tel lien que dans un intérêt de bonne justice* il est utile de les lier.

– **Demandes initiales :** prétentions formulées par le demandeur dans son acte de saisine.

– **Demandes reconventionnelles :** prétentions propres au défendeur, autres que le seul rejet des prétentions du demandeur.

– **Demandes additionnelles :** demandes s'ajoutant aux demandes initiales, qu'elles proviennent du demandeur ou du défendeur.

– **Intérêt à agir :** condition de recevabilité de l'action, liée à la défense d'un intérêt personnel légitime.

– **Intervention volontaire :** participation d'un tiers dans un procès en vue de soutenir une partie ou de faire valoir ses propres demandes.

– **Intervention forcée :** mise en cause d'un tiers dans un procès en cours.

– **Litispendance :** situation dans laquelle une juridiction est saisie d'un litige déjà soumis à une autre juridiction.

– **Manœuvre dilatoire :** tout procédé visant à rallonger inutilement la durée du procès.

– **Mise en état :** instruction du dossier par un magistrat de la formation de jugement afin de le mettre en état d'être jugé et donc renvoyé en audience de plaidoiries.

– **Ordonnance sur requête :** décision juridictionnelle prise suite à une requête déposée par une partie et donc rendue non contradictoirement.

– **Parties principales :** parties existantes à l'origine du procès, demandeur et défendeur.

– **Parties jointes :** parties se joignant en cours d'instance, soit pour appuyer une partie, soit pour faire valoir ses propres demandes.

– **Qualité pour agir :** condition de recevabilité de l'action, liée à qualité juridique de la personne agissante. Celle-ci doit avoir juridiquement le pouvoir de défendre le droit en cause.

– **Question préjudicielle :** question posée par une juridiction incompétente sur un point à la juridiction compétente.

– **Radiation :** retrait du rôle de l'affaire afin de sanctionner le manque de diligences, la passivité des parties. Il s'agit d'une mesure d'administration judiciaire donc non susceptible de recours.

– **Signification :** notification d'un acte de procédure par un huissier.

Le déroulement de la procédure de droit commun devant le TGI

Afin que le demandeur introduise l'instance, il doit par l'intermédiaire de son avocat rédiger une assignation qui sera signifiée par un huissier au défendeur. Celle-ci informe le défendeur des motifs du contentieux puisque l'assignation vaut conclusions et l'informe de son obligation de comparaître.

Suite à la signification de l'assignation, le demandeur dispose de 4 mois pour saisir le TGI à défaut de quoi l'assignation est caduque.

Selon l'état d'avancement de l'affaire, elle suivra les circuits court ou moyen, ou bien il sera décidé qu'elle nécessite une mise en état. Un juge sera alors désigné comme juge de la mise en état avec la mission de veiller à la loyauté et à la célérité des échanges entre les parties. Il pourra, en outre, se prononcer sur les demandes provisionnelles et le prononcé de mesures d'instructions, ou encore sur les exceptions de procédures et les fins de non-recevoir.

À l'issue de la mise en état, il prononce la clôture de celle-ci et renvoie l'affaire pour plaidoiries. Les parties ne peuvent plus déposer de conclusions sauf découverte d'un élément nouveau pouvant modifier la solution du litige ou afin de demander le rejet de conclusions ou pièces déposées tardivement et n'ayant pas permis de respecter le contradictoire.

L'audience de plaidoirie permettra un exposé des éléments du dossier. À son issue, l'affaire sera mise en délibéré. Aucune transmission ne sera plus possible de la part des parties, sauf si la juridiction demande la production de notes en délibéré (compléments d'informations demandées par la juridiction à l'une ou l'autre des parties).

Les événements venant perturber l'instance

Peuvent être soulevées des exceptions de procédure, c'est-à-dire des moyens directement liés au respect des règles procédurales qui peuvent conduire à suspendre l'instance ou nécessiter de recommencer la procédure.

Le Code prévoit les exceptions suivantes :

- **Exception d'incompétence :** moyen procédural par lequel est soulevée l'incompétence de la juridiction saisie.
- **Exception de litispendance :** moyen procédural par lequel est soulevé le fait que l'affaire est déjà pendante devant une autre juridiction.
- **Exception de connexité :** moyen procédural par lequel est demandée la jonction d'instances ayant un lien suffisant.
- **Exception dilatoire :** moyen procédural permettant d'obtenir un délai.
- **Exception de nullité :** moyen procédural par lequel est soulevée la nullité de forme ou de fond d'un acte.

Par ailleurs, il existe les fins de non-recevoir, qui sont tout moyen qui tend à faire déclarer l'adversaire irrecevable en sa demande sans examen au fond.

Les fins de non-recevoir couvrent les situations de prescription de l'action, d'autorité de la chose jugée, d'absence d'intérêt à agir ou de qualité pour agir. Mais, elles comprennent également l'exécution d'une clause de conciliation, clause par laquelle les parties décident de rechercher une conciliation avant toute action en justice. Accessoirement, on peut également citer l'**Estoppel,** sanction d'origine anglo-saxonne des arguments contradictoires d'une partie.

L'instance peut être provisoirement affectée

Plusieurs situations peuvent provisoirement affecter l'instance :

- **Jonction d'instances :** fait de joindre des instances pendantes devant la même juridiction et ayant un lien conduisant à ce qu'il soit de bonne justice de les juger ensemble (situation reprenant la philosophie de l'exception de connexité)
- **Disjonction d'instances :** fait de séparer les demandes d'une instance sur plusieurs instances.
- **Interruption d'instance :** interruption du lien d'instance par la survenance d'un événement lié aux parties ou à leurs représentants (décès, majorité, ouverture d'une procédure collective, départ à la retraite de l'avocat, ...). L'instance ne reprendra que par la réalisation d'une formalité.
- **Suspension d'instance :** suspension du cours du procès du fait d'un événement sans lien avec les parties ou à leurs représentants. L'on peut citer le sursis à statuer, la radiation ou encore le retrait du rôle. L'instance reprendra lorsque la cause de la suspension sera réalisée.

L'instance peut être définitivement affectée

Il s'agit d'hypothèses dans lesquelles l'instance va disparaître. Le demandeur pourra introduire une nouvelle instance s'il n'a pas renoncé à son droit d'agir et si la prescription n'est pas acquise :

- **Péremption d'instance :** extinction de l'instance du fait de l'inaction des parties pendant deux ans. Conformément au principe dispositif, il appartient aux parties de faire progresser le procès, celui-ci étant la chose des parties. En l'absence de diligences pendant 2 ans, l'instance est périmée. Une diligence vise tout comportement de nature à faire avancer l'affaire (relancer un expert pour la remise de son rapport, déposer de nouvelles conclusions, ...).
- **Désistement d'instance :** acte par lequel une partie renonce à la poursuite de l'instance. À distinguer du désistement d'action qui est le renoncement à son droit d'agir et qui ne permet plus de saisir la juridiction.
- **Acquiescement :** acceptation du bien-fondé des prétentions de l'autre et renonciation à action, quand l'acquiescement porte sur la demande. Acceptation du jugement et renonciation aux voies de recours, lorsqu'il porte sur le jugement.
- **Caducité :** acte devenu sans effet par la survenance d'un événement ou le terme d'un délai. (ex : la caducité de l'assignation)

Les situations particulières

Or, l'hypothèse classique de l'office du juge, l'on doit relever des situations particulières :

- **Amiable compositeur :** possibilité donnée à un juge ou un arbitre de trancher le litige en équité dans le respect des règles d'ordre public.
- **Référé :** procédure accélérée et contradictoire pour les affaires urgentes ou ne présentant pas de difficultés sérieuses.
- **Ordonnance sur requête :** décision juridictionnelle non contradictoire rendue à la suite d'une requête adressée au juge.

Les différents types de jugements

Un jugement correspond à plusieurs qualifications :

- Il est rendu en premier ressort ou en premier et dernier ressort :
  - **en premier ressort :** décision judiciaire de première instance susceptible d'appel.
  - **en premier et dernier ressort :** décision judiciaire de première instance insusceptible d'appel, mais un pourvoi en cassation est possible.
- **Il est contradictoire, réputé contradictoire ou rendu par défaut :**
  - **Jugement contradictoire :** jugement rendu alors que toutes les parties ont comparu.
  - **Jugement réputé contradictoire :** jugement rendu en l'absence du défendeur mais dont on sait qu'il a été informé de la tenue et donc a eu l'opportunité de se défendre.
  - **Jugement par défaut :** jugement rendu sans que l'on sache si le défendeur a eu connaissance du procès.
- **Il est ordinaire, d'expédient ou de donner acte :**
  - **Jugement ordinaire :** jugement tranchant un litige.
  - **Jugement d'expédient ou convenu :** jugement appréciant l'accord des parties.
  - **Jugement de donner acte :** décision constatant l'accord des parties. Il ne s'agit pas véritablement d'un jugement puisqu'il ne s'agit pour le juge que de constater un accord.
- **Il est définitif, avant dire droit ou mixte :**
  - **Jugement définitif :** jugement qui tranche dans son dispositif tout ou partie du principal, ou qui statue sur une exception de procédure, une fin de non-recevoir ou tout autre incident.

- **Jugement avant dire droit :** jugement ordonnant une mesure provisoire ou d'instruction.
- **Jugement mixte :** jugement définitif sur certaines prétentions et avant dire droit car ordonnant des mesures provisoires ou d'instruction.

– Il est contentieux ou gracieux, selon qu'il existe un défendeur ou qu'il s'agisse de faire une demande au juge sans faire grief à quiconque.

Les suites du jugement

– **Le jugement doit être publié. C'est le principe de la publicité,** principe selon lequel le jugement contradictoire doit être lu en public.

– **Afin de pouvoir l'exécuter et de faire courir le délai de forclusion pour l'appel, il faut que le jugement soit notifié à la partie qui succombe. La notification est le** fait de porter à la connaissance du destinataire un acte judiciaire ou extrajudiciaire.

– **Le jugement peut faire l'objet d'un recours en erreur matérielle. Il s'agit simplement de corriger une** erreur de forme d'un jugement.

– **Le jugement définitif a autorité de la chose jugée, puis aura force de chose jugée si aucun appel n'est formé contre lui.**

– **Autorité de la chose jugée :** effet d'une décision juridictionnelle, empêchant que le juge se prononce à nouveau sur la même affaire.

– **Force de chose jugée :** se dit d'une décision de justice ne pouvant plus faire l'objet d'une voie de recours suspensive.

Les voies de recours

Les voies de recours visent soit la rétractation du juge, soit la réformation de la décision (sauf les situations de cassation et de question prioritaire de constitutionnalité) :

– **Rétractation :** voie de recours devant la juridiction qui a rendu la décision afin qu'elle la modifie.

– **Réformation :** voie de recours devant une juridiction supérieure afin d'obtenir l'infirmation d'une décision.

On distingue ensuite entre les voies de recours ordinaires (l'appel et l'opposition) et celles extraordinaires (tierce opposition, révision, cassation, question prioritaire de constitutionnalité). Seules les voies ordinaires ont un effet suspensif.

L'appel

« L'appel tend, par la critique du jugement rendu par une juridiction du premier degré, à sa réformation ou à son annulation par la cour d'appel » (art. 542 CPC). Le délai pour faire appel est d'un mois.

Il existe aussi :

- **L'appel incident :** appel formé par l'intimé contre l'appelant ou un autre intimé.
- **L'appel provoqué :** forme d'appel incident contre une personne non intimée mais partie à la première instance.
- **L'appel produit deux effets :**
  - **Effet suspensif :** caractère de l'appel qui suspend l'exécution de la décision de première instance. Toutefois, l'exécution provisoire du jugement décidée par le juge ou par la loi réduit cet effet suspensif, notamment dans le but d'éviter des appels dilatoires.
  - **Effet dévolutif :** caractère de l'appel conduisant à ce que le litige soit transporté devant la Cour, sur les points précisés par les appelants.
- **Faculté d'évocation :** possibilité pour la cour d'appel saisie d'une demande de mesure d'instruction ou d'une exception de procédure de trancher l'ensemble du litige.

L'opposition

Voie de rétractation d'un jugement rendu par défaut.

L'idée est de permettre au défendeur qui n'aurait pas reçu l'assignation de pouvoir faire valoir sa défense et ainsi que le juge puisse, s'il y a lieu, modifier sa décision.

La tierce opposition

Voie de recours exclusivement ouverte aux tiers auxquels la décision de justice porte préjudice.

La situation peut apparaître curieuse compte tenu de l'effet relatif du jugement, caractère du jugement, selon lequel il ne produit d'effet qu'à l'égard des parties. Pourtant, l'exécution du jugement peut avoir des effets sur les tiers et ceux-ci peuvent donc avoir intérêt à limiter ses effets à leur égard. Aussi, la tierce opposition ne conduira qu'à une adaptation des effets du jugement à l'égard du tiers agissant et ne remettra pas en cause la solution rendue entre les parties initiales.

Bien qu'il s'agisse d'une voie de recours extraordinaire et donc sans effet suspensif, le juge peut décider de suspendre l'exécution du jugement.

Le recours en révision

Voie de rétractation d'un jugement passé en force de chose jugée pour qu'il soit à nouveau statué en fait et en droit.

Il s'agit donc d'une voie de recours ouverte contre les seuls jugements pour lesquels aucun recours suspensif ne peut être exercé.

« La révision ne peut être demandée que par les personnes qui ont été parties ou représentées au jugement » (art. 594 CPC).

Causes limitativement énumérées :

- S'il se révèle, après le jugement, que la décision a été surprise par la fraude de la partie au profit de laquelle elle a été rendue ;
- Si, depuis le jugement, il a été recouvré des pièces décisives qui avaient été retenues par le fait d'une autre partie ;
- S'il a été jugé sur des pièces reconnues ou judiciairement déclarées fausses depuis le jugement ;
- S'il a été jugé sur des attestations, témoignages ou serments judiciairement déclarés faux depuis le jugement (art. 595).

Le pourvoi en cassation

Voie de recours extraordinaire tendant à faire censurer par la Cour de cassation la non-conformité du jugement ou de l'arrêt face aux règles de droit. Le délai pour faire un pourvoi est de deux mois.

- Le pourvoi en cassation est une voie de recours extraordinaire qui n'est ni une voie de rétractation, ni une voie de réformation.
- Le pourvoi n'est pas suspensif, sauf exception, et n'a pas d'effet dévolutif, la Cour ne jugeant qu'en droit.
- La Cour ne rejugeant pas la décision soumise, la cassation d'une décision conduit au renvoi, sauf exceptions.
- Le renvoi suit une procédure à bref délai avec l'obligation pour les parties de déclarer la saisine et transmettre leurs conclusions dans des délais contraints.
- Si la Cour de renvoi rend une solution contraire à la position de la Cour de cassation le dossier peut revenir devant elle. Elle siégera alors en Assemblée plénière.

Question prioritaire de constitutionnalité

Voie de recours extraordinaire tendant à faire censurer par le Conseil constitutionnel un texte qui porterait atteinte à un droit ou une liberté affirmée dans la Constitution.

- La question prioritaire de constitutionnalité est un mode de contrôle *a posteriori* de la conformité d'une loi par rapport à un droit ou une liberté constitutionnellement garanti.
- Ce contrôle passe par le filtre de la Cour de cassation ou du Conseil d'État selon la procédure avant que la question ne soit tranchée par le Conseil constitutionnel.
- La question peut être soulevée devant une juridiction du fond, même en appel ou devant le Cour de cassation.
- La question doit porter sur une loi en lien avec l'instance, ne pas avoir été déjà tranchée, être nouvelle et sérieuse.

La procédure pénale

Romain OLLARD
Agrégé des Facultés de droit
Professeur à l'université de Poitiers

Sécurité et liberté

Cheminement vers la peine, comme l'étymologie en témoigne, la procédure pénale se découvre à travers les buts qu'elle poursuit, à savoir la recherche de la vérité (règles relatives aux enquêtes) et la condamnation du coupable (règles relatives au procès). La procédure pénale est tout entière œuvre de transaction entre des intérêts contradictoires, entre la protection de l'intérêt général d'une part, qui justifie une répression rapide, efficace et certaine ainsi que la réalisation d'actes d'investigations coercitifs et intrusifs, et la protection des droits fondamentaux des suspects d'autre part qui doivent notamment être mis en mesure de se défendre utilement. En soi, la procédure pénale est donc tension entre ces intérêts antagonistes, entre sécurité et liberté, ce dont témoigne d'ailleurs le caractère mixte de la procédure pénale française, ni pleinement accusatoire, ni entièrement inquisitoire.

Modèles inquisitoire et accusatoire

Deux systèmes procéduraux peuvent en effet être opposés. Dans le **modèle accusatoire**, la procédure est publique (rendue devant le peuple qui en contrôle ainsi le déroulement), orale et enfin contradictoire en ce sens qu'un rôle essentiel est donné aux parties, notamment dans la recherche des preuves, le juge étant quant à lui cantonné dans un rôle passif d'arbitre neutre. À ce premier système, qui résume la procédure pénale à une sorte de duel judiciaire entre les parties, répond son antithèse, le **modèle inquisitoire**, qui promeut à l'inverse une procédure secrète (à l'égard du public mais surtout à l'égard du suspect), écrite et non contradictoire dans laquelle le juge assume un rôle décisif dans la direction du procès et la recherche des preuves. Tandis que, mue par le culte de l'efficacité répressive, la procédure pénale française fut longtemps baignée dans le moule de l'inquisitoire, à l'inverse des systèmes anglo-saxons, elle consacre désormais, notamment sous l'influence de la Cour européenne des droits de l'homme, un système mixte, mi-accusatoire, mi-inquisitoire. La percée du modèle accusatoire est ainsi notamment perceptible à travers l'association plus active des parties à la procédure (droit de solliciter des actes de procédure) et surtout la promotion importante, ces dernières années, des droits du suspect (droit à l'assistance d'un avocat, droit à l'information, *etc.*). Il n'en demeure pas moins que ces principes font aujourd'hui l'objet d'une application variable en intensité selon les différentes étapes de la procédure, la phase de jugement étant à dominante accusatoire, là où les phases d'investigation (enquêtes policières et instruction) sont plutôt fondées sur le modèle inquisitoire, tout particulièrement les enquêtes policières qui, conduites sous l'égide du ministère public, ne sont pas contradictoires et ne permettent pas au suspect d'accéder à l'entier dossier de la procédure. Il en résulte que les garanties de la procédure pénale (II) varient en intensité suivant les phases de la procédure (I) envisagées.

Les phases de la procédure pénale

La présentation traditionnelle de la procédure pénale en quatre phases – enquêtes policières, poursuites, instruction préparatoire et jugement – pourrait apparaître imparfaite dès lors qu'elle ne correspond pas toujours à la réalité chronologique de la procédure. Aussi est-il possible de privilégier une présentation fondée sur les buts poursuivis par la procédure pénale, suivant qu'il s'agit d'envisager les règles ayant pour finalité la découverte de la vérité – règles relatives aux enquêtes (A) – ou celles qui s'attachent à la répression du coupable – règles relatives au procès pénal (B).

Les enquêtes

En procédure pénale, les enquêtes peuvent revêtir une double nature, tantôt policière, tantôt judiciaire, selon l'autorité qui les conduit et les dirige.

L'enquête policière

Enquêtes de droit commun

Les enquêtes policières de droit commun sont menées sous la direction et le contrôle du ministère public[1]. D'une part, le procureur de la République dirige l'enquête et l'activité des autorités de police et de gendarmerie, qui exercent tantôt des fonctions de police judiciaire ayant une finalité répressive de recherche et de poursuite des infractions, tantôt des fonctions de police administrative qui, ayant pour objet la prévention des troubles à l'ordre public, relèvent davantage du droit administratif que de la procédure pénale. D'autre part, le procureur de la République contrôle l'enquête, son bon déroulement et sa légalité. Avisé d'un placement en garde à vue par un officier de police judiciaire, il peut par exemple décider de mettre fin à la mesure s'il l'estime injustifiée ou illégale. Mais si, en tant que magistrat, il peut apparaître comme gardien des libertés individuelles, il n'est pas un juge pour autant que l'on peut par exemple saisir pour solliciter un acte d'enquête et dont on pourrait contester la décision par

1. C. proc. pén., art. 39-3.

voie d'appel. Non juridictionnelle, la phase d'enquête n'est pas contradictoire malgré certains efforts récents qui ne font toutefois pas illusion[1], ce qui interroge sur le devenir des enquêtes policières dans leur forme actuelle.

Enquête préliminaire et enquête de flagrance

Deux sortes d'enquête de droit commun doivent être distinguées. Tandis que l'enquête préliminaire[2] n'est pas fondée sur l'existence d'un soupçon, l'enquête de flagrance[3] se caractérise par un double critère : temporel d'une part, en ce sens que l'infraction flagrante est celle qui se commet actuellement ou qui vient de se commettre ; matériel d'autre part puisqu'elle suppose l'existence d'« *indices apparents d'un comportement délictueux* » selon une formule jurisprudentielle classique. L'existence de tels soupçons justifie l'octroi de pouvoirs plus coercitifs aux enquêteurs qui peuvent dès lors se passer du consentement des intéressés pour réaliser certains actes d'investigation, comme une perquisition. Toutefois, ces deux sortes d'enquête tendent à se rapprocher aujourd'hui dès lors que la coercition pénètre progressivement le régime de l'enquête préliminaire et que la plupart des actes d'investigation sont devenus communs aux deux cadres d'enquête. La véritable césure semble désormais s'opérer entre les enquêtes de droit commun et les enquêtes fondées sur une procédure dérogatoire.

Procédures dérogatoires

Au risque d'y perdre sa cohérence, la procédure pénale contemporaine a multiplié les procédures d'exception pour lutter contre certaines formes de criminalité particulière. C'est le cas, tout spécialement, de la procédure dérogatoire fondée sur la criminalité organisée – dont le domaine d'application ne cesse de s'élargir – qui répond à un régime propre[4] dépassant les clivages classiques de l'enquête préliminaire, de l'enquête de flagrance ou de l'instruction. La finalité est évidemment répressive selon une logique qui veut qu'à une criminalité exceptionnelle répondent des pouvoirs de police d'exception. La procédure fondée sur la criminalité organisée autorisera ainsi non seulement le recours à des actes d'enquête plus coercitifs ou plus intrusifs, non autorisés en droit commun (infiltration, perquisition de nuit, allongement de la durée de la garde à vue, *etc.*), mais encore un aménagement parfois substantiel des droits de la défense (report de la présence de l'avocat, *etc.*).

1. C. proc. pén., art. 77-2.
2. C. proc. pén., art. 75 et s.
3. C. proc. pén., art. 53 et s.
4. C. proc. pén., art. 706-73 et s.

L'enquête judiciaire : l'instruction préparatoire

Le présent de l'instruction

Comme l'enquête policière, l'instruction préparatoire a pour but de rassembler les preuves de la commission d'une infraction et d'en rechercher les auteurs ; elle s'en distingue néanmoins à deux points de vue : d'une part, l'instruction a pour but de déterminer si les charges retenues à l'encontre d'un suspect sont suffisantes pour justifier son renvoi devant une juridiction de jugement – c'est pourquoi l'instruction est dite préparatoire (au jugement) ; d'autre part et surtout, la phase d'instruction, qui suppose que des poursuites aient été engagées par le ministère public, appartient au procès pénal et revêt ainsi une nature judiciaire – c'est pourquoi l'instruction est également parfois dénommée information judiciaire. À ce titre, elle est conduite sous l'autorité d'un magistrat indépendant, le juge d'instruction, qui peut diligenter des actes d'investigation, réalisés par les autorités d'enquête agissant sur commission rogatoire, et pourra être à l'initiative de mesures coercitives prises à l'encontre de la personne poursuivie, qu'il s'agisse du contrôle judiciaire, de l'assignation à résidence sous surveillance électronique ou de la détention provisoire – toutefois aujourd'hui décidée par le juge des libertés et de la détention. À dominante inquisitoire, l'instruction est écrite et secrète mais, à l'inverse de l'enquête policière, elle est largement contradictoire dès lors que, menée à charge et à décharge, les parties peuvent solliciter le juge d'instruction afin qu'il procède à des actes d'investigation. À l'issue de ses recherches, le juge d'instruction rendra soit une ordonnance de renvoi (ou de mise en accusation pour les crimes) s'il estime que les charges recueillies à l'encontre du suspect sont suffisantes pour justifier son renvoi devant une juridiction de jugement, soit une ordonnance de non-lieu dans le cas contraire, toutes deux susceptibles d'appel et de pourvoi en cassation.

L'avenir de l'instruction

Un mouvement récent tend à réduire progressivement l'importance de la phase d'instruction. Quantitativement d'abord, l'instruction, qui n'est obligatoire qu'en matière criminelle, est facultative et rare pour les délits et contraventions, ce qui porterait le taux d'instruction à environ 5 % seulement de la totalité des affaires pénales. Au plan qualitatif ensuite, les lois les plus récentes ont eu pour effet de réduire l'intérêt de l'instruction au regard de l'enquête policière dès lors que de nombreux actes d'investigation, jusqu'alors réservés à l'instruction, peuvent désormais être réalisés dans ce cadre. C'est encore le juge d'instruction lui-même, décrit par Balzac comme l'homme le plus puissant de France, qui est régulièrement la cible de virulentes critiques, comme ce fut le cas au lendemain de l'affaire d'Outreau. En conséquence, outre qu'il s'est vu retirer certains pouvoirs, notamment au profit du juge des libertés et de la détention en matière de détention provisoire, il doit désormais partager ceux qui lui restent puisqu'une collégialité, pouvant prendre des formes diverses, a récemment été instituée en la matière. La question est même désormais lancée de savoir si l'institution du juge d'instruction telle qu'elle existe aujourd'hui ne devrait pas être supprimée, certaines propositions préconisant de le dépouiller de ses pouvoirs d'investigations au profit du ministère public, ainsi institué cadre unique d'enquête : le juge *d'*instruction se muerait ainsi en un juge *de l'*instruction, en charge du contrôle de sa légalité. Une telle réforme pourrait inquiéter car d'une concentration des pouvoirs entre les mains d'un seul, on passerait à une concentration de pouvoirs – encore plus importants – entre les mains d'un autre, le ministère public, qui souffre d'un déficit d'indépendance à l'égard du pouvoir exécutif.

Le procès pénal

Outre la phase d'instruction qui n'est pas systématique, le procès pénal couvre la période qui s'étend du déclenchement de l'action publique (1) jusqu'à la phase du jugement (2).

L'action publique

L'exercice de l'action publique

En droit français, c'est au ministère public – accusateur public en charge de défendre les intérêts de la société – qu'il appartient de déclencher l'action publique et de l'exercer au nom de la société aux fins de condamnation du coupable[1]. En vertu du principe de l'opportunité des poursuites[2], il peut librement décider soit d'engager des poursuites, soit d'opérer un classement sans suite. En dehors de cette option binaire, il peut encore recourir, au terme d'une troisième voie, aux procédures dites alternatives aux poursuites, qu'il s'agisse de la médiation pénale[3] ou de la composition pénale[4] qui participent d'une forme de justice pénale négociée et, plus loin, d'une certaine déjudiciarisation du droit pénal. Bien que doté d'indéniables avantages, notamment en ce qu'il permet d'accorder une forme de pardon pour des infractions de faible gravité, le principe de l'opportunité des poursuites n'est toutefois pas sans danger, en cas d'inertie ou de refus de poursuivre de la part du ministère public. C'est la raison pour laquelle, la victime s'est vue offrir la possibilité de déclencher elle-même le procès pénal[5], soit par constitution de partie civile[6], soit par la voie de la citation directe[7], faculté qui constitue le « ferment de la démocratie » selon une expression célèbre du Professeur Vouin.

1. C. proc. pén., art. 1er définissant l'action publique comme « l'action pour l'application des peines ».
2. C. proc. pén., art. 40-1.
3. C. proc. pén., art. 41-1.
4. C. proc. pén., art. 41-2.
5. C. proc. pén., art. 1er, al. 2. V. Cass. crim. 8 décembre 1906, *Laurent-Atthalin*, DP 1907, 1, 207.
6. C. proc. pén., art. 85.
7. C. proc. pén., art. 388 ; 390 et s.

L'existence de l'action publique

Pour que l'action publique puisse être exercée par le ministère public – le demandeur à l'action pénale – à l'encontre de la personne poursuivie – le défendeur –, encore faut-il que l'action publique existe, c'est-à-dire qu'elle ne soit affectée par une cause d'extinction. Ce sont ainsi d'abord des raisons de fond qui peuvent venir éteindre l'action publique, qu'il s'agisse du décès de la personne poursuivie, de l'abrogation de la loi pénale ou encore de l'autorité de la chose jugée[1]. Lorsqu'une décision de condamnation ou de relaxe est devenue définitive, de nouvelles poursuites ne sauraient en effet être engagées pour les mêmes faits, sous peine de violer le principe *ne bis in idem*. Ce sont ensuite des raisons de procédure qui peuvent venir éteindre l'action publique, notamment la prescription de l'action publique, récemment réformée[2]. Désormais, la durée du délai de prescription est de 20 ans pour les crimes, 6 ans pour les délits et d'une année pour les contraventions, même si certaines infractions sont soumises à des délais particuliers, comme les crimes contre l'humanité qui sont imprescriptibles. Outre les causes de suspension et d'interruption de prescription, loi et jurisprudence œuvrent de concert afin d'allonger en fait la durée globale du délai de prescription en admettant de reporter son point de départ, comme tel est le cas de certaines infractions commises à l'encontre de mineurs, pour lesquelles le point de départ du délai est retardé au jour de leur majorité, ou des infractions dites clandestines pour lesquelles le délai de prescription ne court que du jour où l'infraction est apparue et a pu être découverte[3].

Le jugement

Première instance

En première instance, la détermination de la juridiction de jugement compétente est dépendante de la gravité de l'infraction commise. Tandis que la Cour d'assises, composée de magistrats professionnels et d'un jury populaire, sera saisie des crimes, ce sont respectivement le tribunal correctionnel et le tribunal de police qui seront compétents en matière délictuelle et contraventionnelle. Orale, contradictoire et en principe publique, la phase de jugement se signale aujourd'hui par une volonté affichée d'accélérer les procédures, au risque peut-être de sacrifier les droits de la défense, comme peuvent en témoigner la procédure simplifiée de l'ordonnance pénale ou celle, symbolique, de comparution sur reconnaissance préalable de culpabilité (le « plaider coupable » français). Si elle implique une négociation de la peine entre celui qui reconnaît sa culpabilité et le procureur de la République, cette dernière procédure n'en est pas moins une procédure de jugement dans la mesure où, supposant que l'action publique ait été déclenchée, la proposition doit être homologuée par le président du tribunal de grande instance au terme d'une décision juridictionnelle, susceptible d'appel, qui

1. C. proc. pén., art. 6.
2. C. proc. pén., art. 7 et s.
3. C. proc. pén., art. 9-1.

emportera tous les effets d'un jugement de condamnation. Il n'en demeure pas moins que le prévenu ne sera pas jugé et condamné par un tribunal statuant contradictoirement ; c'est là assurément une autre façon de juger.

Appel

En vertu du principe du double degré de juridiction, toute décision rendue en première instance – de condamnation, de relaxe (pour les délits et contraventions) ou d'acquittement (pour les crimes) – est susceptible d'appel. Ce principe du double degré de juridiction trouve encore à s'appliquer au cours de la phase d'instruction. La chambre de l'instruction sera alors compétente pour statuer en appel sur les ordonnances juridictionnelles du juge d'instruction ayant pour objet de trancher une prétention. En dehors de l'appel, la chambre de l'instruction connaîtra également du contentieux de la nullité des actes de la procédure, réalisés tant au cours de l'instruction qu'au cours de l'enquête policière. En toutes hypothèses, un pourvoi en cassation pourra être formé devant la chambre criminelle de la Cour de cassation.

Les garanties de la procédure pénale

Le droit à un procès équitable fait l'objet d'une attention toute particulière en procédure pénale au regard des enjeux propres à la matière. Tandis que les garanties énoncées à l'article 6 §1 de la Conv. EDH sont communes aux procès civil et pénal, celles prévues aux § 2 et 3 sont en revanche propres au procès pénal ou, tout au moins, sont-elles amplifiées en la matière. Parmi ces garanties, certaines ont trait à l'activité de la justice (A), là où d'autres sont relatives aux droits des parties (A).

Les garanties relatives à l'activité juridictionnelle

Impliquant un contrôle de l'organisation procédurale afin de garantir la sécurité de la procédure, les garanties dont il est ici question mettent en œuvre tantôt un contrôle individuel de l'action des juges (A), tantôt un contrôle social de l'activité de la justice (B).

Le contrôle individuel de l'action des juges

L'exigence de célérité de la procédure

Commune aux procès civil et pénal, l'exigence d'un « **délai raisonnable** » de la procédure[1] – qui s'entend en matière pénale du temps écoulé entre l'ouverture du procès pénal par le déclenchement des poursuites et la date de la décision définitive – est comprise, ici et là, de façon relative : la longueur de la procédure n'est pas à elle

1. C. proc. pén., art. préliminaire.

seule révélatrice d'une violation du droit à un procès équitable puisque la gravité des faits et la complexité de l'affaire doivent être prises en considération. Si le droit d'être jugé dans un délai raisonnable ne fait pas l'objet d'une compréhension particulière en matière pénale, cette exigence n'en est pas moins amplifiée en la matière par la prévision de certains **délais spéciaux** qui en garantissent l'effectivité, comme tel est le cas s'agissant de détention provisoire qui, ne pouvant « *excéder une durée raisonnable* » [1], se voit encadrer par des délais précis venant en fixer concrètement la durée maximale[2].

Impartialité et indépendance des tribunaux

L'exigence d'**impartialité des tribunaux**, d'abord, revêt un double sens, non seulement une *signification subjective ou personnelle*, qui veut que le juge n'ait pas favorisé ou défavorisé tel plaideur au regard de ses convictions personnelles, mais encore une *signification objective ou fonctionnelle* qui, s'appréciant au regard de la seule composition de la juridiction, implique que le principe de séparation des fonctions de justice ait été respecté. L'exigence d'**indépendance des tribunaux** – qui suppose que le juge puisse être préservé de l'influence d'autrui, spécialement du pouvoir exécutif – connaît des développements particuliers en procédure pénale, particulièrement en matière de garde à vue, dès lors qu'elle est placée sous l'autorité du **ministère public**, lequel souffre d'un déficit d'indépendance eu égard à sa soumission hiérarchique au pouvoir exécutif. Aussi n'est-il guère surprenant que l'État français ait été condamné par la Cour européenne des droits de l'homme au motif que le procureur de la République n'est pas une autorité judiciaire au sens de la convention dès lors qu'il lui manque en particulier l'indépendance à l'égard du pouvoir exécutif[3]. Le gouvernement français continue toutefois de faire la sourde oreille en s'appuyant sur une position du Conseil constitutionnel qui, énonçant que « *l'autorité judiciaire comprend à la fois les magistrats du siège et du parquet* »[4], se fonde sur un critère purement formel, tiré du statut de la magistrature, non sur un critère matériel fondé sur l'indépendance réelle des magistrats chargés de contrôler le placement en garde à vue. La position pourra-t-elle être tenue encore bien longtemps ?

1. C. proc. pén., art. 144-1. Dans le même sens, pour la durée de l'instruction, C. proc. pén., art. 175-1 et s.
2. C. proc. pén., art. 145-1 et 145-2.
3. CEDH 10 juillet 2008 (5e section), *Medvedyev c/ France*, n° 3394/03, D. 2009, J. 600, note J.-F. Renucci et CEDH, gde ch., 29 mars 2010, n° 3394/03, § 124. ; CEDH 23 novembre 2010, *Moulin c/ France*, 37104/06. *Adde*, Cass. crim. 15 décembre 2010, n° 10-83.674.
4. CC, déc. DC 11 août 1993, n° 93-326 ; CC, déc. QPC 6 mai 2011, n° 2011-125.

Le contrôle social de l'activité de la justice

Motivation des décisions de justice et publicité de la procédure

Certains principes d'organisation procédurale mettent en œuvre un contrôle social de l'action de la justice. Outre l'exigence de **motivation des décisions de justice** qui, poursuivant une finalité pédagogique et participant de la confiance de l'opinion publique dans la justice, a bien failli faire vaciller notre vénérable institution du jury populaire[1], c'est essentiellement **l'exigence de publicité de la procédure** qui permet au corps social de contrôler l'activité juridictionnelle, selon une intensité variable en fonction du stade de la procédure envisagé.

Au stade des enquêtes en premier lieu, le **secret de l'instruction**[2] s'applique aussi bien lors de l'information judiciaire qu'au cours des enquêtes policières. Destiné à garantir l'efficacité des investigations, ce principe implique que toute personne qui concourt à la procédure (magistrats, policiers, huissiers, experts, *etc.*) soit tenue au secret professionnel sous les peines édictées par cette infraction. S'exerçant **à l'égard du public**, le secret des enquêtes vaut encore **à l'égard du suspect** lui-même. Quoi que relativement complet au stade de l'instruction, le droit à l'information du suspect est en effet mis à mal au cours de l'enquête policière, comme en témoigne l'absence d'accès au dossier complet de la procédure.

En revanche, **au stade du jugement** en second lieu, l'exigence de publicité est en principe pleinement garantie. D'une part, le principe de publicité de l'audience et des débats ne supporte que peu d'exceptions, le huis clos ne pouvant être admis que pour des causes limitatives (respect de la vie privée des parties, sécurité nationale, *etc.*). Devant se dérouler devant le peuple, la justice pénale est encore parfois rendue par le peuple lui-même qui exercera alors la fonction de juger sous la forme d'un jury populaire qui, hérité de la révolution française, prévaut aujourd'hui encore au sein des Cours d'assises. D'autre part, à l'issue des débats, c'est la décision elle-même qui sera soumise à l'exigence de publicité aussi bien dans son prononcé, qui doit être public, que dans sa diffusion.

1. CEDH, 2e section, 13 janvier 2009, *Taxquet c/ Belgique*, n° 926/05, RSC 2009, p. 657, note J.-P. Marguénaud. *Adde*, CEDH 16 novembre 2010, Gr. Ch., *Taxquet c/ Belgique*, n° 926/05, D. 2011, p. 48, note J. Pradel.
2. C. proc. pén. art. 11.

Les garanties relatives aux droits des parties

Contrairement au procès civil, le procès pénal peut compter jusqu'à trois parties, la partie publique représentée par le ministère public, partie principale au procès en charge de défendre les intérêts de la société, et les parties privées, non seulement la personne poursuivie, mais encore parfois la victime partie civile qui exercera l'action civile lorsque l'infraction commise lui aura causé un dommage dont elle demandera réparation au juge pénal. Qu'il s'agisse des suspects (1) ou des victimes (2), les parties privées bénéficient de droits spécifiques, propres à la matière pénale.

Les droits du suspect

La présomption d'innocence

Garantie tant par l'article 9-1 du Code civil que par l'article préliminaire du Code de procédure pénale, la présomption d'innocence, en premier lieu, est à la fois un droit subjectif et une règle de preuve. En vertu de sa première **signification probatoire**, la présomption d'innocence veut que la charge de la preuve de la culpabilité pèse sur le ministère public. Négativement, la règle implique que la personne poursuivie soit relaxée ou acquittée si l'accusation ne parvient pas à établir sa culpabilité : *in dubio pro reo* (le doute profite à l'accusé). En vertu de sa seconde **signification substantielle**, la présomption d'innocence apparaît comme un droit subjectif : « *chacun a droit au respect de sa présomption d'innocence* » (C. civ., art. 9-1). Quant à son objet, la règle interdit de présenter publiquement un individu comme coupable avant toute condamnation. Tandis qu'à l'origine, seules bénéficiaient de la présomption d'innocence les personnes mises en cause dans le cadre d'une procédure, la règle protège désormais toute personne (« *chacun* »), quand bien même ne serait-elle pas suspectée au sein d'une procédure pénale. Quant à ses sanctions, la présomption d'innocence implique le pouvoir pour son titulaire de faire **prévenir les atteintes** qui y sont portées[1], lesquelles peuvent encore être **réparées** par des dommages et intérêts (réparation pécuniaire) ou par diverses mesures valant réparation morale (publication de la décision de non-lieu, *etc.*). Enfin, les atteintes à la présomption d'innocence peuvent être **réprimées** par diverses infractions pénales, notamment la diffamation.

Les droits de la défense

Les droits de la défense[2], en second lieu, regroupent en matière pénale tout à la fois le droit à l'information du suspect, condition préalable à l'exercice d'une défense utile, et le droit pour le suspect de se défendre, seul ou en ayant recours à l'assistance d'un avocat.

1. C. civ., art. 9-1, al. 2.
2. C. proc. pén., art. préliminaire, III, al. 2 ; III, al. 7 ; Conv. EDH, art. 6 §3.

Le droit à l'information du suspect, d'abord, varie en intensité selon la nature de l'enquête envisagée car si l'information qui lui est transmise est complète au stade de l'instruction, cette transmission demeure incomplète pendant la phase de l'enquête policière, spécialement pendant la garde à vue. Si le droit à l'information du suspect, avisé de ses droits et de l'infraction dont il est soupçonné, a sensiblement progressé, la personne placée en garde à vue et son avocat n'ont en effet à ce stade qu'un **accès restreint au dossier pénal**, limité aux procès-verbaux de placement en garde à vue, de notification des droits et d'audition de la personne retenue[1], à l'exclusion de toutes autres pièces qui pourraient pourtant constituer autant d'éléments à charge. C'est là faire primer l'efficacité de l'enquête sur les droits de la défense.

Une fois informé de ses droits et de l'accusation portée contre lui, le suspect peut utilement exercer, ensuite, son **droit de se défendre**, seul ou en ayant recours à l'assistance d'un défenseur de son choix. D'une part, il peut ainsi exercer son **droit de se défendre lui-même**, ce qui s'exprime, positivement, par le droit de solliciter l'accomplissement d'actes d'investigations auprès d'un juge (auditions de témoins, *etc.*). Toutefois, si ce droit est offert au suspect au stade de l'instruction ou du jugement, il n'en bénéficie point au stade de l'enquête policière laquelle est donc menée, contrairement à l'instruction, essentiellement à charge. Négativement, le droit de se défendre soi-même s'exprime à travers le **droit de ne pas s'auto-accuser**, dont la manifestation la plus éclatante réside dans le **droit au silence** ou droit de se taire. D'autre part, le suspect a **droit à l'assistance d'un avocat**, quel que soit le stade de la procédure envisagée, notamment au cours de la garde à vue puisque l'avocat peut désormais en principe intervenir dès le début de la garde à vue et, surtout, assister aux interrogatoires et confrontations[2]. Toutefois, l'évolution est encore parfois jugée insuffisante dès lors que l'avocat demeure cantonné dans un rôle d'observateur passif de la légalité de la garde à vue, bien plus que dans celui d'un défenseur actif de son client.

Les droits des victimes

Droits communs des victimes et droits propres des parties civiles.

Si le procès pénal a pour objet principal la répression du coupable, une place grandissante n'en est pas moins accordée à la victime de l'infraction pénale, dans le sillage d'un mouvement « victimologiste » plus large, dépassant la sphère de la seule matière pénale. Outre les droits « communs » accordés à toute victime pénale (droit de déposer plainte, droit à l'assistance d'un avocat, droit à l'information[3], *etc.*), la victime bénéficie de droits propres, plus importants, dès lors qu'elle acquiert le statut de partie civile.

1. C. proc. pén., art. 63-4-1.
2. C. proc. pén., art. 63-4-2.
3. C. proc. pén., art. 10-2.

La victime pénale a en effet le **pouvoir de déclencher le procès pénal**, soit par constitution de partie civile, soit par la voie de la citation directe ; elle acquiert, de ce seul fait, la qualité de **partie civile au procès pénal**. Pouvant ainsi agir par voie d'action, en déclenchant elle-même le procès, la victime peut encore agir par voie d'intervention en venant se joindre à l'action publique engagée par le ministère public. En toutes hypothèses, l'octroi de la qualité de partie civile est subordonné à la **recevabilité de l'action civile**, laquelle est en principe réservée à « *ceux qui ont personnellement souffert d'un dommage directement causé par l'infraction* »[1], c'est-à-dire aux seules victimes directes de l'infraction. Toutefois, afin de renforcer l'action publique, la jurisprudence et la loi ont progressivement admis l'action civile des victimes par ricochet, des associations prétendant défendre un intérêt collectif ou même de victimes ne pouvant ou ne voulant obtenir réparation de leur préjudice devant le juge pénal. Le « double visage » de l'action civile – mi-répatrice, mi-répressive – peut dès lors apparaître. Sans doute l'action civile poursuit-elle, au premier chef, une finalité de réparation du préjudice causé par l'infraction ; mais, elle poursuit également un intérêt répressif, la partie civile pouvant n'être motivée que par le souci de corroborer l'action publique et d'obtenir que soit établie la culpabilité de la personne poursuivie. Exerçant alors une action vindicative, la partie civile apparaît comme un « auxiliaire » du ministère public permettant de renforcer son action.

Une fois l'action civile déclarée recevable, la victime acquiert le statut de « **partie** » **au procès pénal**, une partie dite « privée », par opposition au ministère public, partie publique et principale au procès pénal. Certes, la partie civile a le pouvoir d'exercer l'action civile devant le juge pénal au terme d'une option procédurale qui lui permet de porter son action en réparation du dommage causé par l'infraction, soit devant le juge civil, indépendamment de l'action publique, soit devant le juge pénal, accessoirement à l'action publique[2]. Mais la victime n'est pas compétente, en revanche, pour exercer l'action publique car elle n'est pas habilitée à défendre les intérêts de la société. Ainsi comprend-on que la partie civile ne puisse en principe exercer que les seules voies de recours qui concernent son action civile, c'est-à-dire la réparation de son dommage, à l'exclusion de celles qui intéressent la culpabilité ou la liberté de la personne poursuivie (décisions sur la détention provisoire, *etc.*).

Pour autant, en sa qualité de partie au procès pénal, la partie civile se voit conférer des **droits propres** qui, ayant été progressivement élargis pour venir se calquer sur ceux de la personne poursuivie, témoignent de sa participation à l'accusation. Ainsi, outre son droit principal à obtenir réparation, la partie civile bénéficie-t-elle, au stade de l'instruction ou du jugement, d'un droit à l'information, des droits de la défense, notamment du droit à l'assistance d'un avocat, du droit de produire des preuves, de

1. C. proc. pén., art. 2.
2. C. proc. pén., art. 3 et 4. Si ce choix et libre, il est en revanche en principe irrévocable, du moins lorsque son action est portée en premier lieu devant le juge civil : *electa una via, non datur recursus ad alteram* (art. 5).

solliciter des actes d'investigations et, enfin, de la faculté d'exercer certaines voies de recours et un pourvoi en cassation, du moins en ce qui concerne les intérêts civils. Il apparaît ainsi que si la partie civile n'exerce pas l'action publique, elle peut avoir une influence considérable sur elle, non seulement en raison de sa participation active à la recherche de la vérité mais encore par l'exercice des voies de recours, par exemple à l'encontre d'une ordonnance de non-lieu ou de refus d'informer, qui feront alors survivre l'action publique. Plus largement, l'élargissement des conditions de recevabilité de l'action civile, admise même à défaut de poursuite d'un intérêt de réparation, invite à se demander si la victime ne bénéficie pas en définitive d'un **droit à un procès pénal**.

Le contentieux administratif

Rémi BARRUÉ-BELOU
Maître de conférences en droit public
Université de La Réunion

La procédure contentieuse se doit de respecter les exigences du procès équitable (procédure contradictoire, égalité des armes, impartialité, indépendance et publicité, délai raisonnable) ainsi que des règles propres au fonctionnement : la procédure est inégalitaire (des intérêts privés se confrontent à l'intérêt général), inquisitoriale (le juge conduit la procédure), autonome (vis-à-vis du droit commun et notamment des règles de procédure civile) et enfin écrite et secrète (seules les parties connaissent le contenu des mémoires).

Les principaux recours

Le recours pour excès de pouvoir

Permettant de faire annuler par le juge toute décision administrative estimée illégale, le recours pour excès de pouvoir (REP) est ouvert à toute personne ayant un intérêt, même en l'absence de texte qui le prévoit ou qui interdirait tout recours (CE, ass, 17 février 1950, *Dame Lamotte*).

Conditions de recevabilité

Le REP ne peut être exercé que contre un acte administratif unilatéral ou contre les clauses règlementaires d'un contrat (CE, 10 juillet 1996, *Cayzeele*). Depuis la décision *CE, ass., 16 juillet 2007, Société Tropic Travaux Signalisation,* le concurrent évincé peut former un recours de plein contentieux contre le contrat dont les effets pourront être les mêmes. Afin que le REP soit recevable, il doit également concerner une décision faisant grief, c'est-à-dire un acte décisoire (ou la partie décisoire d'un acte[1]).

1. Actes préparatoires, actes pris après la décision comme des mesures de publicité ou de notification, *etc.*

Cas d'ouverture

Le REP s'exerce à l'égard de la régularité formelle (vice de forme, de procédure et incompétence) et matérielle (violation de la loi et détournement de pouvoir). Le degré de contrôle du juge dépend de la marge de liberté que l'administration détenait lorsqu'elle a pris l'acte : si sont pouvoir était discrétionnaire, le contrôle exercé par le juge sera réduit dans son intensité alors que si sa compétence était liée, le contrôle sera normal voire maximum (de proportionnalité).

- Les moyens de légalité externe sont l'incompétence, le vice de forme et le vice de procédure.
  - L'*incompétence* concerne le cas où l'autorité qui a pris l'acte n'avait pas la capacité de le faire. Elle est d'ordre public et peut être matérielle (l'acte pris ne relevait pas de la compétence de son auteur), territoriale (l'acte pris ne relevait pas de la compétence géographique/territoriale de son auteur), temporelle (l'acte pris l'a été antérieurement ou postérieurement aux fonctions de son auteur) ou enfin concerner une usurpation de pouvoir (lorsqu'une autorité administrative prend un acte relevant du domaine législatif ou juridictionnel et lorsqu'un individu étranger à l'administration prend un acte qui relève de la compétence de celle-ci).
  - Le *vice de forme* concerne les conditions extérieures de l'acte, c'est-à-dire l'*instrumentum*. Ces conditions peuvent se rapporter à la signature de l'acte (concerne la compétence), au contreseing ou à la motivation de l'acte (relative aux raisons de fait et de droit dont procède l'acte, permettant de vérifier si les motifs de l'acte le justifient). Toutefois, une distinction doit être établie entre les formes considérées comme obligatoires et dont l'absence entraîne l'annulation de l'acte (la signature, le contreseing, la motivation, le respect des droits de la défense) et les conditions facultatives dont la méconnaissance n'entraine pas de conséquence (omission ou erreur dans les visas, *etc.*[1]).
  - Le *vice de procédure* concerne les conditions nécessaires dans la procédure d'adoption d'un acte.
- Les moyens de légalité interne sont le détournement de pouvoir et la violation de la loi. Cela concerne donc le contenu de l'acte et le contrôle des motifs de l'acte.
- Le *détournement de pouvoir* se rapporte au but de l'acte. Il s'agit d'apprécier le but en vue duquel l'autorité administrative a agi (recherche des mobiles, des intentions). Si elle a exercé un de ses pouvoirs dans un but autre que celui en vue duquel il lui a été conféré, l'acte sera entaché d'une illégalité correspondant au détournement de pouvoir (intérêt autre que l'intérêt général, but de favoriser ou de nuire à certaines personnes, but d'intérêt général autre que celui prévu par

1. Voir CE, ass, 23 décembre 2011, *Danthony*.

la loi). Il ne faut pas confondre le détournement de pouvoir du détournement de procédure qui consiste à mettre en œuvre une procédure dans un but autre que celui en vue duquel elle est instituée.

Notions à connaître

- **Légalité interne :** le contenu de l'acte doit être conforme aux normes qui lui sont hiérarchiquement supérieures. Cela concerne la teneur de l'acte (c'est-à-dire sa conformité au droit en vigueur), le but (il doit justifier de la compétence de l'auteur de l'acte, sinon, il s'agit d'un détournement de pouvoir) et ses motifs.
- **Erreur de fait :** irrégularité d'un acte administratif reposant sur des faits inexacts (légalité interne), sanctionnable dans le cadre d'un REP. (CE, 14 janvier 1916, *Camino*)
- **Erreur de droit :** irrégularité d'un acte administratif reposant sur une erreur sur les normes applicables. (légalité interne). Constituée généralement par un défaut de base légale (normes illégales, inexistantes ou non applicables en l'espèce, interprétation incorrecte).
- **Erreur de qualification juridique des faits :** cas d'ouverture du REP fondé sur la légalité interne de l'acte administratif. Dans ce cas, la décision attaquée repose sur des faits dont l'interprétation n'est pas correcte au regard des normes applicables. (CE, 4 avril 1914, *Gomel*).
- **Légalité externe :** procédure d'élaboration de l'acte administratif. Doit respecter plusieurs obligations. Premièrement, cela sous-entend une exigence de compétence de l'auteur de l'acte (sinon vice d'incompétence). À lieu si la décision est prise en dehors des matières réservées à cette autorité, en dehors de son champ territorial, pendant la période où l'autorité n'était pas encore investie de ses pouvoirs, ou en cas de défaut de consultation obligatoire. Deuxièmement, cela nécessite des exigences de forme et de procédure.
- **Incompétence :** irrégularité frappant un acte administratif pris par une autorité qui n'était pas investie de ce pouvoir. Correspond à une illégalité externe. C'est un moyen d'ordre public.
- **Vice de forme :** irrégularité entachant les conditions d'adoption d'un acte administratif et susceptible de justifier son annulation en cas de REP (défaut de signature, ou de motivation).
- **Vice de procédure :** irrégularité en cas d'omission d'une règle de procédure lors de l'élaboration d'un acte administratif (défaut de consultation d'avis, d'enquête).

– **Détournement de pouvoir :** Cas d'ouverture du REP portant sur la mise en cause de la légalité interne. Est constitué lorsque l'auteur de l'acte, compétent pour agir, a pris une décision pour servir des intérêts différents de ceux qu'il doit servir en principe. Le but est différent (CE, 26 novembre 1875, *Pariset*).

– **Moyens d'illégalité externe :** Les moyens d'illégalité externe sont des moyens tirés de la mise en œuvre de l'acte :

- incompétence de l'auteur de l'acte : moyen d'ordre public qui peut être soulevé d'office par le juge. L'incompétence peut être matérielle, territoriale ou temporelle.
- vice de forme (dont le défaut de motivation)
- vice de procédure
- vice dans la composition d'un organisme dont l'avis à recueillir est obligatoire.

– **Moyens d'illégalité interne :** Les moyens de légalité interne sont tirés de vices liés au contenu, à la substance de l'acte :

- violation directe de la règle de droit
- erreur de fait : pour qu'un acte soit légal il faut que les faits sur lesquels il est fondé existent.
- erreur de droit :
  - Application d'une règle de droit qui, en l'espèce, n'est pas applicable.
  - Identification de la bonne règle de droit mais mauvaise application en raison d'une mauvaise interprétation de la règle.
- erreur dans la qualification juridique des faits (ou erreur *manifeste* d'appréciation s'il s'agit d'un domaine dans lequel le juge n'exerce qu'un contrôle restreint)
- détournement de procédure ou de pouvoir

– **Moyens d'ordre public :** Ils peuvent être aussi bien de légalité externe que de légalité interne.

- Incompétence de l'auteur de l'acte,
- Méconnaissance du champ d'application de la loi :
  - dans le temps,
  - dans l'espace,
- Contrariété de l'acte par rapport à la chose jugée.
- La responsabilité sans faute de l'administration
- Absence de recours préalable obligatoire avant tout recours contentieux
- Intervention d'une décision juridictionnelle supérieure de nature à interférer sur la légalité de l'acte. Annulation d'un texte par une juridiction supérieure sur lequel l'acte était fondé.

– **Les différents contrôles du juge :**
- *Contrôle minimum*
  - erreur manifeste d'appréciation
  - exactitude matérielle des faits
- *Contrôle normal*
  - qualification juridique des faits (le fait est-il de nature à justifier une telle décision ?) et erreur manifeste d'appréciation
  - qualification des faits
- *Contrôle maximum*
  - contrôle de proportionnalité, erreur manifeste d'appréciation (adéquation des faits à la mesure prise)

Le recours de plein contentieux

Appartenant au contentieux de pleine juridiction, il s'oppose au contentieux de l'annulation, représenté par le REP, au contentieux de l'interprétation (question préjudicielle) et au contentieux de la répression (rare, seulement dans le cadre des contraventions de voirie).

Le contentieux de pleine juridiction forme une catégorie variée (en matière contractuelle, de responsabilité, d'élections et en matière fiscale). Le déféré préfectoral déposé contre un contrat est ainsi un recours de pleine juridiction (CE, 23 décembre 2011, *Ministre de l'Intérieur, de l'outre-mer, des collectivités territoriales et de l'immigration*).

Le recours de plein contentieux (RPC) est utilisé lorsque l'administré souhaite demander :
– de reconnaître l'existence d'un droit à son profit
– de constater une atteinte à ce droit
– d'ordonner les mesures nécessaires au rétablissement de la situation

Ainsi, le RPC n'est ouvert qu'au titulaire du droit en question (pas ceux qui y ont intérêt), il tend à la condamnation d'une personne et peut s'accompagner d'une demande d'annulation.

Conditions

Le RPC ne peut être formé que contre une décision administrative préalable. Cela doit résulter, généralement, par le dépôt d'un recours préalable de l'administration par le requérant la conduisant à prendre une décision. Ce recours doit être écrit, signé, daté, exposer les faits, les moyens et les prétentions (chiffrer la réparation avec précision).

En ce qui concerne les délais, à partir du jour de la réception de la réponse de l'administration ou à l'expiration du délai de réponse de deux mois, l'intéressé a deux mois pour saisir le juge. La demande préalable aura pour conséquence de limiter l'analyse du juge aux moyens soulevés dans cette dernière. Toutefois, le contentieux ne sera pas lié si le défendeur est une personne publique et que celle-ci soulève l'irrecevabilité à titre principal, même si une fin de non-recevoir a été soulevée et qu'elle ne repose pas sur l'absence de décision préalable.

La décision rendue par le juge bénéficie de l'autorité relative de la chose jugée.

Les procédures de référé

Les procédures de référé ont pour but le prononcé des mesures provisoires, qu'elles soient justifiées par une urgence ou pas. Un recours à fin de constat doit être déposé, par le biais d'une requête, auprès du juge des référés qui sont les présidents des tribunaux administratifs et des cours administratives d'appel, les magistrats désignés comme tels par eux et le président de la section du contentieux du Conseil d'État ou les conseillers d'État que celui-ci a désignés. Le juge des référés statue seul en prenant des mesures provisoires sous forme d'ordonnances.

Le référé doit être déposé auprès du juge territorialement compétent et compétent au fond. Toutes les demandes de référé doivent satisfaire à trois conditions :

- Une décision ou un comportement faisant grief à l'intéressé,
- L'existence d'une instance contentieuse ou précontentieuse directement liée (le juge doit donc être saisi d'une demande principale et d'un référé – à l'exception d'un référé liberté)
- Les mesures exposées dans la requête doivent être utiles (protéger un droit ou prendre une décision d'urgence).
- Pour les référés d'urgence, cette dernière doit être prouvée par le demandeur et constatée par le juge qui est souverain pour ce faire et doit considérer qu'il existe une « situation risquant de devenir irréparable ». Des présomptions d'urgence ont toutefois été instituées par le juge, notamment en matière de permis de construire lorsque les travaux sont sur le point ou ont déjà commencé, pour une décision de refus de renouvellement de titre de séjour ou pour un titre d'expulsion[1], *etc.*

Le juge se prononce dans les meilleurs délais, tout en respectant les règles du contradictoire. Il peut modifier les mesures provisoires prises dès lors qu'il est saisi d'un élément nouveau.

1. sauf si l'intéressé fait l'objet d'une assignation à résidence.

Ces règles de procédures sont communes à plusieurs référés : les référés urgents (référé suspension, référé liberté, référé conservatoire), les référés ordinaires (référé instruction ou expertise, référé provision) et pour certains référés spéciaux (référé précontractuel, référé en l'absence d'étude d'impact, référé joint à un déféré préfectoral, *etc.*).

Le recours contre un jugement de première instance dans le cadre d'un référé, et n'étant pas relatif à une urgence, doit être déposé dans les 15 jours. L'ordonnance rendue est également susceptible d'un recours devant le Conseil d'État dans les 15 jours.

Pour ce qui concerne les référés suspension et conservatoire, l'ordonnance ne peut faire l'objet que d'un recours en cassation devant le Conseil d'État. Il en va de même pour le jugement prononçant des mesures provisoires faisant suite à une demande de référé liberté.

Les référés d'urgence

La demande de référé est dispensée du ministère d'avocat si elle concerne un référé liberté ou si elle se rattache à un litige qui permet cette dispense dans le cadre des référés suspension et conservatoire. Elle ne doit porter que sur des demandes de mesures provisoires.

- **Le référé liberté** (art. L.521-2 CJA)
  En plus d'une nécessaire urgence, la demande doit concerner la protection d'une liberté fondamentale dont une personne publique ou privée chargée de la gestion d'un service public aurait porté atteinte de manière grave et manifestement illégale (trois conditions cumulatives nécessaires). Cette demande de référé est possible même en l'absence de recours au fond. Le juge des référés se prononcera alors dans un délai de 48h.

- **Le référé suspension** (art. L.521-1 CJA)
  Trois conditions sont nécessaires pour permettre la recevabilité de cette requête. D'abord, la requête doit concerner une décision administrative (explicite ou implicite, positive ou négative mais ne peut concerner une action). Ensuite, il doit s'agir d'une demande accessoire à une demande principale en annulation ou en réformation considérée recevable. Enfin, la requête en référé suspension ne doit pas être dépourvue d'objet à la date où elle est présentée. Cela signifie que la décision dont la suspension d'exécution est demandée est déjà totalement exécutée ou si la décision est suspendue automatiquement par une procédure spécifique, la requête sera rejetée.

  Pour que la suspension soit prononcée par le juge, il faut qu'une urgence soit justifiée (caractère grave et immédiat d'une atteinte à la situation du requérant ou à un intérêt public) et qu'un moyen propre à créer un doute sérieux quant à la légalité de la décision existe.

– **Le référé conservatoire (ou mesures utiles)** (art. L.521-3 CJA)

Il permet de demander au juge de prendre toute mesure utile en cas d'urgence, même en l'absence de décision administrative. Afin d'être mis en œuvre, trois conditions sont nécessaires : il doit exister une urgence (atteinte grave et immédiate), une utilité des mesures demandées (les mesures demandées ne doivent pouvoir être obtenues que par l'intervention du juge des référés) et une absence d'obstacle à l'exécution d'une décision administrative (la demande ne doit pas concerner l'annulation ou l a suspension d'une décision administrative). Le juge, si la demande est recevable, pourra ordonner une instruction, prononcer des injonctions à des personnes publiques ou privées.

Les référés ordinaires

– **Le référé constat** (art. R.521-3 CJA) a pour but de demander au juge de désigner un expert pour constater des faits afin de constituer des preuves qui donneront, éventuellement, lieu à un contentieux. Il est dispensé de ministère d'avocat et peut être demandé en l'absence de décision préalable. Le juge devra considérer si la mesure est utile (ne peut être constaté par un huissier ou si les informations souhaitées peuvent être demandées à l'administration) et si les faits sont susceptibles de donner lieu à un litige.

– **Le référé instruction** (art. R.532-1 CJA) permet de demander au juge de prescrire toute mesure utile d'expertise ou d'instruction, même sans qu'existe de décision préalable. Très utilisé en matière de responsabilité hospitalière, de dommages de travaux publics, il est conditionné par la preuve apportée par le requérant de son utilité quant à la solution du litige, de son lien avec un litige (même éventuel) et du fait que ce soit le seul moyen de constater des faits ayant un intérêt pour la solution de ce litige.

– **Le référé provision** (art. R.541 à -6 CJA) est utilisé afin de permettre au créancier d'une personne publique d'obtenir une provision. La demande doit être faite auprès du juge des référés, sans qu'une demande au fond n'ait été déposée. Le requérant doit prouver que sa créance n'est pas sérieusement contestable.

Les référés spéciaux en matière contractuelle

– **Le référé précontractuel** (art. L.551-1 et-2 du CJA)

Il s'applique aux contrats de la commande publique (essentiellement les marchés publics ou concessions de travaux ou de service dont les délégations de service public) qui n'auraient pas respecté les obligations de mise en concurrence et de publicité et qui n'auraient pas encore été signés. Il ne peut être déposé que par une personne ayant un intérêt à conclure le contrat. Le juge doit se prononcer dans un délai de 20 jours, par son ordonnance, suspend la signature du contrat et peut demander enjoindre au cocontractant de respecter les obligations lui incombant, supprimer des clauses du contrat ou même l'annuler. Cette ordonnance peut faire l'objet d'un recours en cassation devant le Conseil d'État sous 15 jours à compter de sa notification.

– **Le référé contractuel** (art. L.551-3 et s. du CJA)

Créé par l'ordonnance du 7 mai 2009 pour pallier les insuffisances du référé précontractuel, il est ouvert à toute personne ayant un intérêt à agir (sauf celles qui ont eu recours au référé précontractuel si le pouvoir adjudicateur ou l'entité adjudicatrice a respecté la décision juridictionnelle rendue ou la suspension prévue). Il ne peut être exercé à l'égard des contrats dont la passation ne nécessite pas de publicité préalable, à l'égard des contrats soumis à publicité préalable pour lesquels la décision d'attribution n'a pas à être communiquée aux candidats évincés, à l'égard des contrats fondés sur un accord-cadre ou un système d'acquisition dynamique. La demande de référé doit être réalisée dans les trente et un jours à compter de la publication de la décision d'attribution du marché ou si cette publication n'a pas eu lieu, le délai est de six mois à compter de la conclusion du contrat. Le juge peut prononcer la suspension, l'annulation ou la résiliation du contrat, en réduire la durée et prononcer des pénalités financières à l'égard du pouvoir adjudicateur ou l'entité adjudicatrice. L'ordonnance de référé peut faire l'objet d'un recours en cassation.

Table des matières

Imprimé en Italie par «La Tipografica Varese Srl» Varese